■ 大学公共课系列教材

大学生职业发展与就业指导

DAXUESHENG ZHIYE FAZHAN YU JIUYE ZHIDAO

陈光耀◎主　编

图书在版编目(CIP)数据

大学生职业发展与就业指导 / 陈光耀主编. —北京：北京师范大学出版社，2012.9(2017.1 重印)
ISBN 978-7-303-15284-1

Ⅰ.①大… Ⅱ.①陈… Ⅲ.①大学生－职业选择－高等学校－教材 Ⅳ.①G647.38

中国版本图书馆 CIP 数据核字(2012)第 189555 号

营销中心电话　010-58802181　58805532
北师大出版社高等教育分社网　http://gaojiao.bnup.com
电子信箱　gaojiao@bnupg.com

出版发行：北京师范大学出版社　www.bnup.com
北京新街口外大街 19 号
邮政编码：100875
印　　刷：北京中印联印务有限公司
经　　销：全国新华书店
开　　本：730 mm×980 mm　1/16
印　　张：24.5
字　　数：440 千字
版　　次：2012 年 9 月第 1 版
印　　次：2017 年 1 月第 4 次印刷
定　　价：35.00 元

策划编辑：王　强　　责任编辑：王　强
美术编辑：毛　佳　　装帧设计：毛　佳
责任校对：李　菡　　责任印制：陈　涛

内容简介

本书以深入贯彻落实科学发展观，全面提升大学生的就业能力和综合素质为主旨，结合中国高等教育改革和现代职业发展的实际，针对新时期大学生的特点和求职择业的需要，详细讲解大学生的职业发展规划，并指导大学生的就业规划及实践。

全书共分三个版块、十一个章节：第一章至第四章为职业规划，主要分析了当前大学生所面临的就业形势，阐明了大学生如何形成职业认知，进行有效的职业生涯规划，从而认清形势，迎接挑战，做好自己人生的导演；第五章至第八章为求职指导，着重分析了就业制度与政策，强调做好就业准备和应对择业的求职攻略，努力实现理论分析和实用技术指导的结合；第九章至第十一章为创业指导，着重介绍了大学生创业的一些基本理论与知识以及创业流程、创业准备，引领大学生开创自己的事业，走向自主创业之路。

本书可作为本科院校和高职高专院校开设就业指导课程的教材，也可以作为从事就业指导工作人员及其他择业人员的培训教材和自学参考用书。

目录

第一部分 职业规划
做好自己人生的导演

第二部分　求职指导

机会青睐有准备的人

第三部分　创业指导

自主创业宽广的舞台

第一部分　职业规划

做好自己人生的导演

第一章　认清形势　迎接挑战

【学习目标】

深刻理解当前国内劳动力市场的总体形势，了解影响大学生就业的主要因素，认清大学生就业所面临的挑战和有利条件，把握就业的趋势，理解就业是一种市场化行为，在此基础上树立正确的就业观念与择业标准，认清形势，迎接挑战。

【案例导入】

在大学生就业已经成为结构性难题时，对部分同学而言，毕业即失业的开端。小城市和县城难以为学子们提供岗位，他们只好发掘校里校外每一种潜在的资源，以帮助他们在中心城市生存下去。

“我想就是去开那个倒渣渣的车也可以吧？哪想到我不会开车，没得驾驶执照，只好去倒桶桶。”几年前被四川大学毕业生恶搞的就业去向如今成真。2010年，山东济南和浙江温州都出现了大学毕业生应聘淘粪工的事。央视主播朱军大声叫好，认为这是大学生甘于奉献，端正了就业观念的表现。真正的解读则是冰冷的：“姐淘的不是粪，是编制。”环卫系统招募的大学生并非临时工，而是有事业编制的“黄金饭碗”工作，能进这样的单位，半年到一年的淘粪工作其实不算什么。在抢到淘粪工作的人背后，如勇登奥哈马海滩一般，是无数死在沙滩上的猛士。

在中国现有的这种经济结构下，成绩最好的毕业生往往选择大型国企、银行或者公务员岗位，因为这些岗位往往收入更高、更稳定。年轻人不愿意选择更辛苦、更富有挑战性的私营企业或者自主创业。

教育部在《关于做好2012年全国普通高等学校毕业生就业工作的通知》中指出：“2012年，全国普通高校毕业生规模达到680万人。当前我国经济发展面临的国内外环境仍然十分复杂，不稳定、不确定因素还不少；高校毕业生就业总量压力和结构性矛盾依然突出，就业形势严峻，促进高校毕业生就业的工作任务更为艰巨繁重。各省级高校毕业生就业主管部门及各高等学校要认真贯彻落实党中央、国务院的决策部署，完善政策措施，加强指导服务，千方百计促进高校毕业生就业。”

案例点评： 尽管国内大学生传统的择业观已经在就业压力下悄然改变，择业的方向也日趋多元化，但“就业难”仍然是一个长久、持续且需要全社会关注的话题。

第一节　大学生就业总体形势

一、当前中国总体就业形势

中国是世界上劳动力资源最丰富的国家，近年来一直面临十分严峻的就业形势。中国就业方面的主要矛盾，是劳动者充分就业的需求与劳动力总量过大、素质不相适应之间的矛盾，主要表现在劳动力增长速度快，劳动力供求总量矛盾和就业结构性矛盾同时并存，城镇就业压力大、农村富余劳动力向非农领域转移速度加快同时出现，新成长劳动力就业和失业人员再就业等问题相互交织。另外，持续不断的经济结构调整、技术进步和产业升级，造成部分行业和企业不断减少就业岗位，持续产生新的就业问题。

（一）当前就业面临的压力和挑战

1. 劳动力供求总量压力与结构性矛盾依然十分突出

第一，“十二五”期间劳动力供大于求的矛盾更加突出。按照经济增长保持8%左右，每年城镇新增就业岗位数900万个，新增岗位数加上补充自然减员，年平均提供就业岗位数1 200万个；全国人口数13.7亿以上，劳动年龄人口增长仍处于高峰期，全国城镇需要就业的劳动力年平均总人数2 500万，劳动力供求缺口1 300万。

第二，青年就业、农村劳动力转移和下岗失业人员再就业“三碰头”聚焦矛盾。

第三，就业的结构性矛盾更加突出。劳动力素质与产业结构优化升级、转变增长方式的需求矛盾更加突出，劳动者职业技能与岗位需求的不相适应。据劳动力供求状况监测，各技术等级岗位需求人数均大于求职人数。2012年第一季度，高级工程师、高级技师和技师的岗位空缺与求职人数的比率分别为2.59、2.18和2.32。同时，不同地区就业的结构性矛盾突出。西部地区、贫困地区、少数民族地区城镇就业难的问题严重存在。东部沿海地区企业用工需求增长，部分企业出现“招工难”。

2. 经济社会环境的变化对就业提出了新的挑战

第一，“十二五”前期，中国经济和就业仍将处于后金融危机的影响中，世界各国经济复苏的基础依然脆弱。失业率高居不下，消费水平受到抑制，国际市场需求不振，导致中国外需很难快速增长。欧美等发达国家为了缓解本国就业压力，采取了许多贸易保护主义措施，并对人民币升值施加巨大压力，将对中国外贸企业造成重大影响，增加中国就业的变数。

第二，经济发展方式的转变对就业提出了挑战。落后的和过剩的产能将逐渐被淘汰。部分污染严重、能耗高的企业面临关闭和破产，由此产生新的结构性失业，要求劳动力在各产业之间实现有序转移。要通过发展第三产业吸纳第一产业、第二产业实行集约化后富余的劳动力。产业升级、科技进步和管理创新等将对劳动者素质提出更高的要求。

第三，城镇化的加快对农村劳动力转移就业服务提出新要求。大批农业富余劳动力需要向第二产业、第三产业转移。

3. 中国就业体制与就业社会化管理的要求不相适应

公共就业人才服务和职业培训不能满足需求，劳动力流动的体制和制度障碍依然存在。

4. 劳动关系矛盾凸显，协调难度加大

经济社会转型带来劳动关系矛盾上升。劳动者对提高工资水平、调整工资收入分配结构提出新要求。劳动者利益诉求发生新的变化，诉求的内容转向改善劳动条件、实现体面劳动。集体利益争议增多，劳动关系冲突性增强，协调劳动关系难度加大。劳动关系整体体制和机制不完善的问题依然突出。

(二)国内外环境对就业形势的影响

1. 金融危机对出口和投资的影响

自2008年全球性的金融危机爆发以来，很多发达国家的经济陷入衰退，新兴国家和其他发展中国家的经济增长也迅速下滑，导致国际贸易出现萎缩。金融危机首先影响的是外向型企业，而外向型经济在中国经济扩张和就业增长中，发挥了重要作用。因此，国际经济环境的恶化，严重影响到了中国的就业形势。本次世界性经济危机中的重灾区美国、欧盟，都是中国外贸最大的出口国家。随着危机的深化，这些国家相继出现经济衰退、收入水平下降、失业人口增多的情况，进口需求随之减少，对中国产品的总需求已经由持续高增长转为低增长。由于外部需求减少，订单锐减，中国出口增速迅速下降，2008年3月到2009年3月，就下降了47.7%。按照出口每变化一个百分点就影响20万个就业机会来计算，相当于减少了950万个就业机会。中国大量出口加工型企业和外贸企业受到直接冲击后陷入经营困境，不得不缩小产能或关门倒闭，大量工人失业。

金融危机爆发之后，一些跨国企业或投资者由于受到资本市场筹资和融资的约束，无法筹措资金对新兴市场进行投资。而且，中国制造业成本上升和利润率较大幅度下降的情况，也减少了外商对投资盈利的预期，从而减弱了对中国的投资意愿。外商直接投资的减少导致提供的新的就业机会减少。

随着世界各国经济形势的普遍恶化及劳动力市场就业需求的萎缩，一些已经失业和面临失业的海外劳动力转而回国寻找就业岗位，一些国际劳务承包工程也受到影响，一些国家出于保护本国劳动力就业机会而限制国外劳动力就业的政策，导致海外就业的劳动力回流不断增加，加重国内的就业压力。

2. 人民币升值压力的影响

金融危机爆发之后，许多国家的货币对美元大幅贬值，而人民币相对其他货币一直处于升值状态，而且仍存在长期升值预期。人民币升值，出口商生产成本和劳动力成本则会相应提高，这使得中国部分出口产品失去价格优势。中国劳动密集型企业的产品档次不高，附加值含量低，在国际市场价格保持不变的情况下，出口利润的下降将严重影响出口商的积极性。另外，人民币升值将导致房地产、基础设施及服务业劳动力价格的上升，会使外商的投资成本上升，因此在很大程度上降低了中国对外商直接投资的吸引力，甚至使已落户中国的外商投资企业转移出去，原有企业工人面临失业。

3. 国内经济增长放缓、内需不足

第一，总体来看，中国国民经济正处于趋稳回升的重要阶段，但部分经济指标(如外贸增长率、居民消费价格指数、用电量等)仍然处于同比下滑或波动较大阶段，回升过程中还存在不确定、不稳定的因素，加上外需持续疲软、国内消费不足、财政投入拉动缺乏持续性、民间投资尚待启动及出现通货膨胀的预期等，都给未来经济走势增加了不确定性。尽管2008年下半年后中央已连续出台了刺激经济的财政政策和货币政策组合拳，但经济下行的趋势并未改变，这说明未来主导中国经济增长的主要力量将是经济周期，财政政策和货币政策只可能减缓经济下行的程度，而不可能根本扭转经济周期的发展方向。因而，今后几年内经济的增长速度将放缓。

第二，国内经济形势恶化使得居民对未来预期的不确定性增强，从而引发消费的萎缩。在国内需求不足的影响下，国内许多厂商出现产品积压的现象，厂商面临利润下降和停产的风险，在这种形势下企业开始大量裁减人员，进一步引起经济的衰退和就业岗位的减少。

二、中国大学生就业形势

(一)大学生就业现状

自高校扩招以来，中国的高等教育出现了重大转型。高等教育快速发展，已经从精英教育进入大众化教育时代。1977年中国各类高校在校学生数量只有 23 万，1999 年开始扩招，普通高校招生 154 万人，比 1998 年增长了 42.6%。到 2004 年，中国高等教育的毛入学率已经达到 19%，进入了国际公认的大众化发展阶段。

据教育部统计，“十一五”期间，高校毕业生年度规模从 2006 年的 413 万人上升至 2010 年的 630 万人；5 年累计达 2 708 万人，是“十五”期间毕业生总量(1 090 万人)的 2.5 倍。而 2011 年毕业生总数 660 万，2012 年毕业生总数达到 680 万，“十二五”前两年的毕业总数是“十一五”期间毕业生总数的近半数。

同时，在市场经济体制改革和高等教育扩招的现实背景下，由于就业岗位、就业结构、就业机制、就业渠道、就业期望、用人标准等矛盾和问题，在一定程度上加剧了大学生就业形势的严峻程度。

1. 毕业生供给与岗位需求

近年来，中国经济一直快速增长，带动了对大学毕业生的需求，也促进了高等教育的迅速发展。但与此同时，大学毕业生供给增长的速度却远高于经济增长的速度，劳动力市场在短时间内难以消化大学毕业生的超量供给。

2. 经济发展与结构调整

在供大于求的前提下，就业问题宏观上只有通过大幅增加岗位来解决，而就业岗位的增长幅度与经济发展的幅度密切相关，当经济快速健康增长时，就业岗位相应增加；反之，岗位就会减少。据统计，中国在过去 20 年间，国内生产总值年平均增长率约为 9%，提供了大量的就业机会。

经济结构的变动也会对就业状况产生一定影响。从中国现实情况看大学生就业难的问题，一方面是供给矛盾；另一方面表现为劳动力的供给结构和质量与需求不相适应，造成人才过剩。产业结构发展不平衡，经济高增长与就业增长脱节，导致供需失衡，影响就业。

3. 就业区域选择偏好

中国地域广阔、人口聚集不均、地区各种因素差异明显决定着中国的就业形势在不同地区的差异性，人才需求也因而显现出一定的地区差异。经济欠发达地区特别是西部地区很难对大学生形成有效需求，虽然西部大开发以来这种情况有所好转，但由于欠发达地区所能支付的工资收入、发展机会、流动性不足，难以补偿大学生的教育资本投资。因此，按照劳动力市场机制，无法实现供求结合。而且在中国，人才流动的单向性特点导致的流动成本过高，也进一步恶化了这种状况。

相反，城市作为中国的经济和文化中心，对大学生就业的吸引力更大。而且城市的高端产业结构对就业有着更多的需求，大学生享受到的社会保障权益更多。这些都在很大程度上影响着大学生毕业时的就业选择倾向，进而影响到就业质量和就业成功率。

4. 高等教育的人才培养机制

高等教育是按照专业门类来培养学生适应职业需要的基本素质和能力的过程。这一过程是通过基础课、专业基础课、专业课的教学活动和其他教育活动，使学生从某一个专业的逻辑起点达到能够解决该专业一定问题的理论和技术修养水平，从而形成适应某类或某种职业需要的专业特长。也就是说，大学生所受的专业教育直接制约着其职业的适应范围，进而很大程度上影响着就业。

5. 大学毕业生的就业能力

大学毕业生的就业能力是影响个人就业的根本因素，很多毕业生自身具备的技能并不能很好地满足用人单位的要求。对个人而言，就业能力取决于他们所拥有的知识、技能与态度等，取决于他们使用这些因素的方式、向用人单位展示的资本及寻找工作的特定环境。大学毕业生如果基于职业路径的需要、基于用人单位的需要积累就业能力，则更容易在就业市场中找到合适的位置。

6. 大学毕业生的就业观念

大学毕业生对未来职业的认知、评价和体验一旦为实践所证实，被社会或他人认可，就会成为一种较为固定的看法和态度，形成一种就业观念。就业观念对大学生就业具有导向和动力作用，它支配着择业主体对择业目标的期望、定位和选择，支配着择业行为。正确的就业观念能够指导大学生对自己、对职业进行正确的评价，合理的定位，并做出理性的选择。反之，错误的就业观念将使毕业生对就业产生过高或过低的期望，影响准确定位和选择。

7. 就业信息的传播

由于大学毕业生就业市场不够完善，缺乏科学统一的人才需求预测，目前社会对大学毕业生的需求信息存在着一定程度的“失真、失控、失责”状态，社会上的大学毕业生供需信息交流不足、各自为营、渠道不通畅、信息不对称的问题仍然存在。

(二)中国大学生就业呈现的特点

2012 年 6 月，由麦可思研究院(MyCOS Institute)撰写、社会科学文献出版社出版的 2012 年就业蓝皮书《2012 年中国大学生就业报告》正式发布。自 2009 年蓝皮书首度出版以来，受到政府、高校及社会各界的广泛关注，是一份基于科学的调查数据来研究高等教育的权威报告。报告通过对毕业生的就业数量、就业质量、就业流向、能力与知识的满足程度、为读研所做的本科学术准备的分析，来反映大学生培养满足社会需求的状况，也反映了大学生培养质量。2012年就业蓝皮书对2011届大学毕业生就业与培养质量进行跟踪调查结果显示，2011届毕业生就业呈现如下特点。

1. 2011届大学毕业生就业率总体超过了金融危机前的水平，就业难度有所降低

第一，从总体就业率来看。2012年就业蓝皮书指出，2011届大学毕业生毕业半年后的全国总体就业率为89.6%，比2009届全国总体(86.6%)上升了3个百分点，比2008届全国总体(85.5%)上升了4.1个百分点，高于金融危机前2007届大学毕业生半年后就业率(87.5%)约2个百分点。其中本科院校2011届毕业生毕业半年后的就业率为91.2%，比2009届(88.0%)上升了3.2个百分点；高职高专院校2011届毕业生毕业半年后的就业率(88.1%)比2009届(85.2%)上升了2.9个百分点。可见2011届大学毕业生就业率超过了金融危机前的水平。

第二，从总体收入来看。2009届、2011届连续两届毕业半年后月收入呈现增长，2011届毕业半年后月收入的增长尤为明显。全国2011届大学毕业生毕业半年后的月收入(2 479元)比2009届(2 130元)增长了349元，其中本科毕业生2011届(2 815元)比2009届(2 369元)增长了446元，高职高专毕业生2011届(2 142元)比2009届(1 890元)增长了252元。“211”院校毕业生2011届比2009届增长了649元，增长最为显著。2011届大学毕业生就业率和薪资的上升与劳动力市场的需求旺盛相关。同时，物价上涨导致薪资期待的升高是原因之一。

2. 结构性矛盾依然存在，与部分专业供应高于、超前于社会需求有关

第一，从专业就业率来看。2011届本科生毕业半年后就业率最高的专业门类是工学(93.3%)，最低的是法学(86.7%)；高职高专生毕业半年后就业率最高的专业门类是材料与能源大类(92.9%)，最低的是法律大类(79.1%)。法学、生物、计算机等高考报考“热门”专业连年就业爆冷，地矿、交通等工科专业就业率与薪资持续走高。2012年本科就业红牌警告专业①是动画、法学、生物技术、生物科学与工程、数学与应用数学、体育教育、生物工程、英语、国际经济与贸易；2012年高职高专就业红牌警告专业是临床医学、法律文秘、计算机科学与技术、国际金融、工商管理、法律事务、汉语言文学教育、计算机应用技术、电子商务。以上专业与2011年的红牌专业基本相同，表明就业不好的专业具有持续性，这些专业失业量较大、就业率低、薪资较低，且就业

① 红牌专业：失业量较大，就业率较低，薪资较低且就业满意度较低的专业，为高失业风险型专业。

满意度较低。部分红牌专业是供大于求造成的，部分红牌专业如计算机类是人才培养质量达不到产业的要求造成的，导致一方面应届毕业生找不到专业岗位；另一方面企业招不到合适人才。

2012 年本科就业绿牌发展专业①是地质工程、港口航道与海岸工程、船舶与海洋工程、石油工程、采矿工程、油气储运工程、矿物加工工程、过程装备与控制工程、水文与水资源工程、审计学；2012 年高职高专就业绿牌发展专业是道路桥梁工程技术、生产过程自动化技术、应用化工技术、焊接技术及自动化、楼宇智能化工程技术、供热通风与空调工程技术。以上专业与 2011 年的绿牌专业基本相同，这些专业的就业率持续走高，薪资走高。

临床医学和法律事务"领衔"2011 届高职高专毕业生毕业半年后失业率最高专业；"看上去很美"的美术学、音乐学为 2011 届本科毕业生毕业半年后失业率最高专业，失业率分别占 15.6%和 15.0%。

第二，从各行业收入来看。高职高专各专业门类中，资源开发与测绘大类、土建大类分列半年后、三年后最高月收入专业门类。2012 年就业蓝皮书指出，2011 届本科各专业门类中毕业生毕业半年后月收入最高的是经济学，其月收入为 3 023 元；其次是工学(2 953 元)；最低的是教育学(2 491 元)。2007 届本科各专业门类中毕业生毕业三年后月收入最高的也是经济学，为 6 164 元；三年后月收入最低的历史学(3 920 元)，其三年内涨幅仅为 1 947 元。2007 届高职高专各专业门类中毕业生毕业三年后月收入最高的是土建大类，为 4 058 元，涨幅最大；月收入最低的是医药卫生大类，为 2 914 元，其三年内涨幅(1 428 元)也是最小。

3. 2011 届本科、高职高专毕业生专业对口率有所上升

历史学、法律大类分列 2011 届本科、高职高专毕业生专业对口率最低的专业门类。2012 年就业蓝皮书指出，2011 届本科毕业生的专业对口率为 69%，高职高专为 59%，均比 2009 届上升了 2 个百分点，但仍然低于 2008 届(本科 71%，高职高专 61%)。

2011 届本科专业门类中，专业对口率最高的是医学(88%)，其次是工学(75%)，最低的为历史学(47%)；而高职高专对口率最高的专业门类为材料与能源大类(86%)，其次是土建大类(81%)，最低的为法律大类(33%)。

4. 2011 届大学毕业生职业期待值仍居高不下，离职频繁，不利于发展

2012 年就业蓝皮书指出，2011 届大学毕业生中有 60%的人认为目前的工

① 绿牌专业：薪资、就业率持续走高，失业量较低且就业满意度较高的专业，为需求增长型专业。

作与自己的职业期待不吻合，其中本科这一比例为56%，高职高专为63%。在认为工作与职业期待不吻合的2011届大学毕业生中，有36%的人认为目前工作不符合自己的职业发展规划，还有22%的人认为目前工作不符合自己的兴趣爱好。

2011届大学毕业生有34%毕业半年内发生过离职，其中本科为24%("211"院校为16%，非"211"本科院校为26%)，高职高专为44%。工作不符合自己的职业期待可能是造成毕业生离职的主要原因。

2011届本科各专业门类中，农学的毕业生半年内的离职率最高，为31%；工学最低，为18%。在高职高专各专业门类中，艺术设计传媒大类的毕业生毕业半年内的离职率最高，为54%；材料与能源大类最低，为20%。2011届大学毕业生半年内离职的人群中，有98%发生过主动离职，主要原因是个人发展空间不够(30%)和薪资福利偏低(22%)。需要注意的是，频繁离职并不利于毕业生以后的职业发展。2012年就业蓝皮书显示，2007届本科毕业生中毕业三年内一直为1个雇主工作的毕业生月收入最高，为5 463元。毕业三年内工作过的雇主数越多，其月收入反而越低；为5个及以上雇主工作的本科毕业生三年后月收入最低，仅为4 624元。高职高专毕业生的月收入呈现同样的趋势，雇主数为1个的高职高专毕业生三年后月收入最高，为3 549元；雇主数为4个的高职高专毕业生三年后月收入最低，为3 245元。

5. 销售成为2011届大学毕业生毕业半年后就业比例最高的职业，但相关知识难以满足实际工作需要

2012年就业蓝皮书指出，2011届本科毕业生半年后从事的主要职业类是销售，就业比例为12.0%，其后为财务/审计/税务/统计(9.6%)和金融(银行/基金/证券/期货/理财)(8.8%)。高职高专毕业生从事的主要职业类是销售(15.3%)、财务/审计/税务/统计(11.3%)和行政/后勤(9.0%)。值得注意的是，2007届本科毕业生毕业三年内转换过的职业类中，最热门的是销售，有17.1%的毕业生转换职业后从事销售；高职高专毕业生转换职业中最热门的职业类也是销售(19.9%)。

2012年就业蓝皮书显示，2011届大学毕业生最重要的核心知识是销售与营销知识，然而毕业生在大学学到的销售与营销知识难以满足实际工作需要，满足度为78%，是各项核心知识中满足度最低的一项。

6. 2011届大学生毕业时对基本工作能力掌握的水平均低于工作岗位要求的水平

2012年就业蓝皮书发现，2011届大学毕业生中无论是本科毕业生还是高

职高专毕业生，其毕业时对基本工作能力[①]掌握的水平(本科为53%，高职高专为50%)均低于工作岗位要求的水平[②](本科为62%，高职高专为58%)。本科毕业生的能力满足度[③]和高职高专基本持平。

2011届本科毕业生在理解交流能力中最重要的是有效的口头沟通和积极学习能力，其满足度均为86%。科学思维能力中最重要的是科学分析能力，其满足度为86%。管理能力中最重要的是说服他人能力，其满足度为78%。

2011届高职高专毕业生在理解交流能力中最重要的是有效的口头沟通和积极学习能力，其满足度分别为86%和84%。科学思维能力中最重要的是科学分析能力，其满足度为86%。管理能力中最重要的是说服他人能力，其满足度为78%。

2007届大学毕业生工作三年后认为重要的工作能力包括有效的口头沟通、积极学习、积极聆听、协调安排、科学分析。优秀人才(指毕业三年内晋升次数在3次及以上的2007届大学毕业生)认为，有效的口头沟通是最重要的工作能力。因此加强沟通能力的培养可以帮助大学生未来有更好的职业发展。

7. 2011届大学毕业生自主创业比例上升，创业带动就业倍增效应显现

2012年就业蓝皮书指出，2011届高职高专毕业生自主创业比例(2.2%)高于本科毕业生(0.9%)。中国大学毕业生自主创业比例连续两届略有上升，2011届大学毕业生自主创业比例达到了1.5%，比2009届(1.2%)高0.3个百分点，比2008届(1.0%)高0.5个百分点。2011届本科毕业生自主创业人数最集中的专业是艺术设计(6.2%)，高职高专毕业生自主创业人数最集中的专业是机电一体化技术(4.5%)。

2011届本科毕业生自主创业集中在小学和中学教育行业(3.0%)、互联网运营和网络搜索门户业(2.7%)。2011届高职高专毕业生自主创业集中在服装零售业(3.6%)和建筑装修业(2.8%)。

创业理想是2011届大学毕业生自主创业最重要的动力(本科为41%，高

---

① 工作能力：从事某项职业工作必须具备的能力，分为职业工作能力和基本工作能力。职业工作能力是从事某一职业特殊需要的能力，基本工作能力是所有工作都必须具备的能力，基本工作能力分为35项。

② 工作岗位要求的工作能力水平：用于定义毕业半年后正在工作的大学生所理解的工作对35项基本工作能力的要求级别，从低到高分为一级到七级，一级代表该能力的最低水平，取值1/7，七级代表该能力的最高水平，取值1，最高水平是初级和中级职业人员达不到的。以上取值均折算为百分比。

③ 工作能力的能力满足度：离校时掌握的水平达到社会初始岗位的工作要求水平的百分比。

职高专为42%)，只有7%的本科毕业生因为找不到工作才创业，高职高专这一比例为6%。加强创业意识的培养才是提升大学毕业生自主创业的有效途径。

2007届大学毕业生半年后有1.2%的人(本科为0.7%，高职高专为1.6%)自主创业，三年后有4.9%的人自主创业(本科为2.8%，高职高专为6.9%)，说明有更多的毕业生在毕业一段时间后才开始自主创业。

8. 缺乏实践教学环节，是制约毕业生发展的瓶颈

2011届大学毕业生认为专业教学中最需要改进的地方是实习和实践环节不够(本科为50%，高职高专为46%)；课程内容不实用或陈旧(本科为20%，高职高专为18%)。其中本科毕业生认为实习和实践环节最主要的是加强专业实习(85%)，高职高专毕业生认为最主要的是加强专业技能相关实训(69%)。对于已毕业三年的2007届大学毕业生来说，认为母校专业教学中实习和实践环节不够的比例更高(本科为72%，高职高专为69%)。这一方面可能是由于几年前的大学专业教学中缺乏实践环节；另一方面是因为工作三年后，更高的工作要求使得毕业生更多地发现大学所学的专业知识的不足。可见，加强教学培养与社会需求的对接，已经成为大学毕业生对学校教学的最主要的要求。

《国家中长期教育改革和发展规划纲要(2010—2020年)》指出，把提高质量作为教育改革发展的核心任务；把适应社会需要作为衡量教育质量的根本标准；建立以提高教育质量为导向的管理制度和工作机制。中国近20年的经济高速增长，其职业和能力需求变化已属世界最快的行列，中国需要跟踪社会对大学毕业生的需求，为调整高校的专业结构、课程设置、教学方式提供科学依据。

【阅读资料】

2010年国内高校毕业生就业情况的调研报告

一、用人单位对高校毕业生需求与满意度调查

2010年7月，人力资源和社会保障部对全国40个城市5 050个用人单位进行了“高校毕业生需求与满意度问卷调查”。样本单位涉及20个行业，制造业所占比例最高，总从业人员为509.6万人。

第一，从用人单位聘用高校毕业生情况看，2007—2010年，用人单位聘用高校毕业生人数持续增加，但增幅逐年递减。企业是录用毕业生的主体。制造业、IT业、批发零售业是吸纳毕业生的主要部门。

第二，从用人单位专业需求满足与专业对口看，近八成用人单位认为基本能招到所需专业的毕业生。事业单位聘用的毕业生专业对口程度高于其他类型

用人单位；专业技术岗位聘用的毕业生专业对口程度明显高于管理岗位和其他岗位；高学历毕业生其工作与专业相关度更高。

第三，从毕业生就业稳定性看，超过半数的用人单位在过去三年里有毕业生离职，离职率在15%左右；社团组织和企业聘用的毕业生离职率相对较高；80%以上为毕业生主动离职，主要原因是薪酬福利不理想和缺乏职业发展空间。

第四，从毕业生薪酬待遇看，薪酬待遇逐年增加。入职一年后，专科生的薪酬增幅要大于本科生和研究生，薪酬差距缩小。

第五，从用人单位对毕业生的基本评价看，近六成用人单位对毕业生的总体表现持肯定态度。高学历毕业生对工作更加胜任。近半数用人单位认为毕业生适应岗位的时间为4～6个月。

二、2010年大学生就业状况调查

2010年6～7月，教育部对2010届高校毕业生进行网络调查，共获取21 277份有效问卷。包括各个层次高校等385所；专业覆盖全部12大专业科类；包括全国29个省、自治区、直辖市的已就业和未就业的毕业生。

第一，总体来看，2010年高校毕业生就业状况整体看好，但形势仍然不容乐观。各个专业之间的签约率和专业对口率有一定差距。

第二，高校毕业生就业期望与现实就业之间仍存在一定差距。2010年高校毕业生就业满意度偏低。毕业生起薪普遍较低。毕业生实际薪酬与期望薪酬差距较大。

第三，从就业行业和地区来看，福利待遇较好行业受高校毕业生青睐，基层对毕业生吸引力不够。高校毕业生的理想行业、理想单位和理想地点的分布比较集中。受访毕业生第一理想就业单位是机关(实际到机关就业的毕业生只有1%)；第一理想就业地点是东部沿海大中城市；排名前三位的理想行业是教育业、金融业、建筑及房地产业。由于发展前景及岗位待遇等问题，基层对毕业生吸引力不够，导致毕业生基层就业比例依然较低。

第四，国家仍需加大就业政策的宣传和落实。国家出台的政策很受高校毕业生的欢迎，但由于政策宣传力度不足，政策配套和落实力度不够，毕业生并未充分享有政策的实际效果。

第五，高校在毕业生就业指导和就业服务过程中扮演最为重要的角色，毕业生对社会就业服务机构满意度较低。毕业生的主体是通过学校的服务实现就业，大部分高校毕业生对于学校的就业服务表示比较满意。毕业生对社会就业服务机构的满意度较低，主要表现在：一是招聘效果不理想；二是社会招聘会服务成本较高；三是服务层次低，就业信息量小。

第六，毕业生自主创业热情较高，自主创业政策扶持不足。高校毕业生自主创业热情较高，倾向于合伙创业。其中，男性、低学历、技术含量较低专业、中部地区、城镇毕业生相对来说自主创业意愿较高。在创业影响因素方面，“创业政策扶持不足”、“创业教育和培训不足”和“小额贷款等扶持资金难以获得”是影响大学生创业的三大主要因素。

第七，对困难毕业生及未就业毕业生帮扶工作仍需加强。对于政府公共就业服务机构为未就业毕业生提供的服务中，受访毕业生认为应“提供招聘会和就业岗位信息”、“提供免费的人事代理和户档托管服务”、“提供免费职业技能培训”、“提供公益岗位推荐机会”等。在涉及困难毕业生和未就业毕业生切身利益的见习计划和失业登记等方面，存在关注度偏低、政策受益面不广等问题。

第八，户籍管理不灵活，影响高校毕业生就业。超过半数的毕业生认为户籍影响就业效果和质量。

第二节　大学生就业存在的主要问题与原因分析

一、大学生就业存在的主要问题

第一，社会有效需求赶不上毕业生增长速度。尽管近年来中国社会经济发展良好，保持高速的增长态势，每年有大量的就业岗位，但毕业生数量的年年增长，市场很难有效吸收。根据西方一些国家在由精英教育向大众化教育转变过程中的经验和特点来看，大学生毕业后 1～5 年内就业人数比较少一些，失业率相对高一些，有时甚至高于社会平均失业率，但是总体上受过高等教育的人的就业率要高于社会的平均就业率，而且待遇高于没有受过高等教育的人。中国近几年大学毕业生初次就业率仅为 70%，每年都有几十万大学生不能及时就业，累积效应导致就业竞争越来越激烈。

第二，大学生普遍缺乏职业生涯规划教育。西方发达国家教育中普遍重视学生的职业生涯规划教育，甚至从中小学阶段就开始开设职业规划辅导课程与相关的咨询服务。而在中国，绝大多数学生在进入大学之前所受到的职业辅导几乎为零。进入高等教育阶段，尽管学校逐渐开始重视职业生涯辅导，但从事这项教育工作的专业人员缺乏，行业不成熟，而且很多大学生自身也不够重视，并没有达到教育部门提出的大学生职业教育“全程化、全员化、专业化、信息化”的要求。很多毕业生求职应聘时出现了对自己和市场环境认知不到位、就业期望不合适、就业目标不明确、就业决策不了解等问题，影响了就业的成功率和质量。

第三，“高不成、低不就”的就业尴尬。毕业生的求职观念和心理状态对就业存在着很大影响。当前，不少毕业生还停留在计划经济和精英化教育的时代，认不清形势，过高地估计了自己的优势，对自我缺乏客观、科学的认识，对就业的工作地域、经济待遇、环境条件等方面的期望值居高不下，在择业目标上与社会需求和自身能力形成巨大反差，出现“高不成、低不就”的尴尬局面，对其顺利就业造成了极大的阻碍。

有些毕业生一味追求热门行业，比如IT行业、金融机构、政府机关等；有的毕业生在求职时只选择一个行业，相关行业根本不考虑；有的毕业生不愿意到基层、落后地区，特别是乡镇和私营企业工作，长期“驻扎”北京、上海、深圳、广州等大城市，在各种招聘会上奔波，毫无目标地等待；有的毕业生则一味追求高工资和高待遇，不惜时间和金钱在全国范围内的招聘会上寻找目标。

第四，大学生的就业结构不平衡。由于就业区域选择上存在着偏好，大学生的就业结构总体上不平衡，突出表现为大学生求职时出现的“三多三少”，即东部多、西部少，城市多、农村少，外企多、私企少的现象。大学生即便在大城市里没工作，也不愿离开城市，不愿到西部、农村去。因而，表现出地理上的不平衡性。

另外，由于买方市场的逐步形成，长短线的矛盾一时难以根本解决，不同学科专业、不同学历层次甚至不同性别之间的就业都存在明显的差异，表现为结构性失衡。男性、重点高校、本科以上学历和工科毕业生相对其他毕业生较容易找到工作；研究生的就业率明显高于本专科生的就业率；管理类、纯文科类、纯理科专业的就业状况不理想。

第五，部分大学生的能力素质不适应用人单位的要求。毕业生的能力素质与用人单位的需求也存在较大差距，加大了毕业生就业的难度。现在用人单位对高校毕业生的敬业精神、职业道德、学习能力、应变能力等方面都提出了越来越高的要求，不仅要求毕业生诚实守信、勤奋敬业，而且还要求具有开拓创新意识和团队精神，具备良好的心理素质、沟通协调能力、社会适应能力。用人单位重视职业道德和综合素质，对专业的要求反而有所淡化。因此，那些综合素质好、学习适应能力强，具有创新和“一专多能”的毕业生越来越受欢迎。

据调查，企业人士和大学生都认为“对企业岗位专业知识缺乏了解、能力不足”是影响求职就业的最主要因素。大学生在认知、技能层面上和企业的用人标准有差距，在企业给大学生的建议中，“眼高手低”是企业最为诟病的一个缺点。

第六，大学生的就业渠道不够畅通。目前的人事管理制度仍然有较强的计划体制色彩，使不少缺位以待的用人单位受到限制。一些中小型私营企业急需高学历的管理技术人员，却因没有用人指标，解决不了大学生的派遣、户口、档案等问题而招不到人。另外，户籍、社保等问题给通往基层、西部、农村、艰苦行业、艰苦岗位及通往自主创业、自谋职业道路的毕业生也同样制造了障碍。教育体制和劳动力市场之间缺乏有效的连接，使得需求和供给之间的渠道不够畅通，造成了一方面企业找不到合适的人才；另一方面很多大学生为了工作而四处奔波碰壁。

此外，在一些企事业单位，尤其是国家行政、事业单位，仍然存在“只进不出，只上不下”的现象，计划经济体制下的“铁饭碗”思想根深蒂固，毕业生到这些单位就业的机会非常少。该进的进不来，该走的又走不了，也使大学生的就业渠道严重受阻。

第七，“人才高消费”现象比较普遍。近年来，随着大批高校毕业生走出校门，社会对人才的需求量逐渐呈“供大于求”的状态，人才市场上出现“人才高消费”倾向，不少单位聘用人才，不是根据需要，而是相互攀比，竞相以高文凭、高学历为条件，大材小用，用非所学，用非所长。人才市场形成了“博硕多多益善，本科等等再看，大专看都不看，中专靠一边站”的畸形局面。有的招聘幼儿园教师、博物馆解说员也要博士生，甚至有的单位招聘门卫、擦鞋工、清洁工也非要本科及以上学历。一些单位之间的盲目攀比，把招聘高学历毕业生作为提高自己单位声誉的招牌。从而造成高学历人才不足、低学历人才供过于求的假象，这种“人才高消费”的现象其实是对人才的一种极大浪费，对社会、用人单位及个人都产生了巨大危害。它还向社会发出中低学历人才需求已饱和的错误信号，导致许多人把本科生和研究生教育作为接受教育唯一的选择。人才高消费还导致人才与职位错位，反而降低了劳动生产率。不少毕业生是迫于生计而屈才低就，采取“先就业再择业”方式，一旦找到好单位立即跳槽，不利于企业的稳定和发展。另一方面，高学历者低就，造成低学历者失去合理竞争工作岗位的权利，使适合他们的工作岗位大量丧失，加剧了就业市场的压力。

二、大学生就业问题的原因分析

大学生的就业行为是一种社会行为，关系到大学生人生社会价值的实现、家庭教育投资收益，也关系到高等教育的可持续发展、人力资源的投入分配。总之，大学生就业关系到社会发展的方方面面，牵动着政府、社会、学校、家庭、个人等多方的视线。当前大学生就业所存在问题的原因，既有来自社会环境、学校教育和家庭教育的因素，又有个体的原因。

第一，政府制定的有关政策不够完善。尽管国家出台了一系列促进大学生就业的政策规定，但很多还没有很好地落实。不少地区限制毕业生就业的政策性障碍依然存在，如就业落户和人事档案流动配套政策不够完善，导致毕业生落实了单位而无法落户或单位不接收人事档案，造成毕业生“就业难”。人事制度、用工制度、户籍制度、社会保障制度等方面的不配套，使毕业生到非国有单位就业、西部就业、自主创业有后顾之忧，影响毕业生就业和创业。

另外，由于全国各地经济、社会发展水平差异较大，使得大学生到基层就业的道路变得障碍重重。有些基层单位对大学生重视不够，甚至让其为自己“打杂”，极大地挫伤了大学生在基层工作的热情。目前，鼓励人学生到基层和艰苦地区就业的政策，虽然在一些地方已经取得了长足的进展，但总体来看，离形成一套完整的、覆盖面广的政策保障体系，对大学生构成足够大的吸引力还有相当长的距离。

第二，大学生就业机制不健全。求职企业类型、求职区域选择偏好对就业的影响需要政府加大宏观调控和政策引导的力度，消除政策障碍，健全社会保障体系，形成高校毕业生多元化的就业方式，特别是要引导和鼓励他们到基层、到艰苦的地区、到艰苦的行业去工作和创业。建立了“进入”机制，同时还要建立“退出”机制，来去自由，允许退出，理解退出，只有这样才能够消除他们的后顾之忧。

另外，中国大学毕业生就业实行的是“供需见面、双向选择”的就业方式。但由于就业信息机制不健全，信息渠道不畅通，信息不充分，严重影响着毕业生的就业。很多高校存在着“本位主义”，人为制造信息“壁垒”，使得毕业生在就业信息的获取上严重不对称、不公平。目前，教育主管部门逐渐重视毕业生需求信息填报机制，加大投入建立统一的毕业生就业信息网络，将就业工作信息化，健全高校毕业生就业信息反馈机制，从而实现人才市场、劳动力市场、大学生就业市场的统筹运作，通过联网，为高校毕业生与用人单位搭建一个方便快捷、覆盖面广、资源丰富的信息平台。

第三，就业市场不规范。在目前经济体制的转轨时期，毕业生就业市场地位还有待于进一步明确。高等学校更多地把毕业生视为其产品，从而充当供给主体的角色。

各高校设置的毕业生就业指导中心、按行政区域设置的毕业生就业市场（或毕业生就业指导中心）及毕业生就业仲裁机构是目前毕业生就业市场的三个中介组织，这三个层次的中介组织虽大都已建立，但其沟通供需双方市场信息、维护供需双方合法权益、促成合法交易有效形成和调解双方争议等功能还远未得到落实。

此外，毕业生的就业权益也因市场不规范而缺乏保障，经常受到损害。例如，毕业生与用人单位签约行为不受劳动法保护，缺乏相应的法规解决有关纠纷；用人单位拖延签约时间或单方解除协议时，毕业生权益得不到保障。另外，用人单位对部分大学生存在歧视现象，如年龄歧视、户籍歧视、性别歧视、经验歧视、学历歧视等。这种歧视使部分毕业生失去了很多机会，有的连面试的机会也被剥夺，这对高校毕业生的自信心是一种摧残，使某些毕业生就业之途更为坎坷，也造成了社会人力资源的巨大浪费，对社会的发展进步造成极大影响。

第四，学科和专业结构不合理。自高等教育规模扩大以来，不少高校都忙于外延式的发展，无暇顾及专业设置、教学内容和教学方法上的改进和发展，而且高校的“扩招”基本是在原有学科专业结构框架内进行，忽略市场需求，仅以学校条件为依据设立专业，如一些工科和理科专业由于缺乏基本实验条件而无法“扩招”更多的学生，而一些文科专业却大幅“扩招”，学校专业划分越来越细，重复设置的专业越来越多，造成学科结构性失衡，供求比例严重失调。这些专业的课程内容和教学手段严重滞后于市场，学不能用，用非所学。结果导致高等教育对人才的培养不能适应国民经济发展和就业市场对人才的要求，出现大学生就业的结构性矛盾，毕业生社会适应性差、就业竞争力不强，部分专业毕业生相对过剩、就业困难等问题。

第五，就业指导力度不够。就业指导是帮助毕业生顺利就业的不可或缺的学校常规性工作。目前，从总体上看，学校就业指导工作尚缺乏系统性、规范性、针对性。学生由于得不到来自学校的更全面、更具体的帮助，因而只能自己在实践中摸索，自己去了解信息、调整目标和心态，这难免会走弯路，浪费时间和精力。

尽管多数高校都设立了就业指导中心，但专职指导人员不足，达不到教育部文件规定的学校专职从事大学生就业指导人员与毕业生的人数之比为1∶500的比例要求，同时还存在着就业指导队伍专业素质不够高，对就业政策的认识不全面、不深入，就业指导经费缺乏等问题。由于就业指导的方法比较简单，就业指导内容不充实、针对性差，达不到就业指导的真正目的。

第六，就业观念比较滞后。在市场就业的情况下，大学生个人的就业观念需要有一个转变，家庭对大学生的就业观念也需要调整。由于就业观念的不适应，不少大学生没有很好地利用大学的几年时间去准备就业知识与技能，就业时盲目跟风，有的不能根据自身的特点进行择业，有的不能根据实际进行就业目标的调整。同时，社会、家庭对大学生就业的期望值仍然较高，对大学生自主创业和多种形式的灵活就业不能认同，接受不了大学生失业的现实。尽管竞争机制已成为市场经济的必然，但仍有部分大学生及其家长的就业观念一时很难从“精英教育”的观念上转变过来，潜意识里仍存在对“铁饭碗”的渴望。这些都对大学生就业产生着不利的影响。

【阅读资料】

高校毕业生就业八大体系

一、高校毕业生政策支撑体系

出台毕业生到基层就业新政策；

进一步完善鼓励大学生创业的政策扶持体系；

拓宽毕业生到中小企业就业的渠道；

大力培育各种社会组织，使之成为促进毕业生就业的新增长点；

加快形成有利于吸纳毕业生就业的高端服务业和高技术产业集群；

进一步修订和完善高校毕业生就业工作暂行规定。

二、引导毕业生到基层服务体系

以推动实施地方基层项目为突破，拓展各类就业项目；

进一步完善征集高校毕业生入伍长效机制；

对基层的毕业生提供持续服务和支持。

三、高校毕业生就业创业指导服务体系

加强职业生涯教育和就业指导课程建设；

为毕业生提供个性化就业指导和咨询；

加强对毕业生自主创业的指导服务；

开展富有成效的毕业生思想教育和就业创业教育。

四、高校毕业生就业市场建设和信息服务体系

建设全国统一的毕业生就业市场；

建设完善的高校毕业生就业信息服务网络。

五、高校毕业生就业管理服务与监测体系

同步实时监测各地高校毕业生就业情况；

实现高校毕业生就业手续办理的信息化、自助化。

六、高校毕业生就业状况评价和反馈体系

进一步完善高校毕业生就业统计指标体系和统计办法；

构建更加科学、规范的就业统计工作体系；

建立高校毕业生就业工作评价机制；

构建完善的就业状况反馈机制。

七、就业困难高校毕业生帮扶体系

建立困难毕业生就业数据库，实行实名动态援助机制；

整合各方力量，建立政府、高校、社会三方帮扶体系。

八、高校毕业生就业工作组织保障和队伍建设体系

始终把高校毕业生就业摆在当前就业工作的首位；

通过到用人单位挂职、实训，提高就业指导人员业务水平；

建立一支业务精湛、充满活力、相对稳定的高素质、专业化就业指导教师队伍。

第三节 新时期大学生的就业趋势与有利条件

一、新时期大学生的就业趋势

随着社会经济发展、就业市场环境的变化、毕业生就业制度改革深入及就业市场化的发展，大学生就业出现就业意识、就业观念转变，就业渠道、就业范围扩宽，就业行为更加市场化的趋势。

(一)就业观念理性转变

随着大学生的就业意识、竞争意识的大大增强，就业观念持续进步。高等教育大众化阶段后，高校毕业生供给大于社会需求，进入毕业生的卖方市场。毕业生已由“供不应求”转变为“供大于求”。面对当前严峻的就业形势和就业压力，毕业生将逐渐摆脱被动依赖、消极等待的思想，树立竞争择业的观念，主动出击，努力做好就业准备，积极主动参与市场竞争。“一步到位”的就业观念也将得到改善，“先就业、后择业、再创业”的新观念将普遍形成。不少毕业生不再从一而终，不再被动地接受用人单位的选择，而是主动用自己所积累的知识技能进行理性地职业流动和理性跳槽，甚至自主创业。

随着高等教育的发展，高校毕业生就业人数在社会就业人员中所占的比例大幅度提高，预计今后相当长的一段时间内，在社会需求总量增加不大的情况下，毕业生之间的竞争将格外激烈，毕业生整体求职的成本和时间将扩大和延长，毕业生整体的薪酬水平也将有所下降。毕业即待业的毕业生人数将增多，但很多人会意识到，待业不仅是一种非常正常的社会现象，而且暂时的待业并不等于永久失业，经过短时期待业，只要积极争取，努力提升自身技能，也能最终就业。同时，毕业生对待业的心理承受能力也大大增强。

（二）就业标准务实

过去部分大学生片面认为只有到机关、国企、事业单位才算成功就业，这种偏见随着外企、私企就业机会的增多和就业条件的改善而逐渐得到纠正。大学生将进一步淡化“国有”、“私有”的概念，树立全方位、多渠道的就业意识。随着人才培养口径的扩大及社会职业大分化、大量新职业的涌现、用人单位的人才观念和人才标准的变化，越来越多的毕业生在求职时淡化了专业对口的观念，而是以“学以致用”的原则，发挥其综合素质优势，在更加宽泛的就业范围和领域内寻找理想的职业。除此之外，在择业时，大学生不再仅仅注重单位的地理位置、经济效益和福利待遇，而更侧重于单位的发展前景、工作环境和用人机制。

（三）择业技巧日趋成熟

随着就业形势的严峻，就业竞争的加剧，大学生开始重视择业技巧，包括择业知识的学习和技能的掌握。他们精心准备自荐材料，注重对自己形象的包装，研究笔试和面试的技巧，力求给招聘单位留下良好印象。在求职前，越来越多的大学生能够仔细分析自己的竞争优势与弱点，研究市场需求与目标单位用人标准，从而对自己做出在就业市场上的理性定位，并进一步在求职过程中适时调整就业心理和就业期望值，调整择业目标与策略，为成功就业运筹帷幄。

（四）就业形式与目标多元化

从高校来看，高等教育大众化后，高校的入学标准、培养模式、教育方式、培养目标等都将随社会需求的变动而发生一系列变化。除了培养专业创新人才外，高校还要承担培养高素质社会劳动力的任务。培养目标的多样化必然导致毕业生就业取向、就业形式的多样化。如果说精英教育培养的是“英才”、“白领”，在大众化教育阶段高等教育既要培养“英才”，也要培养普通劳动者。他们就业后，既有“白领”，也有相当数量的“蓝领”，甚至“灰领”。可以说，社会有多少种就业形式，高校毕业生就有多少种就业形式。例如，全日制就业、半日制就业、计时就业、计件就业；一次性就业、准就业（大学生志愿服务西部）、暂时待业（考研或留学）；显性就业、隐性就业（家庭内就业、自我雇用、临时工）等，都将成为大学生职业形式的选择之一。大学生就业观念和择业价值取向的多样性，将导致大学生就业目标选择的多元化倾向。在对未来从事职业行业领域的选择上，原有选择职业集中单一行业的现象正在淡化，高校毕业生由原先选择公务员、教师、事业单位的高比例，逐渐趋向于把外企、私企、西部、自主创业等作为就业选择目标；在对工作地域的选择上，尽管“孔雀东南飞”的状态在大学生就业流向上维持了很长一段时间，但随着经济、社会的发展、国家就业配套制度和政策的改革，大学生已经不再局限于沿海经济发达地区或大城市，选择中小城市就业的比例也在提高，与当前社会上人才回流趋势相吻合。

(五)就业渠道多样化

在毕业生逐渐适应“供需见面、双向选择”的就业制度，就业观念不断更新的新形势下，毕业生就业的渠道也形成了多样化的趋势。绝大多数毕业生不仅通过学校就业部门获得就业信息，参加本校组织的各种招聘会，而且也充分利用外校、外地及社会上的人才交流大会落实就业去向，有的则利用社会的媒体、中介组织获得就业信息，有的借助于家长、亲朋好友、校友及老师、同学的推荐获取就业信息，签订就业协议。面对当前的就业形势，有的则继续复习考研或出国深造；或先参加短期培训，再慢慢寻找就业单位；有的则选择自主创业或者自由职业。

另外，随着用人制度的进一步市场化和户籍制度改革，大学生就业的跨区域流动速度加快，也在很大程度上为毕业生拓宽了就业渠道，择业范围更广，完善的异地求职、全国网络招聘、跨区域就业、跨区域流动机制为大学生多渠道就业提供了良好的保障。

(六)就业行为市场化

高等教育由精英化走向大众化的过程，也就是高校毕业生就业由政府行为过渡到市场行为的过程。市场在毕业生就业中具有基础性、导向性作用，如价格机制(毕业生的经济收入)在调整毕业生就业流向、就业观念方面就发挥着十分重要的作用。

部分大学生一毕业即待业成为必然。处于待业状态的高校毕业生无法在短期内收回接受高等教育的投资，同时造成了就业成本的提高，这必然会促使毕业生通过降低择业期望值、接受继续教育提高自身就业能力等途径来实现就业。同时，高等教育也会做出理性选择，及时调整专业方向和培养目标。市场这只无形的手就是这样主导着毕业生就业，主导着高等教育的发展。

二、大学生就业工作的基本经验和有利条件

(一)基本经验

第一，各级领导高度重视是做好毕业生就业工作的关键。中央明确提出把高校毕业生就业摆在当前就业工作的首位。总书记讲话、总理政府工作报告等重要讲话及文件，都对高校毕业生就业工作做出明确部署。教育部党组每年要

召开若干次党组会和部长办公会进行专题研究，每年召开全国会议动员部署。地方主要领导直接过问、牵头协调，高校普遍实施“一把手”工程，党委书记、校长亲自抓就业，这是“十一五”期间就业工作顺利进行的有力保障。

第二，坚持以科学发展观为指导，确保了高校毕业生就业工作的正确方向。坚持以科学发展观为统领，把高校毕业生就业工作作为落实以人为本、保障和改善民生的重要内容。高校围绕经济社会发展和国家重大战略需求，把握国家未来发展所需要的人才数量、质量和结构，使学生充分就业，为经济社会发展提供人才支撑和智力支持，实现高等教育健康可持续发展。

第三，加强统筹协调、协作配合是落实工作的重要基础。高校毕业生就业工作部际联席会议10个部门积极配合，发挥了重要作用。2008年部门“三定”方案之后，教育部与人力资源和社会保障部加强统筹协调，共同推进毕业生就业工作。各地相关部门通力合作，齐抓共管，调动各方力量和社会各种积极因素，共同完善落实政策。

第四，高等学校勇挑重担、改革创新、真抓实干，是推动就业工作实现新跨越的核心力量。工作在高校一线的同志们承担了最直接的压力和最繁重的工作。各高等学校因校制宜，积极探索创新，想方设法出政策、出项目、出资金，扎扎实实推进就业指导、就业服务、市场开拓等各项工作，形成了高校毕业生就业工作的良好局面。

第五，做好思想教育和舆论引导工作是实现就业稳定的重要保障。各地和高校采取多种方式加强毕业生思想教育，努力营造良好舆论导向。通过教育和引导，毕业生就业观念发生了显著变化，就业方式和渠道更加多元化。

(二)有利条件

党和国家一直高度重视就业工作，出台了很多全局性文件和政策，促进就业一直是政府最为关心并重点解决的经济社会问题之一。改革开放以来，政府始终将促进就业作为国民经济和社会发展的战略性任务。党的十七大提出了坚持实施积极的就业政策，实现社会就业更加充分的奋斗目标。《就业促进法》对促进就业工作也做出了法律规范，要求各地区、各部门根据新的形势和工作要求，切实做好促进就业工作。

第一，党和政府高度重视就业问题，提出“就业优先”的理论。中央明确提出，扩大就业是保障和改善民生的头等大事，把促进就业作为经济社会发展的优先目标，努力实现充分就业，构建和谐劳动关系，依法维护劳动者权益，把解决高校毕业生就业问题作为工作重点。

第二，经济保持健康发展，扩大内需和加快推进城镇化，对就业形成强力拉动。“十二五”时期，中国经济将保持又好又快的发展势头。发展战略性新兴产业、实施产业振兴计划，扩大内需和推进城镇化，将拓展就业空间；发展现代服务业和智力密集型产业，为第三产业发展提供机遇；促进非公有制经济和劳动密集型中小企业的发展，将扩大就业。

第三，各项促进就业政策的效力进一步释放，就业和创业环境进一步改善。实行《就业促进法》和积极就业政策，劳动关系法律政策体系逐步完善，为就业工作提供法律和政策保障。各地结合实际创造的行之有效的经验，为扩大和稳定就业奠定了良好的基础。

第四，市场就业观念深入人心，公共就业人才服务体系已经形成。“等、靠、要”的心态得到转变，求职就业更加理性务实，就业方式日趋多样化。城乡公共就业人才服务体系已经形成，能够为劳动者和用人单位提供相应的公共就业人才服务。

【阅读资料】

贯彻落实教育部关于做好 2012 年
全国普通高等学校毕业生就业工作的要点

2012 年，全国普通高校毕业生规模达到 680 万人。当前中国经济发展面临的国内外环境仍然十分复杂，不稳定、不确定因素还不少；高校毕业生就业总量压力和结构性矛盾依然突出，就业形势严峻，促进高校毕业生就业的工作任务更为艰巨繁重。各省级高校毕业生就业主管部门及各高等学校将认真贯彻落实党中央、国务院的决策部署，完善政策措施，加强指导服务，千方百计促进高校毕业生就业。

一、继续把高校毕业生就业工作摆在突出重要位置

第一，明确工作思路和目标任务。把 2012 年作为“落实年”，切实加大政策和工作落实力度，加快建立和完善高校毕业生就业服务体系，继续大力推进就业优质服务，全面促进高校毕业生就业。

第二，切实加强组织领导。落实“一把手”工程。

二、引导和鼓励高校毕业生到城乡基层、中西部地区、艰苦边远地区和部队建功立业

第一，继续实施好各类基层就业项目。

第二，进一步拓宽毕业生基层就业渠道。

第三，做好高校毕业生入伍预征工作。

三、全面推进大学生创新创业工作

第一，全面加强创新创业教育和创业基地建设。

第二，进一步加强创业政策扶持和创业服务。

四、以课程建设和信息化建设为重点，大力提升高校就业指导服务水平

第一，加强就业指导课程建设和咨询指导。

第二，加强就业指导服务机构和队伍建设。

第三，加强就业市场和信息化建设。

五、重点帮扶，对特殊困难群体实施有效的就业援助

第一，认真做好家庭经济困难、就业困难高校毕业生的就业援助工作。

第二，重点开展高校就业困难少数民族毕业生的帮扶和援助。

六、加强就业管理，提高工作规范化、科学化水平

第一，严格按照有关规定做好毕业生签约和就业统计工作。

第二，创新就业管理和服务模式。

七、深化高等教育改革，切实提高毕业生就业创业能力

第一，进一步优化学科专业结构和人才培养结构。

第二，加快人才培养模式改革，强化实践育人。

八、开展生动有效的思想教育和宣传工作，确保就业安全和校园稳定

第一，进一步加强思想教育和宣传工作。

第二，切实维护就业安全和校园稳定。

第三，建立定期督查机制。

第四节　大学生就业市场概述

面对严峻的大学生就业形势，在影响就业的诸多因素中，市场环境是非常重要的一项。在信息技术飞速发展的时代，大学生应审时度势，既要密切关注有形市场，更要把握好网络市场的特点，积极应对当前就业形势，才能顺利找到适合自己的工作。

一、什么是大学生就业市场

(一)大学生就业市场基本状况

就业市场，又称为劳动力市场，是指劳动力流动和交换的场所，用人单位和劳动者通过双向选择实现劳动力资源的调节与配置，是运用市场经济调节手段达到人力资源重新分配的一种机制。劳动力市场在调节劳动力供需关系，推动劳动力的合理流动，实现劳动力资源的合理配置，维持社会稳定等方面起到很大的作用。

大学生就业市场作为社会主义市场经济体系下劳动力市场的一部分，是专门以高校毕业生为服务对象的初次就业市场，属于人才资源市场的一种，是高校毕业生就业工作管理体系和就业制度中的一个重要组成部分。经过多年的发展，大学生就业市场已初步形成以市场为导向、政府宏观调控、学生与用人单位双向选择的就业机制，对中国人力资源的合理配置及优化人才结构起到积极作用，已经成为大学生就业的主选方式。

(二)大学生就业市场的类型

大学生就业市场按其外在表现形式可分为有形市场和无形市场。

1. 有形市场

有形市场是指有固定的场所、具体的时间和地点、特定的参加对象，在某一时间内把用人单位与毕业生组织在某一场所，为双方进行交流和双向选择提供的就业平台。主要包括以学校为主体单独举办的毕业生就业市场；学校联办的毕业生就业市场；地区性、区域性的就业市场；企业的专场招聘会，也称宣讲会；分科类毕业生就业市场；层次性人才就业市场。

2. 无形市场

无形市场主要指毕业生联系工作不受特定的时间和空间的限制，由用人单位和毕业生自行自主地选择通过某种媒介和交互平台进行交流和沟通。无形市场是无形的，但又是客观存在的。随着信息技术的高速发展，高校的无形市场发展非常迅速，在大学生就业市场中所占的地位日显重要，作用也越来越大。

电话、邮件、报纸和计算机网络等通信和传播方式，都是大学生无形就业市场的组成部分，通过这些手段，用人单位和毕业生供需双方可以完成沟通和联系。借助互联网技术建立起来的求职招聘网站，为大学生就业市场提供了更加宽阔的渠道。凭借信息快速、便捷和方便灵活的特点，这种无形市场让用人单位和毕业生之间打破了时间、区域、场所的限制，网上招聘、网上求职、网络视频面试等快捷、灵活的方式已被越来越多的单位和毕业生所认同。

【阅读资料】

网络视频面试悄然兴起——毕业生轻点鼠标找“婆家”

据了解，网络视频面试是悄然兴起的一种求职模式。应聘者与招聘单位约好面试具体时间，准备好因特网接入设备、计算机、摄像头、话筒等设备后，开始与用人单位进入面试环节。虽然双方远隔千里，但是网络视频的画面、声音非常清晰，求职者和用人单位之间的交流就像面对面座谈一样，这种基于双重了解的全新交流互动方式，能使用人单位和求职者足不出户就能完成面试，节约了求职者和用人单位的时间，也有助于一些高级人才摆脱不擅长面试的困境。记者从福建工程学院软件学院的有关负责人了解到，目前学校通过这种方式为十几名毕业生顺利找到了“婆家”。在校园供需见面会上，来自厦门、上海、广东等地的60多家用人单位，就有20多家用人单位选择了网络视频面试来选聘毕业生。

记者从福建省教育部门了解到，福建省将建立毕业生远程视频面试室，为毕业生和用人单位提供免费的公共服务，并继续在高校、各用人单位全面推广使用福建省毕业生就业公共网，依托公共网举办网络招聘会，搭建毕业生和用人单位网上交流的平台。

二、大学生就业市场的特点

高校毕业生就业与社会劳动力就业有明显的差别，主要表现在就业对象层次比较高、就业经验不够丰富、就业时间短、社会压力大等方面。随着市场经济改革的发展逐步建立起来的大学生就业市场，作为一类高级人才市场，其运行遵循市场经济一般规律，同时也具有与其他劳动力市场不同的特征，其发展具有自身特点。

(一)初次性

尽管高校毕业生是高层次的人才，但大多是刚出校门的学生，初次就业，缺乏社会经验和实际工作能力，要胜任一项工作还需要一段时间的适应过程。也因为是初次就业，大多数大学生就业的愿望都比较迫切，对就业的期望值一般都比较高，理想与现实容易产生矛盾。毕业生应根据市场需求的变化来调整和确定自己的就业策略和期望值。

(二)时效性

大学生毕业的时间比较集中，一般在每年的6月份，因此签订就业协议的时间也多集中在毕业前的半年时间里。大学生就业一般要求在几个月内就落实自己的就业单位，最多延长至一年，时间紧、任务重。如果在这段时间内解决不了就业，毕业生将面临着毕业后的待业问题，这决定了大学生就业市场有很强的时效性。

(三)群体性

全国每年有上百万名大学毕业生几乎在同一时间段内第一次进入社会就业，这是一个特殊又庞大的群体。在每年的3～7月，各地区针对毕业生的大型招聘会都异常火爆，经常出现摩肩接踵、非常拥挤的场面。这种大规模、大批量的群体性就业，与一般的人才市场和次级劳动力市场自由的、零散的个人择业形成鲜明对比。

(四)广泛性

高校毕业生是国家宝贵的人才资源，是社会主义现代化建设的生力军，每年为各行各业输送大量的人才。无论是政府还是企事业单位，都把接收高校毕业生作为补充新鲜血液的最重要甚至是唯一的途径。因此，高校毕业生就业不仅是毕业生的问题，更牵涉到社会的各个方面，几乎所有的单位和组织机构都参与其中。

(五)竞争性

尽管与一般的劳动力市场相比，大学生就业市场的就业率相对比较高，但其竞争也是非常激烈的。一旦进入市场，大学生面临的就是一场知识、能力、素质的竞争。大学生需要有竞争意识、危机意识，甚至做好待业的心理准备。

(六)失衡性

现阶段，人口的增长使社会总劳动人口的供给已经大于社会经济发展的需求；而高等教育的普及使高校毕业生人数激增，也超过了大学生就业市场的需求，造成了大学生就业市场的总量失衡和结构性失衡。在激烈的就业竞争下，大学生就业市场和一般劳动力市场开始出现部分融合，一部分大学生逐步向一般劳动力市场转移，从事一些不需要接受高等教育就可以胜任的工作，这是社会经济文化发展及社会整体人力资源水平提升的一个必然阶段，在当今市场经济发达的其他国家也是很普遍的现象。

三、完善并发挥大学生就业市场的功能

随着社会主义市场经济体制的建立和高校毕业生就业制度改革的深化，中国大学生就业市场逐步建立起来。在就业市场的作用下，大学生人才资源得到了有效的配置和利用，促进了经济社会的发展；学校与社会之间的联系也大大加强，促进高校教育改革的同时，大学生主动学习、自我提升的积极性也得到了加强。

(一)市场机制的作用日益明显

目前，市场机制逐步发挥了在毕业生资源配置中的基础性作用，大部分高校毕业生进入人才市场，通过“供需见面”和“双向选择”的方式来落实工作单位。有关资料表明，经济较发达地区90％以上的毕业生是通过人才市场找到工作单位，全国重点高校或一些工科类专业的毕业生基本上是通过市场方式就业。

在市场机制的作用下，毕业生及其家长的就业观也正在逐步改变。经过几年的双选及供需见面活动，相当一部分毕业生及其家长对就业制度改革有了一定程度的理解，他们的自主就业意识开始觉醒，主观能动性日益增强，就业观念正在悄然发生变化。

(二)社会对毕业生的要求进一步提高

由于现在的毕业生就业市场已经是卖方市场，就业竞争日益激烈，用人单位对毕业生各方面的要求也越来越高。毕业生的学校品牌、学历层次、知识水平及综合素质都是用人单位所关注的重点；在招聘过程中，更要通过从网络在线申请、性格测试、笔试到几轮面试的层层筛选。

很多用人单位为了找到优秀的毕业生，不再是仅仅参加人才招聘会，而是主动到学校进行宣讲，开展单独招聘。在人才选择上，用人单位更加注重毕业生的素质、能力和职业品质。

(三)以学校为基础的毕业生就业市场已经基本形成

目前，以学校为基础的毕业生就业市场和就业指导服务体系已经建立，为毕业生和用人单位提供着多方面的帮助、指导和服务。与其他各类人才市场相比，以学校为主体的就业市场，尽管规模相对较小，但其针对性较强，供需双方专业对口，学校的中介作用可以得到充分发挥，市场规则简单，效益发挥较好，因其高效、可靠、真实、规范而受到了毕业生和用人单位的普遍欢迎。许多高校的调查显示，毕业生就业信息的获得主要是通过学校，以学校为基础的毕业生就业市场签约率较高。

(四)宏观调控进一步加强

大学生就业市场实现现代化、规范化和信息化，才能有效实施“市场导向、政府调控、学校推荐、毕业生与用人单位双向选择”的大学生就业制度，才能让大学生就业通过市场机制实现人才的最佳配置。大学生就业市场的完善离不开政府的宏观调控，比如许多行业部委所属高校逐步划归地方管理后，行业尤其是艰苦行业人才的急需如何保证，边远地区所急需的人才如何得以充实，这些实际问题仅靠市场调解或思想教育是难以奏效的，必须有切实可行的宏观调控手段。从相关部门出台的一系列促进就业政策来看，今后国家将会加强以市场为导向的宏观调控力度，积极引导、吸引毕业生到关系国计民生的国有骨干企业、重点教学科研单位、国防、军工及边远、艰苦地区就业。

(五)“无形市场”发挥更大作用

随着高校就业体制改革不断深入，利用现代化手段传递供需信息，毕业生网上就业和用人单位网上招聘必然成为高校毕业生就业工作发展的新趋势。越来越多的学校将充分发挥现代信息技术的作用，采用现代网络手段扩大对专业就业信息的传播，通过信息网络创建自己的就业网站，友情链接全国各地人才市场的信息网站，汇集全国各地区、各部门的就业政策、人才需求信息，供毕业生查询，为大学生创造广阔的就业空间，使大学生就业市场逐步形成一种规范化的运作机制，更好地为高校毕业生、用人单位提供高效、优质的服务平台。

思考与练习

1. 当前大学生就业面临怎样的形势，有哪些主、客观影响因素？

2. 思考你的就业观念与择业的标准是怎样的？在当前的就业形势下是否理性？需要怎样的调整？

3. 如何充分利用好各类大学生就业市场？

实践探索活动

1. 梳理一下你所能想到的就业渠道，列出来，并与其他同学讨论、修正、完善，从而建立自己的就业渠道网络。

2. 深入了解自己专业近 3 年在本省内的就业市场情况，分析是否存在学历、院校及性别上的不均衡状况。

第二章　自我认知　完善素质

【学习目标】

引导学生通过各种方法、手段来了解自我，并了解自我特性与职业选择和发展的关系，形成初步的职业发展目标。

【案例导入】

“我现在很担心，怕自己找不到工作。”21 岁的蔡××是福建农林大学的大四学生。去年 12 月，她就着手参加招聘会和在网上投简历，但至今没找到合适的工作单位。

“以前我从没想过就业的事，大学四年都不知道充实自己，给毕业后就业加码。”蔡××说，她所学的劳动与社会保障专业属于“冷门”，虽然福建只有厦门大学、福建师范大学和福建农林大学 3 所高校开设此专业，但是很难找到对口的工作单位。前不久，她和同学参加在福州大学举行的一次招聘会。“去时信心满满，感觉自己的学校和专业应该挺不错的。谁知很多用人单位一看我们的专业，就说我们不合适，直接把简历退了回来，让人备受打击，逛了 100 多个单位，只送出 1 份简历。”

临近毕业了，蔡××的就业压力与日俱增。“不时有亲戚朋友询问，你毕业工作包分配还是自己找，我说当然是自己找了。”蔡××说，当初，家人曾劝她考师范院校当老师，但她还是坚持理想报了农林大。蔡××说：“真羡慕以前那些包分配的大学生，他们是‘我是一块砖，东西南北任党搬’，总好过‘我是一块砖，可惜没人搬’吧。”

“我现在是边备考公务员，边在媒体实习，边找工作。”蔡××说，“希望在福州找到一份月薪 1 500～2 500 元的文案、策划工作。”

案例点评：大学阶段是自我意识完善的重要时期，但是中国大学生在踏入大学校门后，刚脱离灌输式的教育，进入一个自我教育的新阶段。在这一时期，他们开始摸索着建立并逐渐完善自己的人生观、价值观。但由于各种主观及客观的因素，大学生在自我意识完善过程中，有时不能客观地认识和评价自我，出现自我认知偏差，甚至造成自我认知障碍。自我认知的不完善，就会进一步造成大学生不能够正确地认识世界和改造世界，进而影响自身的求职择业。

第一节 正确认识自己

正确认识自己的内涵十分丰富，概括起来主要有主观与客观、个人与社会两方面的因素。

一、正确认识自己的个人因素

(一)理想追求

理想是人生的坐标，一个人具有什么样的理想，就会有什么样的奋斗目标和现实表现：有的人为事业和信仰而献身；有的人为个人和金钱而活着；有的人为社会的进步作出奉献；有的人为个人不惜损人利己……理想的追求，集中反映了一个人的人生观和价值观，在大学生求职择业的过程中，这个问题必然会对每个人择业指导思想的确立产生重要影响，并在职业和工作岗位的实际选择中表现出来，你的生活目标是什么？这是一个不容回避的问题。

(二)道德品质

道德品质是一个重要的内在要素，它直接影响到人在社会和工作岗位的言行表现和事业成败，关系到求职择业的成败。在选择职业之前，你必须了解自己具有什么样的道德品质：是勤奋努力、工作认真，还是消极懒惰、不负责任？是廉洁奉公、诚信守信，还是自私自利、欺下媚上？是遵纪守法、团结互助，还是违法乱纪、见利忘义？……除此之外，还应了解自己是否已经具备了所选定职业的道德要求，应当通过怎样的努力来克服和纠正自己的不足，以符合未来职业的道德要求。

(三)气质性格

气质是一个人典型的稳定的心理特征，这主要表现在一个人的心理活动的动力特征上，包括心理过程的速度、强度、倾向性等方面的特征；性格是一个人个性的重要方面，主要表现在个人对现实的态度和行为方式中。一个人的气质和性格对他选择职业和事业的成功有着相当大的影响，不同的社会职业对从业者的气质和性格也有不同的要求。了解和掌握自己的气质特征和性格特点，是选择职业的重要前提。

(四)能力特长

能力是指顺利地完成某种活动相关的心理特征，能力包括思维能力和工作能力两方面；特长则是某种显著的或高于他人的能力。能力和特长是一个人求职择业和事业成功的一个重要条件。只有客观地分析自己各方面的能力和特长，才能在求职择业之时扬长避短，取得成功。

（五）兴趣爱好

兴趣和爱好是人生最好的老师，人们对职业的选择往往是从自己的兴趣和爱好出发，以自己的兴趣和爱好为转移的。事实证明，兴趣爱好可以促进一个人在事业上的成功，也可以影响他在职业上的发展。在求职择业之前，必须认真考虑自己的兴趣、爱好和现实的可能，分析自己的兴趣爱好是否与热衷的职业合拍，只有这样才能使自己在求职择业时获得较大把握，并有利于自己今后的发展。另外，由于职业道德的约束，有些职业也禁止或反对某些兴趣爱好，这些特殊的要求，在求职择业之前也应该了解清楚。

（六）生理特征

在求职择业时，人的生理特征与职业要求也是一个需要考虑的因素。在选择职业前必须考虑到自身的生理特征，如性别、年龄、形象、健康状况等。社会上的职业五花八门，有些职业对求职者的性别、年龄、形象等生理特征有特定的职业要求，这些都应在求职择业之前了解清楚，才能避免择业的盲目性。

二、正确认识自己的社会因素

在求职择业的过程中，如何正确地认识自己，除了个人因素之外，还要受到社会因素的影响，这些社会因素是求职择业中需要考虑的间接条件，主要包括以下几个方面：

（一）家庭因素

家庭是自我发育成长的重要环境，一个人的成长和思想品德的形成，家庭影响是一个不容忽视的重要因素。在求职择业时，不仅需要正确地认识你自己，而且必须对家庭因素有一个正确的认识和评价。家庭成员对个人的职业选择会有潜移默化的重大影响，如父母的职业，父母的道德观、价值观、职业观及对子女的希望和要求等都会直接影响到下一代人的职业选择。同时，子女出于对父母的热爱、崇敬等，也会在心理上产生对父母职业的向往和热爱，“子承父业”这种情况屡见不鲜的一个重要原因也就在于此。家庭环境的影响（如父母受教育程度、职业及职业成就、经济状况等），对一个人的成长和发展也有较明显的促进或阻碍作用。另外，家庭成员的职业、居住状况、经济状况等因素，也会影响到一个人的职业选择。

（二）教育因素

教育因素不仅包括个人的教育状况，而且还涉及整个教育的发展水平和社会对教育的要求。同时，社会价值观的导向作用和社会舆论对教育的评价也是一个不可忽视的因素。在实际生活中，名牌大学或热门专业的毕业生在求职择业时往往有较大的选择余地，这正是社会对大学教育水平的评价和反映。特别是在社会主义市场经济的条件下，社会大环境对教育的影响更加明显。

所以，大学生在求职择业的过程中，不仅要从自身的教育状况中认识自己，还要从社会教育发展大环境的角度来认识自己，只有这样才能找到适于自己的理想职业。

(三)环境因素

要正确认识自己，还应从自己所处的客观环境和自身生活地区的政治、经济、文化、社会发展的大环境中去认识，从社会需求状况及生源省区的实际情况去认识，这样才能找到真正的自我。由于中国经济发展水平的差异，城乡之间、沿海地区和中西部地区之间的差别是客观存在的。另外，对于不同专业或同一专业在不同地区、不同行业的社会需求也是不同的，这些社会环境因素的影响，势必会造成不同地区、不同专业、不同行业之间择业状况的不同。所以，这些社会环境因素还应包括在正确认识自己的范畴之中。

三、正确认识自己是求职择业的重要前提

第一，正确认识自己是选择职业的一个出发点。作为社会中的一员，一个人通过选择理想职业，才能在社会的一定阶层、一定社会位置和工作岗位上发挥自己的作用。一个人在为社会服务的过程中，才能实现自己对社会的贡献和个人的社会价值。一个人只有对自己有了正确的认识和评价之后，才能找到自己在社会上的位置，发现个人能力与社会价值的最佳结合点，才能回答："我是个什么样的人?""我能为社会做些什么?""我的才能如何得到社会的承认?""我应该在什么样的职业岗位上为社会做贡献?"等一系列的问题。

第二，正确认识自己是选择职业的必要条件。一个人在选择职业时会受到多种因素的影响，但职业的选择不仅仅是个人挑选工作职业，同时也是社会通过职业岗位在选择符合本职业要求的人才。如果对自己缺乏一个正确的认识，对自己做出脱离实际的评价或与社会现实相脱节，仅凭个人的一相情愿而想入非非，那必然会在求职择业的过程中受到挫折。随着社会主义市场经济体制的建立和完善，求职者与用人单位双向选择，优胜劣汰的运行机制已开始发挥作用。在这种情况下，如果不能正确认识自己，那必然会在社会实践中碰壁。因此，对自己有一个客观、正确的认识，是选择职业必不可少的条件之一。

第三，正确认识自己也是社会职业对从业人员最起码的要求。社会职业虽

然五花八门，不同的职业对从业人员的要求和条件也不尽相同，但所有的职业对从事本职业工作的人都有一个起码的共同要求，就是要求在本职岗位上工作的人对自己要有一个正确的认识和估价。因为只有这样才能从自己的实际出发，去适应工作岗位的需要，才能热爱自己所从事的工作，敬业勤业，不断进取。

总之，一个人职业理想的实现，不仅要靠自身的素质和条件，而且还要受到社会因素的制约和限制。虽然每个人的择业目标和职业理想不同，对未来职业选择考虑的出发点也有差异，但在求职择业的过程中，只有首先正确认识自己，才能在选择职业时审时度势，扬长避短，取得成功。

第二节　求职择业中的个性心理特征

个性心理特征是指人在各种心理过程中经常地、稳定地表现出来的心理特点，它包括气质、性格、兴趣和能力等诸多因素。在求职择业的过程中，求职者的个性心理特征具有重要的作用。职业心理学的研究证实，不同职业对从业人员有着不同的个性心理要求，而不同个性心理特征的人对不同职业也有一定的适应或不适应的问题。因此，每一名求职者在考虑未来职业的选择时，都应对自己的个性心理特征有一个明确的认识和了解，只有这样才能找到最适合自己发展的理想职业。同时，通过对自己个性心理特征的了解，可以从职业心理学的角度指导自己在选择职业或工作岗位时扬长避短、因势利导，在合适的工作岗位上发扬自己良好的心理素质，克服消极不利的因素，使自己得到最大限度的发展。这正是我们研究职业选择中的个性心理特征的意义所在。

一、气质与求职择业

(一)气质概述

现代心理学把气质理解为人的典型的、稳定的心理特点，即主要是指人的心理活动和动作的速度、强度、稳定性、灵活性和指向性等动力方面特点的表现。这种表现是人的神经过程在行为上的体现，使人的行为具有这样或那样独特的风格。具有某种气质的人，在不同内容的活动中常常会表现出自己的特点。因此，大学生在求职择业的过程中必须正确认识自己的气质。

(二)气质的类型和表现

气质学说是公元前5世纪时由古希腊医学家希波克拉特首先提出来的。希波克拉特认为人的状态主要取决于人体内液体的数量关系，他根据人体内各种不同性质的液体所占的比例把人分为四种类型：多血质、胆汁质、黏液质和抑郁质。苏联著名生物学家巴甫洛夫的研究证明，高级神经活动在兴奋和抑制过程中，在强度、平衡性及灵活性等方面具有不同的特点。这些特点的不同组合，就形成了高级神经活动的类型。

各种气质类型的主要特征和典型表现如下：

多血质——神经过程强而均衡，灵活，感受性较弱，耐受性较强；表现活泼、敏感、好动，反应迅速，喜欢与人交往，注意力易转移，兴趣容易多变，情绪易表露，具有外倾性。

胆汁质——神经过程强而不均衡，不灵活，感受性较弱；表现直率热情，精力旺盛，情绪易冲动，心境变化剧烈，不善于自我控制。

黏液质——神经过程强而均衡，不灵活，感受性弱，耐受性强；表现安静、稳重，反应较缓慢，沉默寡言，情绪不易外露，注意力稳定，不易转移，善于忍耐，具有内倾性。

抑郁质——神经过程弱而不均衡，不灵活，感受性强，耐受性弱，性情孤僻，行动迟缓，精神体验深刻，善于觉察事物的细节，心境易波动，具有内倾性。

在现实生活中，典型气质类型的人较少，绝大多数人都属于混合型或以某种气质为主兼有其他气质类型的人。

(三)气质与职业

人的行为是由动机与态度决定的，气质与一个人活动的社会价值和成就高低并无直接关联，但气质是客观存在的，并对人所从事的工作和行为有一定的影响。因此，气质在一个人的主要生活实践中具有实际意义。特别是在求职的过程中，作为人的个性心理特征，气质是一个不可缺少的重要因素。了解人的气质对于正确地选择职业和将来在工作岗位上充分发挥自己的潜力，具有重要的意义。

不同职业对从业者的气质有特定的要求。例如，多血质类型的人适合于从事富于变化、要求迅速作出灵活反应的工作；胆汁质类型的人适宜于做应急性强的工作；黏液质、抑郁质类型的人适合于做要求细致、认真持久的工作……根据每个人的不同气质特点安排合适的工作，可以更好地发挥出各自的才能，提升工作效率。特别是一些特殊职业，对人的气质提出了一些特殊的要求。例如，医疗部门就要求医务工作者耐心细致，工作稳重；驾驶员则要求反应敏捷，耐受性强……

在求职择业时，可以根据自身的气质特点来选择适合于自己的职业。当然，气质对一个人的行为并不起决定性的作用，但要做好与自身气质差距较大的工作，需要比别人付出更大的努力，克服更多的困难，这对一个人的顺利发展会有一定的影响。

另外，了解自己的气质特点，有利于在实践中有意识地为适应职业的要求改变或调整自己的气质，限制和克服自己气质的消极面，发扬自己气质的积极方面，使自己成为一个具有优异心理素质的人。

(四)正确认识和对待气质

气质是人心理活动的动力特征，人的气质类型是由多种因素形成的，每个人的心理基础不同，因此，在实际生活中应该正确地认识和对待自己的气质类型。气质无好坏之分，任何一种气质都有积极方面和消极方面，气质的类型并不能决定一个人社会价值和事业成就的高低。气质类型只能使人带有一定的个性色彩，而不能决定一个人个性发展的内容和好坏。气质类型只能使智力活动具有一定的风格，而不能决定一个人智力与才能发展水平的高低，每种气质类型的人在各个不同的领域都有一些杰出的代表人物，在同一领域中也可以找出不同气质的杰出人物。

人的气质具有互补作用。心理学研究表明，社会上的种种职业要求人们应具有相应的某些气质特点，如果这些气质特点在他身上表现得较弱，那么他就会依靠自己其他的气质特点及受这些特点所制约的工作加以补偿。具有不同气质特点的人从事同一工作，可以干得同样好，这就说明在职业中决定工作成绩的是工作态度、技术水平和努力程度等因素，而不是气质特征。

人的气质具有可塑性。气质虽然是比较稳定的心理特点，但人的气质是在社会环境、教育及生活条件等因素的影响下形成和发展的，也可以在一定的主观因素的影响下发生变化。人的气质是可以改变的，人可以通过自身的努力，克服自己气质特征带来的消极影响，充分发挥自己气质中的积极因素，使自己逐步适应职业和工作岗位的要求。

二、性格与求职择业

(一)性格概述

性格是表现一个人对现实比较稳定的态度和与之相适应的、习惯性的行为方式上的个性心理特征。性格在人的社会生活中具有十分重要的意义。一个人所具有的良好性格品质，对他的工作、学习、生活和社会活动都会产生积极的作用。一个人选择职业时，性格特征是一个必须考虑的因素。

性格与气质有着相互渗透、彼此制约的复杂关系。在个性心理的发展过程中，性格与气质都是重要因素。气质是体现个性的重要心理基础，而性格是在生活实践中逐步形成的。一个人的气质会影响性格特征的表现形式，如同样具有勤奋学习特征的学生，多血质类型的学生在活动中易表现出精力充沛、情绪振奋的特征；而黏液质类型的学生则表现出刻苦认真、专心致志的特征。这说明同一性格特征，受气质的影响，各自带有独特的表现形式。

在现实生活中，气质往往会被性格所掩盖，这是因为在社会生活中所表现出来的性格具有稳定的、习惯化的行为表现形式，使性格与气质交织在一起，让人一时难以分辨。良好的性格可以影响或改造人的气质，使气质向积极方面发展，并抑制气质的消极方面，使之服从社会实践的需要。在社会生活中，我们经常可以看到有的人可能会出现不同的性格特征，而相同性格特征的人也可能表现出不同的气质类型。

(二)性格的类型

性格的类型是指在一类人身上所共有的性格特征。心理学上常常从心理机能、心理活动倾向、个体独立等不同的侧面，来研究性格的分类。例如，根据理智、情绪、抑制在性格结构中占何种优势，把性格分成理智型、情绪型、意志型及介于各类型之间的中间型；也有以个人的心理活动倾向于内部世界还是外部世界，把性格分为内向型、外向型和内外平衡型；还有依据一个人独立性的程度，把性格分为独立型和顺从型……由于人的性格受个人的世界观、理想、信念、思维方式等因素的制约，同时现实生活中人的行为和心理活动有着复杂性，因此对一个人性格特征的分析并不是简单地把人归入哪一类，必须做系统的观察研究。

(三)性格与职业

性格反映了一个人的生活，同时又影响着人的行为方式。大学生在求职择业时了解自己的性格并把握其变化特征，不仅有助于择业的成功，而且还利于自己将来在事业上的发展。因此，在选择职业前必须充分分析掌握自己的性格特征。

每个人的性格都具有积极和消极两方面。当你选择职业时，首先要认真分析自己的性格特征，有意识地克服自己性格中的弱点和消极面，这样才能扬长避短，充分发挥自己积极的性格品质，在适于自己发挥特长的工作岗位上做出成绩。例如，有的人工作热情高、干劲足，可就是性格急躁、三分钟热度，这样的人就应注意纠正自己的急躁性格，克服持久性差的弱点；又有人处理问题总是优柔寡断、办事拖拉，这种人就要培养当机立断的性格。

习惯和职业的关系是彼此制约和相互促进的，人的性格可以随着职业的要求逐步改变。在长期的职业生涯中，从事同一工作或生活在同一环境中的人，在性格上也往往会形成某些共同的特点，这就是所谓的职业性格。现实生活中特定的职业会造就特殊的性格，为了适应不同职业的需要而形成了不同的职业性格，医务工作者养成了严谨认真、一丝不苟的性格，而公司职员的性格多具有果断、灵活、善于交际的特点。

【阅读资料】

大学生选择职业还得“量体裁衣”

早在张桐鑫快毕业的时候，家里人便建议他留在宜宾通过考试找一份比较稳定的工作，理由是张桐鑫从小老实本分，性格也属于较为内向的孩子，思维不够活跃，想法也较为单纯，“当时正在招社区干部，家人都希望我参加考试，认为这个工作比较适合我，是个不错的机会。”可张桐鑫自己却认为这个工作太局限，而且工资待遇才 1 000 元，远远没有达到他最初的要求，便断然放弃了这次机会。

原来，张桐鑫身边有两个好朋友毕业以后都选择外出闯荡，一位做汽车销售员，一位是电影城的服务人员，不到 3 年的时间，前者升职为销售助理，也有了自己的小汽车，而后者当上了领班，月收入超过了 3 500 元，这令张桐鑫羡慕不已。“他们的学历都不高，也都是从底层做起，所以我也想试试，说不定我比他们还成功呢！”就是抱着这样美好的想法，张桐鑫不顾家人的反对，毅然来到了成都。

在两位朋友的推荐下，张桐鑫先后在汽车卖场及电影城工作，但都因为业绩不达标，待满 3 个月的试用期就离开了。“卖汽车全靠脑子和嘴巴，朋友私下也给了我很多指点，比如要和顾客拉近关系，要主动和潜在客户加强联系，要尽可能地扩大自己的销售对象等，可我天生口才就不怎么好，真是不知道该和客户说什么，怎么说。”

如今，张桐鑫回到宜宾，采纳家人的意见，准备参加事业单位的招聘考试，他告诉记者，这两年的求职经历让他明白了，选择职业很关键，一定要切合自身特色，找到自己的优势和劣势，“‘量体裁衣’才会事半功倍！”

三、兴趣与求职择业

(一)兴趣概述

兴趣是指人积极探索某种事物或进行某种活动的心理倾向。兴趣是在一定的需要基础上，在社会实践中形成和发展起来的。一个人稳定的兴趣是社会需要多元化的反映，把这种社会需要变成个人的需要，从而形成了具有个人倾向性的兴趣。兴趣是个人选择职业的一个重要因素，个人对某种职业感兴趣，就会对这种职业表现出积极努力的态度和行为。对某事物感兴趣，不能说是爱好。爱好是兴趣的深化，是将自己所感兴趣的事物转为社会实践的倾向。

(二)兴趣的特征

从性质角度分析，一个人的兴趣主要包括以下几个方面的特征：

第一，兴趣的广泛性。一个人如果对各方面的事物都有着广泛的兴趣和爱好，那是他获得丰富知识和多方面才能的必要前提，也是事业发展起来的必要条件。

第二，兴趣的稳定性。兴趣的稳定性在现实生活中有着重要意义，因为不论是工作还是个人发展，只有具有持久、稳定的兴趣，才能经受住困难的考验和各种客观因素的困扰，为达到既定的目标百折不挠，在工作和事业上去努力成功。如果兴趣不稳定，朝三暮四，见异思迁，那就难免会半途而废，无所作为。

第三，兴趣的多样性。这是指兴趣偏向客观事物的具体内容和对象的多样化。一个人稳定的兴趣是后天形成的，每个人兴趣的形成和发展都具有兴趣的丰富性和多样性。

第四，兴趣的效能性。兴趣的效能是指一个人实际活动的影响程度或所引起的效能大小，某种兴趣在不同人身上会产生不同的影响，这就是兴趣的效能性。有些人对某种事物或活动会付诸实践，而有的人却仅有兴趣而无实际行动。前者的兴趣就是有效兴趣，而后者的兴趣则是无效兴趣。

第五，兴趣的时尚性。人的兴趣产生和发展要受客观的社会历史条件的制约，个人所处的时代、社会地位不同，他所感兴趣的客观价值也就不同。人的兴趣是在社会实践中形成的，也必然会随着社会生活的变迁而变化，同时还会受到当时社会环境和社会风气的影响。中国古代就有“城中好高髻，四方高一尺；城中好广眉，四方皆半额；城中好大袖，四方全匹帛”的描写，讲的就是兴趣的时尚性。

(三)兴趣与职业

第一，兴趣会影响到人对未来职业的选择。人的兴趣在职业活动中起着十分重要的作用，人在选择或确定未来职业目标时，一般是从兴趣开始的。首先是从个人的兴趣出发，逐渐由对某一事物感兴趣发展到对此职业及其所从事的工作产生好感和乐趣，进而将这个职业的工作与自己的奋斗目标结合形成志趣，表现出职业的倾向性和积极性，使人确立从事某种职业的理想并为实现自己的职业理想而奋斗。

第二，兴趣可以增强职业的适应性。在实践中我们都有这样的体会，如果自己对当前的工作或某项事物、活动有兴趣时，就会觉得自己目前所做的事非常好，积极性很高，乐此不疲，就能充分发挥出自己的才能和创造性；相反，如果对自己目前的工作或某项事情没有兴趣时，就会对自己当前的职业产生枯燥无味的厌倦感，在工作中很难调动和发挥自己的积极性和创造性。兴趣还可以使人善于适应客观环境的变化，广泛的兴趣可以使人适应多方面的工作，易于熟悉和适应新的工作岗位。

第三，兴趣可以促进人的成功。兴趣是取得成功的起点，无论何种事业或工作，一个人要想取得成功，第一步就是要对它产生兴趣。俗话说："兴趣是最好的老师。"大量事实证明，许多人事业上的成功都是在强烈的兴趣的推动下取得的，巨大成就的动力来自兴趣，兴趣是发挥人的创造性的重要条件。可以说，谁找到了自己最有兴趣的职业，谁就等于踏上了成功的大道。

【阅读资料】

正确看待兴趣与职业的冲突

古往今来，事业的成功者确定志向、选择职业很多是从兴趣出发的。中国著名的戏剧家曹禺在入中学前就热衷于看"文明戏"和京剧，也爱看地方戏和电影。他升入天津南开中学以后，成了南开新话剧团的演员。通过演戏实践，曹禺对戏剧产生了浓厚的兴趣，虽然他父亲希望他学医，但他的兴趣在戏剧上。中学毕业后，曹禺进入清华大学学习西方语言和文学，他的兴趣得到了进一步发展，从事长篇小说和剧本创作。在大学的最后一年，他写出了第一个剧本《雷雨》，而后成了中国著名的戏剧家。英国有一位名叫古道尔的女人类学家，从中学时代起，她就对猩猩产生了兴趣。毕业后，她不畏艰险，只身深入热带丛林，考察10年，获取了宝贵的资料，写出了《人类的近亲》等著作，揭示了黑猩猩的秘密。国际象棋女子世界冠军谢军自幼就喜爱象棋，10岁时，就获得市儿童象棋冠军，成为攀登世界高峰的起点。世界女子乒乓球冠军邓亚萍也是从小就爱上了乒乓球，从少儿体校起就接受严格训练，此后，连续多届成为世界乒坛瞩目的风云人物。这些实例充分表明，兴趣是职业选择的起点，兴趣给成才者带来智慧、毅力和勇气，兴趣引导人们从崎岖的小路攀登到事业的顶峰。

然而，在严峻的就业形势下，大学生求职时往往忽略了兴趣，大概有两种情况：一是"饥不择食"，为了获得一份工作，无暇顾及个人兴趣；二是"金钱诱惑"，为了应对大学毕业后的生存压力，往往"见钱眼开"，无视兴趣而选择待遇高的工作。但是，从事自己不感兴趣的工作，勉强为之，长此以往，不但不能取得突出的成绩，而且很有可能"职业枯竭"。

因此，当兴趣和职业发生冲突时，大学生可以从以下几个方面考虑解决办法。

方案一：职业和兴趣兼顾。

每个行业其职业发展领域还是比较宽广的，在明确了自己的兴趣，职业定位较准确的情况下，可以从事行业内与兴趣有关的不同岗位的工作。

方案二：改行，换个领域发展。

好好评估一下兴趣和能力之间的差距，如果自己真的很喜欢，也能够把职业和兴趣很好地统一起来，那么可以果断地选择改行。很多成功者的案例都告诉我们，成功是和兴趣紧紧联系在一起的，做自己喜爱的工作更有利于充分发挥自身的潜能，做出最好的业绩来。

方案三：职业与兴趣并行。

让兴趣来促进职业发展，可以把对文化、艺术类的兴趣爱好作为自己生活的一部分。我们知道，很多成功人士都有艺术方面的特长，这不仅有助于身心的愉悦，也促进了他们事业的发展，所以我们也可以让职业和兴趣并行，让两者相得益彰。

方案四：寻找真正的内心需求。

很多时候，自己究竟是不是很适合做所谓喜欢的、感兴趣的职业，内心真正的需求是什么？其实自己也说不清楚。这时候借助专业咨询机构，通过专业的测评工具及专业的职业需求分析找到自身深层次的需要，并找准最适合的职业发展方向就显得很有必要。

方案五：暂时忍痛割爱，专心职业发展。

在发展初期，职业发展往往是最迫切的。在现代社会就业压力不断增大的情况下，职业竞争就成为主要矛盾，职业发展也就成了核心问题。人的需求是多方面、多层次的，很难一步到位地全部实现，但可以分步骤实施，待职业发展到具备相当的实力之后，再进行职业调整和提升，最终把职业与兴趣统一起来。

四、职业能力

(一)能力概述

能力是人们成功地完成某种活动所必需的主观条件。人的能力是和活动相联系的，只有在活动中才能了解和发展人的能力。在社会生活中，要成功地完成任何一项活动，都需要多种能力的综合。而人的各种能力的综合，就是人的才能。

(二)能力的分类

人的能力具有个体差异性，这种个体差异主要表现在能力的发展水平和能力发展的时间早晚上。心理学研究表明，人的能力可分成显能和潜能两种。显能是指人在各项活动中表现出来的能力，如管理人员的组织能力、技术人员的专业能力、文秘人员的写作能力等；所谓潜能是指人在各项活动中未被发现、发掘的能力，如学生在学习以外的文体专长等。

从结构上分析，能力由一般能力和特殊能力构成。一般能力是指人为了完成某项活动应该具有的基本能力，一般能力适于广泛的活动范围，它与人的认识活动有密切的联系；特殊能力既有职业化的特殊能力，也有非职业化的特殊能力，包括管理能力、表达能力、阅读能力、记忆能力等。在进行某项活动时，常常是既需要一般能力又需要一定的特殊能力，一般能力与特殊能力是有机地联系在一起的。人的一般能力在某个领域得到特殊发展，就可能成为特殊能力。在特殊能力发展的同时，也就发展了一般能力。

(三)影响能力形成和发展的因素

影响一个人能力形成和发展的因素很多，但主要的因素有以下几个方面：

第一，先天的遗传因素。人的遗传因素是能力赖以形成的自然物质基础，但不是人的能力本身。现代心理学研究证实，人的遗传因素对个人能力的形成会产生一定的影响，特别是对某些特殊能力的形成有较大影响，如音乐家的孩子往往会有较好的乐感，而美术世家的子弟中子承父业的现象就很普遍。

第二，社会因素。人的能力不是先天就有的，而是后天通过学习和在社会实践中逐步形成的。各种社会因素是造就一个人能力大小的重要原因，这主要包括家庭、教育、经济、社会环境等方面的内容。

第三，个人因素。一个人能力的大小，不仅和各种客观因素有关，而且还与个人的素质、能力、经历和心理特征有着密切的关系。个人的努力、善于学习和勤奋对一个人能力的培养和发展具有重要意义，通过个人的努力能够使人在实践中形成较强的能力。

第四，历史制约因素。人的能力不仅要靠自身的努力和客观条件的影响，而且还会受到社会历史条件的制约；人的能力是社会历史的产物，是在一定社会条件下形成的，并且人的能力是随着社会历史的前进而发展的，能力的发展是社会发展和进步的结果。同时，现代人的各种能力也是继承和接受了人类社会历史成就的结果，是在前人所获得的知识的基础之上取得的。

(四)职业能力

职业能力是指人们因职业需要而必须具备的能力，职业能力主要包括人的体力、智力、知识和技术等方面的基本要素。体力即人的身体素质，包括人体生理构造、人体运行机能、人体对劳动的承受能力和解除疲劳的能力等；智力是人们认识客观事物、运用知识解决问题的能力，包括观察力、思维力、记忆力、想象力、创造力等；知识是人们通过学习和实践所掌握的有关职业活动的理论和经验；技能是人们通过训练所获得的熟练化、规范化的动作系列或思维系列。这几方面要素的结合，就构成了人的职业能力。

人的职业能力是在社会实践和有意识的教育培养中形成的。不同的职业对职业能力有着不同的要求，如组织能力、创造能力、实践能力、学习能力、计算能力、语言能力、公关能力、文秘能力等，在实践中要结合具体的职业要求，培养和锻炼自己的职业能力。

第三节 正确认识自己的方法与途径

以上我们从职业心理学的角度，详细地阐述了在求职择业过程中正确认识自己的意义、内容、重要性及职业选择中的个性心理特征。那么，在择业的准备过程中，通过什么方法与途径正确认识自己呢？

一、自我认识

正确认识自己的途径，首先是要学会自我认识，自我认识的内容包括以下几个方面：

第一，正确评价自己。正确评价自己，就是对自己各方面情况和能力进行实事求是的分析和估价。在评价自己时，不仅要看到自己的长处和优点，而且要特别注意分析、估价自己的思想情况、道德修养、心理素质、专业能力、学习和自我完善能力、社交公关能力、文字及语言表达能力等方面的优缺点，因为以上这些方面在求职择业中都是用人单位十分重视的因素，也是全面综合地反映一个人德才情况必不可少的因素。

第二，正确表现自己。在自我认识的过程中，不能仅仅停留在对自己的评价认识上，而且还应在有关的社会实践活动中，通过自我的实际表现来进一步深入地了解和认识自己。社会实践中以对自己动态地认识，学会正确地表现自己。有人曾做过调查，对于用人单位来讲，求职者给人留下深刻印象的不是求职材料，也不是其他人的推荐，而是与用人单位接触时的实际表现和直观印象。俗话说“听其言、观其行”，讲的就是这个道理。

第三，正确调整自己。正确认识自己的目的，在于通过对自己清醒、客观地分析评价，实现自我调节、自我完善。正确认识自己本身就是一种能力，为了培养和提高这种能力，必须学会自我调节。正确调整自己的过程也是一个不断认识自己、不断完善自己的过程，通过不断地认识自己、调整自己、了解自己的优点和不足，才能在实践中克服自己的弱点，不断取得进步。在求职择业的过程中，能够自我调节十分重要。通过不断地自我完善，提高自己的素质和竞争能力，使自己在各方面更符合职业岗位和用人单位的要求，才能取得择业的成功。

二、自我评价的误区

认识自己的目的在于完善自己。正确认识自己和自我评价的出发点是实事求是。在求职择业的过程中，自我认识的作用在于自我评价、自我认知，使求职者根据自己的个性心理特征去选择合适的职业或工作岗位，或者根据职业的要求去调整完善自己。

大学生在求职择业过程中，往往存在一些自我评价的误区，这些误区对大学生走上社会和选择职业有较大影响。为了克服这些不利的影响，大学生应走出自我评价的误区。大学生在自我评价中的一些误区主要表现在以下几个方面：

第一，过高的自我肯定。由于许多同学是从中学直接升入大学的，多年来在高考指挥棒和家长的指导下，从校门到校门，对社会知之甚少和缺乏必要的了解，考入大学后又成了“天之骄子”，因此这些“抱大的孩子”处于一种“自我感觉良好”的状态，不能正确认识自己。他们对自己的优点能如数家珍地说上许多，但对自己的弱点和不足却不甚了解。在这种心态下，选择职业时容易将自己估计过高，似乎“治国平天下”的重任“舍我其谁也”，往往自高、自傲、自满、盛气凌人，对用人单位这也看不上那也瞧不起，挑三拣四，提出许多不切实际的过分要求。这种过高的自我肯定本身就是缺乏自知之明，是思想和行为不成熟的表现，对顺利地选择职业和保证择业成功影响很大。

第二，过分的自我否定。在面临毕业的时候，有不少同学是怀着一种十分矛盾的心理来选择职业的，一方面希望自己尽快走上社会；另一方面又像一个总也长不大的孩子似的，对即将离开学校走上社会感到心中无数，有一种“就业恐惧感”，不愿走出校门。在这种心态的影响下，毕业生往往会产生过低估计自己的自我否定倾向。在毕业生供需见面会上，我们常常会见到一些同学由家长、亲友或朋友陪同与用人单位洽谈，这就是对自己缺乏自信心的表现。这些人总认为自己这也不行那也不行，这方面不如人那方面不如人，心理负担和自卑感很重。这种过分的自我否定实际上也是不能正确认识自己的一种表现，以这种心理状态去求职应试，那结果必然可想而知。

第三，消极的自我评价。这种心态在部分毕业生中比较流行，具有这种想法的同学对什么都“无所谓”。一些同学的想法是“脚踩西瓜皮，滑到哪儿算到哪儿”，随波逐流，对自己的学业、能力、责任、事业等都感到“无所谓”，这是一种消极的自我评价。这种态度对选择职业是十分有害的，因为“无所谓”的后面是“有所谓”，其实质是用一种对什么都无所谓的态度将自己封闭起来，以此来逃避大学生应尽的社会责任和义务，这同样也是大学生择业中的误区之一。

【阅读资料】

俞敏洪：大学生该这样摆脱庸碌

以前，前辈们对于80后的定义就是“垮掉的一代”。现在这些“垮掉的一代”逐渐成为社会职场中的主力，他们生活在自己的社交圈子里，过着简单的生活。现在的大学生有的还臣服于奢侈品或者游戏的脚下，大学生该怎样活出自己的精彩，摆脱庸碌呢？

高尔基说过，苦难是最好的大学。每个人的成长道路都不是一帆风顺。面对暴风雨，软弱的人屈服，坚强的人迎难而上。作为学生，也有自身的苦闷和忧虑。如何在大学期间正视自身，正视生活，俞敏洪老师给出了很好的意见。

大学生网友月光的困惑：“俞老师您好，很多人都说现在这些当代大学生，普遍表现出害怕困难，害怕挫折，不敢面对世界种种复杂，整天只生活在自己的小圈子里，出现了一批宅男宅女。您觉得我们当代大学生应该如何改变自我，正视社会，正视生活呢？”

俞敏洪老师回答说：“首先，要树立一个目标，也就是有一个自己的人生理想。其次，要培养艰苦奋斗、忍受挫折和失败的能力。你要相信这个世界上一切成功与否、心情的快乐与否、收获与否都来自于你自己，来自于你心中的种子。一个伟大的人是自己创造出生存的天地，并且扩展它。有的人一生过得很伟大，有的人一生过得很琐碎。如果我们有一个伟大的理想，有一颗善良的心，我们一定能把很多琐碎的日子堆砌起来，变成一个伟大的生命。但是，如果每天庸庸碌碌，没有理想，那未来的日子堆积起来将永远是一堆琐碎。所以，我希望所有的同学能把自己每天平凡的日子堆砌成伟大的人生。”

胜利的道路是迂回曲折的，像山间小径一样，有时先折回来，然后伸向前方。走这条路的人需要耐心和毅力，累了就歇在路边的人是不会得到胜利的。

其实每个人都拥有强大的潜能，只是很容易被坏习惯所掩饰，被惰性所消磨。但是，如果你决心改变，全世界都会为你让路。

三、通过客观渠道认识自己

俗话说“当局者迷，旁观者清”，借助客观渠道了解认识自己，是正确认识自己的一个重要方法和途径。

人们在认识自己的过程中，往往都经历了与别人相比较的过程。大学生相互比较的参照系数有许多，既可以横向比较(如同龄人或同学之间的比较)，也可以纵向比较(如专业发展或职业经历上的比较)；既可以单项比较(如学习成绩、工作能力、身体状况等)，也可以综合比较(如社会成果、工作贡献等)。总之，通过实事求是的比较，可以进一步认识自己的优点和不足，认清自己在不同参照系数中的位置，以便自己取长补短，获得更大发展。在求职择业中，除了以上讲的比较方法之外，还应特别注意要与自己的竞争对象比较，通过分析对比，做到知己知彼，心中有数，以便有针对性地决定自己求职择业的策略。

通过客观渠道认识自己，还应注意认真听取自己周围经常接触的人对自己的评价和反映，了解师长对自己的认识和各个方面的反映。在许多时候，自己身边的亲友、同学、朋友等对你的反映和评价是最真实和最公正的，这有助于你更加客观全面地认识自己。

四、通过专业测试方法来认识自己

要正确认识自己，除了从主观和客观两方面了解对自己的评价之外，有时还应该接受专业工作者的指导和帮助，如从事毕业生就业指导工作的老师、进行大学生心理咨询的心理学工作者等。这些专业工作者长期从事这方面的工作，可以运用系统的专业知识和丰富的工作经验为同学们提供具体的帮助和指导。对于许多具体的问题和疑惑，专业工作者的指导是必不可少的。

另外，国内外的许多心理学专家在多年调查研究的基础上，运用职业心理学的测试原理，提出和设计了不少对个性心理进行定性分析的测试方法和测量表，这些测试方法有助于你了解自己的个性心理特征和职业的适应性，以便更好地选择、确定择业方向和具体的工作岗位，为你择业时的科学决策提供帮助。这些对大学生结合自身实际情况，有针对性地正确选择职业有一定的参考价值。

第四节　自我测试

为了帮助大学生正确认识自己的兴趣、能力及职业适应性，我们选编了三个测试量表供学生自测自评。这三个测试量表分别是《职业兴趣测试量表》、《求职综合能力测试量表》和《职业适应测试量表》。

一、《职业兴趣测试量表》

本测试量表将帮助同学们发现和确定自己的职业兴趣和能力特长，从而更好地作出求职择业决策。如果您已经考虑好或选择好了自己的职业，本测试将使您的这种考虑或选择具有理论基础，或者为您提供其他合适的职业；如果您至今尚未确定职业方向，本测试将帮助您根据自己的情况选择一个适当的职业方向。为了便于修改，请用铅笔填写。

本测试量表是在美国著名的就业指导专家霍兰德编制的《人格职业兴趣测试量表》的基础上，根据中国的具体国情，由林永和教授 1990 年主持修订的，通过长期、大批量的测试，效果明显，深受广大使用者的好评。

本测试共七个部分，每部分测试都没有时间限制，但您应当尽快去做。

第一部分　您心目中的理想职业(专业)

对于未来的职业(或升学进修的专业)，您也得早有考虑，它可能很抽象、很朦胧，也可能很具体、很清晰，不论是哪种情况，现在都请您把自己最想干的 3 种工作或最想读的 3 种专业按顺序写下来。

1.

2.

3.

第二部分　您所感兴趣的活动

下面列举了各种活动，请就这些活动判断您的好恶。喜欢的活动请在“是”栏里打√，不喜欢的在“否”栏里打√。务必请按顺序回答全部问题。

R. 现实型活动	**是**	**否**
1. 装配修理电器或玩具	□	□
2. 修理自行车	□	□

3. 用木头做东西	□	□
4. 开汽车或摩托车	□	□
5. 用机器做东西	□	□
6. 参加木工技术学习班	□	□
7. 参加制图描图学习班	□	□
8. 驾驶卡车或拖拉机	□	□
9. 参加机械和电气学习	□	□
10. 装配修理机器	□	□
统计“是”一栏得分计		

A. 艺术型活动	**是**	**否**
1. 素描/制图或绘画	□	□
2. 参加话剧戏曲	□	□
3. 设计家具布置室内	□	□
4. 练习乐器/参加乐队	□	□
5. 欣赏音乐或戏剧	□	□
6. 看小说/读剧本	□	□
7. 从事摄影创作	□	□
8. 写诗或吟诗	□	□
9. 进艺术(美术/音乐)培训班	□	□
10. 练习书法	□	□
统计“是”一栏得分计		

I. 调查型活动	**是**	**否**
1. 读科技图书或杂志	□	□
2. 在试验室工作	□	□
3. 改良水果品种，培育新的水果	□	□
4. 调查了解土和金属等物质的成分	□	□
5. 研究自己选择的特殊问题	□	□

6. 解算式或数学游戏 □ □
7. 物理课 □ □
8. 化学课 □ □
9. 几何课 □ □
10. 生物课 □ □
统计“是”一栏得分计

S. 社会型活动 是 否
1. 参加学校或单位组织的正式活动 □ □
2. 参加某个社会团体或俱乐部活动 □ □
3. 帮助别人解决困难 □ □
4. 照顾儿童 □ □
5. 出席晚会、联欢会、茶话会 □ □
6. 和大家一起出去郊游 □ □
7. 想获得关于心理学方面的知识 □ □
8. 参加讲座会或辩论会 □ □
9. 观看或参加体育比赛和运动会 □ □
10. 结交新朋友 □ □
统计“是”一栏得分计

E. 企业型活动 是 否
1. 说服鼓动他人 □ □
2. 卖东西 □ □
3. 谈论政治 □ □
4. 制订计划，参加会议 □ □
5. 以自己的意志影响别人的行为 □ □
6. 在社会团体中担任职务 □ □
7. 检查与测评别人的工作 □ □
8. 结识名流 □ □

9. 指导有某种目标的团体 □ □

10. 参与政治活动 □ □

统计"是"一栏得分计

C. 常规型活动 是 否

1. 整理好桌面和房间 □ □
2. 抄写文件和信件 □ □
3. 为领导写报告或公务信函 □ □
4. 核查个人收支情况 □ □
5. 参加打字培训班 □ □
6. 参加统计、文秘等实务培训 □ □
7. 参加商业会计培训班 □ □
8. 参加信息处理培训班 □ □
9. 整理信件、报告、记录等 □ □
10. 写商业贸易信函 □ □

统计"是"一栏得分计

第三部分　您所擅长或胜任的活动

下面列举了各种活动，其中您能做或大概能做的事，请在"是"栏里打√，反之在"否"栏里打√，请回答全部问题。

R. 现实型能力 是 否

1. 能使用电锯、电钻和锉刀等工具 □ □
2. 知道万用表使用方法 □ □
3. 能够修理自行车或其他机械 □ □
4. 能够使用电钻床、磨床或缝纫机 □ □
5. 能给家具和木制品刷漆 □ □
6. 能看建筑等设计图 □ □
7. 能够修理简单的电器用品 □ □
8. 能修理家具 □ □

	是	否
9. 能修计算机	□	□
10. 能简单地修理水管	□	□

统计“是”一栏得分计

A. 艺术型能力	是	否
1. 能演奏乐器	□	□
2. 能参加二部或四部合唱	□	□
3. 能独唱或独奏	□	□
4. 能扮演剧中的角色	□	□
5. 能创作简单的乐曲	□	□
6. 会跳舞	□	□
7. 能绘画、素描或书法	□	□
8. 能雕刻、剪纸或泥塑	□	□
9. 能设计海报、服装或家具	□	□
10. 写得一手好文章	□	□

统计“是”一栏得分计

I. 调研型能力	是	否
1. 懂得真空管或晶体管的作用	□	□
2. 能够列举三种含蛋白质多的食品	□	□
3. 理解铀的裂变	□	□
4. 能用计算尺、计算机、对数表	□	□
5. 会使用显微镜	□	□
6. 能找到三个星座	□	□
7. 能独立进行调查研究	□	□
8. 能解释简单的化学式	□	□
9. 理解人造卫星为什么不落地	□	□
10. 经常参加学术会议	□	□

统计“是”一栏得分计

S. 社会型能力 是 否

1. 有向各种人说明解释的能力 □ □
2. 经常参加社会福利活动 □ □
3. 能和大家一起友好相处地工作 □ □
4. 善于与年长者相处 □ □
5. 会邀请人、招待人 □ □
6. 能简单易懂地教育儿童 □ □
7. 能安排会议等活动顺序 □ □
8. 善于体察人心或帮助他人 □ □
9. 帮助护理病人或伤员 □ □
10. 安排社团组织和各种事务 □ □

统计“是”一栏得分计

E. 企业型能力 是 否

1. 担任过学生干部并且干得不错 □ □
2. 工作上能指导和监督他人 □ □
3. 做事充满活力和热情 □ □
4. 做事常用自身的做法调动他人 □ □
5. 销售能力强 □ □
6. 曾担任俱乐部或社团负责人 □ □
7. 向领导提出建议或反映意见 □ □
8. 有开创事业的能力 □ □
9. 知道怎样做能成为一名优秀的领导者 □ □
10. 健谈善辩 □ □

统计“是”一栏得分计

C. 常规型能力 是 否

1. 会熟练地打印中文 □ □
2. 会用外文打字机或复印机 □ □

3. 能快速记笔记和抄写文章 □ □
4. 善于整理保管文件和资料 □ □
5. 善于从事事务性的工作 □ □
6. 能熟练使用算盘或计算器 □ □
7. 能在短时间内分类和处理大量文件 □ □
8. 能熟练使用计算机 □ □
9. 能搜集数据 □ □
10. 善于为自己或集体作财务预算表 □ □
统计"是"一栏得分计

第四部分 您所喜欢的职业

下面列举了多种职业，请一一认真地看，如果是您有兴趣做的，请在"是"栏里打√，如果是您不太喜欢、不关心的工作，请在"否"栏里打√，请全部回答。

R. 现实型职业 是 否
1. 飞机机械师 □ □
2. 野生动物专家 □ □
3. 汽车维修员 □ □
4. 木匠 □ □
5. 测量工程师 □ □
6. 无线电报务员 □ □
7. 园艺师 □ □
8. 长途公共汽车司机 □ □
9. 火车司机 □ □
10. 电车司机 □ □
统计"是"一栏得分计

S. 社会型职业 是 否
1. 街道、工会或妇联干部 □ □

2. 小学、中学教师 □ □
3. 精神病医生 □ □
4. 婚姻介绍所工作人员 □ □
5. 体育教练 □ □
6. 福利机构负责人 □ □
7. 心理咨询员 □ □
8. 共青团干部 □ □
9. 导游 □ □
10. 国家机关工作人员 □ □
统计“是”一栏得分计

I. 调研型职业 **是 否**
1. 气象学家或天文学家 □ □
2. 生物学家 □ □
3. 医学实验室的技术人员 □ □
4. 人类学家 □ □
5. 动物学家 □ □
6. 化学家 □ □
7. 数学家 □ □
8. 科学杂志的编辑或作家 □ □
9. 地质学家 □ □
10. 物理学家 □ □
统计“是”一栏得分计

E. 企业型职业 **是 否**
1. 厂长 □ □
2. 电视制片人 □ □
3. 公司经理 □ □
4. 销售员 □ □

5. 不动产推销员 □ □

6. 广告部长 □ □

7. 体育活动主办者 □ □

8. 销售部长 □ □

9. 个体工商业者 □ □

10. 企业管理咨询人员 □ □

统计“是”一栏得分计

A. 艺术型职业 **是 否**

1. 乐队指挥 □ □

2. 演奏家 □ □

3. 作家 □ □

4. 摄影家 □ □

5. 记者 □ □

6. 画家、书法家 □ □

7. 歌唱家 □ □

8. 作曲家 □ □

9. 电影、电视演员 □ □

10. 节目主持人 □ □

统计“是”一栏得分计

C. 常规型职业 **是 否**

1. 会计师 □ □

2. 银行出纳员 □ □

3. 税收管理员 □ □

4. 计算机操作员 □ □

5. 簿记人员 □ □

6. 成本核算员 □ □

7. 文书档案管理员 □ □

8. 打字员 □ □

9. 法庭书记员 □ □

10. 人口普查登记员 □ □

统计“是”一栏得分计

第五部分　您的能力类型简评

表2-1和表2-2是您在6个职业能力方面的自我评分表。您可以先与同龄者比较出自己在每一方面的能力，然后斟酌以后对自己的能力做一评价。请在表中适当数字上画圈。数字越大表示职业能力越强。

表 2-1　自我评分表 A

	机械操作能力	科学研究能力	艺术创作能力	解释表达能力	商业洽谈能力	事务执行能力
高	7	7	7	7	7	7
	6	6	6	6	6	6
中	5	5	5	5	5	5
	4	4	4	4	4	4
低	3	3	3	3	3	3
	2	2	2	2	2	2
	1	1	1	1	1	1

表 2-2　自我评分表 B

	体力技能	数学技能	音乐技能	交际能力	领导能力	办公技能
高	7	7	7	7	7	7
	6	6	6	6	6	6
中	5	5	5	5	5	5
	4	4	4	4	4	4
低	3	3	3	3	3	3
	2	2	2	2	2	2
	1	1	1	1	1	1

注意，请勿全部画同样的数字，因为人的每项能力不可能完全一样。

第六部分　统计和确定您的职业倾向

请将第二部分至第五部分的全部测试分数按前面已统计好的6种职业倾向

(R型、I型、A型、S型、E型、C型)得分填入表2-3，并做纵向累加。

表2-3　测试总评表

测试	R型	I型	A型	S型	E型	C型
第一部分						
第二部分						
第三部分						
第四部分						
第五部分						
总分						

请将上表中的6种职业倾向总分按大小依次从左到右排列：

______型______型______型

______型______型______型

最高分←　　　　您的职业倾向性得分　　　　→最低分。

第七部分　您所看重的东西——职业价值观

这一部分测试列出人们在选择工作时通常会考虑的9种因素(见所附工作价值标准)。现在请您在其中选出最重要的两项因素和最不重要的两项因素，并将序号填入下边相应的空格上。

最重要：

次重要：

最不重要：

次不重要：

附：工作价值标准

1. 工资高，福利好
2. 工作环境(物质方面)舒适
3. 人际关系良好
4. 工作稳定有保障
5. 能提供较好的受教育机会
6. 有较高的社会地位
7. 工作不太紧张、外部压力小
8. 能充分发挥自己的能力特长

9. 社会需要与社会贡献较大

以上全部测试完毕。

现在，将您测试得分居第一位的职业类型找出，对照下表，判断一下自己适合的种类。

R(现实型)：木匠、农民、操作X光的技师、工程师、飞机机械师、鱼类和野生动物专家、自动化技师、机械工(车工、钳工等)、电工、无线电报务员、火车司机、长途公共汽车司机、机械制图员、修理机器、电器师。

I(调查型)：气象学家、生物学家、天文学家、药剂师、动物学家、化学家、科学报刊编辑、地质学家、植物学家、物理学家、数学家、实验员、科研人员、科技工作者。

A(艺术型)：室内装饰专家、图书管理专家、摄影师、音乐教师、作家、演员、记者、诗人、作曲家、编剧、雕刻家、漫画家。

S(社会型)：社会学者、导游、福利机构工作者、咨询人员、社会工作者、社会科学教师、学校领导、精神病工作者、公共保健护士。

E(企业型)：推销员、进货员、商品批发员、旅馆经理、饭店经理、广告宣传员、调度员、律师、零售商。

C(常规型)：记账员、会计、银行出纳、法庭书记员、成本估算员、税务员、核算员、打字员、办公室职员、统计员、计算机操作员、秘书。

由于篇幅限制，这里不可能把社会上所有的职业都列进去。此外，这些职业类型有些与中国情况不尽相符。但是，社会上所有的职业都可以归入上面的某类职业中。您可以根据您的职业兴趣类型特点，寻找与您职业兴趣类型特点一致的职业。

二、《求职综合能力测试量表》

《求职综合能力测试量表》简称《综合测试表》，是由林永和教授主持设计的，于1990—1992年在国务院某些部委招收国家机关工作人员时多次试用，对于迅速地、科学地测定应聘人员的思想素质、专业素质和个性特征具有十分明显的作用。1992年以后，此表广泛应用于高校毕业生的就业指导，对于毕业生科学地认识自己的综合能力有很大帮助，受到广大学生的欢迎和好评，此表与《霍兰德职业兴趣测量表》配套使用效果明显，有助于高校毕业生科学地进行职业选择。

此表是在参考《爱德华个人倾向量表》、《16PF个性量表》和《气质测试表》的基础上，结合国家公务员的职业要求而制定的。测量表包括144组成对的叙述，这当中并没有所谓正确与错误的答案，而只有有关被试者喜欢与感觉的描述。被试者可能对某组叙述都喜欢或赞同，但只能选择其中最喜欢或最赞同的一个答案；被试者也可能对某组叙述都不赞同，也要选择其中一个自己认为弊小的答案，即“两利相衡择其重，两弊相权择其轻”。要求被试者对每组叙述都要做出选择，不得跳过任何一题。

为了测试更加客观有效，减少由于个体的防卫机制造成的主观性、掩饰性，必须规定完成的时间，超时无效。根据实际使用统计，此表应在10～15分钟以内完成。此表设计的144组成对的叙述，共包括四大方面13个具体问题的测试。

(一)思想素质

思想素质包括政治见识、职业道德、人生态度和报考动机4个具体问题。如此项得分较高，说明被试者思想素质较好，具有较高的政治见识和职业道德，具有正确的人生态度和报考动机。

第一，政治见识。能认真学习建设有中国特色社会主义理论，关心国内外大事，对中国改革开放有正确认识和见解。

第二，职业道德。具有良好的职业道德观念，对工作认真负责，能正确处理国家、集体和个人之间的关系，乐于奉献，敢于承担责任和义务。

第三，人生态度。具有积极的人生态度，精神振奋，乐观向上，勤于学习，乐于接受新事物，敢于竞争，能正确对待挫折和困难。

第四，报考动机。能客观地认识工作与家庭、工作与专业的关系，喜欢从事具有挑战性的工作，愿意充分发挥专业特长，实现专业理想。

(二)业务素质

业务素质包括专业能力、创新能力、业务知识和表达能力4个具体问题。如此项得分较高，说明被试者的业务素质较好，具有较高的专业能力和创新能力，具有较好的专业知识和表达能力。

第一，专业能力。善于调查研究，能抓住主要矛盾合理安排工作，喜学新知识，研究新问题，能正确理解上级指示，努力做好本职工作。

第二，创新能力。能努力探索和掌握本职工作的规律，不满足现状，敢于竞争，善于创新，追求卓越，愿意承担具有挑战性的工作。

第三，业务知识。喜欢语文、历史和写作，善于研究中国的基本国情和基本国策，乐于从事信息的收集和筛选工作，积极探索办公自动化方面的研究。

第四，表达能力。具有较强的语言文字表达能力，喜欢文学创作或外语学习，喜欢参加演讲、辩论或讨论，擅长说服别人，或喜欢参加文艺晚会，喜欢宣传、鼓动工作。

(三)个性特征

个性特征分为对立统一的两个方面4个具体问题，一个方面是外向性格和适应能力；另一个方面是内向气质和人际关系。二者可能相互融合，也可能相互背离，各具典型的个性特征。

第一，外向性格。喜欢和人交往，能迅速适应新环境，在陌生人面前也不过分拘束，做事精力旺盛，讲求速度，工作效率高。

第二，适应能力。能迅速地、较好地、行之有效地适应气候、环境、工作方面的变化，喜欢文体活动，喜欢结交新朋友，接受新观念。

第三，内向气质。具有认真、严谨、稳妥、细致的工作态度，生活有规律性，喜欢安静，善于自我克制，从不做没把握的事。

第四，人际关系。乐于关心他人、帮助他人，团结同志，不喜欢背后议论人，遇到气愤的事也能克制自己，对朋友忠实，有深交的知己朋友。

(四)一致性

一致性亦称可信度，如果一致性得分在1～5之间，则说明此测试有一定的可信度；如果一致性得分在6～12之间，则说明测试错误率较高，缺乏可信度；当一致性得分为0时，可能有两种情况，一种可能是被测试者防卫机制较强，但更多的情况说明被测试者记忆力较好，测试错误率低，可信度高。

(五)综合能力测试题

1. A.“三百六十行，行行出状元”。
   B. 专业对口，才能充分发挥特长。
2. A. 我报考的动机主要是为了发挥专业特长。
   B. 我善于和人交往。
3. A. 我喜欢起草各种公文和总结。
   B. 我在多数情况下情绪是乐观的。
4. A. 提高机关工作效率的主要途径是精简会议。
   B. 我在人群中，从不觉得过分拘束。
5. A. 我经常和朋友开适度的玩笑。
   B. 我热爱我父母现在从事的职业。
6. A. 我喜欢与别人多交往。
   B. 在不认识的人面前，我常常感到拘束。
7. A. 我喜欢参与编写计划、规章、简报等具体工作。
   B. 过于轻闲的工作，只能导致松散的作风。

8. A. 毛遂自荐和服从分配并不矛盾。
   B. 在职业选择上，我喜欢接受老师的劝告。
9. A. 兴奋的事情常使我失眠。
   B. 我擅长熟记与工作有关的人名或地名。
10. A. 我报考的目的是为了锻炼自己，增长才干。
    B. 我喜欢解答别人认为困难的谜题与难题。
11. A. 当事情不顺利时，我想责怪别人。
    B. 我常常背后议论人。
12. A. 事业的成功，既有赖于客观条件的改善，更要靠主观努力。
    B. 我能迅速正确地理解上级的指示。
13. A. 认准一个目标，就希望尽快实现，不达目的，绝不罢休。
    B. 我愿就国际问题与周围同事展开讨论。
14. A. 如果这次不被录用，下次我还要争取。
    B. 不论到哪里出差或旅游，我都坚持收听或收看新闻广播。
15. A. 我认为要做好工作，必须事先进行调查研究。
    B. 计划生育是中国的一项基本国策。
16. A. 我不喜欢空洞无物的说教。
    B. 那些自以为是、道貌岸然的人使我生气。
17. A. 我希望调到待遇好、工资高的单位工作。
    B. 我希望从事轻闲的工作。
18. A. 机关工作人员也应该评专业技术职称。
    B. 我同家人很和睦。
19. A. 不论多忙，都要做好公文的保管工作。
    B. 遇到令人气愤的事情，我也能克制自己。
20. A. 住房制度的改革，是一项利国利民的大事，势在必行。
    B. 宁可自己辛苦一点，也不要麻烦别人。
21. A. 宁愿侃侃而谈，不愿窃窃私语。
    B. 当前我们应积极稳妥地推进物价改革。
22. A. 在大街上看到有人吵架，我总是避而远之。
    B. 在马路上遇到有人问我路，我常常说不知道。
23. A. 对本职工作，我能预先按轻重缓急合理安排。
    B. 逐步完善社会保障体系，是现代化社会的一个重要标志。
24. A. 社会主义就是走共同富裕的道路。
    B. 环境保护是中国的一项基本国策。

25. A. 我喜欢运动量大的剧烈活动。
    B. 我能很快地接受新的观念。
26. A. 我喜欢工作单位离家庭居住地近一些。
    B. 我能做到入境随俗。
27. A. 我也认为“人怕出名猪怕壮”。
    B. 我不愿把自己的东西借给别人。
28. A. 我经常和朋友们畅谈对国内外大事的看法。
    B. 我既喜欢寒冷的冬天，也不讨厌炎热的夏天。
29. A. 我爱看情节起伏跌宕、激动人心的小说。
    B. 我擅长引用典故表达自己的观点。
30. A. 行政机关工作是受人尊重的职业之一。
    B. 我想成为兼职律师。
31. A. 我喜欢阅读侦探小说。
    B. 我一直坚持学习外语。
32. A. 我喜欢批评权威人士。
    B. 在上司面前，我感到胆怯。
33. A. 我喜欢参加剧烈的活动。
    B. 无论从事什么工作，我都想争当先进。
34. A. 专业对口才能充分发挥特长。
    B. 我希望在政治和业务上都不断有所进步。
35. A. 我喜欢求解谜题或难题直到解出为止。
    B. 我喜欢在朋友聚会时讲些趣事与笑话。
36. A. 我认为经济体制改革的深化，必然推动政治体制改革。
    B.“活到老，学到老”、“与时俱进”是我的座右铭。
37. A. 我对学习、工作、事业怀有很高的热情。
    B. 我很想在本职工作上有所创新。
38. A. 我希望学习新知识、研究新问题。
    B. 我愿努力探索和掌握本职工作的规律。
39. A. 我喜欢学习操作办公自动化设备。
    B. 我喜欢对所关心的问题的发展作出预测。
40. A. 经济体制改革就是为了促进生产力的发展。
    B. 我希望成为大合唱的指挥。
41. A. 我做事总是有旺盛的精力。
    B. 注意产品质量和服务质量是职业道德的重要特征之一。

42. A. 我喜欢在日常生活中经历新奇变异。
    B. 无论做什么事，我都能认真负责。
43. A. 我能速记别人认为是枯燥的数字。
    B. 我信守诺言。
44. A. 我喜欢对公开披露的各种违纪案例进行分析。
    B. 每当我做错了事，我感到内疚。
45. A. 我每到一个新的环境，很快就能适应。
    B. 我喜欢把我的办公室收拾得有条有理。
46. A. 我盼望工作单位离家庭居住地近一些。
    B. 我爱看情节细腻、描写人物内心活动的文学作品。
47. A. 我喜欢将自己已经开了头的工作或任务完成好。
    B. 我喜欢学习学过的知识。
48. A. 我认为调查研究是科学决策的前提。
    B. 小时候背的诗歌，我似乎比别人记得更清楚。
49. A. 当同事遇到困难时，我愿意帮助他们。
    B. 我理解问题总比别人快。
50. A. 我乐于从事专业信息的收集、筛选等工作。
    B. 我疲倦时，只要短暂地休息，就能重新工作。
51. A. 我喜欢参加文体活动。
    B. 我能很快避免那些不愉快的事情。
52. A. 我相信我能当好一名称职的推销员。
    B. 我接受一个任务后，总是希望把它尽快完成。
53. A. 我不习惯和同事开玩笑。
    B. 如有机会，我愿意实现过去的职业理想。
54. A. 当前，我们应积极稳妥地推进政治体制改革。
    B. 我乐于和人打交道。
55. A. 不论做什么工作，我都喜欢尽快完成。
    B. 现在的工作不能充分发挥我的特长。
56. A. 我认为我自己发音清晰，语气连贯，条理分明。
    B. 我报考的动机主要是为了发挥专业特长。
57. A. 我从不在背后议论他人。
    B. 我能够从繁杂的事务中找出主要问题。
58. A. 我喜欢写作。
    B. 我喜欢独立决定我所要做的事情。

59. A. 到一个新环境中，我很快就能适应。
    B. 我喜欢起草各种公文和总结。
60. A. 我在写文章时，努力做到观点鲜明、逻辑严格、简练生动。
    B. 在调查研究中，我总能抓住带有倾向性的问题。
61. A. 我不喜欢向别人讲述自己的经历。
    B. 在收看电视时，我特别喜欢看国际新闻。
62. A. 我擅长做各种会议的公务工作。
    B. 政治经济形势的发展，常常引起我的关注。
63. A. 我喜欢搬家，住在不同的地方。
    B. 为了深化改革，理论研讨十分重要。
64. A. 我喜欢参加讲演。
    B. 当前国际竞争的焦点，在于科技进步，人才竞争。
65. A. 我喜欢调到待遇好、工资高的单位工作。
    B. 我希望从事轻闲的工作。
66. A. 我喜欢参加与本职工作有关的理论研讨会。
    B. 新年之际，我喜欢给我的知心朋友寄贺卡。
67. A. 我喜欢结交新朋友。
    B. 遇到令人气愤的事，我也能很好地克制。
68. A. 每次讨论我都能成为中心人物。
    B. 我喜欢对我的朋友忠实。
69. A. 尽管有的人和我的意见不一致，但仍能和他们搞好团结。
    B. 我喜欢探索在本职工作中应用电子计算机。
70. A. 在大街上看到有人吵架，我总是避而远之。
    B. 在大马路上遇到有人问路，我常常说不知道。
71. A. 无论到什么地方出差，我都能很快适应。
    B. 我喜欢向领导传递有价值的信息。
72. A. 我喜欢在研讨会上发言。
    B. 做任何工作，都要严格依照法律法规。
73. A. 每当别人向我善意提出批评，我都能接受。
    B. 在陌生人面前，我从不拘谨。
74. A. 国家建设性预算的差额，可以通过举借内债和外债来弥补。
    B. 我喜欢做些新奇且有变化的事。
75. A. 我也认为“人怕出名猪怕壮”。
    B. 我不愿意把自己的东西借给别人。

76. A. 我有过当教师的想法。
    B. 在委员会中，我喜欢被指定或被选为领导。
77. A. 对有时伤害了我的朋友，我常常原谅他。
    B. 我能够深入浅出地表达深奥的理论。
78. A. 中国是世界上拥有正负电子对撞机的少数国家之一。
    B. 我喜欢做图书卡片。
79. A. 我喜欢接受新的挑战性的工作。
    B. 我喜欢参加文艺演出。
80. A. 我喜欢评论权威人士。
    B. 在上司面前我感到胆怯。
81. A. 在乘车时我不愿给别人让座。
    B. 我从不喜欢别人的孩子。
82. A. 我喜欢向领导传递有价值的信息。
    B."才能来自勤奋"，"天才在于积累"。
83. A. 我宁愿住在嘈杂的闹市区，而不愿住在偏僻的郊区。
    B. 无论做什么事情，我都非常认真。
84. A. 我擅长说服别人。
    B. 工作条件较差，不是完不成任务的理由。
85. A. 我对于别人的挫折，从不幸灾乐祸。
    B. 我对所担任的工作不满足现状，喜欢创造新制度、发展新观点。
86. A. 我喜欢逃避责任与义务。
    B. 我愿意当和事老。
87. A. 气候的变化并不影响我的情绪。
    B. 我喜欢别人认为需要技巧与努力的工作。
88. A. 我喜欢用统计学的方法表达自己的见解。
    B. 我经常思考有关本职工作的新问题。
89. A. 我喜欢给朋友写信。
    B. 对任何工作都应该按时完成，不应拖拉。
90. A. 做什么事都要考虑中国的具体国情。
    B. 任何时候都应勤俭节约，避免铺张浪费。
91. A. 我常常公开反对不同观点的人。
    B. 我喜欢取笑那些做了蠢事的人。
92. A. 我喜欢参加辩论。
    B. 我赞同"人人为我，我为人人"的提法。

93. A. 我同家人很和睦。
    B. 别人讲的新概念，只要听懂后就很难忘记。
94. A. 科技进步和科学管理是促进社会进步的两个主要因素。
    B. 我从不和人大声争吵。
95. A. 我喜欢做出差机会较多的工作。
    B. 我喜欢从事精密细致的工作。
96. A. 当有人侮辱我时，我想报复。
    B. 当我愤怒时我常常摔东西。
97. A.“三百六十行，行行出状元”。
    B. 专业对口，才能发挥特长。
98. A. 我喜欢完成具有重大意义的任务。
    B. 我能够同时注意几件事情。
99. A. 做好机关工作，必须树立为基层服务的观念。
    B. 我希望做变化大、花样多的工作。
100. A. 我做事力求稳妥，不做没把握的事。
    B. 我反应敏捷，头脑机智。
101. A.“人生能有几次搏”对我激励很大。
    B. 我现在的工作繁忙琐碎，没有学习机会。
102. A. 我喜欢与别人多交往。
    B. 在不认识的人面前，我常常感到拘束。
103. A. 祖国和人民的利益高于一切。
    B. 行政机关工作仍是受人尊重的职业。
104. A. 我喜欢安静的环境。
    B. 人尽其才，有利于社会的发展进步。
105. A.“一份耕耘，一份收获”，只要努力，就能成功。
    B. 我能速记别人认为是枯燥的数据。
106. A. 我参加任何考试都希望得高分。
    B. 对本职工作，我能预先分清轻重缓急。
107. A. 当事情不顺利时，我想责怪别人。
    B. 我常常背后议论人。
108. A. 我生活有规律，很少违反作息制度。
    B. 我乐意参与编制报表、编写简报等工作。
109. A. 参加竞赛时，我总是重在参与，而不计较名次。
    B. 我平时十分关心国内外大事。

110. A. 我喜欢阅读名人传记。
B. 住房制度的改革是一项利国利民的大事，势在必行。
111. A. 职业道德的重要特征之一就是要注意社会效益。
B. 从实际出发是我们做好各项工作的前提。
112. A. 我不喜欢空洞无物的说教。
B. 那些自以为是、道貌岸然的人使我生气。
113. A. 我做事严格，力求把事情做得尽善尽美。
B. 我喜欢与朋友深交。
114. A. 我喜欢从事别人认为很困难的事。
B. 我只是向知心朋友倾吐心事。
115. A. 人生的价值在于个人对社会的责任和奉献。
B. 尽管有的人和我的意见不一致，但我仍能和他们搞好团结。
116. A. 遇到令人气愤的事，我也能很好地自我克制。
B. 我从不背后议论别人。
117. A. 我乐于参加各种智力竞赛和体育比赛。
B. 我对心理学很感兴趣。
118. A. 我愿意承担有挑战性的工作。
B. 办公自动化系统可以高效能、大容量地收集、处理信息。
119. A. 我认为挣钱是为了生活，而生活不能只为挣钱。
B. 在各门课程中，我最喜欢语文和历史。
120. A. 当我注意力集中于某一事务时，别的事就很难使我分心。
B. 我乐于从事专业信息的收集、筛选工作。
121. A. 即使在不顺利的情况下，我也能够保持精神振奋。
B. 我喜欢结交新朋友。
122. A. 工作任务的难度越大，我越感兴趣。
B. 我喜欢从事出差机会较多的工作。
123. A. 我在工作中力求做到坚持原则、公正无私。
B. 我宁愿住在嘈杂的闹市区，也不愿住到偏远僻静的郊区。
124. A. 我能够长时间地做枯燥单调的工作。
B. 我喜欢参加文体活动。
125. A. 对于我主持的工作，我常常听取不同意见。
B. 我能够用外语同人交谈。
126. A. 做工作，我希望比别人做得更好并有所创新。
B. 我喜欢文学创作。

127. A. 高效廉洁、热情服务是国家公务员的职业道德之一。
B. 我想成为一名兼职律师。
128. A. 我与人交往不卑不亢。
B. 我喜欢做宣传工作。
129. A. 乘车时，我不愿给别人让座。
B. 我从不喜欢别人的孩子。
130. A. 我喜欢解答别人认为困难的谜题或问题。
B. 我认为成功的经验和失败的教训都是人生的宝贵财富。
131. A. 我喜欢承担责任和义务。
B. 我无论在什么情况下都能保持乐观主义的人生态度。
132. A. 我从不愿给别人增添麻烦。
B."人生能有几次搏"对我激励很大。
133. A. 我相信"人生逆境，十有八九"。
B. 我对本职工作的新动态很感兴趣。
134. A. 我喜欢逃避责任与义务。
B. 我愿意当"和事老"。
135. A. 人生就是不断努力奋斗的过程。
B. 我愿意承担新的挑战性的工作。
136. A. 我不喜欢长时间谈论一个问题，而愿意实际动手去干。
B. 我喜欢探索和掌握本职工作中的规律。
137. A. 失败是成功之母。
B. 我认为评价行政机关工作质量的标准是高效廉洁，服务热情。
138. A. 我很想创作一部受大众欢迎的电视剧本。
B. 无论做什么事情，我都能认真负责。
139. A. 我常常反对不同观点的人。
B. 我喜欢取笑那些做了蠢事的人。
140. A. 我对工作抱认真、严谨、始终如一的态度。
B. 保守国家秘密，是机关工作人员的准则之一。
141. A."活到老，学到老"，是我的座右铭。
B. 我在工作和学习上，总是使自己不粗心大意、忽略细节。
142. A. 当我重复处理某项工作时，总想做些新的尝试。
B. 无论什么高兴和悲伤的事，我都能很好地控制自己的感情。
143. A. 当我做错事时，我觉得应该受到处罚。
B. 在接受困难任务时，我总有独立完成的信心。

144. A. 当有人侮辱我时，我想报复。

B. 当我动怒时，我常常摔东西。

(六)统计方法

第一，将表2-4统计答案中的9组题目的6组画出对角线，如图2-1所示。

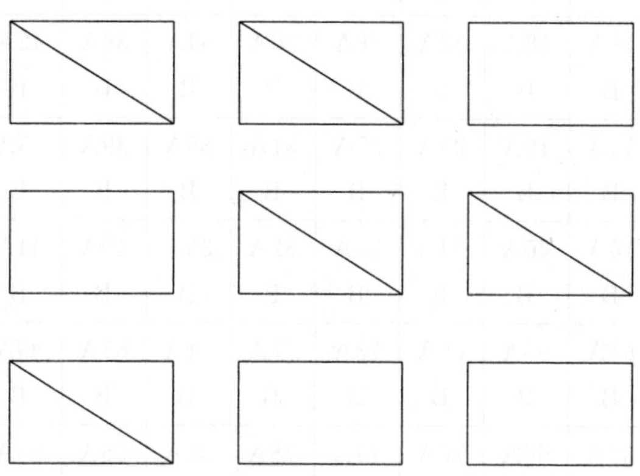

图2-1 统计答案图示

先将竖行中对角线上的题目(如1与97，17与65，81与129)的答案加以比较，如果答案一致就在最下行的单元格内填上0，如果不一致便填上1，然后将12个单元格中的数字相加，填入“一致性”一栏。

第二，将表格第一横行上所圈画的A的个数相加(将对角线上的题目答案省略)，填在表格右边的单元格中；再将第一竖列上所圈的B的个数相加(亦将对角线中的题目的答案省略)，也填在表格右边的单元格中，与前一数字相加，为该项总得分。以下各行、各列计算方法以此类推。

各行所代表的测试问题依次是：

1. 外向性格；
2. 报考动机；
3. 专业能力；
4. 政治见识；
5. 人际关系；
6. 业务知识；
7. 适应能力；
8. 表达能力；
9. 人生态度；
10. 创新能力；

11. 职业道德；

12. 内向气质。

表 2-4　统计表

1A B	5A B	9A B	13A B	17A B	21A B	25A B	29A B	33A B	37A B	41A B	45A B	
2A B	6A B	10A B	14A B	18A B	22A B	26A B	30A B	34A B	38A B	42A B	46A B	
3A B	7A B	11A B	15A B	19A B	23A B	27A B	31A B	35A B	39A B	43A B	47A B	
4A B	8A B	12A B	16A B	20A B	24A B	28A B	32A B	36A B	40A B	44A B	48A B	
49A B	53A B	57A B	61A B	65A B	69A B	73A B	77A B	81A B	85A B	89A B	93A B	
50A B	54A B	58A B	62A B	66A B	70A B	74A B	78A B	82A B	86A B	90A B	94A B	
51A B	55A B	59A B	63A B	67A B	71A B	75A B	79A B	83A B	87A B	91A B	95A B	
52A B	56A B	60A B	64A B	68A B	72A B	76A B	80A B	84A B	88A B	92A B	96A B	
97A B	101A B	105A B	109A B	113A B	117A B	121A B	125A B	129A B	133A B	137A B	141A B	
98A B	102A B	106A B	110A B	114A B	118A B	122A B	126A B	130A B	134A B	138A B	142A B	
99A B	103A B	107A B	111A B	115A B	119A B	123A B	127A B	131A B	135A B	139A B	143A B	
100A B	104A B	108A B	112A B	116A B	120A B	124A B	128A B	132A B	136A B	140A B	144A B	
												完成时间： 一致性：

第三，分别将第 2、4、9、11 行的数字相加即为政治素质得分；第 3、6、8、10 行的数字相加，即为业务素质得分；将第 1、7 行的数字相加，即为外向性格；将第 5、12 的数字相加，即为内向气质，二者得分差距越大则说明被

测试者的气质性格越具有典型性，得分相近则说明被测试者具有混合型的气质性格。

第四，由于此表的设计主要用于就业指导，当出现下列三种情况时，可分别给予正确的解释与指导：

当政治素质和业务素质得分接近时，说明被试者发展均衡，应在求职前进一步做好红与专两方面的准备。

当政治素质得分明显高于业务素质得分时，应指导被测试者在求职前更多地做好业务素质方面的准备。

当业务素质得分明显高于政治素质得分时，应指导被测试者在求职前更多地做好政治素质方面的准备。

此外，内向与外向方面的差异可运用心理学方面的知识加以正确解释和引导。

第五，此表适用于个体测试和统计分析，当每组叙述题的选择结果A或B均能达到10%以上时，则说明该题目有效，如果低于10%，可考虑修改。此外，如发现某一问题需要修改时，它所对应的另一题也应与之在利或弊水平上相等一致，以增加互选性。

由于此表是针对国家公务员的考核而设计的，在测量选择经商、科研等方面的职业时，可根据此表的原理，相应变动题目。

三、《职业适应测试量表》

英国职业顾问处的心理学家们通过3年的研究，编制了一套衡量个性特点的试题，以求科学地选择每个人所能适应的工作。

这种测试基于将现代职业分为四大类(即人、程序与系统、交际与艺术、科学与工程)，每一大类又可进一步分为若干项。如在“人”大类中，有的人喜欢受人照料，有的人乐意照料他人；在“程序与系统”大类中，有的人爱好用语言表达，有的人则爱用数字显示；在“交际与艺术”大类中，才能又体现在研究或实践之中。至于纯智力方面，许多人都有承担一项以上工作所必备的能力。

第一类 人

选择“是”或者“否”	是	否
1. 我在作出决定前常考虑别人的意见。	A	C
2. 我愿意处理统计数据。	C	A

3. 我总是毫不犹豫地帮助别人解决家庭问题。 A C
4. 我常常忘记东西放在哪儿。 B C
5. 我很少能通过讨论说服别人。 C B
6. 大多数人认为我可以忍辱负重。 C A
7. 在陌生人中我常感到不安。 C B
8. 我很少吹嘘自己的成就。 A C
9. 我对世事感到厌倦。 B C
10. 我参加一项活动的主要目的是取胜。 C A
11. 我容易被大多数人所动摇。 C B
12. 我做出选择后就会按照我的办法去做。 C A
13. 我的工作成功对我很重要。 B C
14. 我喜欢既需要大量体力又需要脑力的工作。 B C
15. 我常问自己真正的感受如何。 A C
16. 我相信那些使我心烦意乱的人自己心里是清楚的。 C B

得分(不计算答案 C)

A 得分 □照料人

B 得分 □受人照料

A、B 总分 □人

第二类 程序与系统

选择"是"或者"否" 是 否

1. 我喜欢整洁。 A C
2. 我对大多数事情都能迅速做出结论。 C A
3. 受过检验和运用过的决议最值得遵循。 A C
4. 我对别人的问题不感兴趣。 B C
5. 我很少对别人的话提出疑问。 C B
6. 我并不总是能遵守时间。 C A
7. 我在各种社交场合都感到坦然。 C B
8. 我做事总愿意先考虑后果。 A C

9. 在限定的时间内迅速地完成一件事很有趣。	B	C
10. 我喜欢接受紧张的新任务。	C	A
11. 我的论点通常可信。	C	B
12. 我不善于核对细节。	C	A
13. 明确、独到的见解对我是很重要的。	B	C
14. 人多的场所会约束我的自由表达。	B	C
15. 我总是努力完成开始的事情。	A	C
16. 大自然的美使我震惊。	C	B

得分(不计算答案C)

A得分　　□言语

B得分　　□财金/数据处理

A、B总分　　□程序与系统

第三类　交际与艺术

选择“是”或者“否”	是	否
1. 我喜欢在电视节目中扮演角色。	A	C
2. 我有时难于表达自己的意思。	C	A
3. 我觉得我能写短篇故事。	A	C
4. 我能为新的设计提供蓝图。	B	C
5. 关于艺术我所知甚少。	C	B
6. 我愿意做实际的事情，而不愿意读书或写作。	C	A
7. 我很少留意服装设计。	C	B
8. 我喜欢同别人谈他们的见解。	A	C
9. 我满脑子的独创思想。	B	C
10. 我发现大多数小说很无聊。	C	A
11. 我特别不具备创造力。	C	B
12. 我是个实实在在的人。	C	A
13. 我愿意将我的照片、图画给别人看。	B	C
14. 我能设计有直观效果的东西。	B	C

15. 我喜欢翻译外文。 A C

16. 不落俗套的人使我感到很不舒服。 C B

得分(不计算答案C)

A得分 □文学、语言、传导

B得分 □可见艺术与设计

A、B总分 □交际与艺术

第四类 科学与工程

选择"是"或者"否"	是	否
1. 辩论中，我善于抓别人的弱点。	A	C
2. 我几乎总是自由地做出决定。	C	A
3. 想个新主意对我来说不成问题。	A	C
4. 我不善于令别人相信。	B	C
5. 我喜欢事前将要做的事准备好。	C	B
6. 抽象的想象有助于解决问题。	C	A
7. 我不善于修修补补。	C	B
8. 我喜欢谈不可能发生的事情。	A	C
9. 我不会因别人议论我而感到难受。	B	C
10. 我主要是靠直觉和个人感情解决问题。	C	A
11. 我办事有时半途而废。	C	B
12. 我不隐藏自己的情绪。	C	A
13. 我发现解决实际问题很容易。	B	C
14. 传统方法通常是最好的。	B	C
15. 我珍惜我的独立。	A	C
16. 我喜欢读古典文学。	C	A

得分(不计算答案C)

A得分 □研究

B得分 □实际

A、B总分 □科学与工程

将上述各类得分填入表 2-5 中。

表 2-5 中分别有 4 个部分，1～4 分表明对某一类工作兴趣不大；5～12 分居中；13 分以上表明兴趣很浓。在上述四类中总分最高的，说明这一类工作最适合你，能满足你的个性所求。

表 2-5 职业测量得分与职业选择

分类	分项	各项得分
人	A 照料人	
	B 受人照料	
程序与系统	A 言语	
	B 财金/数据处理	
交际与艺术	A 文学、语言、传导	
	B 可见艺术与设计	
科学工程	A 研究	
	B 实际	
A、B 总分		

A 或 B 得高分者最适合的职业举例：

医务、福利、教育类：医生、健康顾问、摄影师、社会工作人员、教师、演说家等。

治理、商业、管理类：军队、警察、监狱管理、经理、市场管理、市场开发、广告经理等。

行政管理、法律情报类：办公室主任、人事管理秘书、律师、图书馆员、档案员、记录员等。

金融、资料处理工作：会计、银行估价、经济保险统计、计算机程序和系统分析。

广播、文学语言工作：记者、翻译、电台与电视台研究员、广告抄写员、公共事务管理员。

设计与可见艺术工作：图案设计、制图员、建筑师、舞台设计、时装设计、摄影师等。

研究与应用：生物学家、物理学家、化学家、机械工程师、土木工程师等。

思考与练习

1. 为什么说正确认识自己是求职择业的重要前提？
2. 影响职业选择的个性心理因素有哪些？
3. 什么是职业能力？影响职业能力形成和发展的因素有哪些？
4. 谈谈正确认识自己的方法和途径有哪些？

气质与职业探索

你的气质适合做哪些职业？

如果在职业的选择过程中，能考虑到自己的气质类型而选择与其相适应的职业，就更能发挥优势与特长，取得更大的成就。

胆汁质型，又称不可抑制型，属于战斗类型。这种气质类型的人精力旺盛，反应敏捷，乐观大方，但性急、暴躁而缺少耐性，热情忽高忽低。这种人适合于做刺激性大而富于挑战的工作，如导游、节目主持人、推销员、演员、模特等。胆汁质型的人不适合做整天坐在办公室或不走动的工作。

多血质型，又称活泼型，属于敏捷好动的类型。这种气质类型的人适应能力强，善于交际，在新的环境中应付自如，反应迅速而灵活；办事效率高，但注意力不稳定，兴趣容易转移。多血质型的人的职业选择较广泛，如新闻工作、外事工作、服务人员、咨询人员等。多血质型的人不适合做细致单调、环境过于安静的工作。

黏液质型，又称安静型，属于缄默而沉静的类型。这种气质类型的人踏实、稳重，兴趣持久而专注，善于忍耐，但黏液质型的人有些惰性，不够灵活，而且不善于转移注意力。这种类型的人适合做管理人员、办公室文员、会计、出纳、播音员等。黏液质型的人不适合做富于变化和挑战性的工作。

抑郁质型，又称易抑制型，属于呆板而害羞的类型。这种气质类型的人感情细腻，做事小心谨慎，善于察觉到别人观察不到的微笑细节。但抑郁质型的人适应能力差，易于疲劳，行动迟缓、羞涩、孤僻且显得不大合群。这种类型的人适合做保管员、化验员、排版员、保育员、研究人员等。抑郁质型的人不适合做需要与各色人物打交道、变化多端、大量消耗体力和脑力的工作。

尽管气质没有好坏之分，但气质却能影响一个人的工作效率。特别是在一些需要经受高度身心紧张的职业中，气质不仅关系到工作的效率，还关系到事业的成败。

胆汁质型的人精力旺盛，激动急躁，神经活动具有很高的兴奋性。他们能以极大的热情去工作，主动克服工作中的困难；但如果对工作失去信心，情绪马上会低沉下来。

多血质型的人感受性低而耐受性高，具有较大的可塑性和外倾性。他们反应迅速而灵活，工作能力较强，情绪丰富，容易兴奋，并且表现明显。他们极易适应环境，但注意力不稳定，兴趣易转移。他们不适合从事单调机械的工作和要求细致的工作，而管理、导游、外交、公安、军官等职业更适合他们。

黏液质型的人具有较强的自我克制能力，能埋头苦干，态度持重不易分心。由于灵活性相对较差，反应速度慢，相对刻板而不灵活。他们情感细腻，做事谨慎小心，观察力敏锐，善于察觉到别人不易察觉的细小事物，但工作的耐受性差，容易感到疲劳。他们所适宜承担的工作与胆汁质型的人正好相反，如打字员、校对员、检查员、化验员、数据登记人员、文字排版人员、机要秘书等工作适合他们。

瑞士心理学家荣格对气质还做过更深入的研究。他把人的心态分为内倾型与外倾型两种，它们分别与心理的功能(思维、情感、感觉和直觉)结合起来，构成了各种不同的气质类型。

外倾型的人，心理能量流向客观的外部世界的表象之中，容易把自己投入到对客观对象、人与物、周围环境条件的知觉、思维和情感之中；内倾型的人喜欢探索和分析自己的内心世界，他是内向的，一般来说略微孤僻，容易过分地全神贯注于自己的内心体验。在别人看来，内倾型的人可能显得冷漠寡言，不喜欢社交；而外倾型的人，则把注意力集中在与他人交往之中，总是显得活跃和开朗，对周围的一切都很感兴趣。

据体育界的一项调查表明，性情内向的运动员，在足球、篮球、短跑等项目中，相对来说要少一些；而在举重、长跑等项目中，相对来说要多一些。

又有研究表明，领导品质与外倾型气质有关。也就是说，作为一名管理人才，外倾型的气质对他完成本职工作是一个有力的因素。外倾强烈的人，在需要手部活动灵活、语言反应迅速、判断快速果断的工作岗位上，比内倾型的人更具有相对的优势；而需要精细、认真、持久的工作岗位，更适合内倾型的人。

气质类型对职业生活的影响是重大的。荣格认为，一个内倾型的人想要成为一名汽车推销员或者一个外倾型的人想要成为一名会计，都是很难办到的。感觉型的人可以成为一名很好的警察、消防员，然而却只能成为一名拙劣的教师。直觉型的人可以成为很好的维修工、故障检修员，却不能成为固定生产线上反复做同一工种的工人。情感型的人应该避免从事要求具备抽象思维能力的工作，思维型的人则应该避免从事需要丰富情感的职业。

气质是人们的个性中最稳定的因素，在选择职业时，一定要注意自己的气质类型。特别是在一些特殊职业中，如政府机要人员、公关人员、飞行员等，气质类型也是录用员工的重要标准之一。

第三章　了解职业　正确选择

【学习目标】

了解职业、职业选择与发展的基础理论；把握职业发展的主要影响因素，掌握职业测评方法，从而增强职业意识，形成正确的职业观，为作出正确的职业选择奠定基础。

【案例导入】

世界500强企业麦德龙欲招聘一批管理专业的应届毕业生。麦德龙承诺：毕业生被聘用并过了实习关后，当年就可能在新开张的3家商店中担任主管，条件是毕业生要先从“客户开发人员”做起。然而，对于这一颇具诱惑力的承诺，相当一部分学子不买账。

遇到类似尴尬局面的企业其实并非麦德龙一家。记者对在青岛市开设的普尔斯马特、家乐福等大型商业零售企业部分负责人进行了解，麦德龙遇到的这种用人尴尬，他们在招聘中也遇到过。

有较好的单位就业，为何毕业生不买账？毕业生的3种想法大致可以解释：一是学生缺乏自信，不愿接受挑战，对能否被录用有所担心。在两个月的实习期中，万一有什么做得不到位，用人方不签约，就会耽误找其他工作的机会，到最后很可能落实不了工作单位。二是部分学生心目中的就业单位是在大城市诸如青岛市等被人“仰慕”的地区，担心被派到“外地”后，就和大城市无缘了。三是部分学生不屑于从事具体工作。有管理专业的学生甚至表示：跑业务与我们学的知识有关系吗？跑业务非要本科生吗？这样能体现出自己的价值吗？

企业的想法不能和毕业生求职要求“接茬儿”，让麦德龙商场经理有些无奈。一位多年分管大学生就业调配工作的教师分析说，其实对每个大学生来说，在学校时他们都会给自己描绘一幅壮丽的蓝图，但当这幅蓝图碰到现实的就业环境时，往往会因现实的压力而改变。对正在找工作的这些大学生来说，他们的问题不在于能不能找到一个可以供自己生活的工作，而是在于能不能在职业理想与现实环境之间放弃理想而选择现实。

案例点评：大学生对职业环境缺少理性的分析，对职业的过于理想化源于缺少对职业选择和职业发展的正确认知，因此，树立正确的职业观是毕业生理性择业、成功就业的重要思想保障。

第一节　了解职业

对于个人来说，从事某一种职业是其社会生存的必要前提。职业环境不仅影响着个体各方面的特质，如兴趣导向、性格特征，更会影响到具体的行为和决策，如某一种职业的市场需求量，毫无疑问将影响到个人的职业决策。因此，要想谋求个人职业发展和成功，必须考虑社会环境的需求和变化趋势，考虑职业环境对人的影响。

一、职业的基本含义

社会上的职业种类极多，差异也很大。一般把职业定义为个人在社会中所从事的作为主要生活来源的工作。黄炎培认为，职业本身具有双重含义：第一，职业是一个名词，包含对己谋生与对群服务，为一物两面；第二，职业是为了适应社会分工的需要，而且还需人职匹配，才能促进工作效能，促进人获得职业的乐趣。

中国学者程社明将职业定义为“是参与社会分工，利用专门知识、技能为社会创造物质财富、精神财富，获取合理报酬作为物质生活来源，并满足精神需求的工作。”美国社会学家赛尔兹认为，职业是一个人为了不断取得个人收入而连续从事的具有市场价格的特殊活动。而美国社会学家泰勒则指出，职业可以解释为一套成为模式的与特殊工作经验有关的人群关系。

可见，对于职业的含义理解，不同的人从不同的角度出发，有着不同的认识。但总的来说，职业一词的外延包括三种含义：一是有工作；二是有收入；三是有时间限度。职业也许会根据环境的变化或个人意愿一次或多次改变，但它是个人为了维持生计、与社会联系和自我实现而产生的连续活动，它要求个人能力与职业要求相协调。

职业不等同于职位或工作。

职业(Occupation)，是在同一专业领域中一系列相似的服务。例如，运动员是一种职业。

职位(Professional Position)，是和分配给个人的一系列具体任务直接相关的。职位和参与工作的个人相对应，有多少参与工作的个人，就有多少职位。例如，一个足球队需要 11 个队员，意味着这个足球队中有 11 个职位，而无论这些职位是前锋还是后卫。

工作(Job)，是由一系列相似的职位所组成的一个特定的专业领域。例如，一个足球队中有左前锋和右前锋，而他们都是一个工作，即前锋。

二、职业的基本特征

尽管由于社会分工，各种职业的性质有所差异，但每份职业都包含了多种多样的社会关系和社会期待，是多种社会规范的集合体。一般来说，职业具有以下几个特征：

第一，专业性。一个人要从事某一职业，就必须具备这一职业所需的专门的知识、技能，遵从特定的职业要求。

第二，多样性。随着社会的发展，社会分工越来越细，职业种类也越来越多，职业之间的差别也越来越大。

第三，目的性。从一定程度来说，每一份职业都以获得报酬或寻求发展为目的。

第四，社会性。即职业是从业人员在特定社会生活环境中所从事的一种与其他社会成员相互关联、相互服务的社会活动。

第五，规范性。职业主体所从事的职业活动必须符合国家法律规定和社会道德准则，并非所有社会群体活动都可以成为正当职业。

第六，群体性。即职业必须具有一定的从业人数。

三、职业的个人功能

就社会功能而言，职业是社会存在的内容，是社会发展的动力，还是社会控制的手段。就职业对个人的功能与价值来说，尽管在一定时期内，我们只能把职业或者工作当做一种谋生手段，但从长远看，职业不仅维持个人生存，满足人的衣食住行的基本需要，也给人们带来精神上的充实感，更可以满足个人潜能发挥和自我价值实现的需要。

第一，职业是个人获取经济利益的手段。职业作为个人获得经济收入的主要手段，是个人生存和维持家庭的物质基础。“趋利”是生物对外部环境的必然选择，高收入的职业，也是人们选择职业的主要标准。职业除了能满足人们的物质需要，还能使人对未来发展产生安全感，能够提供可用于投资的流动资产，提供人们购买休闲、自由时间、物品和服务的资本，这些都是个人成功的证明。

第二，职业可以满足个人的社会活动需求。职业作为人们参与社会活动、从事社会活动、进行人生实践的最主要场所，从多方面决定了个人的特征和境遇；无业者则大受影响。人的职业生活，使从业者进入一种社会情境，这种情境因职业的不同而不同。这种情境使人们建立一定的人际关系和潜在的友谊，如同事的、客户的，它赋予工作者与其家庭以一定的社会地位，赋予人们责任感和被人需要、受人尊重的感受。另外，人们在职业上的努力和争取，使得人们在社会地位“阶梯”中向上流动。

第三，职业影响个人的自我评价。职业可以获得多种非经济利益，如荣誉、地位、权力及各种便利，从而使人获得心理满足，达到乐业的境界。同时，职业是个人发挥才能的途径，个人在工作上所做出的成绩会直接影响到自我效能感。如果职业上有所成就，将有助于人们的自我肯定和角色认定，增强人们的秩序感、可信赖感、自我效能感和投入感。

人生的意义莫过于健康、情感、财富和自我成长，占据人生很长时间和精力的“职业”对人生的这四个方面都有着不可忽略的影响。工作环境、工作内容和工作回馈，都与个人的身心健康、成长成功息息相关。对职业的审视与选择、对职业的规划与谋略，是人生的重要功课，个人的成就与价值实现亦始于此。可以说，职业问题并不仅仅是工作问题，更关系到整个人生的发展和成败。

四、职业的分类

(一)隶属某产业

《中华人民共和国职业分类大典》把中国职业划分为由大到小、由粗到细的4个层次：大类(8个)、中类(66个)、小类(413个)、细类(1 838个)。细类为最小类别，即职业。

第一大类：国家机关、党群组织、企业、事业单位负责人，其中包括5个中类，16个小类，25个细类。

第二大类：专业技术人员，其中包括14个中类，115个小类，379个细类。

第三大类：办事人员和有关人员，其中包括4个中类，12个小类，45个细类。

第四大类：商业、服务业人员，其中包括8个中类，43个小类，147个细类。

第五大类：农、林、牧、渔、水利业生产人员，其中包括6个中类，30个小类，121个细类。

第六大类：生产、运输设备操作人员及有关人员，其中包括27个中类，195个小类，1 119个细类。

第七大类：军人，其中包括1个中类，1个小类，1个细类。

第八大类：不便分类的其他从业人员，其中包括1个中类，1个小类，1个细类。

从职业结构看，中国职业的分布有三个特点：第一，技术型和技能型职业占主导。占实际职业总量的60.88%的职业分布在“生产、运输设备操作人员及有关人员”这一大类，它们分属于中国工业生产的各个主要领域。从这类职业的工作内容分析，其特点是以技术型和技能型操作为主。第二，第三产业职业比重较小，仅占实际职业总量的8%左右。三大产业中的职业分布，以第二产业的职业比重最大。第三，知识型与高新技术型职业较少。现有职业结构中，属于知识型与高新技术型的职业数量不超过总量的3%。

(二)隶属某行业

行业是按企业、事业单位、机关团体和个体从业人员所从事的生产或其他社会经济活动的性质的同一性来分类的，可以说行业表示了人们所在的工作单位的性质。

中国2002年修订的《国民经济行业分类》对行业门类、大类、中类和小类进行了调整。新行业分类标准为20个门类，95个大类，396个中类，913个小类。主要分类如下：农、林、牧、渔业；采矿业；制造业；电力、燃气及水的生产和供应业；建筑业；交通运输、仓储和邮政业；信息传输、计算机服务和软件业；批发和零售业；住宿和餐饮业；金融业；房地产业；租赁和商务服务业；科学研究、技术服务和地质勘查业；水利、环境和公共设施管理业；居民服务和其他服务业；教育；卫生、社会保障和社会福利业；文化、体育和娱乐业；公共管理和社会组织；国际组织等。

【阅读资料】

未来行业发展趋势

根据社会学家和经济学家的预测，随着中国市场经济的发展和经济结构的调整，各行业在社会发展中的地位和发展潜力也在发生变化。某些行业社会需求加大，促进了这些行业的蓬勃发展，并成为未来社会发展的主导产业。据有关专家的预测，21世纪具有巨大发展潜力的行业主要有：

一、网络信息咨询与服务业

当今的时代是一个信息时代，信息网络技术的发展使人们对网络信息的依赖也越来越大，网络信息服务也成为社会上的一个重要的行业。这个行业包含了网上购物、商业信息服务、广告媒体服务、技术信息咨询与服务等。

二、房地产开发业

随着住房政策改革和住房的商品化，房地产开发业成为一个繁荣兴旺的行业，购房也成为每个家庭的一件头等大事，房地产开发业也因此面临无限的商机，并因此带动了与之相关的房地产开发、咨询、销售业务、物业管理、租赁、二手房转让行业的迅速发展。房地产开发具有巨大的市场，也具有较高的利润回报，因此，成为众多房地产投资者的青睐对象。

三、社会保险业

随着国家经济的进步和社会保障体系的不断完善，人们的安全防护意识也不断提高，保险意识越来越强。对于一般的家庭来说，都意识到了花少量投入，就能保证家庭财务和成员的生命财产安全。因此，保险业也日益受到人们的重视。

四、家用汽车制造业

国家经济的飞速发展和人们物质生活的不断提高，家庭对汽车的需求量也呈不断上升趋势，个人对家用汽车的需求将在今后相当长的时间内持续上升，给家用汽车制造业带来前所未有的机会，商家也将从中获得丰厚的利润。同时，家用汽车市场的发展还将带动汽车配件、维修及相关的技术产品生产业等行业的发展。

五、通信业

在当今的快节奏高效率的时代，人们对信息传递快捷性、同步性的要求越来越高，对相关通信产品及通信服务的需求也越来越高，目前中国的电话与移动电话人均拥有率低于世界平均水平，中国通信市场的开发潜力巨大，这将给通信业带来新的机遇和丰厚利润。

六、老年医疗保健品业

从2011年到2015年，中国60岁以上老年人将由1.78亿增加到2.21亿，中国也随之步入人口老龄化的社会。老年人比例的增加带来很多医疗、保健、社区服务等方面的需求的增加，因此，从事老年人保养品、药品、生活必需品、社区服务等将具有很大的发展前景，并形成一个独特的产业。

七、妇女儿童用品业

随着人们对生活质量要求的提高，尤其是女性朋友和儿童对服装、化妆品、洗涤用品及生活中的一些必需品的需求也越来越大。在这些用品上的投入也比较高，并带动相关产业的迅速发展，在未来的社会发展中，这一行业仍然有巨大的发展潜力。

八、旅游休闲及相关产业

人们生活水平的提高及节假日数量的增多，外出旅游休闲成为人们生活中的一件很平常的事情。人们旅游休闲的机会也越来越多，这不仅带动了旅游业的发展，同时也带动了服务业、运动产品、体育场馆、旅行社、旅游产品等行业的繁荣发展，形成了一个促进经济发展的强大产业。

九、建筑与装潢业

国内城市居民住房的商品化，带动了装修业的发展，室内装饰产品和装修工程承包业成为一个获利丰厚的行业。据有关部门的统计资料表明，当前城市居民装修住房的投入为2万～5万元，这将大大促进装饰材料业的发展。

十、餐饮、娱乐与服务业

社会生活节奏的加快使人们对快餐业的需求增加。虽然国外的西式快餐业在中国迅速发展，但是，西餐式的快餐业是针对儿童市场。对于中国人来说，更习惯于中国式的快餐，因此中式快餐业在未来社会发展中将占有重要的地位。

第二节　职业选择与发展基础理论

一、职业选择理论

职业选择是个人从自己的主观意向和实际的职业能力出发，在社会多种多样的职业岗位中选择其一。职业决策是一个完整的认知过程，其实质是个人的内在因素与外部的职业因素相互作用的过程，也是个人与社会相互适应发展的过程。它包含了个人选择职业与职业选择个人两个方面。

(一)职业选择的构成要素

作为个体具体的理性活动行为方式，职业选择由职业意向、职业能力和职业要求三个方面的要素构成。

1. 职业意向

职业意向是个人对社会职业的主观评价与选择偏好。它决定了人在职业选择上的选择倾向，及这种倾向影响下的具体选择行为，对个人的职业生活会产生决定性的影响。形成个人职业意向的因素包括个人的心理特征、个人的性格特质、教育背景、生活状况、家庭背景；社会风尚、传统文化；个人性别、年龄、价值观；社会需求、对需求信息的了解、社会政策导向等。职业意向的形成受到众多因素的影响，并不是个人突然形成，是没有经过实践检验的思维习惯的反应，具有比较稳定的性质。只有建立在对各种影响因素综合分析、判断基础上的职业意向，才是合理的，如果一个人没有合理的职业意向，其职业活动也必定是盲目的。

【阅读资料】

年龄与职业意向

有调查发现，职业意向与年龄有密切关系。

其中，年轻群体比较倾向于富有时代性、普遍适用性的职业，如文秘、计算机、广告美术类。选择文秘类的人群平均年龄最低，为24岁。成熟群体则更偏向于专业性和经验型的职业，如财务、管理、房地产、法律等。而已有一定工作经验的人群(25～27岁)，比较喜欢外语类、营销类、卫生类、编辑类工作。据分析，这一状况可能与各类人群的心理状态、实践经验及环境相关。

2. 职业能力

职业能力是职业活动的基本条件，不同的职业要求有不同的能力，能力制约着人们活动的领域与职业选择的范围。选择职业前必须对自己的职业能力进行科学的评估，才能在此基础上做出明智的职业决策。一般来说，职业能力主要包括以下四个方面：

第一，知识。知识是人的大脑中存储的从具体到抽象的层次网络结构(认知结构)，包括对事物的感性知觉或表象的感性知识，还包括关于事物的概念或规律的理性知识。

第二，技能。即从事活动的功能性、动作性技能，如计算、教导、管理、生产、驾驶、包装等。

第三，智力。即认知客观事物并运用知识解决实际问题的能力，包括感知力、记忆力、理解力、想象力、组织能力、协调能力等。

第四，体力。指人的身体素质，包括身高、体重、力量、速度、灵敏度及对劳动的负荷能力等。

3. 职业要求

职业要求包括职业岗位需求与职业用人规范两个方面的内容。岗位需求受到产业结构、行业环境、企业内部结构变化及职业管理制度的影响。需求的多少直接影响职业选择概率的大小，影响职业选择行为的难易和职业选择结果的质量。而职业用人规范则是职场环境和岗位对个人职业能力和职业素养的要求，如个人需要具备怎样的知识储备、需要具备哪些特殊的才能等。

(二)职业选择理论的发展

1. 人职匹配理论

该理论是1909年由美国波士顿大学教授弗兰克·帕森斯教授提出的，这是职业选择最经典的理论之一。

弗兰克·帕森斯在其《选择一个职业》著作中，明确地提出了人与职业相匹配是职业选择的焦点，并阐明职业选择的三大要素和条件，其核心观点包括：

第一，个人有自己独特的人格模式，每种人格模式都有其相适应的职业类型。

第二，在选择职业时，首先需清楚地了解个人的态度、能力、兴趣、局限性等方面。

第三，要了解职业选择成功的需要和条件及在不同岗位上所占有的优缺点、酬劳、机会等。

第四，以个人和职业的互相配合作为职业辅导的最终目标。

帕森斯的理论内涵就是在清楚认识、了解个人主观条件和社会职业要求的基础上，将条件与要求相比照、匹配，从而选择一种职业需求与个人特长匹配最得当的职业。

威廉逊·佩特森在帕森斯的基础上进一步发展了该理论，形成了人格特性与职业因素匹配的理论。这种理论认为所有人在成长发展方面都存在着差异，强调个体间的差异性。每个人都具有与他人所不同的个性特征，而且这种特性与某种职业因素存在着关联。人的特性是可以通过科学工具客观地测量出来，而职业因素也是可以分析的，因此职业指导的主要任务就是要解决人的特性如何与职业因素相适应的问题。这种理论倡导通过职业指导者测量与评价被指导者的生理、心理特性及分析职业对人的要求来帮助被指导者进行分析比较，使其在清楚地了解自己和职业的基础上作出合理的职业选择。

人格特性与职业因素匹配理论的核心是人职匹配，它有一定的理论前提，即：

第一，每个人都有独特的特性，且这种特性能够有效地测量出来。

第二，为了获取成功，不同职业需要具备不同特性的人。

第三，选择职业是容易操作的，人职匹配也是可能的。

第四，个人特性与职业要求之间的配合越紧密，职业成功的可能性越大。

人职匹配分为两种类型：一是因素匹配，如所需专门知识和技能的职业与掌握该种特殊知识技能的择业者相匹配；二是特性匹配，如具有感性、敏感、完美主义等人格特质的人，适合从事创造性、艺术类的职业。

总的来说，人职匹配理论极易操作，我们可以根据理论把职业选择或职业指导分成个人分析、职业分析和人职匹配三个步骤。通过这三个步骤，个人就可以选择出一项既符合个人特性又有可能获得的职业。但这种理论又有一定的局限性，如该理论假设每个人只有唯一的生涯目标及生涯决策，这样的观点缺乏动态性，缩小了个人职业选择的范围，而且也没有关注到个人的特质与工作环境都在变化，即忽视了生涯发展的发展性。

2. 霍兰德职业兴趣理论

约翰·霍兰德是美国著名心理学家、职业指导专家，是美国约翰·霍普金斯大学的心理学教授，长期从事职业咨询工作，是该领域里程碑式的人物。他以自己从事职业咨询的经验为基础，通过对自己职业生涯和他人职业道路的深入研究，首次提出了职业选择理论，并阐述了个性与环境类型相匹配的思想。霍兰德在《做出职业选择》一书中，全面表述了他的职业选择理论。

霍兰德职业选择理论提出6条构想：

第一，个性是职业选择的主要影响因素。

第二，兴趣包括在个性范畴之内。

第三，职业选择观是一种稳定的心理状态。

第四，早期的职业幻想预示未来职业方向。

第五，个性、目标定位的"自知程度"决定了职业选择的聚焦范围，自知程度越清，焦点越明确。

第六，为达到职业成功和满意感，应选择与个性特点相容的职业。

霍兰德兴趣类型理论建立在下面4个基本假设的基础之上：

第一，6种基本的个性类型。霍兰德把个性类型划分为现实型、研究型、艺术型、社会型、企业型和常规型6种。他认为，绝大多数人都可以被归于6种类型中的一种。

第二，6种基本的环境类型。霍兰德把环境也划分为与个性类型相应的6大基本类型。任何一种环境大体上都可以归属于这6种类型的一种或几种类型的组合。

第三，个性—环境类型的匹配。人们倾向于寻找与其个性类型相一致的环境，这种环境能让他们运用自己的技巧能力，表达自己的态度与价值观，并且承担令人愉快的工作和角色。同样，环境也寻求与其类型相一致的人。

第四，个人的行为由个性与环境间的相互作用决定。我们可以通过一个人的个性类型与其所处的环境类型，对其行为进行预测，包括职业选择、工作转换、工作绩效及教育和社会行为等。

同一职业环境中的人有相似的人格特质，因为他们对情境和问题会有类似的反应，从而形成特定的职业氛围，也就是说，在特定的职业环境中，会有特定的价值观念、态度倾向和行为模式。如果个人的人格与职业环境达到适配，将会增加个人的工作满意度、职业稳定性和职业成就感。

霍兰德将个性类型与典型职业类型作如下划分及匹配：

(1)社会型(S)

个人特征：喜欢与人交往，不断结交新的朋友；善言谈，愿意教导别人；关心社会问题，渴望发挥自己的社会作用；寻求广泛的人际关系，比较看重社会义务和社会道德。

典型职业：喜欢要求与人打交道的工作，能够不断结交新的朋友，从事提供信息、启迪、帮助、培训、开发或治疗等事务，并具备相应能力，如教育工作者(教师、教育行政人员)，社会工作者(咨询人员、公关人员)。

(2)企业型(E)

个人特征：追求权力、权威和物质财富，具有领导才能；喜欢竞争，敢冒风险，有野心和抱负；为人务实，习惯以利益得失、权力、地位、金钱等来衡量做事的价值，做事有较强的目的性。

典型职业：喜欢要求具备经营、管理、劝服、监督和领导才能，以实现机构、政治、社会及经济目标的工作，并具备相应的能力，如项目经理、销售人员，营销管理人员、政府官员、企业领导、法官、律师。

(3)常规型(C)

个人特征：尊重权威和规章制度，喜欢按计划办事，细心、有条理，习惯接受他人的指挥和领导，自己不谋求领导职务；喜欢关注实际和细节情况，通常较为谨慎和保守，缺乏创造性，不喜欢冒险和竞争，富有自我牺牲精神。

典型职业：喜欢要求注意细节、精确度、有系统、有条理，具有记录、归档、据特定要求或程序组织数据和文字信息的职业，并具备相应能力，如秘书、办公室人员、记事员、会计、行政助理、图书馆管理员、出纳员、打字员、投资分析员。

(4)实际型(R)

个人特征：愿意使用工具从事操作性工作，动手能力强，做事手脚灵活，动作协调；偏好于具体任务，不善言辞，做事保守，较为谦虚。缺乏社交能力，通常喜欢独立做事。

典型职业：喜欢使用工具、机器，需要基本操作技能的工作。对要求具备机械方面才能、体力或从事与物件、机器、工具、运动器材、植物、动物相关的职业有兴趣，并具备相应能力，如技术性职业(计算机硬件人员、摄影师、制图员、机械装配工)，技能性职业(木匠、厨师、技工、修理工、农民、一般劳动)。

(5)研究型(I)

个人特征：思想家而非实干家，抽象思维能力强，求知欲强，肯动脑，善思考，不愿动手；喜欢独立的和富有创造性的工作；知识渊博，有学识才能，不善于领导他人；考虑问题理性，做事喜欢精确，喜欢逻辑分析和推理，不断探讨未知的领域。

典型职业：喜欢智力的、抽象的、分析的、独立的定向任务，要求具备智力或分析才能，并将其用于观察、估测、衡量，形成理论，最终解决问题的工作，并具备相应的能力，如科学研究人员、教师、工程师、电脑编程人员、医生、系统分析员。

(6)艺术型(A)

个人特征：有创造力，乐于创造新颖、与众不同的成果，渴望表现自己的个性，实现自身的价值；做事理想化，追求完美，不重实际；具有一定的艺术才能和个性；善于表达，喜欢怀旧，心态较为复杂。

典型职业：喜欢要求具备艺术修养、创造力、表达能力和直觉，并将其用于语言、行为、声音、颜色和形式的审美、思索和感受的工作，并具备相应的能力，不善于事务性工作，如艺术方面(演员、导演、艺术设计师、雕刻家、建筑师、摄影家、广告制作人)，音乐方面(歌唱家、作曲家、乐队指挥)，文学方面(小说家、诗人、剧作家)。

一般来说，最为理想的职业选择就是个体选择与其个性类型相一致的职业环境。例如，研究型的人在研究型环境中学习和工作，这称为“人职协调”，因为在这种环境中工作，个人最可能充分发挥自己的才能并具有较高的工作满意感。

如果个体选择与其个性类型相近的职业环境。例如，现实型的人在研究型或常规型环境中工作，由于两种类型之间有较高的相关关系，则个人经过努力和调整也能适应职业环境，这属于“人职次协调”。最坏的职业选择是个人在与其个性类型相斥的职业环境里工作，在此情况下，个人很难适应职业，也不太可能从工作中得到乐趣，这称为“人职不协调”。例如，研究型的人在企业型环境中工作。

总之，个性类型与职业类型的相关程度越高，个体的职业适应性越好；相关程度越低，个体的职业适应性就越差。

【阅读资料】

霍兰德六边形模型

霍兰德在个性与环境(职业)类型划分的基础上，作出了另外一个极有价值的贡献，即六边形模型的提出。霍兰德用六边形表示6种类型之间关系，掌握六边形模型是理解其理论、工具和分类系统所不可缺少的。霍兰德六边形模型，如图3-1所示。从图中可以看出，每种个性类型与其他类型之间均存在不同程度的关系：

第一，相邻关系，如RI、IR、IA、AI、AS、SA、SE、ES、EC、CE、RC及CR。属于这种关系的两种类型的个体之间共同点较多，现实型R、研究型I的人就都不太偏好人际交往，这两种职业环境中也都较少机会与人接触。

第二，相隔关系，如RA、RE、IC、IS、AR、AE、SI、SC、EA、ER、CI及CS。属于这种关系的两种类型个体之间共同点较相邻关系少。

第三，相对关系，在六边形上处于对角位置的类型之间即为相对关系，如RS、IE、AC、SR、EI及CA即是。相对关系的人格类型共同点少，因此，一个人同时对处于相对关系的两种职业环境都兴趣很浓的情况较为少见。

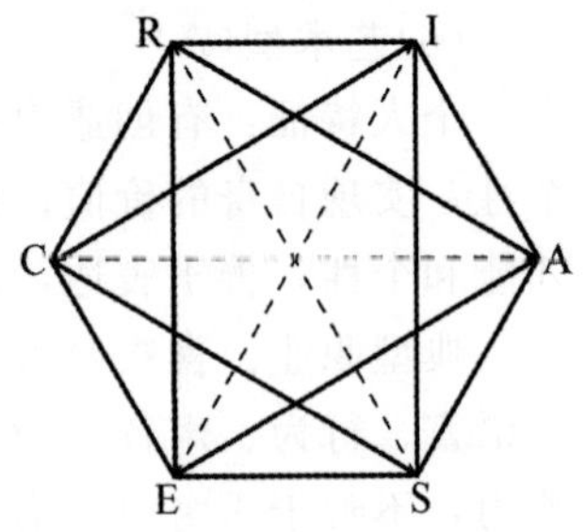

图3-1　霍兰德六边形模型

如图3-1所示，六边形的6个角分别代表霍兰德所提出的6种类型(个性或职业、环境，下同)。6种类型之间具有内在的联系，它们按照彼此的相似性程度定位。相邻两个维度之间在各种特征上最接近，相关程度最高；距离越远，两个维度之间的差异越大，相关程度越低。因而，每种类型与其他5种类型之间存在着3种相关关系，我们分别用高、中、低来表示。

我们可以依据这个六边形模型来理解人与职业的不同匹配方式。

3. 择业动机理论

(1)什么是择业动机理论

美国心理学家佛隆通过对个体择业行为的研究认为，个体行为动机的强度取决于效价的大小和期望值的高低，动机强度与效价及期望值成正比。佛隆在其《工作和激励》一书中，提出了解释员工行为激发程度的期望理论。期望理论的公式为：

$$F = V \cdot E$$

F——动机强度，是指积极性的激发程度，表明个体为达到一定目标而努力的程度。

V——效价，是指个体对特定目标重要性的主观评价。

E——期望值，是指个体对实现目标可能性大小的评估，也即目标实现概率。

员工个体行为动机的强度取决于效价大小和期望值的高低。效价越大，期望值越高，员工行为动机越强烈。就是说，为达到一定目标，他将付出极大努力。如果效价为零乃至负值，表明目标实现对个人毫无意义。在这种情况下，目标实现的可能性再大，个人也不会产生追逐目标的动机，不会为此付出任何积极性和任何努力。如果目标实现的概率为零，那么无论目标实现意义多么重大，个人同样不会产生追求目标的动机。

(2)理论具体内容

佛隆将这一期望理论用来解释个人的职业选择行为，具体化为择业动机理论。该理论的应用，即个人分两步来进行职业选择。

第一步，确定择业动机。用公式表示为：择业动机＝职业效价×职业概率。

其中，择业动机表明择业者对目标职业的追求程度，或者对某项职业选择意向的大小。

职业效价是指择业者对某项职业价值的评价，取决于两个方面：一方面是择业者的职业价值观；另一方面是择业者对某项具体职业的要求，如兴趣、劳动条件、工资、职业声望等的评估。即职业效价＝职业价值观×职业要素评估。

职业概率是指择业者获得某项职业可能性的大小，通常主要决定于4个条件：一是某项职业的需求量。在其他条件一定的情况下，职业概率同职业需求量呈正相关。二是择业者的竞争能力，即择业者自身的工作能力和求职就业能力，竞争力越强，获得职业的可能性越大。三是竞争系数，是指谋求同一种职业的劳动者人数的多少。在其他条件一定的情况下，竞争系数越大，职业概率越小。四是其他随机因素。即职业概率＝职业需求量×竞争能力×竞争系数×随机性。

择业动机公式表明，对择业者来讲，某项职业的效价越高，获取该项职业的可能性越大，择业者选择该项职业的意向或者倾向越大；反之，某项职业对择业者而言其效价越低，获得此项职业的可能性越小，择业者选择这项职业的倾向也就越小。

第二步，比较择业动机，确定选择的职业。

择业者对几种大致的职业目标进行评估后，在测定了这几种职业的择业动机值后，可进行横向比较。由于择业动机本身已经有一个影响因素权衡考虑、分析计算的过程，因此，一般来说，要选择择业动机分值最高的那个职业作为选定结果。

佛隆的择业动机理论可以帮助求职者权衡各种动机的轻重缓急，反复比较利弊得失，评定其社会价值。帮助求职者确定主导择业动机，使动机顺利地导向行为。

4. 择业决策理论

择业决策又称“职业决策”，该理论源于经济学中的决策理论在职业行为上的研究。在各种职业选择理论中都有涉及抉择的问题，其中伽勒特和乔普森特别强调了职业决策意识与决策行为在个人职业选择与发展过程中所起的作用，并把职业发展过程看做职业决策或解决问题的过程。

在一般的经济学决策理论中，个人的决策取决于效用价值。决策时往往考虑与效用(效果)有关的因素，如成本、冒险、损失等。决策者会对每一种可能的选择方案，搜集资料信息，分析每一种方案的预期效用，然后选择预期效用值最大的那种作为决策的结果。但实际上，择业决策是一个非常复杂的内部过程，尽管效用标准是决策的重要依据，但却不足以对整个决策过程作出解释。

在实际生活中，效用往往因人而异，而且个人的年龄、性别、经验等因素也会对决策产生影响。职业决策不能等同于经济活动的决策，它要受到个人对职业的价值期望，如经济收入、兴趣偏好、性格特征、社会地位与经济决策中的效用是不同的。而且，决策者个人的价值、态度、认知方式也都是影响择业决策的重要因素。

因此，择业决策理论强调，只有深入研究这些因素，才能阐明职业决策过程。只有从个人与环境的相互作用来分析个人的择业决策行为，才能从影响个人职业决策的环境、遗传、经验等因素分析中提出职业选择的主要任务。

【阅读资料】

在校大学生如何进行职业决策?

学生疑问：

我是一名大三的学生，经过相关的职业测评发现自己是属于社会、研究、技能、企业型的，而思维方式更倾向于研究型，但渐渐地我对研究工作产生了排斥心态，因为那是一个比较乏味的工作(即使在做研究的过程中能体会到乐趣)。自己现在相当渴望与别人交流、沟通。因为与大家在一起，我会感到很开心的，而且比较兴奋，感觉比在实验室做实验兴奋多了！大学几年，我改变了自己。大学以前不是这样的。那时候自己相对比较封闭，周末一般不出去玩，都是在家努力地学习，现在深深地体会到交流、沟通的重要性。因此自己就不想从事研究性的工作了，比如研究员、市场调研员等。

像我这种情况，应该怎么选择呢？是选择自己以前长期以来具有的(研究型)，还是自己今后向往的(社会、企业型)。如果选择前者，我会感到害怕的，但它是自己的长项；如果选择后者，我不会感到害怕，而是有点兴奋与陌生，因为这方面的能力需要更多的考验与锻炼。

老师，您说我该做怎样的选择呢？期待老师您的指点！

专家答疑：

来信收悉，记得曾经与你探讨过关于自我认知的问题，包括自我兴趣的认知、专业认知及职业的认知。从你这次的来信中，很欣慰你对自我认知的状况有了深度的把握和了解，但是所谓“成也萧何，败也萧何”，你所认知的“自我”还是出现了一定程度上的偏差，使得你“执拗”于这种偏差，反而给你带来了困惑。

首先，我想提醒你的是，职业测评只是自我认知的工具，它绝不是自我认知的终极评价标准。所谓“社会、研究、技能、企业型”只是你性格中的一种倾向，这种倾向能否与现实中的你保持一致，还会受到各种主客观因素的影响。当然，我并非否定你利用职业测评工具来了解自己，但是绝不可以此作为指引人生选择的坐标，为自己的发展设置了条条框框，反而弄巧成拙了。

每个人的职业生涯发展都是一个漫长的过程，其中充满了种种未知和不确定的因素。适合自己的职业生涯发展道路需要结合实际情况不断进行选择和调和。就大多数情况来说，能够把自己的兴趣和职业结合起来，当成自己毕生所从事的事业，是非常幸福和幸运的事情。很多学生之所以迷茫，是因为在兴趣、职业和事业之间反复不定。职业测评可以有效地帮助你了解自己的兴趣，明确自己的职业倾向，但是最终需要你在综合各种因素后作出决策和行动，否则便是纸上谈兵了。

其次，从来信中，我依然感觉到，你对自己的认识还是不够清晰。你提到你逐渐排斥研究型的工作，虽然这种工作不乏乐趣；你说你相当渴望与别人沟通与交流，你已深深体会到沟通与交流的重要性。你潜意识里认为，这二者是不相容的。你片面认为沟通与交流就是社会型倾向，如果选择研究型工作，则会牺牲沟通与交流，自己心有不甘；如果选择社会型工作，多作沟通与交流，自己感觉到有些害怕。其实，这是你认知上的误区。研究型工作并不意味着杜绝沟通与交流，相反，没有充分主动地沟通与交流，难以做好工作。社会型工作也并不意味着只有沟通与交流，它只是做好工作的前提。

沟通和交流是一项不可或缺的人际交往能力，你已然认识到了，这种能力是你所欠缺的，需要更多的“考验与锻炼”。但是，你不能把专项能力锻炼和职业生涯决策混为一谈，否则就是以偏概全了，这就是你困惑的根源。

最后，我想告诉你的是，做出职业选择不能给自己设置种种局限，也不能把职业选择和某项职业能力的提高相混淆。建议你再认真思考一下，你目前所从事的工作真的就是你所谓的“研究型”工作吗？从事这项工作，是否真的影响了你与他人的沟通和交流？你所认为的沟通和交流型工作是你真正所了解和欲从事的吗？面对困难和挑战，你是否有信心面对？

相信，经过再次的深思熟虑之后，你会对自己有更进一步的认识，你关于职业选择、职业决策的疑惑，也就迎刃而解了。

(三)职业发展理论的演变

与职业选择的视角不同，职业生涯发展理论从时间顺序出发，剖析生理、心理、社会文化对于职业选择和调整变动的影响。

1. 金斯伯格的职业发展理论

美国著名的职业指导家和心理学家金斯伯格，把个体职业生涯的发展分为幻想期、试探期和现实期三个时期。该理论展示了一个人从幼年到青年的职业心理发展过程，同时也揭示了早期职业心理发展对人生职业选择的重要影响。

(1)幻想期

四五岁的儿童，游戏活动是他们的主导活动。他们把对成人世界的观察所获得的社会角色直觉印象，通过游戏简单地展现出来。对于所接触到的各类职业工作，他们充满了好奇，并充分运用想象力，模仿军人、医生、厨师等许多现实职业角色的行为举止。这一阶段个体对职业的需求完全凭自己的兴趣爱好，不考虑自身的条件、能力水平、社会需要与机遇，主要处于幻想之中。

(2)试探期

随着个体进入青少年阶段，其心理和生理迅速发生变化，开始形成独立性和成人感。与此同时，个体的知识、能力也在不断增长，开始主动憧憬未来发展，对职业开始进行更深层次的探索。在11～12岁的时候，个体开始察觉到不同职业之间的差异，并对某些职业开始萌发兴趣；到了13～14岁，个体又会注意到不同的职业对于人的要求也有所不同，并开始注意自己能力的训练；进入15～16岁，个体开始了解职业角色的社会地位和社会价值，并运用这种价值观做参考，重新审视自己的职业兴趣。

(3)现实期

17岁以后的青年个体，会综合运用有关职业的信息，并结合自己的职业愿望，把职业选择范围缩小，寻找适合自己的职业角色。这个时期的职业期望更加清晰、客观，具有现实指导意义。

2. 舒伯的职业发展理论

舒伯认为，人的每一个年龄阶段都与职业发展有着相互配合的关系，人的生涯发展会伴随着年龄的成长而递进，每个年龄阶段各有其生涯发展的任务。舒伯从终身发展的角度，结合职业发展形态，将生涯发展阶段划分为成长、探索、建立、维持与衰退5个阶段，其中有三个阶段与金斯伯格的分类相近，只是年龄与内容稍有不同，增加了就业及退休阶段的生涯发展，具体分述如下。

(1)成长阶段(0～14 岁)

在这个阶段，个体开始辨认他们周围的事物，逐渐开始发展自我概念，并意识到自己的兴趣所在及和职业相关的一些最基本技能，开始用不同方式来表达自己的需要，且经过不断的尝试，修饰自己的角色。个体在这个阶段的任务是发展自我形象和对工作世界的正确态度，并了解工作的意义。

这个阶段共包括 3 个时期：一是幻想期(4～10 岁)，个体以“需要”为主要考虑因素，在这个时期幻想中的角色扮演很重要；二是兴趣期(11～12 岁)，个体以“喜好”为主要考虑因素，喜好是个体活动的主要决定因素；三是能力期(13～14 岁)，个体以“能力”为主要考虑因素，能力逐渐具有重要作用。

(2)探索阶段(15～24 岁)

这一阶段，个体开始通过学校的活动、社团休闲活动、兼职打零工等机会，对自我能力及角色、职业进行探索，尝试自己对职业的一些假想，选择职业时有较大弹性。在这个时期，职业偏好已经开始出现，并逐渐形成一两个具体的职业选择。这个阶段的发展任务是使职业偏好逐渐具体化、特定化，并实现职业偏好。

这阶段共包括 3 个时期：一是试探期(15～17 岁)，个体开始考虑自己的需要、兴趣、能力及机会，做出暂时性的决定，并在幻想、讨论、学校生活及工作中加以尝试；二是过渡期(18～21 岁)，个体进入就业市场或接受专业训练，更重视现实，并力图实现自我概念，将一般性的职业选择转为特定的选择；三是实验期(22～24 岁)，个体的职业生涯初步确定并尝试其成为长期职业生涯的可能性，若不适合则可能再经历上述各时期以确定方向。

(3)建立阶段(25～44 岁)

进入第三个阶段后，个体开始尝试选择适合自己的职业领域，不适合者会谋求变迁或做其他探索，因此该阶段较能确定在整个职业生涯中属于自己的“位子”，并在 31～40 岁，开始考虑如何保住这个“位子”并固定下来。

建立阶段的发展任务是稳固，并求上进。这个阶段又可细分为两个时期：一是实验—承诺—稳定期(25～30 岁)，个体寻求安定，也可能因生活或工作上的若干变动而尚未感到满意；二是建立期(31～44 岁)，个体致力于工作上的稳固，大部分人都处于最具创造力的时期，往往会因为资深而业绩优良。

(4)维持阶段(45～65 岁)

个体会在这一阶段不断地付出努力来获得职业生涯的发展和成就，避免产生停滞感，并逐渐能在自己的领域中占有一席之地。这一阶段发展的任务是维持既有的成就与地位，也会面对新的人员的挑战。

(5)衰退阶段(65 岁以后)

由于生理及心理机能日渐衰退，进入衰退阶段后，个体已经有意退出工作岗位并开始享受自己闲暇的晚年生活，职业角色的分量逐渐减少。这一阶段往往注重发展新的角色，寻求以不同的方式替代和满足个体的需求。

在这一理论形成的初始阶段，舒伯认为这些阶段彼此之间都是有严格的界限和区分的。但在后期，他提出这些阶段之间可能有交叉，并不存在严格的界限。同时，在人生的不同时期，都可以由这 5 个阶段构成一个小循环。另外，在这些不同的阶段，人所扮演的角色也不同，且通常要同时扮演几个角色，如子女、学生、工作者、配偶、家长等，为此，舒伯设计了生涯彩虹图来表示不同角色在人生各个阶段的地位，如图 3 2 所示。

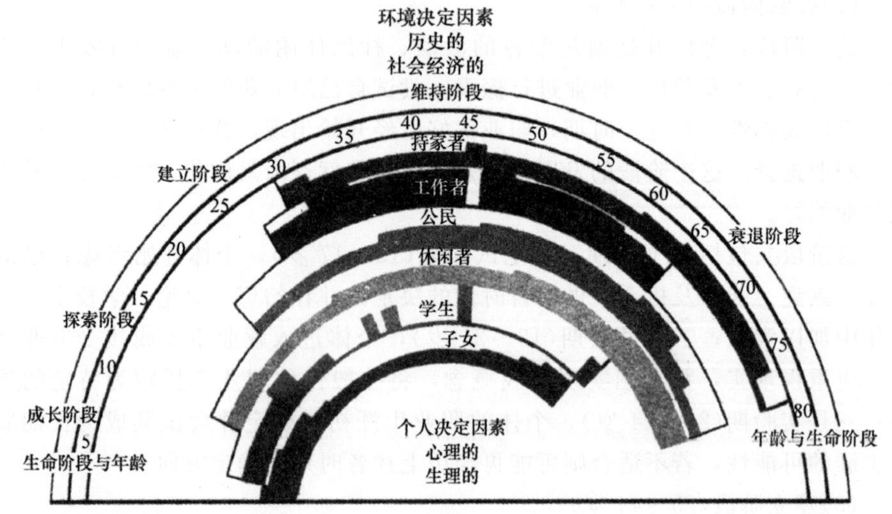

图 3-2 舒伯生涯彩虹图

3. 格林豪斯的职业发展理论

格林豪斯研究不同年龄阶段职业发展的主要任务，并以此将职业生涯划分为 5 个阶段。

(1)职业准备阶段(0～18 岁)

主要任务是发展职业想象力，对职业进行评估和选择，接受必需的职业教育。

(2)进入组织阶段(18～25 岁)

主要任务是在一个理想的组织中获得一份工作，在获取足量信息的基础上，尽量选择一种合适的、较为满意的职业。

(3)职业生涯初期(25～40 岁)

主要任务是学习职业技术，提高工作能力；了解和学习组织纪律和规范，逐步适应职业工作，适应和融入组织；为未来的职业成功作好准备。

(4)职业生涯中期(40～55 岁)

主要任务是需要对早期职业生涯进行重新评估，强化或改变自己的职业理想；选定职业，努力工作，有所成就。

(5)职业生涯后期(55 岁～退休)

主要任务是继续保持已有的职业成就，维护尊严，准备引退。

(四)职业锚理论

职业锚理论最初产生于美国麻省理工大学斯隆商学院，学院的 44 名 MBA 毕业生自愿形成一个小组接受埃德加·H. 施恩教授长达 12 年的职业生涯研究，包括面谈、跟踪调查、公司调查、人才测评、问卷等多种方式，最终分析总结出了职业锚理论。

1. 什么是职业锚

所谓职业锚，又称职业系留点。锚，是使船只停泊定位用的铁制器具。职业锚，实际就是人们选择和发展自己的职业时所围绕的中心，是指当一个人不得不作出选择的时候，他无论如何都不会放弃的职业中的那种至关重要的东西或价值观，是自我意向的一个习得部分。

2. 职业锚的类型

职业锚强调个人能力、动机和价值观三方面的相互作用与整合，是个人与工作环境互动作用的产物。因此，要想对职业锚提前进行预测有一定难度。因为一个人的职业锚是在不断发生变化的，是一个不断探索过程所产生的动态结果。有些人也许一直不知道自己的职业锚是什么，直到他们不得不作出某种重大选择的时候。这个时候，一个人过去的所有工作经历、兴趣、资质、性向等才会集合成一个富有意义的模式，个人才会发现属于自己的职业锚，才会知道，对他来说什么是最重要的。

1978 年，施恩提出的职业锚理论包括自主型职业锚、创业型职业锚、管理能力型职业锚、技术职能型职业锚、安全型职业锚 5 种类型。后来，越来越多的人发现了职业锚的研究价值，加入到了研究的行列。20 世纪 90 年代，施恩将职业锚增加到了 8 种类型。

(1)技术或功能型职业锚

属于这一类型的人在选择职业时，主要注意力是工作的实际技术或职能内容，他们总是围绕着技术能力或业务能力的特定领域安排自己的职业，而不愿意选择那些带有一般管理性质的职业，更倾向于那些能够保证自己在既定的技术或功能领域中不断发展的职业。

(2)管理型职业锚

这类人把管理本身作为职业目标，而具体的技术工作或职能工作仅仅是被看做通向更高的管理层的必经阶段。他们具有胜任组织高层管理所需的知识和技能，并能够把以下 3 种最基本的能力加以科学组合：第一，分析能力，在信息不完全及不确定情况下发现问题、分析问题和解决问题的能力；第二，人际沟通能力，能影响、监督、率领、领导和控制各级人员，更有效地实现组织目标的能力；第三，情感能力，能正确处理情感危机和人际危机，而不是被拖垮或压倒。

(3)创造型职业锚

这类人时时期望利用自己的能力去创建属于自己的公司或创建完全属于自己的产品(或服务)，而且愿意去冒风险，并克服面临的障碍。他们可能正在别人的公司工作，但同时他们在学习并评估将来的机会，一旦他们感觉时机到了，便会走出去创建自己的事业。创造是其自我发展的核心。

(4)自主与独立型职业锚

这类人追求一种能最大限度地摆脱组织约束，施展自己职业能力的工作情景，更喜欢独立和自主性的职业，其主要需求是随心所欲地制定自己的步调、时间表、生活方式和工作习惯。

(5)安全型职业锚

这类人更愿意选择能提供稳定的收入及可靠的未来发展的职业，通常有良好的退休计划和较高的退休金保证。也包括对地理安全型感兴趣的人和追求组织安全性的人，如到政府机关从事公务员等工作。他们比较容易接受组织对他们的工作安排，让雇主来决定他们去从事何种职业。尽管有时他们可以达到一个高的职位，但他们并不关心具体的职位和具体的工作内容。

(6)服务型职业锚

这类人始终追求他们认可的核心价值，如帮助他人、改善他人不良现状等。他们一直追寻这种机会。一般来说，属于服务型职业锚的人不会接受不允许他们实现这种价值的工作变换或工作提升。

(7)挑战型职业锚

这类人喜欢解决看上去无法解决的问题、战胜强大的对手、克服无法克服的困难障碍等。对他们而言，参加工作或职业的原因是工作允许他们去战胜各种不可能，新奇、变化和困难是他们的终极目标。如果事情非常容易，工作马上变得非常令他们厌烦。

(8)生活型职业锚

这类人喜欢允许他们平衡并结合个人的需要、家庭的需要和职业的需要的工作环境。他们希望将生活的各个主要方面整合为一个整体。正因为如此，他们需要一个能够提供足够的弹性让他们实现这一目标的职业环境，甚至可以牺牲他们职业的一些方面，如提升带来的职业转换。他们将成功定义得比职业成功更广泛，他们认为自己如何去生活、在哪里居住、如何处理家庭事情及在组织中的发展道路是与众不同的。

3. 职业锚的功能

个人在进行职业规划和定位时，可以运用职业锚思考自己具有的能力，确定自己的发展方向，审视自己的价值观是否与当前的工作相匹配。只有个人的定位和要从事的职业相匹配，才能在工作中发挥自己的长处，实现自己的价值。尝试各种具有挑战性的工作，在不同的专业和领域中进行工作轮换，对自己的资质、能力、偏好进行客观的评价，是使个人的职业锚具体化的有效途径。具体来说，职业锚无论是在个人的职业发展过程中，还是在组织的事业发展过程中，都发挥着重要的功能作用。

第一，使组织获得正确的反馈。职业锚是个人经过搜索所确定的长期的职业定位。这一搜索定位过程，依照着个人的需要、动机和价值观进行。所以说，职业锚可以清楚地反映出一个人的职业追求与抱负。

第二，为个人设置可行有效的职业渠道。职业锚能够准确地反映个人职业需要及其所追求的职业工作环境，反映个人的价值观和抱负。透过职业锚，组织可获得个人正确信息的反馈，这样，组织才可能有针对性地对其职业发展设置可行的、有效的、顺畅的职业渠道。

第三，增长个人的工作经验。职业锚是个人职业工作的定位，不但能使其在长期从事某项职业中增长工作经验，同时，职业技能也能不断增强，直接为组织产生提高工作效率或劳动生产率的明显效益。

第四，奠定中后期工作的基础。之所以说职业锚是中后期职业工作的基础，是因为职业锚是个人在通过不断的工作经验积累后产生的，它反映了个人的价值观和被发现的才干。抛锚于某一种职业工作的过程，就是自我认知的过程，是把职业工作与自我价值观相结合的过程，并以此决定中后期的主要生活和职业选择。

第三节　职业测评技术与职业探索

近年来，随着就业形势的变化和职业教育的发展，职业测评和职业探索也越来越引起人们的关注，应用也日趋广泛。人才中介机构相继开展了职业测评的服务，各企事业单位也开始将职业测评运用于招聘过程之中，人们关心影响职业的关键因素，探索想做的事情及那些能使我们感到满意的事情的原因。

一、职业测评技术

(一)什么是职业测评

职业测评是心理测验的一个分支，是心理测量技术在职业管理领域的应用，它以心理测量为基础，对人的特质进行科学、客观、标准的系统评价，从而为组织和个体两个层面的职业发展管理提供参考依据。这里所说的特质，指那些完成特定职业活动所需要或与之相关的感知、技能、能力、气质、性格、兴趣、动机等个人特征，它们是完成职业活动的必要基础。科学的职业测评以特定的理论为基础，是客观化、标准化的问卷，它的科学性和客观性是其他自我了解的方法所不具有的。

(二)职业测评的作用

职业测评的目的是实现人适其职、职得其人和人尽其才、才尽其用，它在研究、咨询、指导个人的职业生涯开发中都占据重要的地位，是不可或缺的工具。具体来说，职业测评包括许多功能，它能服务于人力资源规划，为招聘、安置、考核、晋升提供依据，同时也是个人择业的参考，是职业生涯规划与开发的基础。通过职业测评，可以实现组织和个人双赢的目的。

第一，预测功能。预测个体在教育训练、职业训练及未来工作中的表现。

第二，诊断功能。评估个体的长处、短处、优势、劣势，并诊断个体在兴趣、价值观和职业生涯决策等方面的特质。

第三，区别功能。区别出个体的某些特质最类似于哪一职业群体。

第四，比较功能。依据测量学指标，将个体素质(能力倾向、兴趣、价值观等)与某些效标团体相比较，从而观察两者之间的匹配程度。

第五，探测功能。了解个体在职业生涯发展的连续过程中，其职业决策、职业适应性的行为、态度及能力方面的一般状况，以便提供必要的职业辅导。

第六，评估功能。对职业生涯咨询或辅导的进展情况和效果进行评估。

(三)常见的职业测评工具

1. 职业兴趣测验

最早的职业兴趣测验是斯特朗于1927年编制的《斯特朗职业兴趣调查表》(SVIB)。与此同时，库德也开始了他对职业兴趣测验的研究，并于1939年发表了《库德爱好调查表》。而后，霍兰德于1953年编制了《职业偏好量表》

(VPI)，在此基础上提出了“人格特质与工作环境相匹配”的理论。

自1965年后，各个职业兴趣测验出现相互吸收、相互融合的现象。第一，库德在其《职业兴趣调查表》(KOIS)中引入了斯特朗的一些思想；第二，坎贝尔把KOIS中的同质性量表引入了SVIB中；第三，经验的和理论的模式的融合，即将霍兰德的理论作为斯特朗等职业兴趣量表的理论基础。

职业兴趣测评可以了解个人对职业的兴趣，即“你喜欢做什么”。不同人的工作生活兴趣可以按照人、概念、材料这三大基本内容要素分类，而社会上的所有职业、工作也是围绕这三大要素展开的。基于这一理论思想设计的职业兴趣测验可以在个体兴趣与职业之间进行匹配。

经过多年的发展，职业兴趣测验已经在教育、培训、人事组织管理等领域有了越来越多的应用。在这个过程中，职业兴趣测验本身得到了逐步的完善，尤其是霍兰德的职业兴趣理论，对职业兴趣测验产生了深远的影响。

2. 职业人格测验

现有的人格测验主要分为两大类，即客观量表类和投射技术。人格理论是人格测验的基础。常用的人格测评量表包括MMPI、卡特尔16PF、加州人格问卷(CPI)、MBTI等；而经典的投射测验包括罗夏墨迹测验、主题统觉测验、绘人测验和语句完成测验。

(1)MBTI人格测验

这种人格测验的理论基础是荣格的心理类型理论。荣格曾提出个性的两种态度类型：内倾和外倾；1921年又提出4种功能类型，即理性功能的相互对立的两种类型——思维与情感，和非理性功能的相互对立的两种类型——感觉与直觉，并将两种态度和4种功能组合起来，形成8种个性类型。美国心理学家布里格斯和麦尔斯母女在此基础上，又增加了判断和知觉两种类型，由此组成了个性的四维八级特征，彼此结合构成16种个性类型。MBTI人格测试就是从四个维度对人进行考察，从而判断出个人具体属于哪种个性类型。

(2)卡特尔16PF个性因素测试

卡特尔16PF是由美国伊利诺伊州立大学人格及能力研究所的卡特尔教授编制的。他根据自己的人格特质理论(核心观点是人的行为之所以具有一致性和规律性是因为每个人都具有根源特质)，运用因素分析方法编制了这一测验。

该测验是自陈量表(即对拟测量的个性特征编制若干测题，被试者逐项给出书面答案，依据其答案来测量评价某项个性特征，是心理测试中最常用的一种自我评定问卷方法)，优点是高度结构化，实施简单，计分解释比较客观，但是也有以下缺点：

第一，被试者常常因情境的改变而作出不同的反应，稳定性差。

第二，被试者容易弄虚作假，不一定反映真实情况。

第三，反应定势和反应风格影响测试结果，如被试者有意或无意改变其在测试上的反应，而塑造出内心希望出现的形象。另外，当被试者不知如何反应时，会有以“是”作答的默认倾向。

(3)明尼苏达多相(MMPI)人格测试

该测试在美国应用广泛，且有影响力。它是美国明尼苏达大学教授哈萨韦和麦金利在20世纪40年代编制的，用于人格鉴定、心理咨询等领域。该量表内容包括健康状态、情绪反应、社会态度、心身性症状、家庭婚姻问题等26类题目，可鉴别强迫症、偏执狂、精神分裂症、抑郁性精神病等。1989年，中国科学院心理研究所联合全国30个省市的45个合作单位，对1万多个对象进行了实验，正式推出明尼苏达多相(MMPI)人格测试的中国版。一般而言，在结果计分解释中主要使用4个效度量表、10个临床量表和5个附加量表。

(4)投射技术人格测验

投射技术或投射测验是心理测验的另一门类。所谓的投射技术人格测验，通常指观察个体对一些模糊的或者无结构材料所作出的反应，通过被试者的想象而将其心理活动从内心深处暴露或投射出来的一种测验，从而使检查者得以了解被试者的人格特征和心理冲突。这一类的测验数量远不如能力测验或人格测验的多。但与一般的人格测验相比，投射测验注重整体人格的分析，而前者往往只能测量某些人格特质。投射测验同时还可以考察个人的智能、创造力、解决问题的能力。

投射测验可分为以下几类：

第一，联想型。让被试者说出某种刺激(如单字、墨迹)所引起的联想，如荣格的文字联想测验和罗夏墨迹测验。

第二，构造型。要被试者根据他所看到的图画编造一套含有过去、现在、将来等发展过程的故事，如主题统觉测验。

第三，完成型。提供一些不完整的句子、故事或辩论材料等，让被试者自由补充，使之完成，如语句完成测验。

第四，选排型。要被试者根据某一准则来选择项目或做各种排列。可用图画、照片、数字等作为刺激项目，如内田测验。

第五，表露型。使被试者利用某种媒介，如绘画、游戏、心理剧等，自由表露他的心理状态，如画人、画树测验。

常用的投射技术人格测验有罗夏墨迹测验和主题统觉测验。

【阅读资料】

主题统觉测验的实施与分析

主题统觉测验是摩根和默里于 1935 年设计的研究幻想的一种方法，后来与其他同性质的测验一起成为心理测验的一个新门类——投射测验，也是现在通用的人格测验。

一、主题统觉测验的内容与实施

主题统觉全套测验有 30 张黑白图片和 1 张空白卡片。图片内容多为 1 个或多个人物处在模糊背景中，但意义隐晦。施测时根据被试者的性别及是儿童还是成人(以 14 岁为界)，取统一规定的 19 张图片和 1 张空白卡片，每张图片为 1 题，最正规的测验应分两次进行，因为每一组图片的后 10 张都比较奇特，容易引起被试者的情绪反应，但是实际施测中也有再从 19 张图片中选取若干的。被试者的作业是看 1 张图片，然后讲个故事，故事的叙述应该包含三个基本维度：第一，图片上的情境是怎么造成的？第二，图片中的情境表示发生什么事件？并描述其中角色的情绪表现。第三，结果会怎样？被试者叙述故事时眼看空白卡片，它起着集中被试者的注意力和刺激想象的作用。

二、几张主题统觉测验图片

主题统觉测验图片如图 3-3 所示。

图 3-3　主题统觉测验图片

三、主题统觉测验原理与分析

主题统觉测验的原理是让被试者给意义隐晦的图片赋予更为明确的意义。表面上看，这一赋予意义的活动是绝对自由的，比如在指导语中，主试者就鼓励被试者无拘无束地想象，自由随意地讲述，故事情节越生动、越具戏剧性越好；但是实际上，默里相信被试者在这过程中会不自觉地根据自己潜意识中的欲望、情绪、动机或冲突来编织一个逻辑上连贯的故事。这样，研究者就可以对故事内容进行分析，捕捉蛛丝马迹，从而了解被试者特定的内心世界。这一整个过程就是分析过程。默里提出了 6 个方面进行这种分析的指导。

第一，故事的主角身份。被试者往往会认同故事中的主角(通常，故事人物中总有一个与被试者的年龄、性别、身份地位相仿)，进而把自己的内心欲望或冲突等人格特征投射在主角身上，反过来，研究者从故事主角是隐士还是领袖，是个有优越感的人还是一个罪犯之类的信息来探测被试者的人格特征。

第二，主角的行为倾向。分析时应注意主角的行为，行为若有非寻常的特点，甚至仅仅是提到的次数多，就可能反映某种动机倾向十分强烈。默里指出，行为中反映出的屈辱、成功、控制、冲突、失意之类的特征，几乎都可以按叙述过程中的强烈性、持续性、重复次数及在故事内容中的重要性，标识在一个五点量表上。

第三，主角的环境力量。主要指人事的力量，或者是图片上本没有的、被试者自己想出来的人和物。在故事中，这些环境力量的表征物对主角的影响作用，如拒绝、伤害、失误等，也可以根据其强度而标识在五点量表上。

第四，结局。指主角的力量和环境力量经过相互作用，经历了困难和挫折之后的成乎、败乎、乐乎、悲乎之类的结果。

第五，主题。主题是故事主角的内部动机力量、欲求与外部环境力量的相互作用及其结局。主题可以是简单的，也可以是复杂的，但每个具有特定意义的故事的主题是解释的主要依据。

第六，趣味和情操。指故事人物的喻指，如老妇喻指母亲，主角为正面人物还是反面人物，诸如此类。默里的分析方法意在评估个体的人格特征，而一次全面的分析费时甚长，往往需要4～5个小时才能评定一份记录，这是典型地把主题统觉测验当做一个测验来使用的情况。有的研究人员实际上是把主题统觉测验当做采集当前研究所关心的个人资料的工具，因此若想考察个体的攻击性倾向，则主要留意故事中攻击性行为的表征；若想考察个体的焦虑，就主要捕捉故事中与焦虑有关的迹象，此时采用的图片也就不一定限于主题统觉测验所提供的了。但是不论怎么使用，基本的原理仍是一样的。

3. 职业价值观测验

职业价值观是人生价值观在职业问题上的反映，是职业素质的重要组成部分。它探讨了人们在职业选择和职业生活中，在众多的价值取向里，优先考虑哪种价值。职业价值观测验能帮助个体客观地认识自己的职业价值观类型，从而科学地进行职业决策。

一般来说，职业价值观测验都会借鉴“职业锚”理论，将人的职业价值观进行分类，如贡献帮助型、思考创新型、自主独立型、审美艺术型、社交人脉型等，通过问卷题目答复，了解个人对代表不同价值观追求的多种活动的喜好厌恶情况及程度来确定其主导的职业价值观类型。

4. 职业能力测验

国内很多职业能力测验往往参考"一般能力倾向测验"，这种测验工具的测试要素包括知觉速度与准确度、言语表达与理解、数学运用、逻辑推理、综合分析5项，综合概述为数学运用能力、言语理解能力、判断推理能力、资料分析能力4个方面。

从一般能力倾向中，我们也可以看到能力对职业发展的影响。假如一个人的言语理解能力比较强，数学运用能力比较弱，那么他显然更适合从事销售、管理、文秘等职业，而尽量避免从事诸如财务、统计之类频繁与数字打交道的职业。

二、职业探索

(一)职业兴趣探索

卡耐基曾向一位成功人士请教成功的第一要素是什么，对方回答说："喜爱你的工作。如果你热爱自己所从事的工作，哪怕工作时间再长再累，你都不觉得是在工作，相反像是在做游戏。"兴趣能够给人带来我们在才能或成就中所看不到的一些东西，这些东西就是人们想做的事情及那些能使我们感到满意的事情。

1. 兴趣与职业发展的关系

兴趣是指一个人力求认识、掌握某种事物并经常参与该种活动的心理倾向，或者说，兴趣是指人积极探索某种事物的认识倾向。当兴趣的对象指向某一职业时，就称之为职业兴趣。

【阅读资料】

直接兴趣与间接兴趣

直接兴趣是由于有意义的事物本身在情绪上引人入胜而引起的。例如，学生对生动的课程、电影、歌曲等的兴趣就是直接兴趣。直接兴趣具有暂时性的特点。

间接兴趣是指对某种事物或活动本身没有兴趣，但对其结果感到需要而产生的兴趣。例如，有的学生对某些课程并不感兴趣，甚至感到乏味，但意识到学好这些课程对将来服务于社会有重要作用，因此刻苦学习，并对此产生兴趣。间接兴趣具有较稳定的特点。间接兴趣在一定条件下可以转化为直接兴趣。

大量研究表明，兴趣与工作满意度、职业稳定性和职业成就感之间都存在着明显的关联。兴趣是人们获得工作满意度、职业稳定性和职业成就感的重要影响因素，因此，职业生涯辅导也普遍将兴趣作为自我探索的一个重要方面，并研制出了多种量表来测量人们的职业兴趣。

职业兴趣与从事的职业相吻合是最理想的情况。一个人如果能根据自己的爱好去选择职业生涯，他的主动性将会得到充分发挥，即使十分疲倦和辛劳，也总是兴致勃勃、心情愉快；就算困难重重，也绝不灰心丧气，依然会想尽各种办法，百折不挠地去克服它，甚至废寝忘食。因此才有了“兴趣比天才重要”、“兴趣是最好的老师”之类的至理名言。

莎士比亚小时候在家乡看过几次演出，对戏剧发生了浓厚的兴趣，经常和小伙伴一起演戏玩。后因父亲经商破产，莎士比亚只读了五年书就离开了学校。但他太热爱戏剧了，非常想在戏剧界发展，所以当听说当戏剧家要有丰富的知识后，他就刻苦自修，读了许多文学、哲学、历史书籍，还学习希腊文和拉丁文。

为了走进戏剧界，莎士比亚22岁从家乡来到伦敦，先在一家剧院当马夫，给坐马车来看戏的有钱人照料马匹，有空他就偷着看演出，细心琢磨剧情和角色。后来，他当了一名配角演员。他在向心中渴望的目标一步步靠近。莎士比亚36岁开始写剧本，他勤奋学习，坚持不懈地进行创作，一生写了27个剧本，其中《罗密欧与朱丽叶》、《哈姆雷特》等成了不朽的世界名作，他也成了世界上最伟大的作家之一。

由此可见，通过对兴趣的认知，把自己有能力做的、感兴趣的事作为成功的目标，将会唤起自己的主体意识，激发出自己的巨大潜能，使自己一步一步向目标靠近，最终进入成功者的行列。

2. 职业兴趣的分类

目前，人们对职业兴趣的分类大多参照的是霍兰德职业兴趣理论。霍兰德把人的职业兴趣看做影响人与职业匹配的主要依据之一。他通过多年研究，提出人的职业兴趣主要有实际型、研究型、艺术型、社会型、企业型和常规型6种类型。同时，他从人格与环境相互作用的观点出发，将职业环境也分为相应的6种模式，不同的职业兴趣类型有与之相对应的职业环境类型。

(1)6种职业兴趣类型的特点

大多数人都可以被归类为实际型、研究型、艺术型、社会型、企业型、常规型6种人格类型中的一种。

实际型的人具有顺从、坦率、谦虚、自然、坚毅、实际、有理、害羞、稳健、节俭等个人特征，喜爱实际操作性质的职业或情境，拥有机械和操作的能力，但比较缺乏人际关系方面的能力。

研究型的人具有分析、谨慎、判断、好奇、独立、内向、精确、理性、保守、好学、自信等特征，喜爱研究性质的职业或情境，拥有科学和数学方面的能力，但较缺乏领导才能。

艺术型的人具有复杂、想象、冲动、独立、直觉、创意、理想化、情绪化、感情丰富、不重秩序、不服权威、不重实际等特征，喜爱艺术的职业或情境，有表达能力、创造能力，拥有艺术、音乐、表演、写作等方面的能力，重视审美价值与美感经验。

社会型的人具有合作、友善、慷慨、助人、仁慈、负责、善沟通、善解人意、富洞察力、理想主义等特征，喜爱社会性质的职业或情境，具有帮助别人、了解别人、教导别人的能力，但较缺乏机械与科学能力。

企业型的人具有冒险、野心、抱负、乐观、自信、冲动、追求享乐、精力充沛、善于社交、说服他人、获取注意、管理组织等特征，喜欢企业性质的职业或情境，具有语言沟通、说服、社交、管理、组织、领导方面的能力，较缺乏科学能力，重视政治与经济上的成就。

常规型的人具有顺从、保守、自抑、谦逊、坚毅、实际、稳重、重秩序、有效率等特征，喜欢传统性质的职业或情境，具有文书作业和数字计算方面的能力，重视商务及经济价值。

(2)6 种职业环境的特点

同样，在职业环境中，也存在实际型、研究型、艺术型、社会型、企业型、常规型 6 种类型的职业。

实际型职业环境需要从业者多与工具、机械打交道，需要具备一定的技术操作能力，如修理机械、电化工具、驾驶车辆等。典型的工作场所为建筑工地、工厂、汽车修理厂等。

研究型职业环境可让从业者发挥科学或数理方面的兴趣、能力，以寻求问题的解决。此工作环境鼓励从业者运用复杂和抽象的思考，创造性地解决问题，从业者亦需具备谨慎缜密和批判性思考、逻辑思考的能力，并需运用智慧独立工作。

艺术型职业环境相对自由、开放，鼓励从业者创造性与个性的表达，以非传统的方式来表现自己。

社会型职业环境鼓励人们具有弹性，且彼此了解，帮助他人解决难题，教导他人，对他人表现精神上的关爱，且愿意承担社会责任。工作环境强调理想、友善和慷慨等人类基本价值，如教育、社会服务和心理健康等专业领域。

企业型职业环境促使从业者管理或说服他人，以达成组织或个人的目标。在此环境中，财物或经济上的问题很重要，有时需承担必要的风险，工作性质常与说服或销售有关，并且需提供升迁机会，以获取更多权力、地位和财富。

常规型职业环境充满了组织和计划，要求从业者有一定的文书技巧、组织能力并善于听取并遵从指示。

一般来说，最为理想的职业选择就是个体选择与其个性类型相一致的职业环境，如研究型的人在研究型环境中学习和工作，这称为"人职协调"。当个人职业兴趣与职业环境特点一致时，将给个人带来较高的工作满意度、职业稳定性和职业成就感。反之，会导致无法决策、不满意的决策和缺乏成就感，产生迷茫、困惑、痛苦、对现状不满意、对未来失去希望等情绪，严重影响个人的工作和生活质量。

3. 对职业兴趣的认识误区

明确自己的职业兴趣是职业生涯规划的重要依据之一。大学生在寻找职业兴趣过程中要避免以下几个错误观念：

第一，把简单的喜欢、感兴趣当做职业兴趣。有些人看了几本小说，就认为自己应当去从事作家职业；有些人喜欢打游戏，就觉得自己应该去学计算机，而真的从事这些专业时，才发现并不适合。职业兴趣是要与将来的工作相关的，只有想清楚自己要从事什么样的具体工作，并对工作的内容、职责、性质等特点有所了解，且乐于准备可以达到工作要求的知识技能时，才谈得上是真正的职业兴趣。

第二，从事自己感兴趣的工作，就意味着轻松愉快。做自己感兴趣的工作是快乐的，甚至可以激发工作热情，但并不一定轻松。实际上，不管何种工作，都要付出努力和辛劳才能取得成就，做出成绩。另外，有的时候坚持自己的职业兴趣，还要付出经济报酬和社会地位的代价。

第三，不是自己感兴趣的工作就不做。能从事自己感兴趣的职业是每个人的理想，但职业选择除了兴趣因素以外，还要综合考虑性格、能力等，这也是理想与现实的差距和矛盾。有调查显示，有60%的大学生正在就读自己不喜欢的专业，有50%的职场人正在做着自己不感兴趣的工作。但由于各种原因，大家也只能面对现实。因此，很多人需要在现实中追求自己的理想，立足于现实，把自己所不喜欢的工作做好，并在这个过程中培养兴趣、积累技能、寻找新的机会，这也未尝不可。

4. 职业兴趣探索活动

我们可以利用霍兰德职业兴趣测评工具，来探索自己的职业兴趣倾向。下面这个探索活动也改编自霍兰德职业兴趣理论。

假如地球太拥挤了，我们准备移民到一个新的星球，这个星球由6个岛屿组成，小岛有不同的特点，上面的岛民也各具风格。或许你会在这个岛屿生活很长时间甚至是一辈子，所以请慎重。现在我们开始选择，下面是6个岛屿的描述：

A岛——美丽浪漫岛。这个岛上到处是美术馆、音乐厅，弥漫着浓厚的艺术文化气息，岛民们保留着传统的舞蹈、音乐与绘画。许多文艺界人士都喜欢来到这里，举行沙龙派对，寻求灵感。

C岛——现代井然岛。处处耸立着的现代建筑，标志着这是一个进步的、都市形态的岛屿，岛上的户政管理、地政管理及金融管理都十分完善。岛民们个性冷静保守，处事有条不紊，善于组织规划。

E岛——显赫富庶岛。该岛经济高度发展，处处是高级饭店、俱乐部、高尔夫球场。岛民性格热情豪爽，善于企业经营和贸易活动。岛上往来者多是企业家、经理人、政治家、律师等。这些商界名流与上等阶层人士在岛上享受着高品质生活。

I岛——深思冥想岛。这个岛平畴绿野，人少僻静，适合夜观星象。岛上有很多天文馆、科技博物馆、科学图书馆，岛民们喜欢天天钻研学问，沉思冥想，探究真知。哲学家、科学家和心理学家们常在这里开会，讨论学术，交流思想。

R岛——自然原始岛。这是个自然生态优良的绿色之岛。岛上不仅保留有热带雨林等原始生态系统，而且建立了相当规模的植物园、动物园、水族馆，岛民以手工制造见长。他们自己种植花果，栽培蔬菜，修缮房屋，打造器物，制作工具。

S岛——温暖友善岛。这个岛的岛民们都性情温和，乐于助人，人际十分友善。大家互助合作，重视教育后代。每个社区都能自成一个密切互动的服务网络，处处充满着人文关怀气息。

现在，请写下你的选择。思考为什么作出这样的选择，并与霍兰德职业兴趣类型比较，看看自己属于哪种职业兴趣。

(二)职业人格探索

1. 人格与职业发展的关系

人格是一个人在生活中对人、对事、对自己、对外在环境所表现出来的一致性反应方式。人格表现受环境的影响，是个体表现出来的独特而持久的特性。也就是说，人格是一个人习惯化的思维、情感和行为反应方式。人格和职业的最佳匹配会促使个人成为更有效的工作者。同一职业类型或团体中往往聚集着人格相似的人，如从事销售行业者大多性格外向、从事会计行业者比较细心、从事教师行业者乐于教导他人等。如果一个人所从事的职业与其人格类型是匹配的，他工作起来就轻松愉快、得心应手；反之则会不适应、困难重重，给个人的发展和组织造成影响。

【阅读资料】

中国古代教育家孔子非常重视人格在一个人职业发展中的作用。季康子问：“仲由可使从政也与?”子曰：“由也果，于从政乎何有?”曰：“赐也，可使从政也与?”曰：“赐也达，于从政乎何有?”曰：“求也，可使从政也与?”曰：“求也艺，于从政乎何有?”

这段话的意思是：鲁国大夫季康子曾向孔子打听他几个得意门生的才干。季康子问子路能否从政，孔子说：子路个性相当果敢，对事情决断得太快，而且下了决心以后，绝不动摇。决断、果敢，可为统御三军之帅，而决胜于千里之外。如果要他从政，恐怕就不太合适，因为怕他过刚易折。季康子又问子贡能否从政，孔子说：子贡太通达，把事情看得太清楚，功名富贵全不在他眼下。像这样的人，往往可以做大哲学家、大文学家。因为他有超然的胸襟，也有满不在乎的气概。但是如果从政，却不太妥当，也许会是非太明。季康子又问冉求能否从政，孔子说：冉求是才子、文学家。诗、词、歌、赋、琴、棋、书、画，样样精通，名士气味颇大，也不能从政。

可以说，一生仕途坎坷的孔子，对于人格对职业发展的重大影响已经有了深刻认识。

2. 职业人格的分类

(1)卡特尔分类法

1949年，卡特尔用因素分析法提出了16种相互独立的根源特质，并编制了《卡特尔16种人格因素测验》(16PF)。这16种人格特质是乐群型、聪慧型、情绪稳定型、恃强型、兴奋型、有恒型、敢为型、敏感型、怀疑型、幻想型、世故型、忧虑型、激进型、独立型、自律型、紧张型。卡特尔认为每个人身上都具备这16种特质，只是在不同人身上的表现有程度上的差异。

(2)塔佩斯分类法

20世纪80年代塔佩斯等人运用词汇学的方法对卡特尔的人格特质进行了再分析，发现了5个相对稳定的因素，提出了人格五因素模式，被称为“五大人格”。这5种人格特质具有以下特点：

情绪稳定型：焦虑、敌对、压抑、自我意识、冲动、脆弱。

外向型：热情、社交、果断、活跃、冒险、乐观。

开放型：想象、审美、情感丰富、求异、智能。

随和型：信任、直率、利他、依从、谦虚、移情。

谨慎型：胜任、条理、尽职、成就、自律、谨慎。

(3)荣格分类法

瑞士心理学家荣格根据两种态度(内倾与外倾)及 4 种功能(思维、情感、感觉和直觉)，将人格划分为外倾思维型、外倾情感型、外倾感觉型、外倾直觉型、内倾思维型、内倾情感型、内倾感觉型、内倾直觉型 8 种类型。

3. 职业人格探索活动

目前，对于职业人格的探索已经发展出许多不同的方法，其中应用最广泛的是基于荣格心理理论的“梅尔—布瑞格斯心理类型指标”即 MBTI 测验。这个测验的依据是根据 4 个维度 8 个向度将人格分为 16 种类型。

(1)内向(I)—外向(E)维度

该维度用于表示个体心理能量的获得途径及个人与外界相互作用的方式，即个人的注意力多指向外部世界还是内部精神世界。内向的人倾向于将注意力和精力指向内部精神世界，喜欢以安静的思考方式来加工信息；外向的人倾向于将注意力和精力指向外部世界，喜欢大量的活动，偏好于通过谈话讨论的方式来思考。外向型个体经常先行动后思考，内向型个体经常思考而缺乏行动。

当思念朋友时：

I 型：好久没见，写封信表达一下思念之情……

E 型：好久没见，打个电话聊聊去……

你觉得自己的行为与哪种更相似？为什么那么做？

(2)感觉(S)—直觉(N)维度

这个维度表示个体在收集信息时注意的指向，是倾向于利用各种感官去注意现实的、直接的，还是更关注事件未来的可能性及事件背后隐含的意义。感觉型的人相信感官能告诉他们关于外界的准确信息，相信自己的经验；直觉型的人重视想象力，更注重未来，并努力改变事物而不是维持它们的现状。

当听说昨晚有 UFO 降临天津南开区时：

S 型：绝对是胡说，昨晚我就在天津南开区，没看见任何迹象……

N 型：外星人这么快就来拯救人类啦？我猜外星人既不是 ET，也不是长江 7 号那样，没准就是……

你觉得自己的思维与哪种更相似？为什么那样认为？

(3)思维(T)—情感(F)维度

该维度用于表示个体在做决定时采用什么系统，是客观的逻辑推理还是主观的情感和价值。思维型的人通过对情境作出的客观分析来做决定，注重因果关系，很少受个人情感的影响；情感型的人常常期望自己的情感与他人保持一致，其理性判断的依据是个人的价值观。

当你与他人意见不同时：

T型：直言不讳，因为对就是对，错就是错的，不须隐藏，这样对解决问题更有利。

F型：尽可能避免伤害对方的情感，不同的意见放在私下交流好了！

你觉得自己的做法与哪种更相似？为什么那样做？

(4)知觉(P)—判断(J)维度

该维度用以描述个体的生活方式，即倾向于以一种固定的方式生活还是相对自然的方式生活。知觉型的人会不断地收集信息以使其生活保持弹性和自然，他们努力保持开放性，以便出现更好的事件；判断型的人则倾向于以一种有序的、有计划的方式对其生活加以控制。

当快要考试时：

P型：时间还早，等到最后一周再好好复习吧！

J型：还有一个月的时间，我得好好计划，安排下复习进度，不能到时候手忙脚乱的。

你觉得自己的做法与哪种更相似？为什么那样做？

最后，将这4个维度的类型综合起来，即形成了你自己的人格特征，如ISFJ型、ENFP型、INFJ型等。

4. 职业人格特征

ESTP(外向感觉思维知觉)型：这类人灵活、忍耐力强、实际、注重结果，喜欢积极地采取行动解决问题，喜欢物质享受和时尚，但对理论和概念上的认识感到不耐烦。

ESFP(外向感觉情感知觉)型：这类人外向、友善、包容，接受能力强，热爱生命，热爱物质享受，热爱学习新技能，喜欢与别人共事。富有灵活性、即兴性，易接受新朋友和适应新环境。

ENFP(外向直觉情感知觉)型：这类人热情而热心，富于想象力，认为生活充满很多可能性；能够很快地找出事件和资料之间的关联性，而且有信心依照他们看到的模式去做；很需要别人的肯定，乐于欣赏和支持别人。

ENTP(外向直觉思维知觉)型：这类人思维敏捷，能激励他人，勇于发言；能随机应变地去应付新的和富于挑战性的问题；善于洞察、理解别人，有发展眼光，不喜欢例行公事。

ESTJ(外向感觉思维判断)型：这类人讲求实际，注重现实，注重事实；果断，能够很快做出实际可行的决定；能够注意日常例行工作的细节；有一套清晰的逻辑标准，会有系统地跟着去做，会以强硬的态度去执行计划。

ESFJ(外向感觉情感判断)型：这类人富有热情，有爱心，尽责，合作；渴望有和谐的环境，而且有决心营造这样的环境；忠诚，即使在细微的事情上也如此；能够注意别人在日常生活中的需要而努力提出帮助；渴望别人赞赏他们和欣赏他们所作的贡献。

ENFJ(外向直觉情感判断)型：这类人高度关心照顾别人的情绪、需要和动机；能够看到每个人的潜质，并乐于帮助别人发挥自己的潜能；忠诚，对赞美和批评都能做出很快的回应；社交活跃，有启发别人的领导才能。

ENTJ(外向直觉思维判断)型：这类人坦率、果断、乐于作为领导者；很容易看到不合逻辑和缺乏效率的程序和政策，从而开展和实施一个能够顾及全面的制度去解决一些组织上的问题；这类人往往是博学多闻的，能够有力地提出自己的主张。

ISTJ(内向感觉思维判断)型：这类人安静而严肃，能够专注且透彻地学习；实际，有责任感，逻辑性强，并能够一步步朝着目标前进；重视传统和忠诚。

ISFJ(内向感觉情感判断)型：这类人安静而友好，有责任感和良知，能够坚定地致力于完成他们的义务，全面、精确、忠诚、体贴，关心他人的感受。

INFJ(内向直觉情感判断)型：这类人希望了解什么能够激励他人，对人有较强的洞察力，乐于寻求思想、关系、物质之间的意义和联系。

INTJ(内向直觉思维判断)型：这类人在达成自己的目标时，有创新的想法和非凡的动力；多疑、独立，对于自己和他人的要求较高。

ISTP(内向感觉思维知觉)型：这类人灵活、容忍，有弹性，是冷静的观察者；当有问题出现时，能迅速行动，找出可行的解决方法；能够分析哪些因素可以使事情进行顺利，又能够从大量资料中找出实际问题的重心，重视效率。

ISFP(内向感觉情感知觉)型：这类人沉静、友善、敏感和仁慈；欣赏目前和他们周遭所发生的事情；忠于自己的价值观，忠于自己所重视的人；不喜欢争论和冲突，不会强迫别人接受自己的意见和价值观。

INFP(内向直觉情感知觉)型：这类人是理想主义者，忠于自己的价值观及自己所重视的人；外在的生活与内心的价值观配合；有好奇心，很快看到事情的可能与否，能够加速对理念的实践。

INTP(内向直觉思维知觉)型：这类人对任何感兴趣的事物，都要探索得出一个合理的解释；喜欢理念思维多于社交活动；在他们感兴趣的范畴内，有非凡的能力去专注且深入地解决问题；有怀疑精神，有时喜欢批评。

(三)职业价值观探索

1. 价值观与职业发展的关系

价值观是一种基本信念，带有判断的色彩，代表了一个人对于什么是好，什么是对，什么会令人喜爱的意见。由于个体的身心条件、年龄阅历、教育状况、家庭影响、兴趣爱好等方面的不同，人们对各种职业有着不同的主观评价。从社会角度来讲，由于社会分工，各种职业在劳动性质和内容、劳动难度和强度、劳动条件和待遇、所有制和稳定性上，都存在差别，再加上传统的思想观念的影响，各类职业在人们心目中的声望地位也有好坏高低之别，这些评价都形成了人们的职业价值观，影响着人们对就业方向和具体职业岗位的选择。大量研究表明，个体总是倾向于选择那些能满足其价值观追求的职业。

在许多场合，我们往往要在一些得失中做出选择，而左右我们选择的往往是我们的职业价值观。例如，是要工作舒适轻松，还是高薪？要成就一番事业，还是要安稳太平？当两者有冲突时，最终影响我们决策的是存在于内心的职业价值观，而我们有时对自己的职业价值观并不是很清楚。因此需要深入了解自己的职业价值观倾向，为自己选择理想的职业导航。

【阅读资料】

大学生的不良职业价值观

从理论上来说，价值观没有好坏之别，而且价值观也无法预测将来的职业发展，但对于大学生，不良的职业价值观确实会影响到将来的求职和就业。

一、过分注重薪酬和待遇

求职时把目标单位的福利待遇放在首位，并且作为考虑取舍的唯一标准，这样的职业价值观，常常忽视自己与职业要求之间的差距，其弊端显而易见。

二、期望工作趣味化

期望从工作中得到趣味化的享受。当工作做出成就时，个人会有满足感，但这并不意味着工作与个人兴趣的完全对应。如果过分追求工作对心理乐趣的满足，个人将会对工作中一些琐碎或程序化的东西感到厌烦。片面要求工作多变、乐趣无限是不现实的。

三、要求工作有充足的自由和自主

在越来越看重个人表现的时代背景下，不少大学生都要求工作有充足的自主性，有足够的空间自我表现。因此，对于那些需要从基层做起、从基础工作做起、按照他人要求做起的工作不屑一顾。无疑，这种想法或价值观会大大阻碍大学生职业生涯的发展。

四、一味希望工作提升技能

对于职业的成就实现目的要求过高，恨不得通过几个月的工作就成为公司骨干，一味强调用人单位给予培训、晋升，表现得过于急功近利。职业技能的提升是个循序渐进的过程，有时是在无形中发生的，关键是自己日常工作中的努力用心。

2. 职业价值观探索活动

职业价值观的探索可以通过一些简单易行的方法进行，如职业价值观测量、职业价值观清单及价值拍卖会等。以价值拍卖为例：

【阅读资料】

职业价值观拍卖——价值观探索活动

目的：协助澄清个人的职业价值观。

道具：锤子、价值拍卖清单。

过程：在职业价值观拍卖项目表(表 3-1)中，列有 15 个与职业有关的价值项目，请你根据这些职业价值在自己心目中的优先地位排序，1 表示最重视，5 表示最不重视，填在表中的“顺位”一栏内。假设你手里有 10 万元，对于各个工作价值项目，你愿意花多少钱买？请将自己预估的数额在表中“预估价”一栏内填写。

注意事项：

(1)不必每项都买。

(2)拍卖时，如你想对某一项出价，起价不得少于 1 万元。

(3)拍卖时，可以更动原定的价码，但如你想加价，每次加价至少 1 千元。

表 3-1 职业价值观拍卖项目表

职业价值项目	顺位	预估价	成交价	得标人	得标人承诺
1. 为大众福利尽一份力					
2. 追求美感与艺术气氛					
3. 寻求创意，发展新事物					
4. 独立思考，分析事理					
5. 有成就感					
6. 独立自主，依己意进行					
7. 受他人推崇并尊敬					
8. 发挥督导或管理他人的能力					
9. 有丰厚的收入					
10. 生活安定有保障					
11 良好舒适的工作环境					

续表

职业价值项目	顺位	预估价	成交价	得标人	得标人承诺
12. 与主管平等且相处融洽					
13. 与志同道合的伙伴一起工作					
14. 能选择自己喜爱的工作方式					
15. 工作富有变化不单调					

(四)职业能力探索

1. 能力与职业发展的关系

能力是指顺利完成某种活动所必须具备的一种心理特征或心理条件，能力是个人职业选择和职业成功的基础。职业能力即劳动者从事社会生产活动的能力，不同职业对人的能力有不同要求，能力制约着人们活动的领域与职业选择的范围。

职业能力是职业选择和发展中最为现实的方面，前面我们谈到的兴趣、人格和价值观，都是对职业的倾向和期望，而职业能力可以使我们的职业理想与现实有机地结合起来，使理想落到实处。因为，无论什么职业总要有一定的能力保证，没有能力，就不可能有机会进入相关的职业领域。另外，一个人如果不能很好地评价自己的能力，错误地选择职业，将无法发挥出自身的潜力，也将一事无成。

总而言之，职业能力是胜任某种职业的必要条件，而相关的职业实践和培训是职业能力发展的前提；同时，职业能力也是个人发展和创造的基础，职业能力越强，越能给人带来好的工作绩效，从而进一步产生职业成就感。

2. 能力的分类

能力可分一般能力和特殊能力两大类。一般能力通常指智力，是那些完成各种活动都必须具备的某种能力，包括注意力、观察力等；特殊能力是在某些专业和职业活动中表现出来的能力，也可以称之为特长，如音乐能力、绘画能力、机械操作能力等。

(1)一般能力与职业

一般能力包括注意力、观察力、记忆力、思维能力和想象力等。不同职业对人的一般能力要求的程度有所不同，如律师、工程师、科研人员等对从业者的一般能力要求较高。个人的一般能力，即智力在很大程度上决定其所能从事的职业类型。

(2)特殊能力与职业

特殊能力是指从事各项专业活动的能力，如计算能力、音乐能力、语言表达能力、组织能力等。完成某项工作，除了需要具备一般能力外，还要具有该项工作所要求的特殊能力，如律师就要求有很强的逻辑推理能力和语言表达能力，而建筑工程师就要求有较强的空间判断能力和一定的审美能力。

【阅读资料】

能力的含义

“能力”一词，包括三种含义：一是天生的智力；二是经后天学习和发展出来的技能；三是个人的能力倾向，即潜力。在招聘求职过程中，对个人能力的评判更看重技能和潜能，尤其是技能。企业寻找的是那些掌握一定技能，能够根据岗位需要去完成某项任务或解决某类问题的人。岗位往往只是满足这些技能要求的一个组合名称。

技能又可分为三个基本的类别：功能性或可迁移性技能、工作内容或专业知识性技能、适应性或自我管理技能。这三种技能是胜任任何一份工作都不可缺少的。

3. 职业能力探索

(1)成就经历分析

每个人都是通过一次次或大或小的成就事件，来积累和检验自己在某方面的才能。我们可以回顾曾经的成就经历，思考自己在哪些方面做出过成绩，而这次成功又运用了哪些方面的才能和技巧。这些成就事件和经历正是个人拥有的资历和能力的证明。通过记录、回忆和剖析自己的成就事件经历，我们可以充分挖掘自己的能力，找到那些常常被我们所忽略的个人才能。

列举出你的5～7个成就经历，可以来源于学习、活动、实习或实践，尽可能写出过程细节，并分析在此过程中运用了哪些能力。

(2)职业能力测验

为了探索自己的能力，或就你的能力而言判断某个特定的职业领域是否合适你，可以借助一些能力倾向测验。能力倾向测验可以分为多重能力倾向测验和特殊能力倾向测验。多重能力倾向测验是由测试各种不同能力的分测验组成，可以一般地了解人的潜能方向；而特殊能力测验只能了解能力的某一特殊方面的情况。

①多重能力倾向测验

多重能力倾向测验最常用的是区分能力倾向测验(DAT)和一般能力倾向测验(GATB)。

DAT的8个分测验是单独施测、单独记分的，这8个分测验是：

言语推理(VR)：测量普通智能，采用文字形式的类比题目。

数字能力(NA)：测量普通智力，采用计算题，不用文字题，以避免受到其他无关能力的干扰。

抽象推理(AR)：测量非言语推理能力(亦属普通智力)。

文书速度和准确性(CSA)：测量完成一件简单知觉任务的速度。

机械推理(MR)：测量对表现于熟悉情境中的机械和物理原理的理解力。

空间关系(SR)：测量想象和在心理上操作有形材料的能力。

拼写(SP)：指出拼写正误，测量英文水平。

语言运用(LU)：找出语法或惯用语法错误，测量语文水平。

GATB最初由美国劳工部所制订，专为国家就业服务机构的顾问们使用，可用来为中学生的专业定向和成功谋职提供帮助。目前全套测验包括12个分测验，总共可得到9个因素的分数，这9个因素是：

G：一般学习能力(智力)。把测量V、N、S因素的三个测验(词汇、类比推理、三维空间)的分数相加得到。

V：言语能力倾向。由要求被试者指出每一组词中两个意义相同或相反的词汇测验来测量。

N：数字能力倾向。由计算和算术推理两个测验测量。

S：空间能力倾向。由三维空间测验来测量，包括理解三维物体的二维表示及想象三维运动的结果。

P：形状知觉。由两个测验测量，一个是匹配画有同样工具的图画；另一个是匹配同样的几何形状。

Q：文书知觉。与P类似，但要求匹配名称，而不是匹配图画或形状。

K：运动协调。由一个简单的纸笔测验测量，要求被试者在一系列方格中用铅笔做出特定的记号。

F：手指灵巧度。由装配和拆卸铆钉与垫圈的两个测验来测量。

M：手的敏捷度。由在一个木板上传递和翻转木桩的两个测验来测量。

测量F和M的4个分测验需要简单的用具，其他几个都是纸笔测验，前面7个测验有替换的复本，整套测验组的施测大约需2个小时。

②特殊能力倾向测验

特殊能力倾向测验是鉴别个体在某一方面是否具有特殊潜能的一种测验工具。这类测验最初是为了弥补智力测验的不足而编制和使用的，最早出现的特殊能力倾向测验是机械能力倾向测验。由于职业选拔与咨询的需要，各种机械、文书、音乐及艺术能力倾向测验纷纷出现，同时视力、听力、运动灵敏度方面的测验也广泛应用于工业、军事上的人事选拔与分类。

特殊能力倾向是相对于一般智力而言的，一些传统的特殊能力倾向，如机械和文书，现在都已并入某些多重能力倾向测验中。但特殊能力倾向测验还是很有必要的，这主要是因为多重能力倾向测验很少涉及视力、听力、运动技能及艺术才能等领域，因为它们的情况较特别，即使在多重能力倾向测验中包含有特殊能力倾向，有时也需要与学业能力倾向测验、特殊能力倾向测验结合使用，因为特殊能力倾向测验有广泛的常模和效度资料。另外，特殊能力倾向测验具有很大的弹性，既可以结合其他测验使用，也可以单独使用。

思考与练习

1. 阐述职业发展的主导因素。

2. 应用职业发展理论和测评技术，分析自身职业发展目标。

职业探索实践

找几张白纸写下以下几个问题的答案：

1. 你在高中时期主要对哪些领域比较感兴趣(如果有的话)？为什么会对这些领域感兴趣？你对这些领域的感受是怎样的？

2. 你在大学时期主要对哪些领域感兴趣？为什么会对这些领域感兴趣？你对这些领域的感受是怎样的？

3. 你毕业之后期望所从事的第一种工作是什么？你期望从这种工作中得到些什么？

4. 回想一下你的实习或实践经历，你觉得最令自己感到愉快的是哪些时候？你认为这些时候的什么东西最能令你感到愉快？

5. 回想一下你的实习或实践经历，你觉得最让自己感到不愉快的是哪些时候？你认为这些时候的什么东西最能令你感到不愉快？

现在请仔细检查自己的所有答案，并认真阅读本章中职业锚的描述。对照描述，思考、分析自己是属于何种类型的职业锚及对将来的职业发展有怎样的启发。

第四章 描绘蓝图 执导人生

【学习目标】

了解生涯、职业生涯、生涯目标和生涯规划等基本概念；掌握职业生涯规划的基本方法和步骤；理解大学生职业生涯规划的必要性和特点，树立生涯规划意识，合理规划职业发展。

【案例导入】

东汉末期，群雄逐鹿，英杰辈出。与绝大多数怀才不遇者的思维定势相反，长期隐居南阳草庐的诸葛亮一出山就投靠了当时最为势单力薄的刘备集团并终生为其奔走效力。

在为刘备集团作出杰出贡献的基础上，诸葛亮实现了个人事业的成功——这归根结底取决于诸葛亮近乎圆满的职业生涯规划。

首先，诸葛亮的个人职业发展定位非常清晰。诸葛亮自幼胸怀大志，始终以春秋战国时期两位著名的参谋管仲、乐毅为个人楷模，立誓要成为他所处时代杰出的“谋略大师”，为光复汉室贡献力量；同时，诸葛亮也非常清楚，自己长期积累的才干已具备了实现职业目标的可能。

从应聘对象的选择上看，诸葛亮也独具慧眼：曹操已经统一了半个中国，实力雄厚，最有资格挑战全国统治权；孙权只求偏安自保；而势力最为弱小的刘备集团却具备快速成长，与曹操、孙权三足鼎立乃至在此基础上一统天下的可能性。

在个人推销方面，诸葛亮通过躬耕陇亩给外界留下踏实肯干的印象。同时，他还自作了一篇《梁父吟》，含蓄地表明心志。此外，诸葛亮在与外人言谈中每每自比管仲、乐毅，一方面宣传了个人的卓越才华；另一方面也表明了他对“和谐双赢”的君臣关系的向往——诸葛亮的个人才能和求职意向等重要信息最终通过各种渠道传递到了刘备那里。

在应聘临场发挥方面，诸葛亮在完全私密性的“隆中对”时，通过逻辑严谨的精彩表述充分展现了个人对国家军事、政治形势及刘备集团未来发展战略的全面深入思考，令刘备对这个27岁的年轻人大为叹服！此后，刘备始终待诸葛亮为上宾，全部重大决策都要与其共同协商探讨，甚至在临终之时还有托孤让位之举；诸葛亮也始终对刘备忠诚一心，鞠躬尽瘁！深厚的君臣情谊是刘备集团后来事业蓬勃发展，最终与曹操、孙权三足鼎立的重要因素并传为千古佳话。

诸葛亮是昔日乱世中的一个孤儿，若非正确的职业规划和职业决策助力，很可能就淹没在历史的尘埃之中，永不为世人所知！但积极进取且颇有心计的诸葛亮通过在职业发展上的完美谋划，彻底改变了自己的命运。

案例点评：古时智者的宏图谋略验证了职业生涯规划的价值所在，推古论今，面对这个已经成为现代普遍性课题的职业规划，我们该怎样科学地顺应潮流，为自己谋略一二呢？

第一节　职业生涯规划概述

职业生涯规划与“生涯”和“职业生涯”的关系非常密切，我们要正确理解职业生涯规划除了要了解生涯的概念之外，还要知道职业生涯的内涵及职业生涯规划的类型、内容、影响因素、原则和方法。

一、生涯与职业生涯

(一)生涯的概念和特点

“生涯”一词出于两千多年前庄子所说的“吾生也有涯，而知也无涯”，这里，生为生命，涯为边际、极限。生涯是人的生命意义实践的全部历程，也意味着人生的两个端点——生和死之间所有的生活内涵。

【阅读资料】

生涯的英文一词是“career”，原意为“两轮马车”，《牛津辞典》给出的解释是“职业、事业”(profession or occupation with opportunities for advancement promotion)和“生命的历程”(progress through life)，可引申为个人一生的“道路”、“轨道”、“轨迹”。

“生涯”可理解为狭义的，即指与个人终身所从事的工作或职业相关的过程；也可扩展到广义的，即包含非职业的活动，除了终身事业外，还涵括了生活中的其他方面。

美国生涯理论研究者舒伯认为，“生涯”是指生活中各种事件的演进方向和历程，它综合了个人一生中各种职业和生活角色，由此表现出个人独特的自我发展形态，“生涯”作为一个终其一生所扮演角色的整个过程，它由以下三个层面构成：

第一，时间。即个人的年龄或生命的过程。

第二，广度。即每个人一生所扮演的各种不同角色。

第三，深度。为个人所扮演的各种角色投入的程度。

总之，生涯的内容是比较宽泛的，具有丰富的内涵与特性。尽管学者们从不同的角度提出了对生涯的见解，侧重点不同，但是都反映出生涯的特征。

第一，独特性。每个人都有独特的生涯发展形态。同一种职业可以由很多人来承担，但是生涯却是每一个人所独有的。我们每个人有自己独特的个性和价值观，有自己独特的行为方式，因此，在同样的职业中，我们做出的努力不同，我们获得的感受也各异。就像世界上没有两片相同的叶子，这个世界的生涯也千姿百态，每个人都有自己专属的生涯，不会与他人相同。

第二，终身性。生涯是一个人从生到死一辈子的事情，包含求学、就业、退休后的生活，它包含了一个终身发展的概念。在人生不同的阶段，都有自己不断的发展、追求和任务。如果今天作一个生涯规划，明天又有另外的生涯规划，就不能称为生涯规划，只能算是计划而已。这个蜕变与发展的生涯历程，就是我们整个的生命历程。

第三，综合性。生涯是人生扮演的各种角色的整合。职业不能占据我们整个生命长度，而即使在我们的“职业人”阶段，职业也不能占据我们生活的全部。我们除了从事职业，还要担当家庭和社会角色，如子女、父母、朋友、学生、公民等。生涯是一个整合的概念，它包含了人生整体发展的各个层面。

第四，发展性。生涯是人生发展的整个历程，贯穿人从生到死的过程，且在人生发展的不同阶段呈现出不同的形态和特点，因而具有发展性，且随着个人成长、经验积累、社会发展而变化。

(二)职业生涯的内涵

职业生涯这个概念的含义曾随着时间的推移发生过很多变化。在20世纪70年代，职业生涯专指个人生活中和工作相关的各个方面。随后，又有很多新的意义被纳入到“职业生涯”的概念中，其中甚至包含了生活中关于个人、集体及经济生活的方方面面。

简单地说，职业生涯是指一个人一生中所有与职业相联系的行为与活动及相关的态度、价值观、愿望等的连续性经历的过程。具体地说，是以个体心理开发、生理开发、智力开发、技能开发、伦理开发等人的潜能开发为基础，以工作内容的确定性和变化、工作业绩的评价、工资待遇、职称职务的变动为标志，以满足需求为目标的工作经历和内心体验的经历。从经济学的观点来看，职业生涯是个人在人生中所经历的一系列职位和角色，它们和个人的职业发展过程相联系，是个人接受培训教育及职业发展所形成的结果。

职业生涯是个体追求自我实现的重要人生阶段，对人生价值起着决定性作用。它是个体的行为经历，而非群体或组织的。职业生涯也是个时间概念，同时寓意着具体职业内容，即不仅表示职业工作时间的长短，而且蕴涵着职业发展、变更的经历和过程，甚至包括了个体态度、价值观、能力的连续经历与变化。但职业生涯并不包含在职业上成功与失败或者发展的快与慢的含义。不论职位高低、成功与否，每个工作着和工作过的人都有自己的职业生涯。

【阅读资料】

外职业生涯与内职业生涯

职业生涯可分为外职业生涯和内职业生涯。

外职业生涯是一个人在一生中所从事的各种职业的总称，是客观的职业，常指从事职业时的工作单位、工作地点、工作内容、工作职务、工作环境、工资待遇等因素的组合及其变化过程。外职业生涯的构成因素通常是由别人给予的，也容易被别人收回，往往与自己的付出不符。有的人一生疲于追求外职业生涯的成功，但内心极为痛苦，因为他们往往不了解，外职业生涯的发展是以内职业发展为基础的。

内职业生涯指从事一项职业时所具备的知识、观念、心理素质、能力、内心感受等因素的组合及其变化过程。内职业生涯各项因素的取得，可以通过别人的帮助而实现，但主要还是由自己努力追求而得以实现。内职业生涯的各构成因素不因外职业生涯的构成因素不同而不同，内职业生涯各因素一旦获得，别人便不能收回或剥夺，也不因外职业生涯因素的改变而丧失，别人不能剥夺。

内职业生涯的发展是外职业生涯发展的前提，内职业生涯发展带动外职业生涯的发展，它在人的职业生涯成功乃至人生成功中具有关键性作用。因而在职业生涯的各个阶段，我们都应重视内职业生涯的发展，尤其是在职业生涯早期和中前期，我们一定要把对内职业生涯各因素的追求看得比外职业生涯更为重要。

二、职业生涯规划的内涵

(一)职业生涯规划的含义

生涯规划，简言之，即面对未来的岁月，做好构思与有所安排，针对未来所预期的目标，配合时间的先后，加以有效处理。职业生涯规划，又称为“职业生涯设计”，是指个人结合自身情况及眼前机遇和制约因素，为自己确定最佳的职业奋斗目标，选择职业发展道路，确定教育、培训和发展的计划等，并为自己实现职业生涯目标而确定行动方向、行动时间和行动方案。

(二)职业生涯规划的类型

按照规划的时间维度，职业生涯规划可分为以下 4 种类型：

第一，短期规划。即 2 年以内的规划，主要是确定近期目标，规划近期所要完成的任务。

第二，中期规划。一般指 2～5 年的职业规划，是最常见的一种职业生涯规划。

第三，长期规划。一般指 5～20 年的规划，主要是设定一个较长远的职业目标及为此制定具体的措施。

第四，人生规划。指整个职业生涯阶段的规划，时间长达几十年，主要是设定整个职业阶段的发展目标和行动规划。

(三)职业生涯规划的内容

职业生涯规划主要有以下 3 个方面的内容：

第一，个人特质的澄清与了解，包括个人的需要、兴趣、能力及价值观等。了解自己，是职业选择或生涯设计的最基础要求。如果个人能清楚地知道自己的优缺点，将有助于在进行职业生涯规划时，加重对自己最有利的选择筹码。

第二，教育与职业资讯的准备，包括了解行业的特性、从业所需能力、工作内容、工作发展前景、从业待遇等信息，并积极做好职业发展所需的教育背景、经验和能力的准备。个人可以通过家人、亲戚、朋友、师长等人脉、书籍、视听材料及网络媒体等渠道获取这方面的资讯。如果缺乏对职业世界的了解，职业选择时将会盲从，不切实际，个体的职业认定也更加容易受到刻板印象或他人观念的影响。

第三，个人与环境关系的协调，环境因素大多是社会、经济、文化、组织、家庭和机会因素，这些往往是个人无法掌握或控制的，如家庭重要成员的意见、社会重大事件的影响或区域的经济发展状况等。这些因素可能是助长因素，也可能是限制性的。提前了解和判断环境因素，将有助于个人顺应环境发展趋势，积极把握有利资源，避免那些与环境、现实条件相悖的选择。

(四)职业生涯规划的影响因素

对每个人而言，职业生涯将贯穿人的一生，个人或处于职业准备阶段，或处于职业选择阶段，或处于职业工作阶段，或处于职业结束阶段。在这不同的阶段，每个人的职业生涯受各种不同因素的影响会发生各种截然不同的结果。

生涯规划是个体在对内、外两方面的状况进行评估和考量后对人生作出的设计和计划，生涯规划的影响因素也可以从内、外两个方面来分析。

从外部世界来看，远到世界局势、国家政策的变化，职业结构的变迁，经济景气的兴衰，就业机会的多寡，社会文化环境、社会思潮的变化，近到亲戚、朋友、家庭，都有可能对一个人的生涯规划产生影响；从个体内部来看，兴趣、能力、职业技能、职业价值观、人格、性别、个人生长的社会阶层和经济状况等，也会深深地影响其职业选择和生涯规划。然而，外部因素和内部因素又无时无刻不在发生交互的影响，并左右着个人的生涯规划与生涯发展。

(五)职业生涯规划的原则

在职场上，很多人在对自己的职业生涯进行规划时，都不知所措，这需要了解职业生涯规划时所要遵守的准则，从而让规划合理可行，符合自身的实际。个人职业生涯规划设计应该遵守如下准则：

第一，择己所爱。从事一项你所喜欢的工作，工作本身就能给你一种满足感，你的职业生涯也会从此变得妙趣横生。兴趣是最好的老师，是成功之母。调查表明，兴趣与成功机率有着明显的正比关系。在设计自己的职业生涯时，务必注意要考虑自己的特点，珍惜自己的兴趣，择己所爱，选择自己所喜欢的职业。

第二，择己所长。任何职业都要求从业者掌握一定的技能，具备一定的能力条件。不同职业要求具备不同的知识技能，而绝大多数技能都必须经过一定时间的训练才能掌握。一个人一生中不可能有那么多时间和精力去掌握所有技能，所以，你必须在进行职业选择时择己所长，从而有利于发挥自己的优势，运用比较优势原理充分分析别人与自己，尽量选择冲突较少的优势行业。

第三，择世所需。社会的需求不断变化着，旧的需求不断消失，新的需求不断产生，新的职业也不断产生。所以，在设计职业生涯时，一定要分析社会需求，择世所需。最重要的是，目光要长远，能够准确预测未来行业或者职业发展方向，再作出选择。

第四，择己所利。职业是个人谋生的手段，其目的在于追求个人幸福。所以，个人在择业时，首先考虑的是自己的预期收益——个人幸福最大化。明智的选择是在收入、社会地位、成就感和工作付出等变量组成的函数中找出一个最大值。当然，不同的人在这些变量中会有不同的偏好，这就需要个人根据自己的实际情况和期望，作出综合权衡和选择。

(六)职业生涯规划的方法

职业生涯的发展有着不同的阶段，各个阶段的职业生涯规划会受到不同的内部、外部环境的影响，其影响面及影响程度的不同，也会导致职业生涯规划在个体之间及个体不同发展阶段之间的复杂性和难度不同，采取的职业生涯规划方法也可以有所不同。

1. 便捷的职业生涯规划法

便捷的职业生涯规划法，顾名思义，是一种比较简单、快捷的职业生涯规划法，通常称为知识导向、配合导向、人群导向的职业生涯规划法。常见的便捷规划法包括以下几种：

第一，自然发生法。最常见的情形是在学生高考后填写志愿时，并未考虑自己的志向、兴趣，只要找到分数所能录取的学校、科系，便草草地签下了自己的一生。

第二，目前趋势法。比如跟随现在市场的趋势，立志投入到某个热门行业。

第三，最少努力法。选择最容易的科系或技术，祈求有最好的结果。

第四，拜金主义法。选择待遇最好的行业。

第五，刻板印象法。以性别、年龄、社会地位等刻板印象来选择，如女性较适合从事的服务业。

第六，橱窗游走法。到各种工作场所或招聘会走马看花一番，再选择最顺眼的工作。

第七，假手他人法。由他人替自己决定和选择，最常见的是父母或家人、朋友、老师等。

便捷的职业生涯规划法的优点是省时、省力、不用花费太多精力，在短时期内的效率很好。缺点是无法根据个人的能力、特性作长远的规划，需要冒着草率规划的风险。

2. 系统的职业生涯规划法

上述 7 种便捷的规划法，虽然可以让你在短期内做好生涯规划，但是风险也是显而易见的。为了弥补这个缺失，将风险降到最低，就需要认真思考自己未来的方向，拟订一个行动计划，步步为营，听从内心需要，挖掘出自身潜能，需要遵循一套客观、科学、实际的规划方法和流程，即系统的职业生涯规划法。

(1)系统的职业生涯规划法涵盖四大要项

第一，喜不喜欢——兴趣与职业。

第二，值不值得——价值观与职业。

第三，可不可能——能力与职业。

第四，适不适合——性格与职业。

【阅读资料】

美国心理学家洛克奇于 1973 年提出 13 种价值观

第一，成就感。提升社会地位，得到社会认同；希望工作能受到他人的认可，对工作的完成和挑战成功感到满足。

第二，美感的追求。能有机会多方面地欣赏周遭的人、事、物，或任何自己觉得重要且有意义的事物。

第三，挑战。能有机会运用聪明才智来解决困难；舍弃传统的方法，而选择创新的方法处理事物。

第四，健康。包括生理和心理健康，工作能够免于焦虑、紧张和恐惧；希望能够心平气和地处理事物。

第五，收入与财富。工作能够明显、有效地改变自己的财务状况；希望能够得到金钱所能买到的东西。

第六，独立性。在工作中能有弹性，可以充分掌握自己的时间和行动，自由度高。

第七，爱、家庭、人际关系。关心他人，与别人分享，协助别人解决问题；体贴、关爱，对周遭的人慷慨。

第八，道德感。与组织的目标、价值观、宗教观和工作使命能够不相冲突，紧密结合。

第九，欢乐。享受生命，结交新朋友，与别人共处，一同享受美好时光。

第十，权力。能够影响或控制他人，使他人照着自己的意思去行动。

第十一，安全感。能够满足基本的需求，有安全感，远离突如其来的变动。

第十二，自我成长。能够追求知性上的刺激，寻求更圆融的人生，在智慧、知识与人的体会上有所提升。

第十三，协助他人。体认到自己的付出对团体是有帮助的，别人因为你的行为而受惠颇多。

(2)系统的职业生涯规划法遵循五大步骤

规划一个系统、成功的生涯，需要做到了解自己、发挥所长、慎选真正有利的机会、定下循序实现的目标、有效率的工作及适度调整生涯规划内容与目标，也就是说，系统的职业生涯规划需从以下五个步骤着手：

第一，自我评估与环境分析。自我评估是对自己的兴趣、特长、性格、学识、技能、智商、情商及管理、协调、活动能力等方面的全面评估，其实质是通过自我分析，认识自己、了解自己，诊断出个人问题所在。对于环境的分析，则要弄清楚环境的特点、环境的变化趋势、个人与环境的关系、环境对个人的要求等，以便清晰地把握环境对职业发展的作用和影响，更好地进行职业目标的设计和职业路线的选择。

第二，确定职业发展目标。对个人进行全面的分析及对环境有了较深入的了解后，结合个人职业理想确定自己的职业发展目标。行为科学认为，目标是一种刺激，合适的目标能够激发人的动机，规定行为的方向。人们把目标的价值看得越大，估计实现的概率越高，这个目标对他的激发力量也就越大。理想的职业生涯目标，对人的发展有着重要的激励作用。

由于知识、经验、阅历、态度、各自利益的不同，每个人对于自己预期的职业生涯目标也各不相同，应根据自己不同的需要确定自己的职业生涯目标。

第三，选择职业生涯发展路线。通过自我评估、认识自己、分析环境，并且在确定未来职业目标的基础上，对自己以后从事的职业作出选择。

选择职业生涯路径，通常有“纵向”、“横向”、“网络”、“双重”这 4 种职业路径可供选择，其选择因人而异。职业生涯路线也可能出现交叉与转换，个人可依据自身特点和外界环境，选择职业发展路径。

第四，制定、实践行动计划。当确定了目标，行动便成了关键的环节。行动的顺利需要严格的行动计划作铺垫，如在计划中需要考虑如何提高综合能力、如何改进不良习惯、如何培养特长、如何完善人格、如何改掉缺点、如何提高成绩、如何弥补差距等。当生涯计划的策划部分完成后，便要依据计划采取实际行动，空有计划而无行动，则一切都如梦幻泡影。

第五，自我评估与调整。经过一段时间的学习，有意识地回顾自己的行动，检验自己的目标，在实施过程中自觉地总结经验教训，评估自己的职业生涯规划，并根据职业生涯规划的进展情况，适时考虑是否需要作一些调整，如职业的重新选择、生涯路线的选择、人生目标的修正、实施措施与计划的变更等。

由上可见，系统的职业生涯规划法不仅可以帮助认识个人的特质及价值所在，也可以帮助规划者迅速而完整地把握工作世界的现况与趋势，从而找到实现自己目标的途径，找到适合自己的工作。

三、生涯目标的内涵

生涯目标，也就是我们常谈的人生目标，比如要成为什么样的人，该如何度过一生，怎样才能使人生过得有意义、有价值，怎样才取得成功，怎样才能拥有幸福的生活。生涯目标是指引人生成长和发展的导航标。

职业生涯发展目标，就是指个人在选定的职业领域内未来将要达到的具体目标，从而促使个人依据这种明确的职业目标，去规划自己的学习和实践，为实现职业目标进行积极准备和付诸实际行动。

(一)生涯目标的分类

1. 按时间划分

按时间划分，生涯目标可以分为短期目标、中期目标、长期目标和人生目标。一般说来，短期目标服从于中期目标，中期目标服从于长期目标，长期目标又服从于人生目标。具体实施目标，通常是从具体的、短期的目标开始的。当然，在制定人生目标和长期目标时，要多考虑一些自身因素和社会因素；而制定中期目标和短期目标时，则要更多地考虑工作环境因素。通过制定个人的长期目标、中期目标和短期目标，就形成了完整的个人目标体系的制定。

(1)短期目标

短期目标通常是指每日、每周、每月、每季、每年的目标，是中期目标和长期目标的具体化、现实化和可操作化，是最清楚的目标。其主要特征：目标具备可操作性；明确规定具体的完成时间；对现实目标有把握；服从于中期目标；目标可能是自己选择的，也可能是公司或上级安排的、被动接受的；目标需要适应环境；目标要切合实际。

【阅读资料】

大学生短期目标的分类

对大学生来说，短期目标是十分重要的，短期目标设定是否合理，决定着中期目标和长期目标是否可以实现。相对而言，短期目标的分类也更为复杂一些，分类的标准不一样，分类则不尽相同。

按年级来分，可分为一年级目标、二年级目标、三年级目标和四年级目标。

按学期来分，可分为上学期目标和下学期目标。

按假期来分，可分为暑假目标和寒假目标。

按内容来分，可分为学习目标、生活目标、社团实践目标、兼职目标和实习目标等。

按毕业后的去向来分，可分为就业目标、考研目标、留学目标、创业目标和培训目标。

(2)中期目标

中期目标一般为3～5年，在整个目标体系中起着承上启下的作用，也是职业生涯能否有效实施和实现的重点。对大学生来说，也就是在大学学习期间应该达到什么目标。中期目标在长期目标的基础上确立，比如毕业时找到一份满意的工作；或者上理想的学校；或者到自己所梦想的国家去留学；或者先择业再创业，实现当老板的理想等。中期目标相对长期目标要具体一些，其主要特征：通常与长期目标保持一致；是结合自己的志愿和企业的环境及要求来制定的目标；用明确的语言来定量说明；对目标实现的可能性做出评估；有比较明确的时间，且可做适当的调整；基本符合自己的价值观，充满信心，愿意公之于众。

(3)长期目标

长期目标为5年以上的目标，它通常不具体，会随着自身情况和外部形势的变化而变化，在设计时以画轮廓为主。长期目标主要受自己的人生目标的影响，常言道“人无远虑，必有近忧”，尽管如此，在生活中，人们最容易忽视的就是长期目标。设定长期目标需要考虑以下方面：目标有可能实现，具有挑战性；对现实充满渴望；非常符合自己的价值观，为自己的选择感到自豪；目标是认真选择的，和社会发展需求相结合；没有明确规定实现时间，在一定范围内实现即可；立志改造环境。

(4)人生目标

人生目标是指整个人生的发展目标。一般说来，短期目标服从于中期目标，中期目标服从于长期目标，长期目标又服从于人生目标。具体实施目标，通常是从具体的、短期的目标开始的。职业生涯目标典型内容如表4-1所示。

表4-1　职业生涯目标典型内容举例

目标	内容
人生目标	你想成为什么样的人 你想做哪件大事或哪几件大事 你想成为哪一领域的佼佼者 你想发挥自己哪些方面的优势和特长
十年计划	今后十年你想成为什么样子 事业上有什么成就 收入达到多少 你的家庭及健康水平如何 你的生活状态、社会地位怎样
五年计划	将十年计划进一步具体，把目标进一步分解
三年计划	使五年计划更具体，制定出自己的行动准则
明年计划	制定实现明年计划的步骤、方法和时间表，并确保这些是切实可行的

续表

目标	内容
下月计划	包括下个月计划做的工作、应完成的任务、质和量方面的要求、财务上的收支、学习计划、结识新朋友的计划等
下周计划	在每周末提前制订好下周的行动计划，把下月的计划中的一部分分解在下周
明日计划	明天要做哪几件事？分清楚轻重缓急，制定出执行的顺序和相应事情对应的时间

2. 按性质划分

按性质划分，生涯目标可以划分为外职业生涯目标和内职业生涯目标。

(1)外职业生涯目标

外职业生涯目标是指侧重于职业过程的、外在的、可看得见的标记，它主要包括工作内容、职务目标、经济收入目标、工作环境和工作地点等方面的目标。

(2)内职业生涯目标

内职生涯目标是指在职业生涯规划中的知识、经验的积累，观念的转变，能力和素质的提高及成就感、价值感等内心感受。这些目标必须通过自己的努力才能获得和掌握。

职业生涯的内外目标不是截然分开的，两者是相辅相成、相互促进的，内职业生涯目标的发展可以推动外职业生涯目标的发展，而外职业生涯目标的实现又可以促进内职业生涯目标的实现。

(3)按实现难度划分

职业目标有难易之分。人的职业生涯发展是由低到高循序渐进的，在发展成长的过程中，个人给自己所设定的职业目标也应该分阶段，由易到难、由低层次到高层次循序渐进地递进。如果一个刚入学的大学生就给自己设定了毕业时就能成为某专业领域的专家学者，这就是不现实的。制定目标时，需要根据个人的实际情况，制定难易度合理且具有实际指导价值的职业目标。

(二)生涯目标的意义

成功者的职业生涯，大多是从指定合适的职业目标开始的。明确而坚定的职业发展目标，是取得职业成功的基本前提。具体来说，确定目标具有以下几方面的意义：

第一，生涯目标能促使产生自我发展的积极性。当我们给自己定下某个职业目标时，这个目标就成为我们生涯发展的依据和鞭策。有了方向，我们的职业发展努力才更加有效。

第二，生涯目标的确定有助于把握现在。目标的确定一定是着眼现实的，给自己定什么样的目标，需要审视现在的自己处于一个怎样的阶段。因此，目标设定的过程也就是评估现在、把握现在的过程。

第三，生涯目标引导优势发挥。当制定了一个目标以后，我们就会知道自己的使命，并且不停地在自己优势领域努力，安排好日常工作生活的轻重缓急。

第四，生涯目标有助于评估进步。大多数人每天都是忙忙碌碌，忽略了去评估自己的进步，也不知道评估的尺度和标准。目标正好提供了一种自我评估的手段，以目标的达成为指标来进行自我评估，有助于生涯规划的顺利实施，更可以督促自己朝着目标奋斗。

【阅读资料】

一只真正的狼

老狼的三个孩子逐渐强壮起来了，但离“长大成狼”还有一步之遥，因为它们还没有学会捕猎。一个晴朗的早晨，老狼决定带着三个孩子去草原深处训练它们捕猎的本领。草原深处有许多兔子、黄羊及野驴，那是这个狼群取之不尽的粮仓。在这之前，小狼们从来没有走出过这么远，它们不停地东张西望。老狼便问老大：“你在看什么?”老大说：“草原深处真美，我从来没见过这么美的地方。”

老狼摇了摇头，没说什么。过了一会儿，它问老二：“你在看什么?”老二说：“我在看草原上有没有狮子和老虎。”老狼摇了摇头，也没说什么。接着它问老三：“你看到了什么?”老三说：“我看到这里有很多兔子、黄羊和野驴，够我们抓好长时间的。”老狼高兴地说：“你很快会成为一只真正的狼!”

(三)制定职业生涯目标的原则

生涯目标的客观性是指目标本身并不是空想出来的，而是建立在自我认知与环境认知的基础上，了解了个人兴趣、性格、能力、身体素质及社会环境等各方面的情况，才能制定出一个具有可行性的、合理的目标。假如一个人从未接受过美术绘画方面的培训，却想要在2年内成为享誉国内外的画家，这种目标，一般情况下只能是幻想或纯粹的理想。另外，确定后的目标并不是一成不变的，随着个人知识、技能、阅历方面的提升，完全可以阶段性地调整自己的发展目标，但这种调整的频率不能过于频繁。

制定职业生涯目标时，需考虑以下原则：

第一，现实原则。目标的确立要符合社会与市场的需求。职业生涯目标如同一种“产品”，这种“产品”有市场，才有“生产”的必要。因此，在确定职业生涯目标时，要考虑到内外环境的需要，有需求，才有位置。

第二，适合原则。目标的确立要适合自身的特点，如性格、兴趣、特长甚至身体条件等。要将目标建立在你的最优性格上、最大兴趣上、最佳特长上。

第三，激励原则。目标的确立要高低恰到好处。远大的目标，能起到激励作用。但目标过高，脱离了实际，会因好高骛远而招致失败；目标太低，不用努力就能实现，目标也会失去意义。

第四，层次原则。目标的确立应该长短结合。长期目标为人生指明了方向，可鼓舞斗志，防止短期行为；短期目标是实现长期目标的保证，没有短期目标，长期目标也就不能实现。在职业生涯发展过程中，我们可以通过短期目标的实现来自我鼓励，体验到达成目标的成就感，促使自己朝着更高的目标前进。但是，如果只有短期目标，也会失去奋斗的动力。

第五，适度原则。同一时期的职业目标不宜多，最好集中为一个。人的时间精力是有限的，能胜任某一种职业已经是不容易的事情。因此，在确立目标时，最好把目标集中在一点上，才能利用个人有限的资源产出最大的成长效益。

第六，明确原则。目标的确立要具体明确。如果目标含糊不清，就起不到目标的作用。有些人打算干一番事业，却不知道具体干什么，这就等于没有明确的目标。目标不明确，就算投入了时间、精力和资金，也起不到“攻击”目标的作用。

第七，灵活原则。生涯目标要留有余地，在实现目标的时间安排上，不要过急、过满或过死。如果需要5年才能达到的目标，定为3年或2年，就会“欲速则不达”，不是计划落空，就是影响质量。如果安排过满，在同一时间里既做这个，又做那个，结果会顾此失彼，身心太累，而无法坚持；如果安排过死，如规定某一时间只能做某事，若遇上干扰，无法完成，又没有补做时间，必然会落空。

【阅读资料】

职业生涯目标制定的SMART简易原则

在制定职业生涯目标，可以遵循SMART简易原则。

第一，目标必须是具体的(Specific)。这是指目标必须是清晰的，可产生行为导向的。例如，目标“我要成为一个优秀的大学生”不是一个具体的目标，但目标“学期末平均成绩在80分以上”才算得上是一个具体的目标。

第二，目标必须是可以衡量的(Measurable)。这是指目标必须用指标量化表达。例如，上面这个“学期末平均成绩在80分以上”目标，它就对应着量化的指标“分数”。

第三，目标必须是可以达到的(Attainable)。这里“可达到的”有两层意思：一是目标应该在能力范围内，二是目标应该有一定难度。一般人在这点上往往只注意前者，其实后者也相当重要。目标经常达不到的确会让人沮丧，但同时要注意，太容易达到的目标也会让人失去斗志。

第四，目标必须和其他目标具有相关性(Relevant)。这里的“相关性”是指与现实生活相关，而不是简单的“白日梦”。

第五，目标必须具有明确的截止期限(Timc-bascd)。也就是说，目标必须是“基于时间”的目标，是指目标必须确定完成的日期。不但要确定最终目标的完成时间，还要设立多个小时间段上的“时间里程碑”，以便进行工作进度的监控。

任何一个人都不可能一下子实现自己的职业发展目标，都需要根据自己现有的观念、知识与技能上的差异，将大目标分解为小目标，将长期目标分解为短期目标。目标分解就是将目标清晰化、具体化的过程，是将目标量化成可操作的实施方案的有效手段。当我们确定了实现自身价值的总目标高峰之后，要如登山一样将自己的总目标分成若干分目标，如阶段目标、年目标、月目标、周目标、日目标……才能让我们脚下所走的每一步路都能够离我们的总目标更近一点；也只有这样，我们人生发展的总目标及人生的价值才能真正实现。

另外，职业生涯规划是一个动态变化过程，当出现一些因素阻止目标实现时，或是短期目标、中期目标不适应总目标时，也可以适当进行修改；再者，在向目标努力的途中发现总目标出现错误的时候，也要及时停止实施以便进行修改。

(四)确定职业生涯目标的方法

1. 梦想法

每个人的心目中都会有各种职业梦想，这种梦想常常不去考虑任何客观条件的制约，是我们在对所接触、听闻的职业的不完全了解的情况下确定的职业生涯目标，具有很大的随意性和局限性，但这也是确定职业生涯目标的方法。

想一想你的职业梦想是什么：

你希望拥有什么？

希望做什么？

希望成为什么？

考虑一下你的目标全部实现后你的理想生活：

最想和谁生活在一起？

你喜欢做什么？

这样的生活如何开始？

你会到哪儿去？

你会遇到什么样的环境？

这样惬意的日子结束时你会有何感受？

【阅读资料】

职业目标的名片探索法

静下心来认真想一想自己将来在与别人会面时，递给别人的名片是什么样？

接着找一张纸，自己设计它，包括正面、反面、颜色、图标及称呼和职务。

然后给别人讲你为什么这么设计？怎样努力才能达到目前的称呼和职务？

反思一下，自己达到以上目的具备什么优势？可行性有多大？有什么困难？

2. 理论法

在了解了众多职业后，根据自己的想法树立一个职业生涯目标。简单的操作是，你可以去登录一些招聘网站，看看那里所招聘的职位都有什么，在了解具体职位的描述和工作内容之后，就可以初步确定目标了。此种方式只是在理论上确定了，其树立的目标并不一定是你所想要的，所以要大量阅读职位信息，选定具体职位后与自身对照。

3. 实践法

指在参加具体的职业活动、行业活动、公司活动、社会活动中真实地体验到职业之后所形成的职业目标。另外，在现实活动中，我们可能会因为自己的一时冲动或受到什么启发，而确定一个职业目标，随后去参加相关的各种活动，以增加见识和阅历，在实践中评估和检验自己是否能朝着这一目标发展。

4. 专业定向法

这种方法是根据现在所学的专业来确定自己未来的职业方向。假如你喜欢现在的专业，毕业后很有可能就会选择专业对口的职业去就业。例如，法律专业对应的职业有公务员、律师、教师、法律研究人员、企业法律顾问、法制专栏媒体记者、公司法务职员等。但如果你不喜欢自己的专业，则要考虑通过转专业，或通过辅修、选修专业课程，或通过跨专业考研来调整和确定自己的职业方向了。专业定向法需要对已确定方向的职业群进行更深入的探索，定向的时候需要尽可能扩大自己的职业选择面。

第二节 职业生涯规划的决策与实施

一、职业生涯规划的决策

人在工作生活中到处面临着选择和决策，比如早上穿什么衣服，中午去哪里吃饭，晚上和谁去逛街，参加什么社团，选择什么职业，等等。约翰·坎贝尔指出："正是你在生活中每个环节的选择和决策塑造了你的人生，决定了你的成败。"但对个人来说，并不是每个决策都至关重要，有些选择实在是微不足道，几乎不存在什么决策比选择一个职业或工作对人们的生活具有更重大而深刻的影响，可见职业生涯决策对人生的影响程度。

当我们完成了对自我和职业环境的认知、确定职业目标范围后，需要进一步搜集、加工信息，做出与个人职业生涯发展有关的一系列决策。

(一)职业生涯决策内容

决策是指为达到一定目标，采用一定的科学方法与手段，从两种以上的可行方案中选择一个合理方案的分析判断过程。关于人的职业选择和生涯发展的决策被称为职业决策、生涯决策或职业生涯决策。

职业生涯决策是综合了个人对自我的认识及对环境、职业等外在因素的判断，面临生涯抉择情境时所做的各种反应，其构成要素包括决策者个人目标、可供选择的方案与结果及对各个结果的评估，即目标、选择、结果、评价四要素。职业决策的整个过程与结果，要受到社会结构、文化等社会因素及个人价值观与其他内在因素的影响。

具体来说，职业生涯决策包括以下内容：选择何种专业与行业；选择行业中的哪一种职业；选择怎样的策略，来获得某一特定的工作；从数个工作机会中选择其一；选择工作地点；选择工作的取向，即个人的工作作风；选择生涯目标或系列的升迁目标。

【阅读资料】

国内外名人谈决策

现代管理学之父彼得·德鲁克曾说，21世纪是一个选择的世纪，最大的进步是人类将拥有选择的权利。在今天的信息社会里，人人都能获取信息、学习知识、靠脑力上进，人人都有机会，那么人的成功更要看各人积极的争取和智慧的选择。

李开复面对大学生提出的生涯困境，说：“我能帮你做的不是选择，因为你自身的问题只有自己最清楚，自己的未来也只有自己最在意。我能做的只是传授给你选择的智慧，帮你聆听自己心底最真实的声音，帮助你做出智慧的选择。”

(二)职业生涯决策类型

1. 宿命型

相信命运的控制力，通常会跟随社会的发展，让外部环境决定自己的职业发展，一切顺其自然。做出这种决策的人其职业认同与自尊的水平较低，或者不太愿意去掌握足够的职业信息，倾向于外控。

2. 直觉型

相信自己的直觉，跟着感觉走，依据内心深处的想法对职业问题进行决策。

3. 挣扎型

在面临众多选择时，犹豫不决，既想实现远大的理想，又不敢面对现实的无奈。这种决策类型的人在进行职业决策时通常需要较长的时间。

4. 麻木型

不愿为自己的职业发展动脑筋，处于一种无意识的麻木状态，对外部信息敏感度差，做一天和尚撞一天钟，不追求进步与自我提升。

5. 冲动型

一旦有一个模糊的想法，就开始付诸实践。对未来进行思考和分析的时候，缺少策划和准备，匆忙做出选择。

6. 拖延型

不愿对自己做出承诺，认为事情不用谋划也能自然而然地解决，所谓船到桥头自然直，车到山前必有路。

7. 顺从型

依附于组织或其他人，盲目听从他人意见，根据别人的想法和思路来指挥自己的选择方向和行动。

8. 控制型

综合考虑和分析内外部各方面的因素，果断自信地决定自己的职业定位与职业方向，敢于自我承诺，有计划、有策略、有控制地发展自己的职业生涯，做出合理的决策。

9. 紊乱型

随着职业发展和规划的实施，不断地变化和调整自己的目标和计划，一会儿东一会儿西，不知道自己到底要做什么，要往哪里去。

【阅读资料】

大学生职业决策困难的常见表现

近年来中国大学生的就业形势日益严峻，原因来自多方面，如社会、学校、家庭及毕业生自身的原因等。如果针对大学生自身的原因来进行探讨，则现今的大学生大多缺乏对职业和自我的合理认识和定位，对于职业决策和职业选择能力不足，缺乏信息搜集渠道，面对各种就业机会感到迷茫。因此，在进行职业选择时，很多学生表现出犹豫、不知所措，无法做出明确的职业决策，由此而引起一系列的反应，如焦虑、挫折感，甚至不敢正视现实和面对未来。这些都是职业决策困难的典型表现。

(三)职业生涯决策方法

1. 信息加工法

皮特森及其同事将信息加工理论应用到职业决策中，并提出了4种假设。他们用信息加工金字塔来说明个体可以通过信息加工过程来完成职业决策。个体的信息加工包括3个成分：知识领域、决策技巧领域和执行加工领域，它们的关系如图4-1所示。

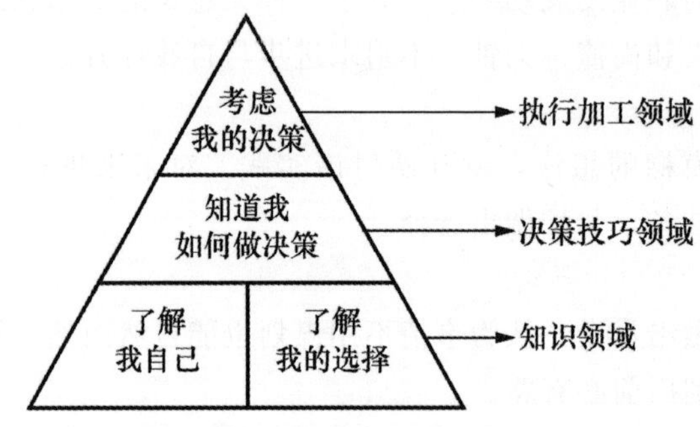

图4-1 职业决策金字塔结构图

从金字塔结构可以看出职业决策的整个过程。

从顶端——执行加工领域开始，通过自我谈话、自我觉察和监控整个职业决策过程3种方式，个体能够控制自己的决策方式。其中，职业决策过程包括交流问题、分析信息或数据、综合数据、产生选项、利用优先考虑选项来评价信息，通过采取各种行动来执行计划。在决策技巧领域中使用的信息是自我知识和职业知识。

具体到决策技巧领域，皮特森等人提出了 5 个职业决策技巧：交流(Communication)、分析(Analysis)、综合(Synthesis)、评价(Valuing)和执行(Execution)，简称 CASVE。这 5 个技巧有助于个体做出更好的职业决策，在决策过程中能被循环使用。

皮特森等人强调，个体要想做出更好的决策就必须知道决策中的每一阶段所涉及的内容是什么。在交流阶段，个体要知道我需要做决策，而且需要做出一个好决策；在分析阶段，个体要了解自己和自己的职业选择对象；综合阶段的任务，是扩大或缩小所选职业的范围；到评价阶段，个体就要选出某个职业或专业，最后执行自己的选择。

2. PIC 法

加蒂等人认为，职业决策过程的本质是找到与个体的偏好和能力最兼容的可选职业。在大多数情况下，广泛尝试所有的可选职业是不实用的。PIC 法认为职业决策可通过 3 个阶段实现。

第一，预先筛选可选职业(Prescreening the Potential Alternatives)。这一阶段的目标是把选择数量减小，产生一组可以管理的有希望的职业。个体需要收集、加工每个职业的丰富信息，以减小放弃可能适合的职业的可能性。那些被认为没有希望的职业，在以后的决策中将被忽略。这一阶段可以通过 5 个步骤来实施：搜索有希望的职业；按重要性排序；确定最重要方面的可接受水平的范围；将可选职业的特征水平与个体可接受水平的范围进行对比；敏感性分析。

第二，深度探索有希望的可选职业(In-Depth Exploration of the Promising Alternatives)。该阶段目标是确定一些既有希望、又适合个体的职业，从而获得一个适合个体的职业列表。这一阶段需要对职业内外方面进行评估，如考虑“可选的职业适合我吗?”“我胜任该职业吗?”等问题。考虑可选职业的适合性将进一步减少可选职业的数量。

第三，选择最适合的职业(Choosing the Most Suitable Alternative)。经过深度探索阶段，可能产生两种结果：个体获得一个确定的适合职业，或者获得两个以上的可选的合适的职业。前者很简单，不需要个体再进一步选择；后者则要求个体将这些职业进行对比和权衡它们的利弊，选出一个最适合的职业。但考虑到实际情况，也可以保留一个额外的适合职业，以应对各种变动。但如果个体对自己的选择不满意或不自信，那么就需要再思考整个决策过程，直到选出最适合的职业。

(四)职业生涯决策工具

1. SWOT 决策分析

SWOT 分析是职业决策非常有用的工具。S 代表 Strength(优势),W 代表 Weakness(弱势),O 代表 Opportunity(机会),T 代表 Threat(威胁)。其中,S、W 是内部因素,O、T 是外部因素。通过 SWOT 分析,个体可以清楚地知道自己的优点和弱点在哪里,并能评估出自己所感兴趣的不同职业道路的机会和威胁所在。

一般来说,在进行 SWOT 分析时,应遵循以下 4 个步骤:

第一,评估自己的长处和短处。通过 SWOT 分析,可以帮助我们找出自己的所长、找到自己最具竞争力的方面,从而去发现那些能够发挥特长和潜力、最能胜任的职业领域。这种顺势而为的优势发挥,可以让人在职业发展中更加事半功倍。

第二,审视自己的短处。每个人都有自己的弱势,而且现在社会分工非常细,每个人都只能在某一领域有所擅长。个人在兴趣、性格、价值观上具有一定的倾向性,因此不可能愿意和适合从事所有职业。例如,有些人天生有艺术细胞,可以从事艺术设计工作;而有些人则缺乏美感和想象力,但却能把事务性的工作做得很高效。找到自己的短板,放弃那些自己不擅长的职业。

第三,找出你的职业机会。不同的行业都面临不同的外部机会和威胁,这些机会和威胁会影响到你的第一份工作和今后的职业发展。对职业机会的分析,包括社会环境分析、职业环境分析、人际关系分析等。如果个人能很好地利用外部机会,将有助于职业发展,比如充满了积极外界因素的行业将为个人提供相对广阔的职业前景。

第四,分析你的职业威胁。在职业环境中,除了机会,我们同样面临着挑战威胁。这其中大部分是我们所不能控制的因素,我们只能努力去弱化它的影响。为此,我们常常需要进行自身的一些积累,采用一些发展策略,提高自己适应社会职业的能力,才能把挑战转化为内在动力,避免甚至消除不利影响。

2. 生涯决策平衡单

生涯决策平衡单是心理学中常用的决策工具,经常被应用于问题解决模式和职业咨询中。当面临两难的抉择时,人们往往无法理性地作出决定。决策平衡单可以帮助我们把决策问题简化,将重大问题的思考方向集中到 4 个方面:自我物质方面的得失、他人物质方面的得失、自我赞许与否(自我精神方面的得失)、社会赞许与否(他人精神方面的得失)。

决策平衡单的基本思路是协助个体有系统地分析每一个可能的选项,判断分别执行各选项的利弊得失，然后依据其在利弊得失上的加权计分排定各个选项的优先顺序，以执行最优先或偏好的选项。其实施的步骤如下：

第一，使用平衡单。建立生涯决策平衡单，为了使决策者将所有可能的想法都具体呈现出来，在平衡单中列下个人所考虑的2～3个潜在职业。

第二，判断各维度的利弊得失。从上面提及的4个考察维度列出你选择职业生涯考虑的因素，分别对4个方面的正面预期和负面预期进行分析，考虑每个因素的得失程度。

第三，对每个考虑因素设置权重。上面各项考虑对每个人的意义不全然等值。为了体现出各项目不同程度的重要性，考虑每个选择中这些因素的得失程度，需对每个项目进行加权计分，每个考虑因素可按照自己的情况设置权重。加权的分数可以采用五点量表，最重要的赋予5分，最不重要的赋予1分，分别给出数值，然后计分。依分数累计，得出每一职业选择的总分。

第四，排定各种选择的等级。为了能综合地对平衡单的各种选择方案做最后的评估，可以再审查一下平衡单上的项目。同样的，也可以对平衡单上的加权计分再做适当修改，改完之后进行最后加权计分。将这些选择以分数高低排列，其职业选项的优先次序即可作为个人职业生涯决策的依据。

【阅读资料】

孟飞的职业生涯决策

孟飞是国际贸易专业的大四毕业生，临近毕业，他对自己未来的职业选择和发展举棋不定。如果考研，会读金融行业，本地就有很好的大学，但这个专业的考研竞争相当激烈；如果直接选择求职，去银行或投资公司的机会对本科生来说又会相当少，即使有机会，也需要经历残酷的竞争，而且本科毕业生进入公司也不能参与一些核心工作，对自己的职业发展不利。为此，孟飞决定利用生涯决策平衡单，帮助自己做出抉择，如表4-2所示。

表4-2　孟飞的生涯决策平衡单

考虑因素		毕业求职			升学		
		得失	权重	小计	得失	权重	小计
个人物质方面得失	就业前景	1	×2	2	2	×2	4
	薪酬	4	×4	16	−2	×4	−8
	对健康的影响	−2	×4	−8	2	×4	8
	未来展望	2	×4	8	3	×4	12

续表

考虑因素		毕业求职			升学		
		得失	权重	小计	得失	权重	小计
个人精神方面得失	兴趣发挥	2	×5	10	4	×5	20
	工作对象	−2	×2	−4	3	×2	6
	价值观	0	×5	0	0	×5	0
家人物质方面得失	家庭收入	3	×4	12	−2	×4	−8
	与家人相处的时间	−2	×4	−8	3	×4	12
	与朋友相处的时间	−3	×2	−6	2	×2	4
家人精神方面得失	家人支持	−2	×2	−4	4	×2	8
	家人的荣誉感	1	×3	3	2	×3	6
合计		21			64		

从决策平衡单可以看出，孟飞对自己兴趣的发挥、未来展望等方面非常注重，因此可以在此分析的基础上做出选择。

二、职业生涯规划实施与评估

在生涯决策完成后，行动实施就成了职业生涯规划最为关键的环节。没有达成目标的实施过程，目标就难以实现；如果得不到很好的实施，再好的规划也注定要失败。大学生应该将生涯规划的重点放在实施上，而不是制定规划本身。

(一)职业生涯规划的实施

1. 实施的内容

从广义上说，职业生涯规划的实施包括了生涯规划的完整流程，从自我认知、环境分析、目标确定、生涯决策到行动实施、评估反馈等。本节探讨的是狭义的规划实施，即在职业决策完成后的行动方案实施。也就是说，生涯规划实施是指落实目标的具体措施，主要包括每日、每周、每月、每学期、每学年具体实施生涯规划方案的有效行动步骤。例如，制定并坚持一日和一周生活制度，参加各种有利于生涯规划方案实现的活动、社会实践和实习、实训等；为达成目标，在学习方面，计划采取什么措施，提高学习效率；在个人素质方面，计划学习哪些知识，掌握哪些技能，提高综合素质和职业能力；在潜能开发方面，采取什么措施开发潜能等，都要有具体的计划与明确的措施。这些计划应具体，便于定时和不定期检查。

【阅读资料】

海尔集团首席执行官张瑞敏，在一次中层干部会议上提出这样一个问题："石头怎样才能在水上飘起来?"反馈回来的答案五花八门，有的说"把石头掏空"，张先生摇摇头；有人说"把石头放在木板上"，张先生说"没有木板"；还有人说"石头是假的"，张先生强调"石头是真的"。终于有人站起来回答"速度!"张先生脸上露出了满意的笑容："正确！《孙子兵法》云：'激水之疾，至于漂石者，势也。'速度决定了石头能否飘起来。"

人生也是如此，没有人为你等待，没有机会为你停留，只有与时间赛跑，才有可能会赢。早起的鸟儿有虫吃，赶在别人的前头，不要停下来，这就是竞争者的状态，也是胜利者的状态。如果成功也有捷径的话，那就是飞，随时准备飞。

【阅读资料】

大学生的职业规划实施策略

以大学4年为例，各年级大学生的职业规划实施策略有以下几个步骤。

一、大学一年级：探索期

阶段目标：适应大学生活，树立规划意识。

实施策略：

了解就业形势，树立新的奋斗目标。如果说之前的努力是为了考上大学，那么现在的任务就是为了以后的就业和职业发展。

完成从中学生到大学生的角色转变，尽快适应大学生活。虚心请教师兄师姐，积极参加集体活动，建立新的人际关系圈。熟读学生手册，关注辅修专业和第二学位的申请条件，保证一定的学习成绩。

开始自我和职业的探索，树立职业规划意识。通过职业测评等工具全面客观地探索自己，思考有哪些职业与自己所读的课程、专业相吻合，通过互联网、报刊和访谈等渠道进一步了解这些职业。

二、大学二年级：定向期

阶段目标：确定主攻方向，培养综合素质。

实施策略：

虚心请教师长和校友，根据自己的发展意愿选定专业或主攻方向，有必要和条件的话，可同时辅修其他课程和专业。

建立合理的知识结构，注重专业能力的培养，参加英语、计算机等工具性等级证书的考试。

积极参加学生会或社团工作，培养自己的组织协调能力和团队合作精神，提升自己的综合素质。

尝试兼职、实习等，积累一定的职业经验。

三、大学三年级：提升期

阶段目标：提升职业技能，积累职业经验。

实施策略：

加强专业知识学习的同时，考取与职业目标相关的职业资格证书。

增强兼职、实习的职业针对性，积累对应聘有利的职业实践经验。

扩大校内外交际圈，加强与校友、职场人士的交往，提前参加校园招聘会，与用人单位招聘人员进行沟通。

学习求职技巧，学会制作简历、求职信，了解面试技巧和职场礼仪。

如果决定考研，要做好复习准备；如果希望出国，要注意留学资讯和动向，准备 TOEFL、GRE 考试。

在大三后期要查漏补缺，检查当下与毕业后目标的差距，及时采取纠偏措施，为大四目标的顺利完成打下坚实的基础。

四、大学四年级：冲刺期

阶段目标：充分掌握资讯，实现毕业目标。

实施策略：

留意学校就业中心通知和其他重要的招聘渠道，不要遗漏关键的招聘信息。

登录招聘单位网站或通过咨询、访谈等方式，了解招聘单位的相关信息，为面试做好准备。

选择实用性高的毕业设计题目，借机证明自己的应用研究能力。

学会就业心理调节，始终保持自信和主动。

了解劳动法规和政策，学会保障自己的劳动权益。

2. 实施计划的 PDCA 循环

计划就是在我们现在所处的地方和我们想要去的地方之间铺路搭桥，由此可见，生涯规划实施阶段最主要的内容就是制订好计划并执行好计划。

一般来说，一个详细的行动计划总要包含以下要素：计划主题、计划内容、状态、执行人和完成时间。而在实施每一个详细计划的过程中，都需要遵循 PDCA 循环这一原则。

PDCA 循环是能使任何一项活动有效进行的一种合乎逻辑的工作程序，特别是在质量管理中得到了广泛的应用。

P(Plan)——计划。包括方针和目标的确定以及活动计划的制定。

D(Do)——执行。执行就是具体运作，实现计划中的内容。

C(Check)——检查。检查就是要总结执行计划的结果，分清哪些对的，哪些错的，明确效果，找出问题。

A(Act)——行动(或处理)。对总结检查的结果进行处理，成功的经验加以肯定，并予以标准化，便于以后工作时遵循；对于失败的教训也要总结，避免再犯。对于没有解决的问题，应提给下一个PDCA循环中去解决。

(二)职业生涯规划的评估与反馈

职业生涯发展受到多种因素的影响，随着时间的推移，这些内外因素可能会发生一定的变化，有些因素甚至难以预料。这就需要对生涯规划的整个过程进行必要的评估与调整，以保证规划的可行性和有效性。评估与反馈的过程是个人对自己、对环境不断重新认识的过程，是使职业生涯更加有效的手段，是完整生涯规划的组成部分。对职业生涯设计的评估与反馈主要包括职业的重新选择、职业生涯路线的重新选择、人生目标的修正、实施措施与计划的变更等。

1. 职业生涯规划评估

(1)评估的内容

职业生涯规划的评估对象包括规划目标、路径、策略等方面。

目标评估。如果在职业生涯规划实施过程中，发现自己错误地判断了个人兴趣、个人能力等，那么，朝着原定目标努力的过程会非常压抑痛苦。那么，这个时候就需要反思和评估当初的职业目标制定得是否合理，是否需要重新选择职业。

路径评估。当出现更适合自身发展和职业生涯发展的机会或选择，而原定发展方向缺少发展前景，或原定的发展方向超出了自己能力范围的时候，都可以考虑调整发展方向。

策略评估。如果在向目标努力的过程中，没有收到实际的成效，则可考虑改变行动策略。

其他评估。当个人遇到身体状况、家庭、经济状况或其他意外情况时，可以考虑暂时调整一下自己在职业生涯上的规划，以达到职业、生活与家庭的平衡。

(2)评估的方法

评估时，可以根据个人的实际情况采用适当的方法。例如反思法，即通过回顾自己的职业生涯规划实践过程，反思在各个规划环节是否科学、合理、符合自己的情况，计划实施效果如何，还存在哪些问题等；也可以将把自己的职业生涯规划告诉亲朋好友，邀请他们从旁观者角度审视自己的规划方案及实施的效果。虚心、主动征求别人对自己计划的看法，往往会获益匪浅；另外，在职业生涯规划时还应多比、多思、多学，吸取别人科学的方法，对别人职业生涯规划的分析观察，往往有助于自己对职业生涯规划进行适当修改。

2. 反馈与修订计划

在职业生涯规划过程中，最后一个步骤是信息反馈。由于原定的职业生涯目标总会受到不确定因素的影响而与实际产生偏差。因此，反馈调整，对规划进行再认识、再发现是非常必要的。生涯规划的实施反馈要求我们时时注意内外环境的变化，不断地审视自我，不断地调整自我，不断地修正策略和目标，以确保个人职业生涯规划的有效性。

(1)反馈与修订的内容

获得反馈信息后，常常要根据评估的结果进行目标和策略方案的修订。修订的内容包括职业的重新选择、职业生涯路线的选择、阶段目标的修正、实施措施与行动计划的变更等。在这期间要做到谨慎判断，果断行动。谨慎判断就是无论变化多大，都要在理清来龙去脉后再作判断；果断行动就是要在判断后立即采取行动，重新修订自己的生涯设计，从而保证职业生涯的健康顺利发展，最终实现人生的职业理想。

(2)反馈与修订的意义

通过反馈评估和修正，可以达到以下目的：对自己的强项充满自信；对自己的发展机会有一个清楚的了解；找出关键的有待改进之处；为这些有待改进之处制定详细的行为改变计划；以合适的方式答复那些给予反馈的人，并表示感谢；实施你的行动计划，确保你能取得显著的进步和成就。

(三)职业生涯规划的实施与评估策略

第一，找一位职业导师，职业生涯规划是一个复杂的过程，我们需要付出自己的全力，但如果能够得到一位前辈的职业指导，将会帮助我们更加清楚自己的目标方向，更能掌握发展的策略，会大大加速达成目标的进程。

第二，把目标和行动计划放在容易看到的地方，不断提醒自己要坚持不懈。有不少人在制定了规划以后就将其束之高阁，这是导致职业生涯规划失败的最大原因。为了保证规划的有效实施，一般来说，至少要每3个月甚至更短周期检查一次自己的行动进度。同时，还需经常审视职业目标和行动计划，必要时做出调整。

第三，针对自己需要提高的方面，从课堂培训、自学、辅导、实践、实习等多种方法中找到最佳方式，行之有效地缩小与目标的差距。

第四，职业生涯规划不是制定之后就一劳永逸了，需要不断检查、微调，必要时还可能做大手术。为此，我们必须时常审视自己处在何种位置、何种职业环境，尤其是市场需求有哪些变动，以 3～6 个月的周期给自己的规划做一个反馈。

第三节　大学生职业生涯规划的制定

大学阶段，很大程度上决定了青年个体未来将向何方向发展。大学生采用何种方式应对未来变化，能不能最大限度地掌控未来的变化曲线，实际上取决于对自己未来职业进行怎样的规划及按照规划如何来充实自己的大学生涯。对于绝大多数大学生来说，进入大学后才开始萌发真正的职业意识，处在生涯探索的阶段，这个时候对个人的发展并不十分明确，而通过职业生涯规划，将能很好地引导大学生规划未来的人生发展方向，并督促大学生提前准备，准确定位，提高就业竞争力。

一、大学生职业生涯规划概述

(一)大学生职业生涯规划的实质

大学生职业生涯规划是指大学生在进行自我分析、全面认知个人特性与外在环境的基础上，进行自我定位，确定自己的职业生涯发展目标，选择实现既定目标的职业，以此目标制订相应的教育、培训、工作开发计划，并按照一定的时间安排，采取各种积极的行动去达成职业生涯目标的过程。其中，客观地认识自己和环境是前提；确定个人的职业发展目标是首要任务。大学生的职业生涯规划是一个连续、系统、动态的过程，包括目标的确定、自我评估和环境分析、选择生涯发展路径、制订行动计划以及反馈调整等步骤，这是一个循序渐进的过程。另外，大学生的职业生涯规划最直接的目的就是要实现最初的职业目标，顺利地完成初次就业。

由此可见，大学生的职业生涯规划其实质是进行科学的分析、评估、决策和实施的过程，其主要内容包括以下几个方面：

1. 理解职业生涯规划的内涵

当前，中国大学生普遍缺乏职业生涯规划意识，调查显示，有 51％的在校大学生对自己的职业发展只有模糊的想法和愿望，还有 17％的大学生不知道自己能选择什么样的职业，仅有 16％的大学生对自己有一个 3～5 年的职业规划。很多大学生甚至认为大学阶段进行职业生涯规划为时过早，职业意识淡薄，这将对个人的发展与毕业时的顺利求职就业非常不利。

【阅读资料】

缺乏职业生涯规划的求职者

每年的人才招聘会上，有的人可以找到适合自己的理想工作；有的人则屡试屡败，没有一个公司或机构录取他；有的人对于市场上的工作都不太满意，感到不符合自己的理想，不知要找哪一个。我们可以对求职者进行以下分类：

第一类，找到很满意、合适的工作。

第二类，胡乱找了一个工作充数，但并不是很适合或满意。

第三类，勉强找到不太满意、合适的工作，觉得“大材小用”或“学非所用”。

第四类，找不到工作，包括不想工作，或没有理想的工作而不就业以及没被任何一家机构录取的。

后三类人群的求职行为和结果，均暴露出其职业生涯规划的缺失。

2. 了解个人的职业特质

合理的职业规划需要建立在全面、客观地分析自我职业特质的基础上，包括了解个人的职业兴趣、职业人格、思维方式、能力潜力及社会环境中的自我等方面。一般来说，大学生至少要思考5个问题，即我想做什么？我适合做什么？我能做什么？我应该做什么？我拥有什么？通过对个人身心特点的分析，了解自己的优劣势，从而得出自己所能胜任、所能适应职业的判断。

3. 评估生涯机会

制定生涯规划的一项重要内容是对外界环境条件、发展变化趋势、自己与环境的关系，尤其是环境对人的要求等方面的分析和判断，从而明确内外环境因素对自己生涯发展的影响，综合评估出个人所拥有的生涯发展机会，为确定方向做好信息资讯上的准备。在这点上，大学生需要充分发挥信息收集、整理、分析和判断的能力。

4. 设定生涯目标和发展路径

设定生涯发展目标和路径是大学生职业生涯规划的核心，在对个人进行全面分析和对环境有了深入了解后，需结合职业理想确定生涯发展目标和路径。只有确定了目标和路径才可以激发高水平的努力，进一步形成实现目标的策略，并给个人提供积极的反馈。大学生需要制定阶段性的学期目标或实践目标，并以此有序地提升能力。

5. 制订并实践学期行动计划

大学生职业生涯规划，常常以学期为单位，制订达成目标的计划，并予以实施，包括教育、培训、实习、实践方面的措施。大学生可根据自己的实际情况和社会市场趋势，将目标细化，比如某阶段如何提高成绩、如何提升综合能力、如何改进不良习惯等。

6. 评估与修订

大学生职业生涯规划是个持续的过程，贯穿于大学 4 年生涯。连续的规划需要阶段性的评估，有意识地回顾自己的行动，检验目标，并在实施过程中总结经验教训。评估的对象是生涯规划的各项内容与策略，而修订常常包括职业目标的重新确定、生涯路径的选择、实施措施与计划的变更等。

(二)大学生职业生涯规划的特殊性

处在生涯发展不同阶段的人，自身素质能力的积累程度不同，所面对的职业发展环境也不同。大学生处在职业发展的积累和起步阶段，因此，与那些已经踏入职场的人的职业生涯规划相比，有一定的差异性，所以大学生在职业生涯规划时的内容与侧重点也有所不同。

1. 规划的目标明确

在职者的职业发展规划的目标一般是为了获取更好的职业定位或取得更好的职业成就。在规划目标的阶段划分上并不怎么严格和明确，而是视个人的目标与现实的差异而定。

大学生的职业生涯规划其最基本和最现实的目标是成功地初次就业，找到一份与自己的兴趣、爱好、能力等相匹配的职业岗位。大学阶段的职业生涯规划的总体目标和阶段性目标可以非常的明确。例如，一年级应该达到什么要求，二年级应该完成什么计划，毕业时要实现什么目标等。

2. 多为中期规划

一般来说，在职者的生涯规划可以根据自身状况、客观环境与目标的实际情况，制定期限可长可短的职业生涯规划。

大学阶段是个相对完整和固定的时间阶段，其时间维度的划分就是大学的学制，为 3～5 年，这样的时间段正好是典型的中期规划。尽管大学生的职业生涯规划也可以有长期规划或人生规划的做法，但并不具有代表性。

3. 实施策略与学校环境相关

一般的职业生涯规划，其实施策略主要是根据职业发展目标制订一定职业范围内的学习培训、专业技能提高、职场人际关系沟通等行动计划。

大学生处于职业的准备阶段，其职业生涯规划的实施策略主要是了解和探索职业，完成与未来可能从事职业相关的学习、培训任务，提高职业生活的基本能力和素质，行动计划必须与大学生本身的学习任务和校园活动密切联系。

【阅读资料】

国外大学生职业生涯规划的4个步骤

国外有很多职业指导机构，有的父母在孩子很小的时候就给孩子做性格测试，看他适合从事什么职业。国外学生的职业生涯教育从小学便开始了，特别是进入大学之后，教育形式更是多样化。例如，职业日、职业兴趣测试、社会实习等，学校非常注重学生对社会工作经验的积累，每隔一段时间都会邀请社会上各种职业的人士到学校介绍各自的工作；学校还定期组织一系列的模拟实践活动，年满14岁的学生则可以利用业余时间到校外打工，积累宝贵的工作经验。

国外大学生职业生涯规划一般包括以下4个时期：

大学一年级：收集信息。

学业方面：和辅导员计划学习课程；参与小组项目或研究。

择业方面：在就业中心注册，了解就业中心资源，与职业咨询师接触；通过测试和问卷，了解感兴趣的专业领域和职业选择；向高年级学生或系里了解不同的专业和相关的职业；学习写简历，寻找暑期实习。

社会活动方面：参加协会或俱乐部活动；休闲时间和朋友在一起。

大学二年级：探索职业选择。

学业方面：选择专业前了解各专业的信息；积极地去认识一些老师、教授；取得一个好的学业成绩；加强计算机使用能力。

择业方面：与职业咨询师交流，评估和确定职业目标；更新简历；发展专业技能，做与职业目标相关的实习或研究项目；参加暑期实习工作。

社会活动方面：参加或组织协会或俱乐部；参加学校运动队；认识来自其他国家的学生。

大学三年级：获取经验。

学业方面：选择学习其他专业或双学位，拓展职业选择；参加行业的讨论会；成为行业的学生会员；加强计算机使用能力。

择业方面：和职业咨询师见面，确定兴趣、目标和价值观；准备考研或工作，留意考研信息和讲座；准备校园招聘；参加实习就业招聘会；留意就业中心的实习、工作机会。

社会活动方面：参加协会或俱乐部活动；业余休闲多和朋友在一起。

大学四年级：做出决定。

学业方面：积极地去认识一些老师、教授，最后选择专业，申请研究生；取得一个好的学业成绩；加强计算机使用能力。

择业方面：分析总结4年来获得的经历，确认强项和技能及与职业相关的价值观；更新简历，参加就业技巧和面试技巧的培训；实际练习应聘技巧，并进行模拟录像面试；与亲朋好友和老师建立关系，抓住就业机会；参加校园招聘，同时留意校外招聘信息。

社会活动方面：评估社会关系对自己求职的帮助；意识到即将与亲朋好友关系的改变；对经济开支有一个预算。

（三）大学生职业生涯规划的意义

尽管近年来国家和学校纷纷出台相关的政策措施加强职业发展的指导教育，强化大学生的职业生涯规划意识，但不少大学生对生涯规划的重要意义仍然认识不足，对职业生涯规划本身表现平淡，将规划流于形式，导致了职业生涯规划应有的作用不能充分发挥。实际上，大学生的职业生涯规划活动，无论是对个人还是对社会都具有十分重要的意义。

1. 有利于大学生建立科学的择业观

由于个人自身条件和职业要求的限制，大学生不可能具有从事一切职业的能力与兴趣；而且各种职业由于有各自不同的劳动对象、手段和工作环境，对从业者的能力也有相应的特定要求。大学生在求职择业时的盲目自信或自卑都没有实际的意义，只有依照自己的职业期望和兴趣，凭借自身能力挑选职业，使自身能力素质与职业需求特征相符合，实现科学的就业，才能在职业中充分发挥个人的价值。

科学择业所倡导的是建立在知己知彼基础上的“人职匹配”，正是系统的职业生涯规划的依据和原则之一。因此，科学的职业生涯规划，将有助于大学生避免错误的求职心态和求职行为，培养和建立科学的择业观。

2. 提高就业市场配置的成功率

在双向选择、自主择业的背景下，高校毕业生很看重各种形式的人才交流会，这也是他们走向社会、选择职业的主要渠道之一。根据国内各大城市大型人才交流会的统计，多数学生参加人才交流会都有一种“赶集”的感觉，没目标、没准备，全凭碰运气，结果造成了有意向的没信心，有信心的准备不足，据统计，人才交流会对接成功率仅有30%。

造成这种现象的原因之一就是大学生职业生涯规划的缺失，即大学生的职业目标相对模糊，对自我缺乏了解，对市场需求信息缺乏认知。职业生涯规划可以使个人的求职就业更加有针对性、科学性、可行性，从而可提高就业市场配置的成功率。

3. 有利于降低离职率

最近的一项高校毕业生的跳槽调查显示，2009 届高校毕业生半年内的离职率："211"院校为 22%，非"211 工程"本科院校为 33%，高职高专院校为 45%。"离职类型"分为主动离职、被雇主解职、两者均有(离职两次以上可能出现)、三类情形。其中，主动离职的占到了 88%，而离职的原因很大一部分是因为大学生缺乏对企业以及从事职位的深入了解，稀里糊涂、随大流地就业，等到工作一段时间后才发现，人职不能匹配，或企业远不是自己想象的那般，造成巨大的落差。

经过系统职业生涯规划的大学生一般都有明确的职业定向，对第一次择业往往都很慎重，在真正双选的基础上找到一个相对适合自己的职业，从而减少因人职不匹配而导致的离职。

4. 有利于降低就业压力

由于缺乏职业生涯规划的指导，缺乏长远打算，不少大学生年轻时只是随波逐流地换工作，能找着什么工作就干什么，到了 30 多岁还没有职业定位。这种缺少规划地更换工作，一方面难以在一个合适的领域内积累必要的职业经验，而这正是企业所需要的；另一方面频繁跳槽，会影响自己职业的稳定发展。一个不具备应有的职业技能和经验的求职者，或者频繁跳槽的求职者，都难以得到用人单位的青睐。大学生中个体的这种行为最终会演变成整个社会对大学生求职者的谨慎选择，导致另一种就业压力，从而使得大学生承受就业压力的时间变得更长。

哈佛大学曾就目标对人的影响做了一个跟踪调查，结果显示，在调查对象中 3%的人有清晰而明确的中长期目标，25 年后他们几乎都成为社会各界的顶尖成功人士；10%的人有清晰的短期目标，25 年后他们中部分人大都生活在社会的中上层，成为各行各业不可或缺的专业人士；60%的人目标模糊，25 年后他们能安稳地生活与工作，但都没有什么特别的成绩；27%的人没有目标，25 年后他们生活在社会的最底层，生活不如意，常常失业，抱怨他人。这个调查给了我们一些启发：坚定的目标将成为追求成功的驱动力，个人成功与否很大程度上取决于他是否有明确的职业人生目标。因而，我们应把职业生涯目标的制定作为职业生涯设计的核心。

二、职业生涯规划书的格式与内容

每个人的职业生命都是非常有限的，如果不进行有效的规划，势必不能在社会中占有一席之地。漫无目的地在职业社会中游荡，贻误时机不说，更是对年华的无视和浪费。尝试为自己拟定一份职业生涯规划书，对自己的人生进行设计，才能将未来生活掌握在自己手中。

(一)制定职业生涯规划书的意义

制定职业生涯规划书的过程也就是个人对自身特质和外部环境进行分析，确定自己的职业发展目标及策略，并制定相应的行动计划的过程。规划的思路、依据、内容和结果形成文字性的方案，即构成了职业生涯规划书。职业生涯规划书是实现个人职业梦想的蓝图，它帮助个人理清规划思路，提供操作指引，有着非常重要的意义：

第一，帮助我们树立明确的职业发展目标，提醒我们运用科学的方法，采取切实可行的措施。

第二，通过自我分析，可以促使我们更加注重发挥个人的专长，不断开发自我潜能。

第三，可以让我们评估并明了现有资源，了解现状与目标的差距。

第四，通过生涯发展策略的制定，有效克服职业生涯的发展阻碍。

第五，职业目标达成的过程，也是个人职业竞争力塑造、不断提升素质的过程。

(二)大学生职业生涯规划书的基本格式

1. 表格式

表格式的生涯规划书的内容相对简洁，一般来说，仅包括职业目标的说明、各阶段的规划任务与发展策略。这种格式的规划书更适合用于阶段任务的提示。示例见表 4-3。

表 4-3　表格式职业生涯规划书

职业目标	根据我的自身特点和我的兴趣点，我认为与计算机和网络相关的数据库管理、网络管理、平面设计等职业比较适合我，是我今后的职业发展方向
发展策略	职业发展路线：一线操作员—技术维修技术员—(技工—高级技工)—工程师—高级工程师—(副总工程师—公司总工程师)
短期规划	目标：顺利通过各门功课考核，拿到大专毕业证；取得相关证书。 大二上学期通过英语三级考试；大二下学期通过计算机二级考试；大三期间参加无线电调试工(高级)、通信终端维修工等专业考试并力争顺利通过。扎实学习专业技能，同时，充分利用校内图书馆、校外购书城及网络信息，开拓视野，扩展知识范围，争取参加一些大学生计算机技能

续表

短期规划	比赛；制定合理的时间表，参加自学或函授、夜大或脱产等进修，有效利用大学3年的时间，打造自己的就业竞争力，力争毕业时能够选择到适合自身发展的工作岗位
中期规划	目标：以取得高级技工和工程师资格证书为总目标。 提升自身学历层次，从专科走向本科；提高专业技能，达到技工、高级技工和工程师技术水平；在这一时期，与同事友好相处，通力合作，共同为企业创造财富；以主人翁的态度积极为企业发展出谋划策，以不断提升业务素质和能力为第一诉求，为今后的职业发展奠定坚实的基础；坚持参加体育锻炼，塑造健康体魄
长期规划	目标：使自己成为本单位、本岗位上业务精湛，精于管理的复合型人才和中高级管理干部。 在原基础上进一步提升自身学历层次，达到本科和研究生水平；熟练掌握本专业领域内的技术技能，使自己逐步成为单位的技术骨干，达到高级工程师技术水平；运用自己的技术管理经验，参与并做好生产技术管理工作，逐步向技术精、懂管理的中高级技术管理干部方向发展

2. 条列式

这种格式的规划书具有职业生涯规划的主要内容，但语言表述简单，缺乏详细的材料分析和评估，规划过程的逻辑性不强。示例如下：

我是一名艺术设计专业的大学生，为了实现职业理想，特做出以下生涯规划安排：

(1)自身现状及希望达到的

英语水平合格，能流利沟通；设计专业扎实，略通经贸知识；具有较强的人际沟通能力；思维敏捷，表达较流畅；在大学期间长期担任学生干部，有较强的组织协调能力；有很强的学习能力。很有热情为自己的将来奋斗。

(2)自我评估

我的性格是比较诚实、正直的，相对谦虚但不乏张狂，做事情时认真勤奋、责任心强，并具有一定的创新意识。对待自己比较朴素，对待朋友比较大方，自己做事情虽然认真但还是有马虎的现象。

在一般能力上，我的注意力比较集中，善于观察，记忆力较强，思维比较开阔，想象力丰富。在特殊能力，也就是我的特长上，把做事与兴趣结合会做得好一些，如计算机的掌握与控制、设计能力等。在语言表达能力及动作协调能力上还有待加强，换位思考能力也不是很突出。

(3)职业环境评估

中国有关设计方面的市场有相当大的潜力。随着人们生活质量和文化艺术修养的普遍提高，从而产生了对艺术的崇尚和追求；艺术设计市场人才紧缺，致使艺术设计专业的毕业生较抢手。

(4)职业目标

企业高级管理人员或高级工程师(艺术设计方向)。

差距：大中型企业先进的管理理念和丰富的管理经验；作为高级职业经理人所必备的技能、创新能力；快速适应能力；身体适应能力；社交圈窄。

(5)目标分解策略

2007—2011年：

成果目标：通过实践学习，深入了解外国的企业管理理论和设计理念。

学历目标：完成本科学历顺利找到工作。

职务目标：设计经理。

能力目标：具备在艺术设计领域从事具体设计工作的理论基础，通过实习具有一定的实践经验。

经济目标：年收入1万元左右。

2011—2016年：

学历目标：通过国际商业美术设计师资格认证。

职务目标：设计总监。

能力目标：熟练处理本职务工作，工作业绩在同级同事中居于突出地位；熟悉企业运作机制及企业文化，能与公司上层进行无阻碍的沟通。

经济目标：月薪1万元。

2016—2020年：

学历目标：攻读并取得工程博士学位。

职务目标：知名设计师或高级工程师，大学的外聘讲师。

能力目标：有广泛的社会交际网，能在国内外专业刊物上发表自己的作品。

3. 复合式

复合式即表格式与条列式的综合，部分内容表格化，部分内容罗列出来。

4. 论文式

论文式的规划书通常格式完整、规范，而且包括了对一个人职业生涯的全面而详尽的分析和阐述。我们可以在后面的生涯规划书展示环节看到这种格式的规划。

(三)大学生职业生涯规划书的主要内容

职业生涯规划书是对职业生涯规划的书面化呈现，不仅能展现大学生的宏观职业生涯规划，还能对具体的学习和工作起到指导及鞭策作用。大学生职业生涯规划书的基本内容主要包括以下几个方面：

1. 扉页

包括题目、姓名、基本情况介绍、规划年限、年龄跨度、起止时间。其中规划年限不分长短，可以是半年、3 年、5 年，甚至是20 年，视个人的具体情况而定。建议大学生职业规划年限为 3～5 年。

2. 自我分析

一个有效的职业生涯设计必须是在充分且正确认识自身条件的基础上进行。要审视自己、认识自己、了解自己，做好自我分析，包括自己的兴趣、特长、性格、学识、技能、智商、情商、思维方式等。即要弄清我想干什么、我能干什么、我应该干什么、在众多的职业面前我会选择什么等问题。职业生涯规划书中可包括以下内容：我的职业倾向分析；我的职业价值观判断；我的性格评估；我的能力盘点；个人经历回放；自我分析与评估总结。

3. 环境评估

职业生涯规划还要充分认识与了解相关的环境，评估环境因素对自己职业生涯发展的影响，分析环境条件的特点和发展变化情况，把握环境因素的优势与限制。了解本专业、本行业的地位、形势及发展趋势。职业生涯规划书中可包括以下内容：社会环境分析；学校环境分析；家庭环境分析；行业环境分析；组织环境分析；职业分析；岗位分析；环境分析结论。

4. 职业定位

职业定位就是要为职业目标与自己的潜能及主客观条件谋求最佳匹配。良好的职业定位是以自己的最佳才能、最优性格、最大兴趣、最有利的环境等信息为依据的。这个规划环节包括确定职业方向、各阶段职业目标和总体目标、职业发展路径等内容。职业生涯规划书中可包括以下内容：明确可选的职业目标；职业评估与决策；职业生涯路径设计；职业定位结论。

5. 职业生涯实施计划

就是要制定实现职业生涯目标的行动方案，要有具体的行为措施来保证。没有行动，职业目标只能是一种梦想。要制定周详的行动方案，以逐步缩小差距，实现各阶段目标，更要注意去落实这一行动方案。职业生涯规划书中可包括以下内容：长期、中期、短期职业生涯计划；各阶段计划的分目标、计划内容(专业学习、职业技能、职业素养)；计划实施策略。

6. 评估与反馈

职业生涯规划是一个动态的过程，必须根据实施结果的情况及变化进行及时地评估与修正。整个职业生涯规划要在实施中去检验，看效果如何，及时诊断生涯规划各个环节出现的问题，找出相应对策，对规划进行调整与完善。职业生涯规划书中可包括以下内容：可能存在的风险；预评估的内容；风险应对方案。

【阅读资料】

大学生就业时，常常发现找工作不容易，找一份合适的工作就更不容易了。调查发现，有过职业规划的大学生在就业时存在明显的优势。但许多大学生却对职业规划望而却步，觉得职业生涯规划难以操作，而本文介绍的职业规划步骤简单明了，易学好操作，大学生们不妨一试。

据调查，大学生中只有8.6%的人比较充分地考虑过职业规划问题，大学生可是一个有文化的群体，为什么在这么重要的职业规划问题上，大部分的学生都没有去做呢?

原因很简单，很多大学生觉得职业规划太难了，不容易做，或者只有一个模糊的规划，但面对现实的工作的时候，规划都扔到了一边，马上就对现实的工作屈服了。很多人勉强地做一份自己不喜欢的工作，一边哀叹，一边将就，结果工作也没做好，自己的理想也没实现，激情与梦想在无聊的事务性工作中慢慢地被消磨掉了。经过多年以后，再回头看，许多人会感叹，如果我当年怎么怎么做，现在也会成功了，不会做这个鸡肋般的工作。

其实，职业规划并不是一个特别神秘的事情，只要能够踏踏实实地坐在那里，用几个小时的时间，按照本文介绍的方法，就可以很好地为自己进行一个简单的规划了。

职业规划有5个步骤：

第一，认清自己的现状。认清自己其实是整个职业规划中最难的部分，但认清自己又是职业规划无法绕开的一个步骤。认识自己要从职业爱好、职业特长、工作能力、性格特点、价值观、主要优缺点这几个方面进行分析，也可以使用MBA的战略分析工具——SWOT方法来对自己进行分析。

第二，确定自己的奋斗目标。一个人的职业目标，可大可小，可近期，可远期，怎么规划呢？可以从三个“10”来考虑。

短期目标——10天内我要达成什么目标?

中期目标——10个月内我要达成什么目标?

长期目标——10年内我要达成什么目标?

短、中、长期目标又可分为以下几个方面：岗位目标——希望在什么岗位工作；职务目标——希望获得什么职位；经济目标——希望取得的经济收益；成就目标——希望取得的社会认可。做了以上的分析之后，你再看看，你10天内的目标和你10个月内的目标，是否有助于你达成10年目标。如果不是，那么，你要重新进行选择；如果是，那就坚持下去吧。

第三，分析现状与目标的差距。当你完成前面的两项功课，你会发现自己的现状与目标差距很大，越是长期的目标越看似不可能实现。

这时，你要明白人类的天性会“高估现在，低估未来”，就好比一个孩子看中商场的一件玩具，而妈妈承诺下月买个更好的，孩子通常都不会选择下月更好的玩具，非要现在能看到的一样。所以，不要被你自己的目标吓倒，你要找出自己现状与目标的差距。

第四，制订行动计划。找出减少差距的方法，制订行动计划，计划通常分为3个部分：

其一，寻找能够帮助你实现目标的行业、企业与岗位。不要怕找不到而放弃努力，记住，只要你坚持，上帝就会把最好的给你。

其二，培训自己的技能。可以是在工作中学习，也可以选择培训班学习。

其三，寻求帮助。寻找可以帮助你实现长期目标的贵人、机会。

第五，开始行动。行动所要面对的就是“不确定性”，在寻找工作的过程中，每个人都会遇到许多工作“机会”，这些所谓的机会有的也许会让你偏离自己的方向，有的看似一般，却可能让你通向成功，需要仔细进行甄别。

所谓的职业规划就是这么简单：认识自己→明确目标→发现差距→制订计划→开始行动。当然知易行难，想得好不如做得好，职业规划在执行的时候，既要能够坚持既定方针，又要根据现实情况做出调整，掌握好“度”很重要。

(四)职业生涯规划书撰写的注意事项

1. 逻辑严密，重点突出

语言朴实简洁，用词精练准确，行文流畅，条理清楚，这是最基本的写作要求。撰写职业生涯规划书忌大，忌空，忌记流水账，忌条理不清，忌文法不通、错别字连天，忌过于煽情、没有理性分析，忌死气沉沉、没有朝气。在分析阐述规划时，必须紧紧围绕职业目标这条主线来展开，体现论述的逻辑性和连贯性。要将重点放在自我评估、环境评估、目标实施上。

2. 信息搜集科学、翔实

在进行自我评估时，很多大学生会过于依赖职业测评工具。尽管一些经典的职业测评有着很高的信度和效度，但往往缺乏对结果的充分解释，大学生在解读测评结果时也会有一定的倾向性，从而得出了偏颇的结论。在进行自我认知时，需要采用多渠道策略，结合测评工具、个人的思考回顾、他人评价等方法，得出全面的结论。另外，在进行职业环境分析时，也需要通过多种途径来收集资料，如网络、图书资料、从业者访谈等，以保证论证过程的科学合理和结论的真实可靠。

3. 职业目标切实可行

职业生涯目标的设定一定要结合自身特点和情况，不能完全脱离现实，这是很多大学生在做职业生涯规划时常犯的一个错误。职业生涯目标切忌理想化，应遵循择己所爱、择己所长、择世所需、择己所利的原则。认清兴趣与能力、能力与社会需求是存在一定差异的，我们所要做的就是在影响职业发展的诸多因素中找一个结合点，这样的职业目标才会有生命力。职业生涯规划书的撰写是否成功，在很大程度上取决于有无正确、适当、切实可行的目标。

4. 计划实施重在大学阶段

针对职业生涯目标制定的措施一定要在现阶段具有可操作性，这也是评价一份职业生涯规划书好坏的重要参数。要做到这一点，大学生需要在进行目标分解和目标实现路径的选择上做到有理有据，不仅要突出时间上的并进和连续，更要重视功能上的因果和递进。另外，大学生应将职业规划重点放在大学阶段的3～5年，突出在首次择业和就业所作的准备工作。

三、优秀职业生涯规划书展示

前方·希望

规划人：陈××

××大学心理学院

（一）个人基本资料（略）

（二）目录（略）

（三）卷首语

犹记得小时候，老师教我们写自己的愿望，我毫不犹豫的写下了“科学家”这3个当时认为很神圣的字眼。然而，随着认知水平的不断提高，我才意识到，那只是一个幼小孩童稚嫩的梦想。

经过12年的寒窗苦读，经历了高考的大浪淘沙，2006年9月，我终于光荣地成为了××大学心理学院应用心理学专业的一名学生。

如果把一个人的职业生涯比做一次旅行，那么出发之前先设定好旅游线路，才不会错过自己梦想已久的地方，也不会千辛万苦去到自己并不喜欢的景点。职业生涯规划就如同你这次旅途的计划书。人的一生只有一次，青春和岁月一去便不再复返。同时，这份计划书能为自己树立一个明确的目标，鞭策自己发挥潜能、克服困难、自我完善。

以前的自己没有理想，混沌而且迷茫。在学校对我们进行“我为什么上大学”的反思教育中，我才发现，原来我的理想很简单——“让母亲过上幸福的生活”！一份职业生涯规划应当是独一无二的，是每个人根据自己的实际情况和当前的社会背景量身定做的。因此，为了梦想的实现，我设计了这份专属于我的职业生涯规划书！

我来自一个普通工薪条件之家，家里并不富裕。一开始，我是准备考研究生的，但是去年，遭受“5·12汶川地震”的影响(我家所在的广元市利州区属于重灾区)，家中房屋受损，父亲罹患癌症，家中经济负担较大，于是我放弃了考研的打算，准备先出去工作，自己存够了钱再读研究生。然而天有不测风云，恰逢2008年美国次贷危机，影响范围之广，波及全世界。我们的就业形势也就变得更为严峻！

由于我在大二的时候便有了设计职业生涯规划的意识，所以基于前边提到的这几点情况，我对我的职业生涯规划做了细小更改，但是大的方向和原则是没有变的。虽然道路是曲折的，虽然前途是坎坷的，虽然我们会遇到这样那样的困难，但是，我相信，只要我对自己的职业生涯进行合理的规划，前方就会有希望！

下面，我的职业生涯之旅就要开始了！

(四)正文部分

1. 自我分析

首先，对于我的过去，做一个简单的回顾：

(回顾部分略)

我的社会实践经验并不丰富，但从这有限的实践活动中，我积累了许多失败的教训和成功的经验。用一句话形容自己，就是对生活充满热情，积极乐观，即使遇到再多的挫折，也会抬起头，信心百倍地继续前进。

我责任心强，追求完美，热心助人，在担任班干部期间，设身处地为同学们考虑，宁愿增加自己的工作量，也不给同学们添麻烦；做事情认真仔细、有条理、有计划，也比较踏实努力，能够冷静、理智地处理突发状况；学习能力强，成绩优秀，综合排名在年级前列；为人热情开朗、老实实在，乐于与同学沟通，营造了良好的人际氛围；很有上进心，能够正确认识自己，弥补自己的不足；爱好广泛，喜欢冒险，接受新思想、新观念快，爱好整洁。

而我的缺点，就是做事急躁；不够自信，不够独立；主动性还有欠缺；同领导和上级打交道的时候，会紧张；对于时事关注度不够；运动能力较差；因为喜欢冒险，所以比较贪玩；有的时候在没有很好的理解别人的需求时，好心办坏事。

目前，我针对自己的缺点正在逐步改进，比如在主动性方面就已经取得了一些进步。在以后的学习和生活中，我会继续发扬优点，改正缺点，提升自己的综合素质。

我所学习的应用心理学有两个培养方向：心理咨询和人力资源管理。经过大一、大二的学习，我发觉自己的人格特征并不适合从事心理咨询方面的工作，所以我将更多的注意力放在了人力资源管理这个方向上。

2. 环境分析

(1)社会环境分析

2008 年第四季度以来，国际金融危机对中国就业的影响逐步加重。

根据网络资料：2008 年 10 月，城镇新增就业增速为 8%，是近几年来第一次出现连续增长后的增速下降。先是东部沿海地区出口导向型企业大量关闭，导致约 2 000 多万农民工提早返乡、流动就业或失业。内地一些企业也出现岗位流失。此外，民营的金融、房地产等部门也有裁员的情况。随着世界各国经济形势的普遍恶化及劳动力市场就业需求的萎缩，一些已经失业和面临失业的海外劳动力回国寻找就业岗位，加重了国内的就业压力。

国际金融危机下总体就业形势异常严峻。有三类就业群体需要特别关注：一是大学毕业生，2009 年的应届毕业生与 2008 年积压下来的未找到工作的往届毕业生，数量巨大；二是农民工，新生代农民工不能适应农业生产和农村生活，想在外寻找就业机会，根本不可能在农村稳定下来的；三是城镇低学历青年，受农民工和大学生的双向夹挤，导致这部分劳动力失业率高，非正规就业多，就业极不稳定。

看到如此严峻的就业形势，是否就退缩了呢？不！我们伟大的党中央审时度势，在 2009 年 3 月份的“两会”(第 11 届全国人民代表大会及第 11 届中国人民政治协商会议)上，诸多代表就对于社会的就业问题，尤其是大学生的就业问题展开了讨论，并且提出了一系列解决该问题的政策方针。诸如，创造就业机会增加岗位供给；鼓励和引导毕业生到城乡基层就业；让大学生到基层或者农村工作；疏通就业渠道合理配置资源；鼓励“大学生村官”扎根新农村；规范省级以下机关事业单位的用人制度，杜绝通过关系进人的现象；鼓励和支持大学生到非公企业工作等。我们应该相信政府，金融危机过去了，经济复苏期对于劳动力的需求就会大大激增。我们看到的应该更多的是希望！

(2)行业环境分析

人力资源管理工作是工业时代的产物，是20世纪才逐步发展起来的一项新兴行业。对于中国而言，它还处于成长期。每个企业都需要或多或少的员工，有员工企业就离不开人力资源管理。通过人力资源管理，企业可以吸引并让优秀的人才加入企业，让企业内的员工继续留在企业中，让员工保持能满足工作所需要的基本技能，让员工在工作岗位上创造优良的绩效。

据调查，人力资源管理专业毕业的学生就职企业主要分布于金融保险业(30%)、信息产业(13.3%)、咨询服务业(16.7%)、快速消费品(16.7%)、电子技术(6.7%)、制药与生物工程(6.7%)、耐用消费品(轻工、家电、服装、纺织)等行业。可见，人力资源管理工作的前景是非常广阔的，职业生涯的道路也是很宽的，做好了人的管理工作，还有什么管理做不好?

对人力资源管理职位的薪酬调查表明，薪酬集中在2 000～3 999元区间，4 000～5 000元、5 000～6 000元区间也占重要部分。可见人力资源职位的价值已逐渐得到社会的重视。

21世纪人力资源管理的几大趋势：人力资源管理职能将逐步实现扁平或平面化；知识资本经营与有形投资经营管理将逐渐融为一体，人力资源管理的内涵正在扩大；跨国经营必然带来人才的网络化管理，人才与资本一样，其流动性将会得到进一步加强；人力资源的整合、重组其周期将会变得越来越短；以人为本的人性化管理将会成为人力资源管理的显著特色；员工终身教育和终身培训将成为必然，人力资源管理中培训职能将会得到大幅度的提高；人力资源管理的共性将会逐渐减少，个性将会逐渐增强；组织的人力资源管理与社会的保险保障体系之间的关系将变得更为密切；人力资源管理处在成长时期，它将会成为组织和个人的核心理念，同时它也终将成为推动中国经济增长的核动力。

总体而言，绝大部分人力资源专业的学生对人力资源的前景非常看好，对自己在这一领域的发展持乐观态度，就职期望与现实需求也基本符合，说明当今社会提供给人力资源管理专业学生的就业机会较为充足。

(3)职业环境分析

目前人力资源管理人才已被列入中国几类紧缺人才之一，仅北京一地保守估计缺口在8万～10万人，不少著名企业公开高薪招聘人力资源管理的高级专门人才。本专业培养的是具有一定创新意识和创新能力，具备管理、经济、法律及人力管理等方面的知识和综合能力，能在政府劳动人事部门、企事业单位、群众团体、外资企业及相关业务部门工作，胜任多层次、多样化的人力资源管理与服务的应用型、复合型的高级专门人才。广阔的就业前景和诱人的高薪，使得人力资源管理成为一种炙手可热的“黄金职业”。

一般来讲，一个努力工作的人力资源管理者首先受益的是眼界的开阔，能够有更多的机会接触到最新最强的管理理念和管理知识，是管理知识的第一受益人。同时，人力资源工作对从业的管理者自身素质要求很高。人力资源人员的沟通范围，上至公司老总，下达普通员工，内与组织各个职能部门，外与管理咨询公司、培训机构等。其业务范围，除了自身的员工招聘、薪酬福利、绩效考核、职位设计、培训等职能外，还要求熟悉组织的企业文化、战略规划、业务流程和劳动法规等领域。因此，人力资源管理者的综合素质往往是比较高的，否则将很难胜任。

具体到人力资源部门内部人员来说，并不是所有的人力资源人员都是招聘经理、培训经理、人力资源总监等，很多人都还只是普通的部门职员，做着大量简单的基础性的工作。对于这些职位比较低的人来说，首先要考虑的事情是学习人力资源的业务知识、积累丰富的工作经验、进一步提高自身素质和核心能力，在此基础上再规划自身的职业生涯，将会事半功倍。通常情况下，人力资源助理经过1～2年的锻炼就能成专员。在中型企业中，专员经过3～5年就能成长为经理。发展顺利的话，1～2年的助理，3～5年的主任，7年以后即可达到经理职位。

人力资源的发展前景虽好，但一定要考虑自身所处的层次和经验。譬如，有的企业里人力资源管理只负责基础人事工作；有的公司里人力资源部门属于中高级管理，制定绩效考核等工作；而在有些大公司中，人力资源就是高层管理，从事人力资源整合，参与企业决策等重大工作。要依据自身所处层次，寻找最佳位置。

3. 目标决策

我给自己设定的未来发展的方向是人力资源管理方向。在我们学校的经济管理学院也有专门的人力资源管理专业。人力资源管理专业的学生可能更侧重于将人力资源管理工作同企业的战略部署结合，从宏观的角度来从事相关工作。而我们心理学是研究人的心理和行为的科学，所以心理学专业的学生会将重点放在“人”身上，从微观的角度来把握人们的心理，预测他们的行为。当然，如果能同时学习两个专业的课程，既能从宏观的角度，又能从微观的角度来开展人力资源的工作，就再好不过了。

人力资源职位发展主要有6个阶段：人力资源助理、人力资源专员、人力资源主任、人力资源主管、人力资源经理、人力资源总监。我作为刚毕业的大学生，没有实践经验，怎么可能一下子走得很高呢？最多就只能担任人力资源专员。在现在这样严峻的就业形势之下，我甚至做好了担任人力资源助理工作的准备。我的未来发展目标是成为人力资源主管。当然，那得等我研究生毕业之后。

我们专业开设的相关课程有《管理心理学》、《组织行为学》、《人力资源管理》、《绩效管理》、《人员素质测评》、《人员培训与开发》等，这些科目我已经基本修完(《绩效管理》这学期开设)。另外，我们开设的《社会心理学》、《认知疗法》、《行为疗法》、《团体治疗》等科目对于人力资源管理工作中的培训与开发也具有启发作用。

那么，未来要成为一名合格的人力资源管理工作者，除了具备相关的专业知识技能，英语能力、计算机操作能力也必须达到一定的水平。作为助理，秘书工作的基本知识也要求掌握，另外还有一些其他的个人素质等。

由于父母身体方面的原因，我想在离家比较近的城市工作，目标城市是在成都，或者绵阳也可以。作为女孩子，我还不得不考虑自己的家庭生活方面，结婚或者生小孩对于职业发展的影响也是要考虑到的。

因此，我在职业目标上总的设想是：毕业——找到一份企业中人力资源管理助理的工作(估计干个3～5年，在这期间结婚)——利用这份工作期间的积蓄考研究生(目标是中国人民大学的MBA，耗时3年，如果能读在职研究生就最好)——在中国500强企业里寻求一份人力资源主管的工作。

4. 计划策略

由于未来的事情不好做预测，也就没有过多考虑。我将重点放在30岁以前的职业生涯的规划。在我的基本设想上，我将我的职业目标(中国500强中某企业的人力资源主管)分为4个阶段。

(1)2006—2010年

成果目标：做好基础知识技能的储备工作。

学历目标：取得大学毕业证书、结业证书；通过全国大学英语四、六级考试(已通过)；通过全国计算机等级二级VF考试(已通过)；通过机动车驾驶考试(正在学习)；通过国家职业资格(人力资源管理师三级和涉外秘书)考试(正在参加培训)；成为一名中共预备党员(正在努力)。

能力目标：提高自己的自我推销能力、沟通能力、时间运筹管理能力。

需要克服的主要困难：合理利用大学期间所剩不多的时间，学完自己想学的东西。

(2)2010—2015年

成果目标：在中小型企业找到一份满意的工作。

学历目标：不断学习和丰富自己的实践经验，将以前书本上的知识全部转化到现实的工作之中。

职务目标：人力资源管理主任。

能力目标：积累基本的人力资源工作经验，学会与同事合作，与上级领导打交道。

经济目标：月收入能达到3 000元或以上。

需要克服的主要困难：迅速顺利地找到一份满意的工作。

(3)2015—2018年

成果目标：考取中国人民大学的MBA，第二志愿是西南财经大学。

学历目标：成功通过考试，并取得工商管理硕士学位证书。

职务目标：在研究生的学生工作中担任学生干部锻炼自己。

能力目标：结合已经积累的经验，加上学到的理论知识，形成自己的人力资源管理思想体系，同时对于自己的领导能力进行开发。

经济目标：能够考取在职研究生的话，月收入目标在3 000元左右。

需要克服的主要困难：重拾书本，通过研究生入学考试，取得好成绩。

(4)2019—2026年

成果目标：在中国500强企业中谋职，取得晋升的机会，并且能够把企业的人力资源工作做得井井有条。

学历目标：不断根据工作需要进行学习“充电”。

职务目标：由人力资源管理专员晋升至人力资源管理主管。

经济目标：年薪20万元左右。

需要克服的困难：暂时无法预料。

5. 规划小结

我用了差不多整整一天的时间来书写这份让我颇有成就感的职业生涯规划书。虽然以前也对自己的未来职业做过许多思考，但却从来没有像今天这样把它系统地书写下来。

通过为自己制定一份职业生涯规划，我确立了一个明确的、在不同时期可以追求、可以为之奋斗的目标，不仅是对自己的未来职业做一个展望，而且在做职业规划的过程中，既帮助自己了解了当今的整个社会和行业的总体情况与目前大学生的就业形势，同时还加强了对自己的认识。在了解了自己的优缺点之后，在接下来的生活和学习中，在为梦想拼搏的时候，就可以多发扬自己的优点，修正自己的缺点……种种这些对于以后的就业也是大有裨益的。

进行职业生涯规划并不是一件一蹴而就的事情，需要平时多观察、多积累、多思考。但是，“计划赶不上变化”，所以我们要学会用动态的、辩证的、发展的眼光来看待我们的职业生涯规划，根据世界经济环境的大变化及企业的战略部署调整对自己的职业生涯进行适当的调整；但也不要一票否决先前做好的职业生涯规划，在保证总的大方针不变的前提下，尽量调整好自己去适应，不然就会像“小猫钓鱼”一样三心二意，那可就不好了。

思考与练习

1. 大学生职业生涯规划书应包含哪些内容，重点是什么？
2. 应用 SWOT 决策分析工具，分析你存在的不足，并提出整改的计划。
3. 给自己的职业生涯规划建立一个评估反馈记录表。

目标探索活动

我们可以用“六步游戏”法来进行目标探索活动，以下是国外学者经过反复探讨而得到的一个寻找人生目标的逐步突出法，现在就让我们通过做这个“六步游戏”来找到自己的人生目标。

游戏道具：4～5 张小纸片。

环境要求：安静舒适。

情绪状态：精神饱满，情绪激昂，思维活跃。

提醒：在考虑目标时，尽量全面，避免仅从一个方面考虑，如仅考虑事业，还要有家庭、人际、业余生活等方面。

第一步：寻找终身目标。

拿出一张纸片，写下第一个问题：我终身的目标是什么？然后用 2 分钟写下答案，要无拘无束，想的是什么就写下什么。再花 2 分钟进行必要地修改。

如果你不好直接确立你的人生目标，你可以回想一下童年、少年时的梦想，或者那些最令你开心的事。以此作为启发，再写下你的答案。

实例扫描：事业成功、家庭幸福、快乐……

也许你写下的目标比较宽泛，那也没有关系，还有第 2 步呢。

第二步：思考如何度过今后三年。

请在第二张纸片上，写下第二个问题：“我该怎样度过今后三年？”用 2 分钟尽快写下答案，再用 2 分钟把忽视的项目补充进去。

在第二张纸片上，所写的内容较之第一张纸片要具体。这里的具体是指所做的工作要具体，如第一张纸上你若写了过幸福的生活，那么在这一张纸上你就得将之分解为较为具体细致的目标。

实例扫描：拥有一份满意的工作，进入管理阶层；经济收入比刚工作时翻一倍；向女朋友求婚；将母亲接到自己身边；和好朋友经常保持联系……

第三步：半年内最重要的事。

请在第三张纸上写下第三个问题：“我在这半年内都应该做哪些事？哪些

工作对我是最重要的、最迫切的?”这张纸片所罗列的内容，应该比第二张纸更具体、细致、全面，是自己需要也是能够立刻做的。

实例扫描：申请学位，联系实习单位去实习；帮助女友补习功课；经常给母亲打电话；和朋友保持联系……

第四步：浏览前三步。

浏览一下前三步答案，你应该发现，第二步的答案就是第一步答案的延伸，第三步的答案则是前两步答案的继续。如果你的三步答案不具备这种逻辑，就需要重新来做，务必使这些答案符合事物的发展逻辑。

第五步：目标分类。

请把3张纸片都拿起来，把上面的目标分别归类，如分为事业目标、爱好特长目标、能力目标、婚恋目标、社会友情目标、身心素质目标、读书目标等。

实例扫描：事业目标包括功成名就、进入管理层、联系实习单位……婚姻目标包括幸福、向女友求婚、帮女友补习功课……

第六步：确立不同时期的目标。

请按类别关系，将3张纸片上的目标按同类关系及同性质的关系连成一条线，就成了你的短期、中期、长期的目标了。

实例扫描(以事业目标为例)：短期、中期、长期：联系实习单位——进入管理阶层——功成名就……

然后，结合自己的个人情况，根据短期目标制订切实可行的月计划、周计划、日计划。每一级计划的指定都应该是服务于上一级计划的。例如，制订周计划是为了完成月计划，制订日计划是为了完成周计划，当短期目标实现后再向下一个目标突进。

这种“目标逐步突出法”，最好在新年开始或你的生日进行。在开始新的一年或新的一岁时，寻找一下自己人生奋斗的方向，应该是非常有意义的庆贺方式。

第二部分　求职指导

机会青睐有准备的人

第五章　把握政策　理性决策

【学习目标】

了解国内大学生就业制度的发展沿革。了解国家对高校毕业生现行就业政策的框架及促进大学生就业的政策法规。了解就业的多种形式和人事代理的内容与办理方法，了解毕业生派遣前后的主要任务和关键环节，从而更好地把握政策，了解常识，合理安排，顺利就职。

【案例导入】

最近，教育部下发了《关于做好2012年全国普通高等学校毕业生就业工作的通知》(教学[2011]12号)。通知指出：2012年，全国普通高校毕业生规模达到680万人。当前我国经济发展面临的国内外环境仍然十分复杂，不稳定、不确定因素还不少；高校毕业生就业总量压力和结构性矛盾依然突出，就业形势严峻，促进高校毕业生就业的工作任务更为艰巨繁重。通知同时明确了工作的任务、要求和目标。

一、继续落实毕业生就业“一把手”工程。各高校要把毕业生就业工作摆在突出重要位置，继续完善毕业生就业目标管理体系，落实领导负责制、考核奖惩制、政策挂钩制。

二、继续实施基层就业项目。各高校要认真组织好“选聘毕业生到村任职”、“三支一扶计划”、“农村教师资助行动计划(特岗计划)”等基层服务项目。加大政策支持和宣传力度，鼓励、动员更多优秀大学毕业生到农村中小学任教。要加大工作力度，切实做好2012年高校毕业生入伍预征工作。

三、大力推动大学生创新创业工作。各高校要建立创新创业教育培训中心，积极开发创新创业课程，并纳入学分管理。要聘用企业家和创业成功人士担任创业指导师。鼓励就业指导专职教师到用人单位挂职锻炼。要广泛开展创业大赛、创业模拟等实践活动，大力推动大学生创业示范基地建设。

四、努力提高就业指导服务水平。各高校要确保毕业生就业“机构、人员、经费、场地”四到位，加快建设高校示范性就业指导中心。要切实加强就业指导课程建设、教材建设、师资队伍建设。有条件的高校要成立就业创业指导教研室，建立职业生涯发展和就业创业指导课程体系。要切实加强就业指导队伍建设，认真落实就业指导专职教师纳入专业技术岗位系列的政策。要认真做好家庭经济困难、就业困难毕业生的就业援助工作。

五、加强毕业生思想教育工作，确保校园安全稳定。各高校要结合当前形势和现实需求，通过举办就业政策宣讲会、主题班团活动、典型事迹报告会等形式，对毕业生开展生动有效的思想教育和宣传工作，帮助学生合理调整就业期望，转变就业观念，甘于从基层做起。要切实做好校园招聘活动安全保卫工作，有效甄别和防范虚假招聘信息和招聘陷阱，确保学生就业安全和校园稳定。

案例点评：大学生就业是个系统工程，涉及面广，问题复杂。政府和有关部门发布的相关政策为大学生顺利就业提供了保障，规范毕业生派遣的程序，既为大学生提供了便利的通道，维护了就业秩序，也为大学生的顺利求职就业提供了政策和制度保障。

第一节　就业政策需把握

一、国内大学生就业制度沿革

新中国成立以来，政治、经济体制发生了很大变化，高校毕业生就业制度也在不断发展变化。几十年来经历了由“计划分配”到“供需见面”、“双向选择”及一定范围内“自主择业”等几个改革发展阶段。

(一)计划经济体制下的“统包统分”

从新中国诞生起，中国就建立起高度民主集中的计划经济体制，政府对高等教育按照计划经济模式进行管理，形成了由国家统一招生，统包学生所有费用，毕业生就业全部由政府按计划分配到全民所有制单位当国家干部，即“统包统分”制度。其特点是“由国家包下来分配工作，负责到底”，执行的是“统筹安排、集中使用、保证重点、照顾一般”的大政方针。这种分配制度与中国当时的计划经济体制相适应，体现了社会主义制度的优越性，缓解了新中国成立后百业待兴、各行业急需人才的矛盾，支持了国家重点建设，照顾了边远地区人才需要，调剂了部门和地区间的人才分布，保障了毕业生充分就业，有利于社会安定，发挥了重要的历史作用。

(二)社会主义市场经济初期的“双向选择”

1983 年，为了使高等学校毕业生分配工作更好地适应“四化”建设需要，把重点院校毕业生真正分配到国家最需要、最能发挥作用的岗位上去，最大限度地做到专业对口、人尽其才，教育部确定将清华大学、上海交通大学、西安交通大学和原山东海洋学院 4 所院校作为进行学校与用人单位“供需见面”的试点，1984 年后又增加了四川大学，在调配工作中继续实行“供需见面”的试点。试点工作促进了学校与用人单位之间的信息交流和联系，初步形成以学校为供方、以用人单位为需方的“供需见面”的基本模式，减少了统一计划的盲目性。同时，针对高等学校毕业生分配过程中的用非所学、专业不对口及分配渠道不畅等问题，教育部提出要扩大高等学校分配毕业生权限，即一部分毕业生由国家直接安排，一部分毕业生在国家分配方针原则的指导下，由学校与用人单位联系后提出分配建议，经主管部门审定，纳入国家计划。

1985年5月27日中共中央颁布的《中共中央关于教育体制改革的决定》(以下简称《决定》)是中国对高等学校毕业生就业政策改革的重要标志。《决定》明确指出：“要改革大学招生的计划制度和毕业生分配制度，改革高等学校全部按国家计划统一招生，毕业生全部由国家包下来的分配办法。”教育部为了使高等学校毕业生分配工作尽快适应经济建设和社会发展的需要，在实践中积极探索毕业生分配制度改革途径，分步骤、分层次地进行改革。对于国家招生计划内的学生，进行“毕业分配，实行在国家计划指导下，由本人选报志愿、学校推荐、用人单位择优录用的制度”的改革试点。这项决策为毕业生就业制度的改革奠定了基础，逐步形成了以“供需见面”为主要形式，以“双向选择”为指导目标的就业政策。

从1986年起，国家教委对高等学校毕业生分配制度改革进行调查研究，并会同有关部门做了专题研讨论证，提出了《高等学校毕业生分配制度改革方案》(思路)，并广泛征求意见，在此基础上广东省作为综合改革试验区，提出了“广东省普通高等学校招生、毕业生分配制度改革方案”，决定从1998年起，在广东省属高校实施“普通高等学校招收的学生，实行收费上学，毕业后推荐就业、定向就业、择优录用原则”。

1989年国家教委在《关于改革高等学校毕业生分配制度的报告》中指出，高等学校毕业生分配制度改革的目标是：在国家就业方针、政策的指导下，逐步实行毕业生自主择业，用人单位择优录用的双向选择制度。中期改革方案是根据当时的改革条件和环境制定的过渡性方案，这个方案实施初期，考虑到劳动力市场还没形成，毕业生仍然以学校为中介向社会推荐就业，在一定范围内双向选择。

社会主义市场经济初期的“双向选择”的毕业生就业政策实现了人才资源的合理配置，促进了中国的经济发展；扩大了用人单位选才的自主权，有利于用人单位择优选才；扩大了高等学校的办学自主权，促进了学校的教学改革，增强了学校适应社会需要的主动性和积极性；扩大了高等学校毕业生择业的自主权，有利于学生发挥自身的素质优势；转变了在校大学生的思想观念，提高了他们的学习积极性和竞争意识；保证了企事业单位和基层科研、教学、生产第一线的人才需要。

(三)社会主义市场经济体制改革深化下的“自主择业”

1989 年 3 月国务院下发了国发[1989]19 号文件，批准了国家教委提出的《高等学校毕业生分配制度改革方案》(以下简称《方案》)。《方案》规定：国家计划招收的学生，培养费由国家提供，学生上学一般应交学杂费，经济困难者可申请贷款，符合条件者可享受优秀学生奖学金。学生毕业后可在国家方针政策指导下，按照有关规定在一定范围内选择职业，用人单位择优录用。这一政策是由“双向选择”向“自主择业”过渡的就业政策，是“自主择业”政策的萌芽。

1993 年 2 月由中共中央、国务院颁布的《中国教育改革和发展纲要》是“自主择业”就业模式的政策依据，它明确指出：在 20 世纪 90 年代，随着经济体制、政治体制和科技体制改革的深化，教育体制改革要采取综合配套、分步推进的方针，加快步伐，改革包得过多、统得过死的体制，初步建立起与社会主义市场经济体制、政治体制和科技体制改革相适应的教育新体制。其目标是改革高等学校毕业生“统包统分”和“包当干部”的就业制度，实行少数毕业生由国家安排就业，大部分学生在国家方针、政策指导下通过毕业生就业市场“自主择业”。

1994 年 4 月国家教委又进一步发出《关于进一步改革普通高等学校招生和毕业生就业制度的试点意见》(以下简称《意见》)，《意见》指出：高等教育是非义务教育，从招生开始，通过建立收费制度，改变学生上大学由国家包下来，毕业时国家包就业的做法。同时，建立相应的奖、贷学金制度，鼓励学生努力学习，引导学生毕业后参与人才市场的竞争，国家不再实行行政分配，而是以方针政策为指导，以奖学金制度和社会就业信息来引导毕业生自主择业，逐步建立起“学生上学缴纳部分培养费用，毕业后自主择业”的就业机制。

1997 年中国高校开始全面实行并轨，1999 年大幅度扩大招生规模，2003 年是普通高等学校扩招学生毕业的第一年，由此把大学生就业问题推到了更加显著的位置。

到 2000 年，中国基本实现了毕业生新旧体制转轨。从 2002 年开始，高校毕业生就业工作进入了一个新的阶段，国家更加重视毕业生就业工作。2002 年 3 月国务院转发了教育部、公安部、人事部、社会保障部《关于进一步深化普通高等学校毕业生就业制度改革有关问题的意见》的文件，对做好毕业生就业工作提出了重要意见。目前，市场机制已经在配置毕业生资源方面发挥着基础性作用，毕业生就业工作已经完全突破了国家包就业的观念和体制，实现了由“政府调控指导、学校推荐、毕业生和用人单位双向选择”的就业模式。

二、高校毕业生现行就业政策

(一)高校毕业生现行就业政策框架

《普通高等学校毕业生就业工作暂行规定》(教学[1997]6号)、《关于进一步深化普通高等学校毕业生就业制度改革有关问题的意见》(国发办[2002]19号)、《关于进一步做好2003年普通高等学校毕业生就业工作的通知》(国发办[2003]49号)、《关于进一步做好2004年普通高等学校毕业生就业工作的通知》(国发办[2004]35号)、《关于做好2007年普通高等学校毕业生就业工作的通知》(国发办[2007]26号)、《国务院办公厅关于加强普通高等学校毕业生就业工作的通知》(国办发[2009]3号)等文件明确了毕业生就业改革的方向和工作重点，做出了一系列决策和部署，初步形成了新时期高校毕业生就业工作的政策框架。

第一，实行中央和地方两级管理，以地方管理为主的工作机制。中央建立了由国务院有关部门参加的高校毕业生就业工作联席会议制度，定期研究、协调解决工作中的重大问题。各省、自治区、直辖市人民政府建立了高校毕业生就业工作的领导协调机制。各地区、各有关部门把高校毕业生就业工作列入重要议程，纳入经济和社会发展规划，作为就业和再就业工作的重要组成部分。各地区、各有关部门和高等学校建立高校毕业生就业工作目标责任制，明确工作目标，制定具体措施，解决实际问题，确保高校毕业生就业。

第二，积极拓宽毕业生就业渠道，引导毕业生面向西部、基层就业。拓宽高校毕业生到基层就业的渠道，鼓励高校毕业生到基层、中小企业和艰苦地区就业。各级政府积极为高校毕业生创造工作条件，主要充实城市社区和农村乡镇基层单位，从事教育、卫生、公安、农技、扶贫和其他社会公益事业。

鼓励和支持毕业生到中小企业工作，到西部地区工作。到西部贫困县的乡镇一级教育、卫生、科技、扶贫等单位服务两年，服务期间计算工龄。志愿者服务期满后，鼓励扎根基层或者自主创业和流动就业；愿意报考研究生或报考党政机关和应聘国有企事业单位的，仍然享受在艰苦地区工作两年或两年以上人员的优惠政策。

第三，培育和建设更加完善的毕业生就业市场。各级政府采取有效措施，积极推动高校毕业生就业市场建设，并与人才市场和劳动力市场相互贯通和资源共享。做好为毕业生服务的窗口工作。在大中城市的劳动力市场开辟专门针对高校毕业生和技术技能人才的服务窗口，开展有针对性的指导、服务、培训和招聘活动。严格规范各种毕业生招聘会秩序，禁止以盈利为目的举办高校毕业生招聘活动，切实维护毕业生的合法权益，保护毕业生的人身安全。

高校毕业生就业主管部门及其他部门建立用人单位招聘毕业生信用制度，对发布虚假招聘信息，利用招聘信息进行欺诈、损害毕业生权益的，将做出严肃处理。

第四，建立高校毕业生社会服务体系。构建更加完善的毕业生就业工作服务体系。高等学校毕业生就业指导和服务体系建设作为现代大学制度和教育教学改革的一项重要内容，建立完善的毕业生就业工作体系。

做好信息收集工作，专门收集一批适合高校毕业生的就业需求信息，并组织召开专门针对高校毕业生的供需见面会。加快高校毕业生就业信息化进程。目前各高校已基本实现就业服务信息网络化并与国家和省市网互联互通，同时正加快毕业生就业服务网信息资源建设，尽快实现网上招聘和远程面试。

充分发挥现有的高校毕业生就业市场、人才市场和劳动力市场的作用。凡就业确有困难、需要帮助的未就业高校毕业生，可到当地政府有关部门所属的高校毕业生就业指导机构、人才交流机构或公共职业介绍机构登记。对已进行登记的未就业高校毕业生，有关机构提供免费就业指导和就业信息服务。对其中的党员、团员，要按有关规定，定期组织活动。根据市场需求，有组织地定期举办短期职业技能培训。

为高校毕业生办理户口和人事档案手续提供便利。对毕业离校时未落实工作单位的高校校毕业生，本人要求户口和人事档案留在学校的，按规定保留两年。两年后，学校或档案管理机构将其在校户口和档案迁回入学前户籍所在地。本人落实工作单位后，公安部门按有关规定办理户口迁移手续。

第五，加大对毕业后就业工作的政策支持力度。深化人事制度和劳动用工制度改革，完善并严格执行职业资格准入制度。对于国家规定实行就业准入的职业，从业者和初次就业者必须取得相应资格证书后，方可上岗；对其中新增加的就业岗位，优先录用符合相应资格条件的高校毕业生。

在国家政策规定范围内，切实落实用人单位的用人自主权。省会及省会以下城市逐步取消进人指标、户口指标等限制，以利于高校毕业生就业。取消限制高校特别是专科高职毕业生合理流动的政策规定，允许高校毕业生跨地市、跨省(自治区、直辖市)就业。

党政机关录用公务员和国有企事业单位新增专业技术人员和管理人员，主要面向高校毕业生，公开招考或招聘，择优录用。各级党政机关特别是地(市)、县、乡级机关录用公务员，严格坚持“凡进必考”制度。

切实解决非公有制单位聘用高校毕业生的有关问题。积极放宽建立集体户口的审批手续，及时便捷地办理落户手续。用人单位要按照国家有关规定与所聘毕业生签订劳动合同，为其办理社会保险手续，缴纳社会保险费用，保障其合法权益。

第六，建立完善的就业状况报告、公布、督查和评估制度。各省、自治区、直辖市正在建立并不断完善高校毕业生就业监测体系，科学、准确、快速地报告就业工作进展情况，及时公布当地高等学校的毕业生就业率。

加强对毕业生就业工作的督促检查，重点检查就业工作薄弱地区、薄弱学校，对工作不落实、政策不到位的情况限期整改。

第七，鼓励自主创业和灵活就业。从事个体经营和自由职业的高校毕业生要按当地政府部门的规定，到社会保险经办机构办理社会保险登记，缴纳社会保险费。

鼓励高校毕业生自主创业，为其提供创业培训、项目开发、小额贷款和担保、税费减免、跟踪服务等一条龙服务。

(二)促进大学生就业的政策

1. 大学生志愿服务西部计划

实施大学生志愿服务西部计划，旨在鼓励青年知识分子到实践中去、到基层和艰苦地区去，经受磨炼，健康成长；促进西部贫困地区教育、卫生、农技、扶贫等社会事业的发展；拓展大学生就业、创业的渠道；培养造就一大批既有现代科学文化知识、又有基层工作经验和强烈社会责任感的优秀青年人才；弘扬“奉献、友爱、互助、进步”的志愿精神，推动经济社会的全面发展。

为鼓励高校毕业生积极参加大学生志愿服务西部计划，共青团中央、教育部、财政部、人事部联合下发了《关于实施大学生志愿服务西部计划的通知》(中青联发[2003]26 号)以及《关于做好 2004 年大学生志愿服务西部计划工作的通知》(中青联发[2004]16 号)，规定参加西部计划的志愿者除了享受国家规定的高校毕业生就业优惠政策外，还可以享受以下优惠政策：

第一，服务期间，享受一定的生活补贴(含交通补贴和人身意外伤害、住院医疗保险)。

第二，服务期间，计算工龄，党团关系转至服务单位。本人要求户口和档案保留在学校的，按规定保留两年，在此期间，档案管理机构对保管其档案免收服务费用；本人要求将户口转回入学前户籍所在地的，公安机关按照规定为其办理落户手续，人事、教育部门所属人才交流机构负责办理相关手续，人事部门所属人才交流服务机构免费提供人事代理服务。服务期满落实工作单位后，公安机关按有关规定办理户口迁移手续。

第三，服务期间，可兼职或专职担任所在乡镇团委副书记、学校及其他服务单位的管理职务。

第四，服务期满考核合格的，报考研究生给予加分，在同等条件下，优先录取，具体规定在当年的研究生招生政策中予以明确。

第五，服务期满考核合格报考党政机关公务员的，可适当加分，同等条件下，应优先录用，具体规定由省级公务员考试录用主管机关在当年招考中予以明确。

第六，服务期满，对志愿者做出鉴定，存入本人档案；考核合格的，颁发证书，作为志愿者服务经历和就业、创业的证明。

第七，服务单位应向志愿者提供住宿等必要的生活条件；在录用党政机关公务员和新增国有企事业单位专业技术人员、管理人员时优先录用、招聘志愿者。

第八，服务期为1年、服务期满考核合格的，授予中国青年志愿服务铜奖奖章。服务期为2年、服务期满考核合格的，授予中国青年志愿服务银奖奖章，表现优秀的授予中国青年志愿服务金奖奖章，表现特别优秀的推荐参加中国青年五四奖章、中国十大杰出青年、中国十大杰出青年志愿者、国际青少年消除贫困奖等评选。

2011年在志愿者政策、经费等保障方面，共青团中央、教育部、财政部、人力资源和社会保障部印发《2011年大学生志愿服务西部计划实施方案》的通知(中青联发[2011]12号)规定：

第一，政策保障。

2011年大学生志愿服务西部计划志愿者按照《关于实施大学生志愿服务西部计划的通知》(中青联发[2003]26号)、《关于做好2004年大学生志愿服务西部计划工作的通知》(中青联发[2004]16号)、《关于统筹实施引导高校毕业生到农村基层服务项目工作的通知》(人社部发[2009]42号)等文件有关精神享受相关政策。

有关报考研究生和报考公务员等相关政策以人社部发[2009]42号文件为准。一是参加西部计划的，服务期满2年且考核合格的志愿者，3年内报考研究生，初试总分加10分，同等条件下优先录取。二是志愿者服务期满2年且考核合格的，报考公务员等享受相关优惠政策。三是出省服务的和在本省服务的志愿者优惠政策必须保持一致。同时，各省级项目办要按照《关于开展从大学生“村官”等服务基层项目人员中考试录用公务员工作的通知》(人社部发[2010]52号)等文件精神，协助省级人力资源和社会保障部门落实相关规定。

第二，组织保障。

加强日常管理和年度考核工作。省级项目办应完善基层项目办考评机制，强化定期考核与督导工作，原则上每500名志愿者配备1名管理员，服务县、高校项目办应指定专人负责。全国项目办今年起将对服务县、高校项目办进行年度考核。

第三，经费保障。

志愿者补贴：志愿者服务期间，中央财政给予一定生活补贴。生活补贴为每人每月760元。同时，志愿者所在地列入国家艰苦边远地区津贴范围的，执行所在地科员艰苦边远地区津贴标准(一类区65元，二类区120元，三类区215元，四类区515元，五类区900元，六类区1 490元)，按月发放。交通补贴按志愿者家庭所在地和服务地之间的实际里程发放，每年发放两次。志愿者所在服务县、服务单位要帮助他们解决生活、工作中遇到的实际困难和问题，有条件的可给予志愿者适当补助。

志愿者人身意外伤害、医疗保险费用：相关保险由全国项目办统一投保大学生志愿服务西部计划志愿者综合保障险。保费每人200元人民币。人身意外伤害、身故(含疾病身故)保险责任，保额15万元，住院医疗保险责任，保额16万元，疾病门诊责任，保额5 000元。

志愿者体检费：由中央财政按照人均200元的标准给予支持。全国项目办在志愿者到岗后按照各省实际到岗人数110%一次性拨付给招募省项目办，由省项目办根据实际情况分配。

【阅读资料】

选择西部，因为那里需要我

在长治学院鸟鸣林幽的校园里，笔者见到了张××。学习电子信息和物理系专业的她，高高的个子，一头长发干净利落地扎在脑后，显得很干练。当笔者说明来意后，大方的张××指向一处被茂密的树叶遮挡住的白色走廊说："我们到那边谈吧，那里安静。"

来到白色走廊，张××就对笔者讲起她报名参加"服务西部计划"的想法。"我是屯留县人，从小长这么大还没有出过远门呢，如果这次大学毕业去西部支教成功的话，也就可以实现我的这个愿望了。"张××话音一落，不好意思地向上扶了扶眼镜，看着笔者问："我的这个初衷不狭隘吧?""哪里，很真实的想法，应该到外面走一走。"笔者对她说。"是啊，西部是一片神奇的土地，我选择西部，就是想去看看她的魅力。"张××说，"我觉得到西部能够实现我的梦想。"

张××的梦想很有志愿者的味道。她说："我的梦想就是尽自己的力量去帮助那些需要帮助的人，在帮助他们的同时体现自己的价值，而且还会收获很多快乐。”喜欢助人为乐的张××自从考上长治学院后，就热衷于参加学校组织的志愿服务活动。去年暑假，没有回家的她在市创建文明城市活动中，以一名大学生志愿者的身份担任文明监督员，在市区街道对卫生环境、消防等方面进行监督。“选择去西部服务，可以让我得到锻炼。”张××说，“我愿意去青海灾区服务，那里自地震后就让我很牵挂，现在那里的重建工作已经开展，肯定需要我们这些大学生志愿者去服务、去建设。”“现在虽然是报名阶段，但我希望自己能够通过审核，去西部实现我帮助别人的梦想，而且我现在是预备党员，更应该用行动来支援新西部的建设。”言语铿锵的张××对笔者说。

2. 引导大学生到基层就业的基础性政策

2005 年颁发的《关于引导和鼓励高校毕业生面向基层就业的意见》(中办发[2005]18 号)是大学生到基层就业的基础性政策文件，是“三支一扶”、“见习制度”、“特岗计划”等后续具体政策设计的依据，文件指出了引导和鼓励高校毕业生面向基层就业的重要意义；如何积极引导和鼓励高校毕业生树立正确的成才观和就业观；建立和完善鼓励高校毕业生到西部地区和艰苦边远地区就业的优惠政策；大力支持各类中小企业和非公有制单位聘用高校毕业生；探索建立高校毕业生就业见习制度；加大选调应届优秀高校毕业生到基层锻炼的工作力度；实施高校毕业生到农村服务计划；大力推广高校毕业生进村、进社区工作等指导性意见，作为指导性文件为地方制定鼓励高校毕业生面向基层就业的各项实施政策提供了指导思想和方针。

3.“三支一扶”(支教、支农、支医和扶贫)计划

根据国家人事部 2006 年颁布的第 16 号文件《关于组织开展高校毕业生到农村基层从事支教、支农、支医和扶贫工作的通知》要求，以公开招募、自愿报名、组织选拔、统一派遣的方式，从 2006 年起连续 5 年，每年招募 2 万名左右高校毕业生，主要安排到乡镇从事支教、支农、支医和扶贫工作。工作时间一般为 2～3 年，工作期间给予一定的生活补贴。工作期满后，自主择业，择业期间享受一定的政策优惠。招募计划侧重于经济欠发达地区。

(1)招募对象

主要是全国普通高校应届毕业生，其基本条件是：政治素质好，热爱社会主义祖国，拥护党的基本路线和方针政策；大学专科以上学历，具有工作岗位所需要的专业知识；具有敬业奉献精神，遵纪守法，作风正派；身体健康。

(2) 招募流程

“三支一扶”计划的组织招募有一套详细的工作流程，即每年 4 月底前，各地收集、汇总、上报乡镇一级教育、农业、卫生等基层岗位需求信息；每年 5

月底前，各地根据下达的招募计划，采取考核或考试的方式进行公开招募；每年7月底前，派遣“三支一扶”大学生到服务单位报到。

(3) 日常管理

县级“三支一扶”办公室要负责生活补贴、交通补贴的发放，缴纳保险费用，指导、协调服务单位落实“三支一扶”大学生的服务岗位、住宿及安全、健康、卫生等后勤保障，帮助解决其遇到的困难和问题，并对服务单位的日常管理和服务工作进行监督和检查；服务单位要负责为“三支一扶”大学生安排工作岗位，提供必要的生活条件，承担起日常管理和服务工作，并根据工作需要提供培训机会；县(市、区)团委要在每个接收“三支一扶”大学生的乡镇择优选拔1名符合条件的大学生兼任乡镇团委副书记，并负责协调落实相关任职手续。“三支一扶”大学生应遵纪守法，服从安排，虚心学习，联系群众，自觉遵守服务单位的各项规章制度，充分运用掌握的知识和技能为基层群众服务。

(4) 户档管理

服务期间，“三支一扶”大学生户口保留在原学校管理，也可根据本人意愿将户口转至入学前户籍所在地，公安机关应按规定为其办理落户手续。人事档案统一转至服务单位所在县政府人事部门，党团组织关系转至服务单位。对服务期间积极要求入党的，由乡镇党组织按规定程序办理。

(5) 考核管理

县“三支一扶”办公室负责“三支一扶”大学生年度考核和服务期满考核工作；团委会同乡镇党委进行。考核主要内容是“三支一扶”大学生的日常工作表现、业绩等。年度考核、服务期满考核材料存入本人档案，并将考核结果报省、市“三支一扶”办公室备案。服务期满考核合格的，经省“三支一扶”办公室审核，颁发由人事部统一印制的《高校毕业生到农村基层服务证书》，作为享受相关就业政策的依据。“三支一扶”大学生应按规定完成服务工作，服务期间由于身体状况等特殊原因不能继续服务的，须经省“三支一扶”办公室批准，并履行有关手续。

(6) 经费保障

“三支一扶”大学生服务期间享受一定的生活和交通补贴，各县(市、区)“三支一扶”办公室为毕业生按省“三支一扶”办公室指定的农业银行办理银行卡并负责按月发放；服务县“三支一扶”办公室按照省“三支一扶”办公室统一要求，为“三支一扶”大学生办理人身意外伤害保险和住院医疗保险。

(7) 服务期满后的具体就业服务及优惠政策

第一，原服务单位有职位空缺或有相对应的自然减员需补充人员时，要聘用服务期满考核合格的“三支一扶”大学生。相关事业单位公开招聘工作人员，应拿出不低于40%的比例聘用具有2年以上基层工作经历的高校毕业生，在同等条件下要优先聘用“三支一扶”大学生。

第二，对于准备自主创业人员，可享受行政事业性收费减免、小额贷款担保和贴息等有关政策。

第三，服务期满且考核合格的“三支一扶”毕业生可以享受一定的政策加分或同等条件优先录用。

第四，到西部地区和艰苦边远地区服务2年以上，服务期满后3年内报考硕士研究生初试总分加10分，同等条件下优先录取。

第五，服务期满且考核合格的“三支一扶”大学生，根据本人意愿可以回到原籍或到其他地区工作，凡落实了接收单位的，接收单位所在地区应准予落户。

第六，进入国有企事业单位时，由接收单位按照所任职务比照同等条件人员确定其职务工资标准，其服务期限计算为工龄，在今后晋升中高级职称时，同等条件下优先评定等。

【阅读资料】

记者从20日举行的2010年高校毕业生“三支一扶”计划实施工作电视电话会议上获悉，2009年全国共招募35 360名“三支一扶”高校毕业生。

据人力资源和社会保障部副部长张小建介绍，在招募的高校毕业生中，支教12 701人，支农9 302人，支医10 237人，扶贫3 120人。新招募人员的学历层次和整体素质有了很大提高，其中硕士及以上学历1 060人，约占3%；本科学历17 680人，占50%。

4. 农村义务教育阶段学校教师特设岗位计划(“特岗计划”)

“特岗计划”通过公开招募高校毕业生到西部“两基”攻坚县以下农村义务教育阶段学校任教，引导和鼓励高校毕业生从事农村教育工作，逐步解决农村师资总量不足和结构不合理等问题，提高农村教师队伍的整体素质。

“特岗计划”的聘期为3年。“特岗计划”实施范围：山西、内蒙古、安徽、江西、河南、湖北、湖南、广西、海南、重庆、四川、贵州、云南、陕西、甘肃、宁夏、新疆、青海、河北、吉林、黑龙江及新疆生产建设兵团。“特岗计划”的岗位设置相对集中，一般1个县(市)安排100个左右，1所学校安排3～5人。原则上安排在县以下农村初中，适当兼顾乡镇中心学校。人口较少的边境县、少数民族自治县和少数民族县可安排在农村生源占60%左右的县城学校。

(1)招募对象

“特岗计划”招募对象：全日制普通高校师范类专业应届本、专科毕业生；全日制普通高校具备教师资格条件的非师范类专业应届本科毕业生；取得教师资格，同时具有一定教育教学实践经验、年龄在30岁以下(1978年7月1日后出生)且与原就业单位解除了劳动(聘用)合同或未就业的全日制普通高校往届本科毕业生。

招募对象基本条件：政治素质好，热爱社会主义祖国，拥护党的各项方针、政策，热爱教育事业，有强烈的事业心和责任感，品行端正，遵纪守法，在校或工作(待业)期间表现良好，未受过任何纪律处分，为人师表，志愿服务农村基层教育；符合教师资格条件要求和服务岗位要求(应聘初中教师的学历要求原则上为本科及以上，所学专业与申请服务的岗位学科一致或相近)；身体条件能适应设岗地区工作、生活环境条件。

(2)“特岗计划”的相关保障政策

第一，为吸引更多优秀高校毕业生到农村学校任教，按照“自愿报名、择优选拔”的原则，对具备以下条件的报名者在面试成绩中给予适当加分：少数民族学生加2分；省级优秀毕业生、省级及以上“三好生”加4分，校级“三好生”加2分；同时具备以上几个加分条件的学生，可以累计加分，最高加分不得超过6分。

第二，参加大学生志愿服务西部计划、“三支一扶”计划支教服务且服务期满的志愿者和参加过半年以上实习支教的师范院校毕业生及生源地考生在同等条件下优先招聘。

第三，“特岗计划”教师在聘期内，由县级有关部门对其进行跟踪评估。对成绩突出、表现优秀的，给予表彰；对工作不扎实、不按合同要求履行义务的，要及时进行批评教育，督促改正；对不履行合同要求的义务，经教育仍无转变，不适合在教师岗位继续工作的，应解除协议。

第四，各设岗县(市)和学校，要为“特岗计划”教师提供必要的周转房，方便教师的工作和生活。

第五，“特岗计划”教师享受国家《关于引导和鼓励高校毕业生面向基层就业的意见》(中办发[2005]18号)、《关于组织开展高校毕业生到农村基层从事支教、支农、支医和扶贫工作的通知》(国人部发[2006]16号)和福建省规定的有关优惠政策。

第六，“特岗计划”的实施可与“农村学校教育硕士师资培养计划”相结合。符合相应条件要求的特设岗位教师，可按规定推荐免试攻读教育硕士。特设岗位教师3年聘期视同“农村学校教育硕士师资培养计划”要求的3年基层教学实践。

第七，“特岗计划”教师3年聘期结束后，对考核合格且自愿留在本地学校的，经县级政府教育行政部门审核，县级政府人事行政部门批准，由县级教育行政部门办理事业单位人员聘用手续，按照有关规定办理上编制、核定工资基金等手续，并分别报省、市(州)人事、教育行政部门备案，同时将其工资发放纳入当地财政负担范围，保证其享受当地教师同等待遇。

第八，“特岗计划”教师聘用期间，其户口根据本人自愿，可留在原籍，也可迁至工作学校所在地或工作学校所在地的县城；党(团)组织关系转至工作单位，并应积极主动参加工作单位的党(团)组织活动；特设岗位教师人事档案原则上由服务县政府人事行政部门人才服务机构免费管理。服务期满后，被国家机关、国有事业、企业单位正式录(聘)用的，在服务期间建立的工作档案和党团关系按规定转到具有人事管理权限的相关单位管理或由政府人事行政部门人才服务机构代理；其他人员的工作档案和党团组织关系直接转到原生源所在地政府人事行政部门人才服务机构。

5. 大学生创业优惠政策

近年来，为支持大学生创业，国家和各级政府出台了许多优惠政策，涉及融资、开业、税收、创业培训、创业指导等诸多方面。福建省人民政府在《关于做好2012年普通高校毕业生就业工作的通知》中，要求组织实施高校毕业“创业引领计划”，落实省委省政府确定的“支持创业促进就业”为民办实事项目，开展实训基地建设和创业培训；并先后颁布了《福建省人民政府办公厅关于进一步扶持高校毕业生自主创业的意见》和《关于鼓励扶持台湾高校毕业生到平潭综合实验区创业的意见》，完善落实创业优惠政策。主要包括：

第一，应届高校毕业生在毕业后2年内自主创业，到创业实体所在地的工商部门办理营业执照，注册资金(本)在50万元以下的，允许分期到位，首期到位资金不低于注册资本的10%(出资额不低于3万元)，1年内实缴注册资本追加到50%以上，余款可在3年内分期到位。

第二，应届高校毕业生新办咨询业、信息业、技术服务业的企业或经营单位，经税务部门批准，免征企业所得税2年；新办从事交通运输、邮电通信的企业或经营单位，经税务部门批准，第一年免征企业所得税，第二年减半征收企业所得税；新办从事公用事业、商业、物资业、对外贸易业、旅游业、物流业、仓储业、居民服务业、饮食业、教育文化事业、卫生事业的企业或经营单位，经税务部门批准，免征企业所得税1年。

第三，凡应届高校毕业生从事个体经营的，除国家限制的行业(包括建筑业、娱乐业以及广告业、桑拿、按摩、网吧、氧吧等)外，自工商部门批准其经营之日起，1年内免交登记类和管理类的各项行政事业性收费。从事个体经营的高校毕业生免交的具体收费项目主要包括法律、行政法规规定的收费项目，国务院以及财政部、国家发展改革委批准的收费项目。具体包括：工商部门收取的个体工商户注册登记费(包括开业登记、变更登记、补换营业执照及营业执照副本)、个体工商户管理费、集贸市场管理费、经济合同鉴证费、经济合同示范文本工本费；税务部门收取的税务登记证工本费；卫生部门收取的民办医疗机构管理费、卫生监测费、卫生质量检验费、预防性体检费、预防接种劳务费、卫生许可证工本费；民政部门收取的民办非企业单位登记费(含证书费)；劳动保障部门收取的劳动合同鉴证费、职业资格证书费；公安部门收取的特种行业许可证工本费；烟草部门收取的烟草专卖零售许可证费(含临时的零售许可证费)。

另外，毕业生可免交各省、自治区、直辖市人民政府及其财政、价格主管部门批准的涉及个体经营的登记类和管理类收费项目，从事个体经营的高校毕业生应当向工商、税务、卫生、民政、劳动保障、公安、烟草等部门的相关收费单位出具本人身份证、高校毕业证以及工商部门批准从事个体经营的有效证件，经收费单位核实无误后按规定免交有关收费。

第四，各国有商业银行、股份制银行、城市商业银行和有条件的城市信用社要为自主创业的毕业生提供小额贷款，并简化程序，提供开户和结算便利，贷款额度一般在2万～5万元。贷款期限最长为2年，到期确定需延长的，可申请延期一次。贷款利息按照中国人民银行公布的贷款利率确定，担保最高限额为担保基金的5倍，期限与贷款期限相同。

第五，政府人事行政部门所属的人才中介服务机构，免费为自主创业毕业生保管人事档案(包括代办社保、职称、档案工资等有关手续)2年；提供免费查询人才、劳动力供求信息，免费发布招聘广告等服务；适当减免参加人才集市或人才劳务交流活动收费；优惠为创办企业的员工提供一次培训、测评服务。

以上优惠政策是国家针对所有自主创业的大学生所制定的，各地政府为了扶持当地大学生创业，也出台了相关的政策法规，而且更加细化，更贴近实际。例如，天津市为鼓励大学生创业，给出了注册“零出资”、住宅可经营的优惠政策。对于高校大学生申办公司，降低首次出资门槛，高校毕业生申请注册资本50万元以下的公司，允许“零出资”进行工商登记，核发3个月有效期的营业执照；营业执照核准之日起3个月内注册资本到位10%，余额部分2年内缴足。申办个体工商户的大学生，可享受管理费、注册登记费、验照费等行政性收费全免的优惠政策。开辟“绿色通道”，对自主创业的大学生提供优先咨询、优先受理、优先登记。针对大学生创业面临租赁、购买经营场地困难的实际情况，允许从事服务业、创意产业等行业的大学生创业者，将住宅作为经营场所和住所登记注册。

【阅读资料】

教育部关于大力推进高等学校创新创业教育和大学生自主创业工作的意见

党的十七大提出“提高自主创新能力，建设创新型国家”和“促进以创业带动就业”的发展战略。大学生是最具创新、创业潜力的群体之一。在高等学校开展创新创业教育，积极鼓励高校学生自主创业，是教育系统深入学习实践科学发展观，服务于创新型国家建设的重大战略举措；是深化高等教育教学改革，培养学生创新精神和实践能力的重要途径；是落实以创业带动就业，促进高校毕业生充分就业的重要措施。为统筹做好高校创新创业教育、创业基地建设和促进大学生自主创业工作，教育部提出以下意见：

一、大力推进高等学校创新创业教育工作

创新创业教育是适应经济社会和国家发展战略需要而产生的一种教学理念与模式。在高等学校中大力推进创新创业教育，对于促进高等教育科学发展，深化教育教学改革，提高人才培养质量具有重大的现实意义和长远的战略意义。创新创业教育要面向全体学生，融入人才培养全过程。要在专业教育基础上，以转变教育思想、更新教育观念为先导，以提升学生的社会责任感、创新精神、创业意识和创业能力为核心，以改革人才培养模式和课程体系为重点，大力推进高等学校创新创业教育工作，不断提高人才培养质量。

加强创新创业教育课程体系建设。把创新创业教育有效纳入专业教育和文化素质教育教学计划和学分体系，建立多层次、立体化的创新创业教育课程体系。突出专业特色，创新创业类课程的设置要与专业课程体系有机融合，创新创业实践活动要与专业实践教学有效衔接，积极推进人才培养模式、教学内容和课程体系改革。加强创新创业教育教材建设，借鉴国外成功经验，编写适用和有特色的高质量教材。

加强创新创业师资队伍建设。引导各专业教师、就业指导教师积极开展创新创业教育方面的理论和案例研究，不断提高在专业教育、就业指导课中进行创新创业教育的意识和能力。支持教师到企业挂职锻炼，鼓励教师参与社会行业的创新创业实践。积极从社会各界聘请企业家、创业成功人士、专家学者等作为兼职教师，建立一支专兼结合的高素质创新创业教育教师队伍。高校要从教学考核、职称评定、培训培养、经费支持等方面给予倾斜支持。定期组织教师培训、实训和交流，不断提高教师教学研究与指导学生创新创业实践的水平。鼓励有条件的高校建立创新创业教育教研室或相应的研究机构。

广泛开展创新创业实践活动。高等学校要把创新创业实践作为创新创业教育的重要延伸，通过举办创新创业大赛、讲座、论坛、模拟实践等方式，丰富学生的创新创业知识和体验，提升学生的创新精神和创业能力。省级教育行政部门和高校要将创新创业教育和实践活动成果有机结合，积极创造条件对创新创业活动中涌现的优秀创业项目进行孵化，切实扶持一批大学生实现自主创业。

建立质量检测跟踪体系。省级教育行政部门和高等学校要建立创新创业教育教学质量监控系统。要建立在校和离校学生创业信息跟踪系统，收集反馈信息，建立数据库，把未来创业成功率和创业质量作为评价创新创业教育的重要指标，反馈指导高等学校的创新创业教育教学，建立有利于创新创业人才脱颖而出的教育体系。

加强理论研究和经验交流。教育部成立高校创业教育指导委员会，开展高校创新创业教育的研究、咨询、指导和服务。省级教育行政部门和高等学校要加强对国内外创新创业教育理论研究，组织编写高校创新创业教育先进经验材料汇编和大学生创业成功案例集。省级教育行政部门应定期组织创新创业教育经验交流会、座谈会、调研活动，总结交流创新创业教育经验，推广创新创业教育优秀成果。逐步探索建立中国特色的创新创业教育理论体系，形成符合实际、切实可行的创新创业教育发展思路，指导创新创业教育教学改革发展。

二、加强创业基地建设，打造全方位创业支撑平台

全面建设创业基地。教育部会同科技部，以国家大学科技园为主要依托，重点建设一批“高校学生科技创业实习基地”，并制定出台相关认定办法。省级教育行政部门要结合本地实际，通过多种形式建立省级大学生创业实习和孵化基地；同时要积极争取有关部门支持，推动本地区有关地市、高等学校、大学科技园建立大学生创业实习或孵化基地，并按其类别、规模和孵化效果，给予大力支持，充分发挥基地的辐射示范作用。

明确创业基地功能定位。大学生创业实习或孵化基地是高等学校开展创新创业教育、促进学生自主创业的重要实践平台，主要任务是整合各方优势资源，开展创业指导和培训，接纳大学生实习实训，提供创业项目孵化的软硬件支持，为大学生创业提供支撑和服务，促进大学生创业就业。

规范创业基地管理。大学科技园作为“高校学生科技创业实习基地”的建设主体，要把基地建设作为园区建设的重要内容，确定专门的管理部门负责基地的建设和管理；加强与依托学校和有关部门的联动，共同开展大学生实习实训和创业实践。有关高等学校要高度重视大学科技园在创新创业人才培养中的作

用，出台有利于大学科技园开展学生创业工作的政策措施和激励机制。

提供多种形式的创业扶持。大学生创业实习或孵化基地要结合实际，为大学生创业提供场地、资金、实训等多方面的支持。要开辟较为集中的大学生创业专用场地，配备必要的公共设备和设施，为大学生创业企业提供至少12个月的房租减免。要提供法律、工商、税务、财务、人事代理、管理咨询、项目推荐、项目融资等方面的创业咨询和服务，以及多种形式的资金支持；要为大学生开展创业培训、实训；建立公共信息服务平台，发布相关政策、创业项目和创业实训等信息。

三、进一步落实和完善大学生自主创业扶持政策，加强创业指导和服务工作

切实落实创业扶持政策。省级教育行政部门要按人力资源和社会保障部、教育部等《关于实施“2010高校毕业生就业推进行动”大力促进高校毕业生就业的通知》(人社部发[2010]25号)要求，与有关部门密切配合，共同组织实施“创业引领计划”，并切实落实以下政策：对高校毕业生初创企业，可按照行业特点，合理设置资金、人员等准入条件，并允许注册资金分期到位。允许高校毕业生按照法律法规规定的条件、程序和合同约定将家庭住所、租借房、临时商业用房等作为创业经营场所。对应届及毕业2年以内的高校毕业生从事个体经营的，自其在工商部门首次注册登记之日起3年内，免收登记类和证照类等有关行政事业性收费；登记求职的高校毕业生从事个体经营，自筹资金不足的，可按规定申请小额担保贷款，从事微利项目的，可按规定享受贴息扶持；对合伙经营和组织起来就业的，贷款规模可适当扩大。完善整合就业税收优惠政策，鼓励高校毕业生自主创业。

积极争取资金投入。省级教育行政部门要与有关部门协调配合，积极争取当地政府和社会支持，通过财政和社会两条渠道设立“高校毕业生创业资金”、“天使基金”等资助项目，重点扶持大学生创业。要建立健全创业投资机制，鼓励吸引外资和国内社会资本投资大学生创业企业。

积极开展创业培训。省级教育行政部门要积极配合有关部门，对有创业愿望并具备一定创业条件的高校学生，普遍开展创业培训。要积极整合各方面资源，把成熟的创业培训项目引入高校，并探索、开发适合我国大学生创业的培训项目。同时，高等学校要加强对在校生的创业风险意识教育，帮助学生了解创业过程中可能遇到的困难和问题，不断提高防范和规避风险的意识和能力。

全面加强创业信息服务。省级教育行政部门和高等学校要加大服务力度，拓展服务内涵，充分利用现有就业指导服务平台，特别是就业信息服务平台，广泛收集创业项目和创业信息，开展创业测评、创业模拟、咨询帮扶，有条件

的要抓紧设立创业咨询室，开展“一对一”的创业指导和咨询，增强创业服务的针对性和有效性。

高等学校要出台促进在校学生自主创业的政策和措施。高校可通过多种渠道筹集资金，普遍设立大学生创业扶持资金；依托大学科技园、创业基地、各种科研平台以及其他科技园区等为学生提供创业场地。同时，有条件的高校要结合学科专业和科研项目的特点，积极促进教师和学生的科研成果、科技发明、专利等转化为创业项目。

四、加强领导，形成推进高校创业教育和大学生自主创业的工作合力

省级教育行政部门要把促进高校创新创业教育和大学生自主创业工作摆在突出重要位置。要积极争取有关部门支持，创造性地开展工作，因地制宜地出台并切实落实鼓励大学生创业的政策措施。要加大对高校创新创业教育、创业基地建设的投入力度，在经费、项目和基金等方面给予倾斜。有条件的地区可设立针对大学生的创业实践项目，为大学生创业实践活动提供小额经费支持。根据工作需要，可评选创新创业教育示范校、创业示范基地。

高等学校要把创新创业教育和大学生自主创业工作纳入学校重要议事日程。要理顺领导体制，建立健全教学、就业、科研、团委、大学科技园等部门参加的创新创业教育和自主创业工作协调机制。统筹创新创业教育、创业基地建设、创业政策扶持和创业指导服务等工作，明确分工，切实加大人员、场地、经费投入，形成长效机制。

营造鼓励创新创业的良好舆论氛围。省级教育行政部门和高等学校要广泛开展创新创业教育和大学生自主创业的宣传，通过报刊、广播、电视、网络等媒体，积极宣传国家和地方促进创业的政策、措施，宣传各地和高校推动创新创业教育和促进大学生创业工作的新举措、新成效，宣传毕业生自主创业的先进典型。通过组织大学生创业事迹报告团等形式多样的活动，激发学生的创业热情，引导学生树立科学的创业观、就业观、成才观。

（三）福建省促进高校毕业生就业的意见

2012 年，福建省内高校毕业生和省外高校福建生源毕业生总数达到 23.6 万人，高校毕业生就业形势依然严峻。为贯彻落实国家有关普通高校毕业生就业工作会议及文件精神，实施更加积极的就业政策，进一步做好普通高校毕业生就业工作，根据国家有关普通高校毕业生就业工作会议及文件精神，福建省人民政府颁布了《关于做好 2012 年普通高校毕业生就业工作的通知》，并提出如下意见：

1. 继续把促进高校毕业生就业摆在就业工作的首位

第一，落实高校毕业生就业工作“一把手”工程。各级政府、毕业生就业主

管部门和各高校要深刻认识新形势下做好高校毕业生就业工作的重要意义，继续把促进高校毕业生就业放在就业工作的首位来抓，确保2012年高校毕业生离校时初次就业率不低于去年，毕业生就业质量进一步提高。

第二，加强高校毕业生就业工作经费保障。省财政厅安排专项经费用于高校毕业生就业工作，各级政府要按规定对落实高校毕业生就业相关政策、就业项目和就业服务所需资金给予保障。各高校要根据就业工作任务要求，把毕业生就业工作经费纳入年度经费支出计划，满足毕业生就业工作的需要。

2. 鼓励高校毕业生面向基层和生产一线就业

第一，统筹实施高校毕业生服务基层项目。选调生和大学生村官计划选拔2 634名、“三支一扶”计划招聘500名、志愿服务欠发达地区计划招聘300名、服务社区计划招聘300名。服务社区计划可根据实际需要，适当扩大招聘规模。在人员安排上向急需补充人才的平潭综合实验区等新增长区域倾斜，向革命老区、原中央苏区县等人才紧缺的农村基层倾斜。从2012年起，参加省级服务基层项目的高校毕业生，其服务期第一年的生活补贴每人每月提高200元，服务期第二年的生活补贴每人每月提高400元。

第二，鼓励高校毕业生面向基层就业。公务员录用考试和事业单位公开招聘考试安排专门职位定向招收服务基层项目期满考核合格的高校毕业生，强化“一对一”就业推荐服务，鼓励毕业生服务期满后留在服务单位或面向农村基层就业。省和设区市机关、平潭综合实验区管委会除特殊职位外全部招录具有2年以上基层工作经历的人员，县乡机关应积极招录高校应届毕业生。

第三，继续实施农村紧缺师资代偿学费计划和经济困难县补充农村学校教师资助计划，对到经济困难县农村学校任教的高校毕业生学费予以代偿，对经济困难县补充农村学校教师的工资性支出予以经费补助，引导高校毕业生到农村学校任教。

第四，继续为乡镇卫生院招聘培养500名临床医学专业本专科毕业生。本科毕业生经过2年临床能力培训，专科毕业生经过3年“专升本”学习和临床能力培训，取得本科学历后充实到有空编的农村乡镇卫生院工作。这部分毕业生享受省政府闽政[2011]33号文件规定的待遇。

第五，鼓励高校毕业生面向中小企业和生产一线就业。对招收高校毕业生达到一定数量的中小企业，地方财政应优先考虑安排扶持中小企业发展资金，并优先提供技术改造贷款贴息。

第六，对劳动密集型中小企业当年新招收登记失业高校毕业生达到一定比例的，可按规定申请最高不超过200万元的小额担保贷款，并享受财政贴息。

第七，对企业招收家庭困难并就业困难高校毕业生，签订劳动合同并缴纳社会保险费的，按规定给予社会保险补贴。

第八，做好高校毕业生入伍预征工作。动员广大毕业生报名预征，确保完成预征工作目标任务。积极做好入伍毕业生退役后的就业服务和升学工作。

3. 组织实施高校毕业生"创业引领计划"

第一，落实省委、省政府确定的"支持创业促进就业"为民办实事项目。依托省级高校毕业生创业培训基地，为1万名高校毕业生提供创业培训，重点扶持一批高校毕业生创业项目，支持设区市和平潭综合实验区建设高校毕业生创业孵化基地。所需经费由省财政安排。

第二，完善落实创业优惠政策。各设区市、平潭综合实验区、省有关部门要按照《福建省人民政府办公厅关于进一步扶持高校毕业生自主创业的意见》(闽政办[2011]175号)要求，出台配套措施，落实高校毕业生自主创业优惠政策。

第三，深入实施创业引领计划。建立福建省大学生创业孵化基地、福州地区大学新校区大学生创业园，为大学生创业提供办公场地、成果转化、导师扶持等服务。

第四，落实国家和省有关高校毕业生自主创业小额担保贷款和贴息优惠政策，加大金融扶持政策力度。

第五，举办第四届海峡两岸大学生创业项目对接洽谈会，为高校毕业生创业提供项目对接平台。

第六，实施千名大学生创业扶持计划，加大YBC创业计划对大学生创业在资金贷款、导师辅导等方面的扶持力度，进一步发挥高校毕业生自主创业基金的作用。

4. 进一步完善高校毕业生就业公共服务体系

第一，多渠道、多形式举办现场招聘会、网络招聘会和校园招聘会。继续办好春季、夏季全省毕业生供需见面会、行业性、区域性公益招聘会，组织乡镇(社区)卫生院、幼儿园等基层单位到高校开展供需见面活动，为毕业生提供更多就业信息服务。各级财政要为待就业毕业生免费提供档案转递、整理保管和举办毕业生专场招聘会、就业创业指导等公共服务的人才服务机构按项目给予专项补贴。

第二，开展高校毕业生就业服务月、就业服务周、民营企业招聘周、就业援助月等毕业生就业专项活动，重点促进离校未就业毕业生充分就业。

第三，加强高校毕业生就业信息化建设。省财政安排经费用于福建省毕业生就业公共网的运营管理。推广使用"全国大学生就业信息服务一体化系统"，建立和完善高校毕业生就业供求信息共享机制。培育高校毕业生网络就业市场，实现供求信息互联互通，提升福建省高校毕业生就业信息服务水平。

第四，组织实施“三年三万”见习计划。规范高校毕业生就业见习基地建设，加强就业见习基地的服务和管理。组织1万名高校毕业生参加就业见习活动，其中省级就业见习计划1 000名。省级财政从就业专项资金中安排经费，适当提高毕业生就业见习生活补贴标准，对省级千名就业见习计划予以经费补贴，并继续对龙岩、三明、南平、宁德市实施高校毕业生就业见习计划予以经费补助。

第五，鼓励见习单位吸纳毕业生参加就业见习。见习单位支出的见习补贴相关费用，不计入社会保险缴费基数，符合税收法律法规规定的，可在计算企业所得税应纳税所得额时扣除。

第六，加强高校毕业生职业培训促进就业。依托职业院校、公共实训基地和各类职业培训机构，面向高校毕业生开展就业技能培训；引导高校毕业生积极参加职业技能鉴定，按规定取得相应职业资格证书或专项职业能力证书。高校毕业生在毕业年度内参加就业技能培训，培训合格并通过职业技能鉴定取得初级以上职业资格证书(未颁布国家职业技能标准的职业应取得专项职业能力证书或培训合格证书)的，按规定给予培训补贴。对企业新招收毕业年度高校毕业生，在6个月之内开展岗前培训的，按规定给予企业职业培训补贴。对高校毕业生在毕业年度内通过初次职业技能鉴定并取得职业资格证书或专项职业能力证书的，按规定给予一次性职业技能鉴定补贴。

第七，做好家庭经济困难、就业困难高校毕业生的就业援助工作。各高校要针对就业困难毕业生建立帮扶台账，积极开展“一对一”帮扶，优先推荐，提供至少“一次个体咨询、一次技能培训、一次就业补贴”。各地要积极开发基层公益岗位，优先招聘“双困”毕业生就业。

第八，各城市要按照《国务院关于进一步做好普通高等学校毕业生就业工作的通知》(国发[2011]16号)要求，取消高校毕业生落户限制，允许高校毕业生在就业创业地办理落户手续。

5. 认真做好高校毕业生就业指导服务

第一，各高校要完善毕业生就业工作基础建设，确保毕业生就业工作“机构、人员、经费、场地”四到位。建立职业生涯发展和就业创业指导课程体系，并结合实际为学生提供个性化辅导，提高就业指导的针对性和有效性。

第二，各高校要加强毕业生的实践教学和实习实训，鼓励高校与行业企业实施多种形式的“订单式”人才培养，积极推行“双证书”教育。继续实施大学生职业能力提升计划，开展职业生涯规划大赛等活动。

第三，研究制定从事毕业生就业指导工作人员职称评审办法。举办全省毕业生就业工作业务培训班，加强对就业工作人员特别是新建院校和民办院校就业指导教师的培训。发挥省大中专毕业生就业创业促进会在开展就业指导、就业培训、就业理论研究等方面的作用，加强与港澳台高校毕业生就业工作的交流与合作。

6. 做好高校毕业生就业工作督促检查

第一，组织开展高校毕业生就业创业政策、就业项目等落实情况的督查和高校毕业生就业工作检查评估，推动毕业生就业工作各项政策措施落实。

第二，加强就业形势研判与统计分析。各设区市、平潭综合实验区管委会和各高校要加强毕业生就业动态监测，继续实行高校毕业生就业进展情况月报制度、高校毕业生就业情况校内公示制度和离校未就业高校毕业生就业统计月报制度。

第三，切实维护就业安全和校园稳定。加强大型毕业生招聘会的规范管理和安保工作，防止重大安全事故发生。注意防范招聘欺诈和传销陷阱。加强就业困难毕业生心理援助工作，及时化解潜在矛盾。组织开展高校毕业生文明离校教育活动，做好毕业生离校前的管理和服务工作。

第二节　就业程序要熟知

一、Offer 的签订与相关事项

如果说大学生的职业生涯规划是为其将来科学地择业就业奠定基础，求职准备是为其成功就业提高成功率，那么，签约就是大学生落实就业的关键一步。在大学生找工作的这一年，总是听到有同学说“我拿到 Offer 啦!”Offer 是什么?

【阅读资料】

2010 年 11 月 2 日，华中科大自动化专业大四男生谭超文向中兴移动公司寄出了三方协议。至此，他为期 1 个多月找工作的传奇经历告一段落：狂投近 160 家企业、面试超过 40 场后，他最终接到 12 家单位的录用通知。谭超文也由此被同学们称为“Offer 帝”。

身穿蓝色外套，戴一副金属眼镜，22 岁的谭超文青涩中透着自信。昨日接受采访时，他告诉记者，实际上，被拒的次数远远多于成功的次数。“找工作时的心态很重要。最后的结果虽然自己不能决定，但我至少珍惜过每个机会，并曾为之去拼搏奋斗。”

中兴移动公司总部位于深圳，其官网介绍，该公司是中国最大的通信设备制造业上市公司。在与该公司签约的前晚，谭超文在网上发表了一篇题为《决定签约了，谈谈自己找工作的经历和收获》的帖子。此时，他已拿到虹天软件、玉柴集团、中兴移动、MPS、中石油西气东输管道公司、华锐风电、宇通客车、中核集团、上海电气集团、国电南京自动化、上汽依维柯红岩和联芯科技公司12家企业的Offer。

在网络的跟帖反馈中，谭超文找工作的丰富收获引来不少同学羡慕的目光。不过，也有同学质疑，找工作首先要有目标，只拿自己该拿的，拿多了不是耽误别人的机会吗？对此，谭超文解释：一直在寻找最适合的岗位，只要是自己不要的Offer，都直接拒绝了，没有拖延时间。

据了解，谭超文所投的岗位以技术类为主，包括研发、测试和国外技术支持等。该系辅导员付君告诉记者："今年的就业形势比较好，同学中拿到四五个Offer的并不稀奇，但拿到12个Offer确实少见。"

(一)Offer的定义

Offer，全称是Offer letter，中文意思是录用信或录取通知，原本指外企或国外学校发来的表达愿意录用的一封格式类似的信件。此外，也有人说Offer是"录取通知书加全额奖学金"。

现在很多找工作的同学如果收到公司的录用通知，就会说自己收到了Offer。这里的Offer，特指用人单位提供给求职者的一个录用意向，以合同的形式提供给求职者，要求求职者在上面签字，表明求职者接受用人单位的录用意向，愿意到用人单位工作。所以，这实际上相当于求职者和用人单位签署的一个录用合同，等正式工作后，用人单位再与求职者签订劳动合同。Offer这种形式在外企中比较常见。

(二)签订Offer的注意事项

从Offer的主体来看，是大学生和用人单位，学校并不涉及其中。所以，相对于就业协议而言，Offer对大学生的约束力并不大，相应地，对用人单位的约束力也不大。有一些用人单位为了避免承担责任，发给大学生的Offer中只是很简单地写明报到时间和报到时需要携带的资料，并没有加盖公司公章，甚至只是一页简单的Word文档；不过，也有一些用人单位比较严谨，发给大学生的Offer中会详细、清楚写明录用的职位、报到时间、薪资福利、合同年限等，并且在最后加盖公司人力资源部的公章。劳动法对于用人单位发给大学毕业生的Offer没有明确的条文规定，所以，时常会发生公司发出Offer之后取消岗位拒绝录取人报到的，或录取人收到 Offer 后不到公司报到这两种情况。当这两种情况出现时，本来被录取的大学生只能有苦说不出，公司也只能是采用重新招聘或者启用候补候选人的方法。

因此，建议大学生在拿到公司的 Offer 时，要留意 Offer 里的重要信息，如果有疑惑的，要尽早与用人单位联系，落实是否被录用，以免耽误了接下来的求职机会。

【阅读资料】

两年前，刚刚从大学毕业的小陈应聘到一家大型国有企业，企业还为他支付了 5 000 元的教育赞助费，并且让他享受了 5 万元的购房津贴。同时，双方约定了 5 年服务期，并且约定在服务期内如果小陈解除劳动合同，应赔偿企业的经济损失。开始的时候，小陈的工作积极性还比较高，但是经过一段时间以后，他发现国企的工作环境并不利于自己的发展。于是，他来了个“骑马找马”，当看到报上刊登了某外企的招聘消息时，他就悄悄报了名。

几轮面试之后，该外企对小陈比较满意，很快就发了录用通知，其中还注明了工作岗位、工资报酬、工作地点、报到日期等。拿到录用通知后，小陈立即打电话给该外企的人事部经理，表示将在规定的日期内前去报到。随后他辞去了在国企的工作，并赔偿了国企的经济损失。然而，他万万没想到，就在他准备前去这家外企公司报到时，公司由于找到了更好的人选，并很快给小陈发了一封信。公司宣称没有正式录用小陈，双方也尚未签订劳动合同，公司此前发出的录用通知无效，小陈也不必来公司报到了。此时的小陈既气愤又后悔，本来好好的单位他辞了，以为到了外企会有更好的发展，谁知突生变故。

从 Offer 的用处来看，可能是用人单位没有户口接收能力的信号。有些用人单位如果不肯和大学毕业生签三方协议，而只签 Offer，那说明该用人单位无法帮高校毕业生落户，这种情况在北京和上海的企业中比较常见。因为像北京、上海、深圳这种地方受到户口指标的限制，很多用人单位确实无法帮高校毕业生落户或接收高校毕业生的档案，所以他们无法跟高校毕业生签三方协议，只能签 Offer。这时候，需要大学生考虑清楚户口对自己的作用。

这种情况下，高校毕业生将面临两种选择：第一，在毕业前找一家单位挂靠户口和档案，即和这家单位签三方协议；第二，毕业时户口和档案被打回原籍。无论哪种情况，结果都是一样的：毕业后，你的户口和档案留在挂靠单位或打回原籍，然后，你与之前签 Offer 的这家用人单位签署正式劳动合同，去该用人单位上班。

从 Offer 的约束效力看，如果要违约，怎么办？假如高校毕业生和用人单位签了 Offer，却因为各种原因又不去这家用人单位了，高校毕业生需要向用人单位交违约金。虽然 Offer 不是三方协议，但它也是你和公司之间签署的一个非正式的合同，如果在其中双方约定了违约金，那么，高校毕业生违约时必然要交违约金。还有一种情况，有些用人单位在 Offer 中并没有约定违约金，高校毕业生违约时虽然不会有金钱的损失，但会损害个人信誉。

所以，在签 Offer 之前，高校毕业生一定要考虑清楚，不要冲动行事。

(三)其他就业形式

大学生就业是当今社会非常关心的问题。国家推出了许多政策措施，引导高校毕业生多方向就业，借以缓解就业压力。这就是说，大学生在找工作时，除了应聘各类社会企业外，还可以选择以下形式实现就业。

1. 报考国家或地方公务员

国家公务员是指依法履行公职、纳入国家行政编制、由国家财政负担工资福利的工作人员。《中华人民共和国公务员法》规定：录用担任主任科员以下及其他相当职务层次的非领导职务公务员，采取公开考试、严格考察、平等竞争、择优录取的办法。公务员也因其自身的稳定性、社会认可度高吸引了广大高校毕业生的关注。从近年公务员的报考情况来看，都是异常火爆，时常出现几千名竞争者争抢一个职位的场面。这股“公务员热”的盛行，也使一些考生没有经过充分地考虑，出于从众心理就盲目应考。因此，在报考公务员之前，建议大学生一定要理性、科学地进行自我认知和职业分析，看看自己是否真的适合做公务员。

【阅读资料】

牵动人心的 2011 年国家公务员考试报名终于在 10 月 24 日 24：00 落下帷幕，通过数据分析可以看到，截止到 24 日 24：00，共计 1 294 520 人通过审核，报名总人数将与去年持平或略低。

到报名截止时，2011 年国家公务员考试的平均招录比达 79.9：1。而去年的同一时刻，该比例是 87.3：1，最终的招录比是 93：1。考虑到 2010 年国家公务员考试中，很多考生因各种原因弃考，最终参加考试有 92.7 万人，实际招录比为 59：1。

今年报名截止时，竞争比例最高的职位是国家能源局能源节约和科技装备司节能与科技处主任科员及以下职位，竞争比例已达 4 889：1。而去年竞争比例最高的职位是科学技术部国际合作司欧洲处主任科员以下一职，竞争比例是 4 224：1，考虑到该职位在去年报名截止时的竞争比例为 4 080：1，所以今年的这一比例还有上升的余地，有望突破 5 000：1。

2. 出国留学

出国留学在如今已经不是稀罕事，许多大学生在刚迈进大学校门时就做了出国留学的准备。国家教育部门在出国留学方面，也为广大学生提供便利，如举办留学交流会，把国外知名大学请进中国，让学生、家长与国外大学的招生部门直接对话，提高留学申请的成功率。考虑出国的同学需要客观地评估自身的学习能力、生活能力，还有家庭的经济能力等。

【阅读资料】

求职受挫，让越来越多的人选择出国镀金。日前，记者从相关留学机构获悉，2010 年咨询和办理赴国外读研的学生较往年相比明显上升。2010 年的整体留学人数在 28 万～30 万人，与去年相比增长近 30%。其中，研究生留学人数占整体留学人数的 55%～60%，可见，到海外读研已经成为新趋势。

留学专家指出，出国留学人数不断增长的原因有以下几个方面：第一，国内经济快速发展，GDP 增长、人民币汇率升高使得赴海外留学成本降低；第二，国外高质量的教育水平及实用性对于中国学生和家长具有吸引力；第三，目前国内就业压力也让本科毕业生寻找更好的出路。第四，还有很多学生工作一段时间后，发现需要充电，而国内的研究生考试相对严格、学习时间长，促使很多学生出国考研。

美国、英国、加拿大、澳大利亚为主要英语留学热门国家；日本、法国、德国、西班牙、韩国是一些小语种留学热门国家。专业以商科类的金融、会计、商务管理、市场营销、物流，理工类的计算机、产品设计、生物工程、机械工程，为学生主要选择的传统的热门专业；新兴的热门专业有服装设计、建筑、城市规划、汽车设计和制造、食品研究、美容美发、奢侈品研究等专业。

3. 自主创业

现在，有很多大学生在毕业时选择自主创业。国家出台了许多鼓励大学生自主创业的政策措施，学校也推出了大学生创业的配套办法。如今，有创业理想的大学生越来越多，如何使自己的创业梦想能成为现实？本书第九章至第十一章针对创业有具体地讲述，这里不再赘述。

4. 继续学习深造

本科毕业的同学可以再考研，研究生毕业的同学可以考博，不少同学在毕业的时候会选择继续深造的方式。无论是专升本、考研，还是考博，对自身素养、学识的提高都有着积极作用。但是，如果选择在学业的道路上继续深造，那么需要充分评估自身的学习能力、对学科的兴趣、家庭因素等，不应该为了躲避就业压力而盲目地继续深造。

【阅读资料】

2011年全国研究生(论坛)考试网上报名近日已经开始。据记者了解，近两年来，由于本科生就业竞争激烈，很多大四学生选择考研来缓解就业压力，考研大军队伍不断壮大。据教育部统计，2010年考研报名人数达到了140万人。

5. 选聘村官

大学生村官，是指筛选的专科以上学历应届或往届毕业生，担任村党支部书记助理、村主任助理或其他“两委”职务的工作者。2005年7月，中央办公厅、国务院办公厅下发《关于引导和鼓励高校毕业生面向基层就业的意见》；2008年3月，中央组织部会同教育部、财政部、人力资源和社会保障部召开选聘高校毕业生到村任职工作座谈会，部署选聘高校毕业生到村任职工作，大学生“村官”工作进入一个全面的发展时期。

【阅读资料】

“麻雀虽小，五脏俱全。”“村官”虽小，舞台亦大。“村官”，共和国官录里没有品级的“官”衔，他们是支撑国家大厦的基石。正所谓“上面千条线，下面一根针”，如果不充分调动好千百万名村官的工作积极性和主动性，那么，带动一班人、致富一村人，又从何谈起！

6. 志愿服务西部

大学生志愿服务西部计划，是团中央、教育部根据国务院常务会议、《国务院办公厅关于做好2003年普通高等学校毕业生就业工作的通知》和2003年全国高校毕业生就业工作电视电话会议精神的要求而实施的，财政部、人事部给予相关政策和资金支持。这项计划从2003年开始，按照公开招募、自愿报名、组织选拔、集中派遣的方式，每年招募一定数量的普通高等学校应届毕业生，到西部贫困县的乡镇从事为期1～2年的教育、卫生、农技、扶贫以及青年中心建设和管理等方面的志愿服务工作。志愿者服务期满后，鼓励其扎根基层，或者自主择业和流动就业，并在其升学、就业方面给予一定政策支持。有志愿投身于西部服务的大学生可以向辅导员和学校就业机构咨询相关报名手续。

【阅读资料】

6月12日上午，团中央、教育部联合召开会议，全面部署大学生志愿服务西部计划。消息传来，13日上外校园的海报栏上便张贴出了最新的海报。一时间“志愿服务西部”成了同学们之间的热门话题。“发展西部，平衡东西部之间的发展是我们国家当前亟须解决的问题之一”，“支持西部的发展”，“人才不能都集中在东部发达地区”……一位在海报栏前驻足观看的法学院同学的话最有代表性："这个计划和国家的科教兴国、人才强国战略和西部大开发战略是相统一的，具有重要的现实意义。对我们来说，我们讲的应该是全中国，而不只是东部；应该是共同富裕，而不只是东部发达地区的小康。"这位同学的话也反映了绝大多数接受采访的同学的心声：为西部建设作贡献，我们每一个人都有责任。

"西部开发，有利于中国现代化的经济建设，有利于提高那里人民的生活水平，有利于推动那里孩子们的教育程度，为全面提高我国的综合国力和科技水平起了关键的作用。"法学院大四的张明同学说，"我们刚刚从学校毕业，这个计划正好给我们一个展示的舞台，我们年轻人有热情，有干劲，对我们来说，既是个机遇，也是个挑战，我们可以把在课堂上所学的知识用到对西部的开发建设中去。"

俄语系大三的孙同学说："我认为，'志愿服务西部'计划对大学生、对国家而言，都是有利的。首先，对国家来说：国家现在的政策是开发西部，开发就需要人才，大学生作为国家培养的人才，当然是最佳人选。对于我们大学生来说，也是有好处的：当代的大学生，多数都是独生子女，可以说，从小娇生惯养，没有什么经历风雨的机会，如果能到西部去锻炼1～2年，对我们来说，是很好的历练的机会，面对一个完全陌生的环境，什么事情都要依靠自己，这对学生的成长有很大的帮助。当然，其中可能会有失败经历，但那也是对心理承受能力的考验。"

"西部正处在开发的前期，可能在硬件设施上有不完善的地方，这也成为许多人不愿意去的理由，但是，这恰恰也是我认为最值得去的理由，从一无所有的艰苦奋斗到事业成功的硕果累累，这一个过程，不是很值得我们大学生去试一下的吗?"孙同学的话充分体现了大学生的热情与干劲。

7."三支一扶"服务基层

"三支一扶"，是指大学生在毕业后到农村基层从事支农、支教、支医和扶贫工作。国家人事部2006年颁布的第16号文件《关于组织开展高校毕业生到农村基层从事支教、支农、支医和扶贫工作的通知》，其目的在于为高校毕业生向基层单位落实就业问题提供具体的指导和保障。工作时间一般为2～3年，志愿者在工作期间给予一定的生活补贴。工作期满后，志愿者可自主择业，择业期间享受一定的政策优惠。需要了解"三支一扶"的大学生可以向辅导员和学校就业机构咨询相关报名时间、程序等。

8. 选调生

选调生是指各省、区、市党委组织部门有计划地从高等院校选调的品学兼优的应届大学本科及其以上的毕业生的简称，这些毕业生将直接进入地方基层党政部门工作，作为党政领导干部后备人选和县级以上党政机关高素质的工作人员人选进行重点培养。选调生也是国家公务员。

9. 参军入伍

大学生参军，是指征集普通高等学校应届毕业生入伍，是适应新时期国防和军队现代化建设需要，进一步优化兵员结构，提高部队战斗力，加强基层指挥军官队伍建设，增强退役士兵就业能力的重要举措。包括根据国家规定批准设立、实施学历教育的普通本科、高职(专科)等全日制公办民办学校当年毕业的学生。被批准入伍的各级各类学校应届毕业生(含翌年毕业的毕业班学生)退役后，政府也有相应的安置措施。

【阅读资料】

携笔从戎参军去

2010 年 10 月 23 日上午，2010 年天津冬季征兵宣传周活动分别在长虹公园、西沽公园、鼓楼商业街及意式风情街等地开展，来自南开大学、天津大学、天津理工大学、天津中医药大学等 7 所高校，12 个基层街道等单位的工作人员参加了此次宣传。

现场，不仅大学生积极报名，一些高校毕业的有志青年也非常踊跃。今年从天津体育学院本科毕业的王墨告诉记者："我从小就向往军营，早就知道大学生可以参军入伍，父母鼓励我毕业后，学业有成再报效祖国，得知今天的征兵宣传活动，大清早就赶来应征报名。而且，我是一名中共党员，更应该做表率。"来自万兴街道的退役老兵刘磊昨日也来到宣传现场，介绍了自己短暂的军旅生涯和心得体验，鼓励有志青年踊跃参军，为国防现代化做贡献。

二、就业协议的签订

就业协议是《全国普通高等学校毕业生就业协议书》的简称，又称三方协议，它是明确毕业生、用人单位和学校在毕业生就业工作中权利和义务的书面表现形式。就业协议一般由国家教育部或各省、市、自治区就业主管部门统一制表。作为学校列入派遣计划依据的就业协议，由学校发给，毕业生签字，用人单位盖章，毕业生本人保存一份作为办理报到、接转行政和户口关系的依据。协议在毕业生到单位报到、用人单位正式接收后自行终止。

(一)就业协议的作用

第一，就业协议是毕业生就业和用人单位接收毕业生的重要依据。在毕业生就业制度中，为了合理配置劳动力资源，充分发挥人才的作用，国家赋予毕业生自主选择工作的权利，同时为了调动用人单位的积极性，国家把自主录用人才的权利赋予用人单位。同样具有自主权利的双方，在国家就业政策的指导下，通过双向选择，达成一致意见，并以书面的形式确定下来，这就是签订就业协议。其目的是为了保护毕业生和用人单位各自的权益，同时，它也成为毕业生就业和用人单位录用毕业生的重要依据。

第二，就业协议是学校实施毕业生就业管理、编制就业方案的重要依据。国家为宏观控制毕业生流向，保障急需人才的补充，就要使就业具有一定的计划性。因此，学校要以就业协议为依据编制毕业生就业的建议性方案，报上级毕业生就业主管部门审批。同时，学校为了加强对毕业生就业工作的管理，维护毕业生和用人单位的合法权益，保持与用人单位的合作关系，维护高校自身的信誉，要参与就业协议的签订并监督执行。

第三，就业协议是进行毕业生派遣的根据。国家颁布的《普通高等学校毕业生就业工作暂行规定》明确规定了地方主管毕业生调配部门和高等学校依据三方《就业协议书》，按照国家下达的就业计划，向毕业生核发报到证，进行派遣。派遣毕业生统一使用《全国普通高等学校本专科毕业生就业报到证》。就业协议是进行毕业生派遣的依据，学校根据政府审核批准的就业计划，发给《毕业生就业报到证》，毕业生持报到证在规定的时间内到指定单位报到，并办理户籍关系的迁移。

第四，就业协议是进行劳动统计的重要依据。就业协议能够准确反映用人单位的劳动需求，反映劳动力市场对毕业生的需求状况。学校每年依据就业协议来编制就业计划，落实当年的就业率指标，给国家提供相关就业数据。同时还可以通过对就业信息进行统计、分析和对比，及时调整专业学科设置，促进教学改革，使其更好地适应劳动力市场需求。

第五，就业协议可维护和保护各自的权利和利益。办理就业协议有利于明确用人单位和毕业生各自的权利和义务，保护各自的权利，维护各自的利益。

【阅读资料】

毕业生隐瞒已与用人单位签约的事实，又以协议书遗失为由申领新协议，一律按违约处理，并将处理结果通报用人单位。使用他人就业协议签约的、伪造就业协议的、私制公章的毕业生，学校将作严肃处理，触犯法律的，依法追究法律责任。学院就业指导中心视情节轻重，报大中专就业指导中心批准，不再负责其就业，该生户口、档案转至原户籍所在地，按社会待业人员处理。

(二)就业协议的签订原则

就业协议的签订原则是指毕业生、用人单位、学校三方在订立就业协议时必须遵循的基本准则。

1. 主体合法原则

签订就业协议的当事人必须具备合法的主体资格。

对毕业生而言，就是必须要取得毕业资格，如果学生在报到时未取得毕业资格，用人单位可以不予接收而无须承担法律责任。

对用人单位而言，用人单位必须具有从事各项经营或管理活动的能力，单位应有录用指标和录用自主权，否则毕业生可解除协议而无须承担违约责任。

对高校而言，高校应根据用人单位的要求如实介绍毕业生的在校表现，也应如实将所掌握的用人单位的信息发布给毕业生。高等学校在毕业生签订就业协议过程中应进行监督和指导。

2. 平等协商原则

当事人在签订就业协议时的法律地位是平等的，一方不得将自己的意志强加给另一方。

学校不得违反国家关于毕业生就业工作相关规定而采用行政手段要求毕业生到指定单位就业(不包括有特殊情况的毕业生)，用人单位也不应在签订就业协议时要求毕业生交纳过高数额的风险金、保证金。毕业生、用人单位、学校的权利义务应是一致的。除就业协议规定内容外，三方如有其他约定事项可在协议“三方”内容加以补充，确定。

【阅读资料】

无效协议

无效协议是指欠缺就业协议的有效要件或违反就业协议订立的原则，从而不发生法律效力的协议，无效协议自订立之日起无效。

第一，采取欺骗等违法手段签订的就业协议无效。

第二，就业协议未经学校审查同意，学校将不予列入就业方案，不予办理就业报到手续。

(三)就业协议的签订步骤

就业协议的签订是毕业生和用人单位在供需见面、双向选择后达成一致意见的结果。就业协议的签订一般要经过以下程序：

第一，毕业生本人在就业协议上以文字的形式，签署自己同意到选定单位工作的意见，同时签署本人姓名。

第二，用人单位在就业协议上签署同意接收该毕业生的文字意见，并签名盖章，用人单位应在就业协议上注明可以档案存放的名称和地址。如果用人单位没有人事决定权，则需报用人单位上级主管部门批准盖章。

第三，用人单位或毕业生将就业协议送学校毕业生就业指导中心。

第四，毕业生所在院(系)和学校毕业生就业指导中心对就业协议(一式三份或四份)签署意见并签字盖章。毕业生、用人单位、学校、院(系)各执一份。

第五，学校依据就业协议的内容填报毕业生生源库，由上级主管部门统一审核、打印、签发《全国普通高等学校毕业生就业报到证》。

(四)签订就业协议的注意事项

就业协议明确三方的权利和义务，具有法律约束力，也涉及毕业生的切身利益，因而毕业生在就业签约时应注意以下几个问题，以切实维护自身在就业中的合法利益。

第一，查明用人单位的主体资格。对以下信息一定要先有所了解：企业的发展趋势、招聘的岗位性质、员工培养制度、待遇状况、福利等相关内容，最好实地考察。此外，还需要重点了解用人单位的人事状况，是否具有应届毕业生的接收权，是否具备合法的主体资格。一般而言，用人单位必须具有从事各项经营或管理活动的资格，应有录用指标或者录用自主权。

第二，协议的内容必须规定合法。就业协议一般由主管部门事先拟定，对毕业生和用人单位起示范作用。毕业生与用人单位经协商，还可以增加相关条款。但由于用人单位往往处于相对的优势地位，毕业生在与用人单位签约时，应尽量采用示范条款，防止权益遭受侵害。

第三，对协议的解除条件做事先约定。就业协议一经订立，就对当事人具有约束力，一方不得随意解除，否则应承担违约责任。毕业生如对用人单位情况不是很了解或感到不完全满意，但又担心就业市场的变化，一旦放弃后，另行就业可能更困难；或本人正在准备考研或出国。在这种情况下，毕业生可与用人单位在就业协议中就解除条件作约定。若约定条件一旦成立，毕业生可依约解除协议，而无须承担违约责任，避免产生经济损失或其他争议。就业协议中可以规定违约金的数额，一般上限是不超过 12 个月的工资总和。

第四，注意与劳动合同的衔接。由于就业协议签订在先，为避免在日后订立劳动合同时产生纠纷，应尽可能将劳动合同的主要内容体现在就业协议的约定条款中，并明确表示在今后订立劳动合同时应予确认。因而，毕业生在就业过程中应就劳动报酬、试用期、住房、劳动期限等劳动合同的主要条款与用人单位事先协商，体现在就业协议中，而不应只做口头约定。

【阅读资料】

高校毕业生在签订就业协议之前，一定要把下面几个问题弄明白，千万不能糊里糊涂地把自己“卖”了。

一、户口

要问清楚，这个单位是“保证解决户口”、“尽力解决户口”、“不保证解决户口”还是“不管户口”。尤其对于签约北京、上海等地区的同学，这点非常重要。因为北京、上海对于外地院校的外地生源毕业生的落户管得比较严，所以，用人单位能否给你解决户口，这点非常重要。一般来讲，大多数国企、事业单位、研究所、公务员都是有能力解决户口的，但是，除了公务员外，其他还是要问清楚。外企和私企解决户口的能力跟前面的单位比要差很多，但是不同的单位也有很大的差别，像IBM、华为每年就能拿到很多名额。所以，对于这些单位，更要问清楚，到底有多大可能性解决户口。

至于户口到底重不重要，有什么用，网上讨论过无数遍，只能说：你认为重要，它就重要；你认为不重要，它就不重要。个人觉得很重要，因为如果你想在一个城市长期发展的话，户口的作用是非常大的。以北京为例：如果没有北京户口，当你想跳槽时，会发现能选择的单位很有限，因为很多单位招人时，往往都要求北京生源、北京户口，没有北京户口，也无法参加北京市公务员考试。这是户口带给我们的直接影响，长远地看，还有结婚、出国、子女就学、业务往来等各方面都会受到影响。当然，如果你将来想出国，或不想长期在北京等地工作，那么北京户口对于你可能就不重要了。

对于大多数人来说，要想获得北京、上海等地区的户口，基本上只有毕业这一次机会。这点，请找工作的同学想清楚。如果用人单位保证为你解决户口，当然最好。但如果用人单位不解决户口，那么记住：绝对不能和它签三方协议，某些不管户口还拿你三方协议的单位是极不负责任的，一定要当心受骗。这种情况下，通常是通过个人关系去联系有富裕指标的单位，跟他们签三方协议挂档案，而跟你就业单位签劳动合同；要么在天津或其他地方找家单位挂靠，通常是跟他们签三方协议，他们负责帮你落户并保留档案，各个学校会有相应的挂靠信息；要么等待毕业时户口和档案被打回原籍。特别说明的是，对于那些“尽力解决户口”、“不保证解决户口”的单位，跟你签了三方协议，实际上你就要承担一定风险。一旦最后没给你落下，那么算单位违约，三方协议必然要退给你，你再回学校办改派。大多数情况下，户口和档案会被打回原籍，因为那时再签约别的单位可能性已经不大了。

同时，户口的去向直接和报到证的派发相关联。原则来说，回原籍的毕业生户口是哪来回哪去，个别办理过“蓝印户口”的毕业生，如果想让户口回到当地，要么有接收单位，要么和当地人才市场签订协议，否则无法使户口落地。

二、待遇

待遇是签约前必然要谈的部分。这里面的因素非常多，但记住：不要看面上的钱，也不要看人力资源部门说可能的收入，要看你实际真正能到手的年收入，以及当地的消费水平。待遇主要包括工资、奖金、补贴、福利、股票(期权)、保险、公积金。以下具体介绍各部分应注意的细节。

工资：一定要问清楚是税前还是税后，这点不用多说。另外，还要问清楚，发多少个月。例如，税前工资7 000元，发13个月，则年收入7 000×13＝91 000元。很多单位有年底双薪，还有一些单位会发14～16个月不等。所以，一定要看年收入。

奖金：很多单位奖金都占收入很大一部分，如有季度奖、年终奖，另外还有项目奖，有些就没有奖金。不同的单位情况不同，奖金的数额也不一样，通常几千至数万不等，所以关于这一点，一定要问清楚，而且要问确定能拿到的奖金最低数。

补贴：有些单位会有各种补贴，如通信补贴、住房补贴、伙食补贴等。有些单位这些补贴加在一起收入会非常可观，也要问清楚。

福利：对于一些国企和事业单位来说，往往会有一些福利，如过节费、防暑降温费、取暖费、购物券、电影票、生活用品等。这些最好跟内部的师兄、师姐打听一下。

股票：对于很多公司来说，股票是他们提供的非常有诱惑力的福利。一般来说，已经上市的公司提供股票的可能性不大，反倒是一些即将上市的公司提供股票的可能性很大。

保险、公积金：即常说的“五险一金”。五险指的是养老保险、医疗保险、失业保险、人身意外伤害保险、生育保险；一金指的是住房公积金。这些是国家规定的，企业不得以任何理由拒绝为你缴纳，而且个人和企业出的比例是有规定的。但是要注意的是缴费基数，很多单位在这上面做文章。例如，你的工资是5 000元，他们以2 000元为缴费基数，也就是说，用它去乘固定的比例给你缴纳五险一金，对此，一定要问清楚缴费基数。有些单位公积金比例上的非常高，所以你工资扣得也很多，那意味着公司交的钱更多，而一旦买房时，这些钱都是你自己的，所以，这部分收入不能忽视。此外，有些单位还会向你提供补充医疗保险、补充养老保险、补充意外保险、住房无息贷款或经济适用房等，也要问清楚。把这些收入加起来，得到年收入。然后再考虑工作地的工资水平和消费水平。

三、工作内容

要问清楚自己的具体职位，这个职位的工作内容，在公司所处的地位。一般来讲，如果是公司的核心业务部门，会比较受重视，发展前景会更好，如果是其他辅助部门，可能受重视程度会差一些，当然没有绝对的，关键还要看你的工作有没有技术含量，对于你个人能力的提高、职业生涯的发展有没有帮助，对于你跳槽、升职有没有帮助。

四、加班/出差情况

对于有些公司来说，加班是在所难免的；而对于有些职位来说，频繁的出差也是在所难免的。对于这些，要提前有所了解，有思想准备，如果自己不能忍受长期的加班、出差，建议不要签。另外，要问清楚加班是否有加班费。另外，就是出差补贴。一般来讲，出差基本是不需要你花钱的，而且很多公司会有额外的出差补贴，这个也要问清楚，因为都是自己的合法权益。

五、培训

对于应届毕业生来说，公司的培训体系是一个非常重要的考虑因素，如果一家公司有非常好的培训体系，那么可以让你在几年内迅速成长为一个出色的人才，对你的职业生涯无疑是有巨大帮助的。从某种程度上来讲，良好的培训是比优厚的待遇更有吸引力的。所以，在签约前，一定问清楚单位有哪些培训计划，再看这些培训计划对个人的成长是否有帮助。

六、发展机会

发展机会也是非常关键的一个因素。在找工作时，它应该作为要考虑的第一要素。试想如果有一个很好的工作机会，可以让你直接接触最先进、最核心的业务，或者可以接触到公司的高层，或者可以获得一些非常有用的客户资源，或者可以在短期内迅速进入管理层，那么其他因素又算什么呢？相反，如果你去的一家单位，机构臃肿，大家都在里面混，或者上面的人一直压着你上不去，即使给你开出很高的工资又有什么意义呢？当然，如果你希望稳定，这样的单位也是不错的选择。在考虑发展机会这个因素时，应主要考虑以下三个方面。

行业背景：要综合考虑公司所处这个行业的背景和发展现状，更重要的是，要对这个行业的发展前景有准确的预测。最好选择处于快速发展阶段的行业。

公司背景：要考虑这家公司在行业中所处的地位，目前的发展状况、经营业绩及未来的发展预期，最好选择处于快速发展阶段的企业。

个人机会：要看自己所处的部门在公司的地位，自己的职位的升职机会、发展前景。总之，部门越重要越好，人越少越好，这样你的机会越多。

七、签约年限及违约金

一般单位签2年，也有签5年的，还有的单位签1年。此外，有的单位还有保密期，有的单位会和你签一个竞业禁止合同，不同单位情况不一样。同时，违约金也会有相关规定。一般来讲，违约金特别高的，要慎重签约，因为很可能是单位不好，留不住人，才通过高额的违约金来拴住你。

八、三方违约金

三方违约金和劳动合同违约金是不一样的，它只约束你在去公司报到前的行为，所以，也要清楚三方违约金。千万不要主动问，通常公司在签约时会主动跟你说，三方违约金是多少，然后写到就业协议的备注栏里。目前大多数公司不要三方违约金。

九、公司口碑

这一点也非常重要，要通过其他途径去打听。具体的，可以到互联网上搜索关于这家公司的评价，也可以问问在里面工作的师兄、师姐或其他熟人，打听一下，大家对这家公司的评价。如果大多数人对这家公司都是负面评价，那建议还是要慎重考虑。

接下来，在和公司正式签就业协议时，要注意以下事项：

如果你非常想去这家单位的话，就在个人意见栏填写“同意到×××单位工作”。

如果对方向你承诺解决某地户口，一定要把这一条写到三方后面的备注栏里，如“××公司承诺为本人解决××地区户口”，这是维护自己的正当权益。当然，公司也会在里面写上“违约金×××”。

总结：签约是一件非常严肃的事，也可能是你人生中最重要的一件事，所以，请大家一定要认真对待，尽可能获取足够多的信息，听取各方面的意见，做出理性的决定。不要让自己最后后悔。

(五)就业协议的违约后果

就业协议的解除分为单方解除和双方解除。

单方解除，包括单方擅自解除和单方依法解除。单方擅自解除属违约行为；单方依法解除，是指一方解除就业协议有法律上或协议上的依据，解除方无须对另一方承担法律责任。

双方解除，是指毕业生、用人单位经协商一致，取消原签订的协议，使协议不发生法律效力。双方均不承担法律责任，但需征得学校同意。毕业生与原用人单位解除就业协议后，方可重新与其他用人单位签订新就业协议。

在不少毕业生为了找一个工作而头疼时，却有一部分同学在“忙着”毁约。就业协议违约，除毕业生本人应承担违约责任支付违约金外，往往还会造成其他不良的后果。

第一，打乱了用人单位的招人计划和后续安排。用人单位为了招聘一名新员工，往往需要做大量的工作，包括招聘前期的招聘信息发布、大规模筛选简历、组织笔试和面试、根据毕业生的实际情况调整岗位职能，甚至对签约的毕业生将要从事的工作也做好了具体安排。如果已经签约的毕业生一旦毁约，用人单位的新员工招录工作势必从头再来，重新选择其他毕业生。对用人单位来说，无论是从招聘成本，还是时间精力上，都是不小的损失。

第二，损害了学校的信誉。毕业生的违约行为往往使用人单位认为是学校的管理不严才导致的违约，对学校的推荐工作表示怀疑，从而影响了学校和用人单位的长期合作关系。从历年情况来看，一旦发生毕业生违约的情况，该用人单位往往在几年之内不愿到学校来挑选毕业生。面对激烈的就业竞争，用人单位的需求就是毕业生择业成功的前提，如此下去，必定影响到今后学校的毕业生就业工作。

第三，影响了身边同学的就业。用人单位到校挑选毕业生，一旦与某毕业生签订就业协议，就不可能再录用其他毕业生。若日后该毕业生违约，有些当初希望到该用人单位工作的其他毕业生由于录用时间等原因，也无法补缺，造成就业信息的浪费，影响其他毕业生就业。

总之，就业协议毁约，无论对用人单位、学校还是毕业生自己，都是有弊无利。因此，毕业生在就业过程中应慎重选择，认真履约。

三、毕业生人事代理

毕业生人事代理是指政府人事部门所属的人才交流机构本着充分尊重毕业生自主择业的原则，高效、公正、负责地为各类毕业生解决在择业、就业中遇到的人事方面的有关问题，并提供以档案管理为基础的社会化人事管理与服务。

已经踏上工作岗位的大学生经常遇到这样的问题：有些大学生发现自己已经在单位工作多年，忽然有一天发现自己的人事关系仍无着落；有些虽然与工作单位签订了劳动合同，但过了改派期，因为没办理人事代理，不但无法办理流动转移手续，还使自己的工龄、转正定级、评定职称、缴纳社会保险等待遇都受到了影响。这些问题的出现，都是因为大学生在毕业时没有正确处理人事代理相关事宜。

(一)人事代理的管理方式

人事代理是人事工作适应市场经济发展，从传统的人事制度向与市场经济体制转变相配套的人事管理制度转变，实行人、档分离的管理方式。人事代理业务可由单位委托，也可由个人委托，单位或个人把人事关系和档案等人事业务委托人才服务中心管理，用人单位只负责对人才的使用，档案、行政关系由人才服务中心统一管理并提供全方位人事业务服务的社会化人事管理方式。

(二)人事代理的对象

凡通过双向选择，已同外资企业、股份企业、乡镇企业、区街企业、私营企业、民办科技、教育机构、医疗机构、各种中介机构等非国有单位和实行聘用制的国有企事业单位签订《就业协议书》的毕业生；择业期内暂未落实就业单位，正在择业的毕业生；准备复习考研或自费出国留学的各类毕业生等，均应实行人事代理。

(三)人事代理的一般流程

根据毕业生的不同情况，毕业生人事代理手续办理程序是：持有接收单位签章的就业协议到省、自治区、直辖市人才中心，由省人才中心审核后签署人事代理意见。毕业生将就业协议送交所在学校，由学校统一到有关部门办理《就业报到证》、《户口迁移证》并将毕业生档案经省大学生分配办公室转交省人才中心。毕业生持《就业报到证》、《户口迁移证》到接收单位办理户口迁入手续，接收单位无集体户口的，可直接落入省人才中心集体户口。

(四)人事代理的重要性

应届毕业生办理好人事代理手续再离校，可为自己赢得广阔的就业空间及就业主动权，同时解决自己的后顾之忧。

1. 转正定级

委托人事代理的应届毕业生见习 1 年期满后，省人才中心按国家规定转正定级。转正定级虽然对在非国有单位工作意义不大，但是转正定级后意味着干部身份的正式确定，如果变动工作调入国有单位，转正定级将作为享受有关待遇的主要依据。

2. 初定职称

国家规定，全日制普通院校毕业生，见习 1 年期满后，经考核合格，即可在转正定级的同时办理初定专业技术职务手续，不需要再进行评审。具体规定是：中专毕业见习 1 年期满，定为“员”级职务；大专毕业见习 1 年期满，再从事本专业技术工作 2 年，定为“助师”级职务；大学本科毕业见习 1 年期满，定为“助师”级职务；硕士学位获得者从事本专业技术工作 3 年，定为“师”级职务，博士学位获得者定为“师”级职务。人事代理毕业生可于见习期满的当年 10 月，向省人才中心申请办理相应职务初定手续。凡属国家开考的专业，可向省人才中心报名，通过参加统考取得资格。

四、派遣与报到

《报到证》的全称是《全国普通高等学校本专科毕业生就业报到证》，是由教育部统一印制、省级高校毕业生就业主管部门签发，列入国家就业方案的毕业生才能持有的有效证件。用人单位以《报到证》为依据，接收安排毕业生工作，并转接毕业生的人事档案、户口。《报到证》一人只能一份，毕业生对《报到证》要妥善保管，凡擅自涂改、撕毁的《报到证》一律作废。毕业生无论是否落实工作单位，均可办理报到手续。毕业生领取《报到证》后，到《报到证》上指定的人事部门报到。离校时暂未落实工作单位的毕业生，应及时持《报到证》到生源所在地就业土管部门(人事局或教育局)办理报到手续。

(一)毕业生《报到证》的主要作用

《报到证》是毕业生到单位报到的证明，是毕业生参加工作时间的初始记载和凭证。毕业生到工作单位就业时，需持《报到证》，用人单位凭《报到证》为毕业生办理手续。

当地公安部门凭《报到证》为毕业生办理落户手续。

学校就业指导中心凭《报到证》及其他有关材料为毕业生办理人事档案、组织关系转移、户口迁移等手续。

(二)毕业生报到的材料准备和报到程序

已经落实就业单位的毕业生在报到时，应准备好居民身份证、《报到证》、毕业证、学位证、《户籍迁移证》、就业协议及其他要求提供的证明材料。未落实就业单位的毕业生在报到时，起码要准备好居民身份证、《报到证》、毕业证、《户籍迁移证》等材料。由于各地规定的报到手续和报到时提供的材料有所差异，所以，毕业生有必要在报到前认真咨询工作单位或工作单位所在地就业、户政主管部门。省外毕业生可根据各省毕业生就业主管部门的要求派遣，回生源所在地由当地毕业生就业主管部门帮助推荐就业；省内各市毕业生，原则上派回地级市人事局或教育局，由各市人事局或教育局帮助推荐或安排就业；没有落实就业单位的毕业生，在离校前也须转出组织关系，一般情况下，可将组织关系转往居住地(街道、乡镇)的党组织。

(三)报到可能遇到的问题及处理方法

1. 查收不到档案

毕业生档案不能自带，各高校一般在毕业生派遣(离校)后2周内通过机要部门寄送，档案寄送地址主要依据《就业协议书》“档案转寄详细地址”栏所填信息。离校前未落实单位或《报到证》未列到签约单位的，档案应发回毕业生原籍相关部门。毕业生应注意及时查收个人档案，一般应于离校后1～3个月内查收，未查收到的，需尽快通过学校就业工作部门落实档案去向，或通过学校介绍，到档案投递机关查询。

2.《报到证》丢失

《报到证》是毕业生就业报到的凭证。如在报到期限内丢失，要及时在丢失地登报声明作废。然后，个人写出申请，由学校出具证明，到原签发《报到证》的上级就业主管部门申请补发。

3. 用人单位无故解除协议

毕业生、用人单位签订就业协议后，任何一方不得擅自毁约。如用人单位无故要求解约，毕业生有权要求对方严格履行就业协议，否则用人单位应对毕业生承担违约责任，包括支付违约金，毕业生有权要求用人单位进行补偿。发生此种情况，毕业生应及时与当地人事或就业主管部门取得联系，并向毕业学校反映情况，以便取得各方支持。

(四)户口迁移

户籍制度是一项基本的国家行政制度，是随着国家的产生而形成的一种社会制度，指通过各级权力机构对其所辖范围内的户口进行调查、登记、申报，并按一定的原则进行立户、分类、划等和编制。

1. 户口迁移的原则

毕业生户口关系的转移，由学校户口管理部门到辖区公安机关按规定办理，公安机关按《报到证》上标明的就业单位地址迁移户口。毕业生不得自行指定迁移地址。到工作单位报到后，持《户口迁移证》和《报到证》及工作单位证明到辖区公安部门办理户口迁移手续。对毕业离校时未落实工作单位的高校毕业生，本人要求将户口转回入学前户籍所在地的，公安机关应当按照户籍管理规定为其办理落户手续。

2.《户口迁移证》的作用

《户口迁移证》是公民的户口所在地变动时，由原户口所在地迁往新落户地址的凭证，由户口迁出地的公安机关开具。领到《户口迁移证》后，毕业生应仔细核对并妥善保管，不要折皱污损，更不能丢失，有错漏不能自行涂改，否则作废。持证人到达迁入地后，须在有效期内将《户口迁移证》交给户口登记机关申报入户。

(五)档案管理

1. 档案转递的注意事项

高校学生必须了解其档案转递过程中的一些注意事项，以配合学校共同做好档案的转递工作，使自己顺利走上工作岗位。

第一，注意档案转递方式。按照有关规定，高校毕业生档案必须以机密件由机要通信方式转送到就业单位。机要通信是较普通邮政更为保密、安全、准确的档案转递渠道。

第二，注意档案的转递范围。凡派遣单位不属于机要转递范围的中小公司、企业及县区以下单位，毕业生应向学校提供准确的属于机要转递范围的上级主管单位及就业单位的详细地址。凡机要局无法寄递的单位，可由就业单位持介绍信来校领取毕业生档案。

第三，注意档案转递的时间及查询。一般情况下档案寄出一周内到达用人单位，毕业生可向就业单位的人事部门查询，如较长时间没有收到档案，应向学院就业主管部门申请查询。

2. 档案袋里的材料

毕业生档案材料内容包括中学原始资料、毕业生登记表、毕业生成绩登记表、党团材料、奖惩材料(含处分及先进登记表)等归档材料。

3. 档案的作用

人事档案是原始材料，不可复制，是一个人的人生履历，非常重要，大家一定要引起重视，不要随意丢弃档案，以免给自己以后的工作生活带来不必要的麻烦和损失。

【阅读资料】

已经毕业3年并参加工作的小红谈起自己的经历时很是苦恼，“一直没把档案当回事，结果耽误了自己评职称。”原来，小红自从大学毕业后，档案就一直自己拿着没往单位交。结果去年单位开始评职称，因为她的档案不在，手续不全，所以没评上。

在广州市一家公司工作的小陈购买了一套新房，到银行办理房贷手续时要求出具贷款人的户口证明。然而已弃档多年的小陈却怎么也找不到自己的户籍档案，然而面对开发商和银行每天几个电话的催促，小陈急坏了。“大学毕业后，由于工作没着落，就对档案转移的事没太留心。自己工作中也一直没发生过与人事档案、户籍档案有关的事情，一直认为档案并不重要，干脆放弃算了。没想到现在买房子，竟冒出来这么多事，哎……”

计算工龄、出国、升学、结婚生育……现在很多以档案为依据的一些个人证明等手续还是绕不开档案这一关。特别是高校毕业生，不但少算工龄，而且将来面对工作流动、考研、考公务员、转正定级、职称申报、办理养老保险以及出国、升学、结婚、生育等手续都离不开档案。虽然现在有的单位可以补办新档案，但以前的经历、评价、身份等历史将不复存在了。

(六)党员组织关系转移须知

转移党员组织关系，是党组织的一项严肃工作。党员组织关系介绍是党员政治身份的证明，每位毕业生党员在转移党员组织关系的过程中，应注意以下几点。

第一，《中国共产党党员组织关系介绍信》是党员转移党组织关系的凭证，毕业生党员应在规定的离校时间内，将组织关系及时转到所就职单位党组织。毕业生党员组织关系由学院党委统一开具，由其本人携带，不得装入档案或平信邮寄。

第二，已落实单位的毕业生党员(落实单位毕业生为已与就业单位签订就业协议者，与用人单位达成意向但实际未签约者不计算在内)，首先要明确所在单位的上级党委，本人持学校出具的组织关系介绍信在有效期内直接到有关上级党委(组织关系介绍信的抬头即是)接转组织关系，不可将介绍信交给所在单位人事部、领导等，以免介绍信丢失或长期不转组织关系而造成脱党。

毕业的预备党员，到新单位后一定要及时与党组织取得联系，按时交纳党费，过组织生活，要定期向组织写思想汇报，预备期满前写转正申请书，按期转正。

第三，未落实单位的毕业生党员，其组织关系原则上转移到本人或父母居住地党组织，或者挂在人才市场。

第四，预备党员的档案由本人亲自携带，交至新就职单位；正式党员档案材料一并随学籍档案统一转出。

第五，组织关系介绍信的有效期限为市内不超过1个月、外省市不超过3个月，党员必须在有效期内接转组织关系。若因改派或组织关系介绍信接转地点有误等，必须在有效期内回校更改，无故不按时接转组织关系是组织观念淡漠、违反党纪的表现。超过6个月未接转组织关系、造成自动脱党或其他情况者后果自负。

(七)改派

改派是在学校上报就业方案和主管部门核发《报到证》后，毕业生正式到用人单位报到前进行单位及地区调整的一种做法。通俗地说，就是指将派到原单位的《报到证》、《户口迁移证》和档案等人事关系重新派到新的用人单位或其上级人事主管部门。一般来说，无特殊原因，毕业生不得随意办理改派。但毕业生如果已改变就业意向、更换单位，就需及时办理改派手续，否则会影响其人事关系的落实和解决。

1. 改派的4种情况

第一，回到其他省市、自治区、直辖市就业，在毕业后1年内跨地市调整用人单位，由省、自治区、直辖市主管毕业生调配部门审批并办理改派手续。

第二，在本地市内调整用人单位的，由本地市人事部门审批并办理改派手续。

第三，对已落实就业单位的毕业生，原则逾期(毕业后 1 年内)不再办理有关调整改派手续，需调整就业单位，按社会从业人员有关规定办理。

第四，对尚未落实就业单位、毕业时派回生源地的毕业生，在择业期内(2 年)，凭签约的协议书与原《报到证》到省、自治区、直辖市主管毕业生调配部门办理改派手续。允许改派 1 次。1 年以后，改变工作单位的就是办理调动而非改派。

2. 改派的材料准备

办理调整就业方案手续应提供的材料包括原《报到证》原件、原用人单位同意解除聘用关系的证明原件、毕业生与新用人单位签订的就业协议或劳动合同原件及学校出具的同意变更单位证明。

3. 改派的程序步骤

为维护就业计划的严肃性，经省、自治区、直辖市就业主管部门核准下达的就业方案不再调整。学校对就业中的违约行为实行宏观控制，就业协议生效后一般不允许违约。特殊情况需要调整就业方案的毕业生，须经学校和另一方同意后才能办理违约手续，并承担违约责任。

第一，在本市范围内调整的，由本市毕业生就业主管部门审批并办理改派手续；跨市调整的，由原接收市和新接收市毕业生就业主管部门负责办理。

第二，在省直跨部门调整的，由省直接收单位报省毕业生就业主管部门审批并办理改派手续。

第三，由地市调整到省直或由省直调整到地市的，经省直部门和地市毕业生就业主管部门同意后，由接收方报省毕业生就业主管部门审批并办理改派手续。

第四，跨省调整的，经接收省、自治区、直辖市毕业生就业主管部门同意后，由原接收市或学校报省毕业生就业主管部门批准并办理改派手续。

办理违约要经过这样严格的手续和程序，体现了就业协议的严肃性和国家就业计划的严肃性。毕业生就业涉及学校的发展、涉及学校和用人单位的关系、涉及毕业生和家长的切身利益、涉及有关学校和社会的稳定大局，因此，我们必须十分慎重。

思考与练习

1.“双向选择”的高校毕业生就业制度是怎样形成的？有哪些必然因素？

2. 我去的单位是家里人推荐的，那我就不用《报到证》了。请问这种说法对吗？为什么？

3. 去外资企业就业的毕业生需要办理人事代理吗？还有哪些性质的用人单位需要办理人事代理？

4. 签订就业协议的步骤是什么？签订就业协议之前，大学生应该考虑哪些问题？

就业探索活动

小周是某高校今年的应届本科毕业生，由于种种原因在临近毕业的时候还没有找到合适的工作。就在小周为毕业后去向发愁的时候，学校开始要求毕业生确认登记自己档案的接收地址。小周听说还没有落实工作单位的毕业生可以选择把档案留在学校，但是如果要选择考研、出国就不能申请把档案留在学校，还听说要把档案留在学校还需要同学校签订一个什么协议。也有同学跟小周说现在时代不同了，档案没有什么用处了，根本不用管它。

请问，如果你是小周，现在的情况到底应该如何处置档案？

第六章 充分准备 善于竞争

【学习目标】

在当前严峻的就业形势和遵循“双向选择、自主择业”市场规律下，要求高校毕业生都要掌握调适心理的正确方法和必要的求职技巧，把握求职的基本礼仪和基本规律，从思想、心理、求职技巧等方面充分准备，以积极的心态参与竞争。

【案例导入】

案例一： 林翔是2010级的毕业生，面对一场接一场的求职活动，他既兴奋又紧张。有一次，学校为毕业生举办了理工科人才的专场招聘会，将用人单位请到学校。林翔也和同学们一起去了现场。由于林翔的外貌条件不错，求职信、简历也准备得很好，所以不少用人单位给了林翔第二次面试的机会。得到这么多面试机会，身边的同学都很羡慕林翔，林翔自己也觉得工作的事指日可待了，他开心了好几天。可是，等第一轮面试回来，林翔垂头丧气，因为刚刚的面试他进去才几分钟就被淘汰了。原因是他在面试中表现得十分紧张，回答问题的时候面红耳赤、语无伦次，面试前辛辛苦苦准备的“台词”、腹稿也忘得一干二净……

案例二： 周晨是一个非常优秀的应届毕业生，怀着十分远大的抱负。因此，普通的单位给他面试机会他根本不重视，不是直接回绝，就是马虎应付了事。周晨等待着最好的工作机会降临到他头上，可是等呀等呀，这个机会迟迟不来，他陷入了迷茫之中……

案例三： 用人单位与毕业生张萌见面的时候，一位领导递上一支香烟请张萌抽，可张萌却义正词严地说：“不抽！不抽！我没有这种坏习惯！”把用人单位的领导搞得十分尴尬，在座的人对张萌的回答也感到啼笑皆非。

案例点评： 上述案例中都是正在求职的大学生会遇到的一些问题，无论是林翔的紧张、周晨的自大，还是张萌的自我，这些心理问题都会成为大学生就业的绊脚石。求职准备不仅仅是文字材料的准备，关键还有求职心理的准备。

第一节 求职心理需调适

面对严峻的就业形势和激烈的就业市场竞争，大学生应树立正确的就业观念，勇于面对求职过程中遇到的挫折和困难，培养积极的求职心理，才能顺利实现就业。

一、转变观念，拓宽就业出路

就业形势严峻，大学生在求职时既存在挑战又存在机遇。就业观念是指导大学生选择职业的先导，因此，同时面对机遇和挑战，大学生首先要转变观念。只有先树立正确的就业观念，才能更有利于就业。

(一)择业观念的内涵

大学生择业观念是指大学生关于择业理想、动机、标准和方向的基本观念和基本想法，是大学生走向求职市场的思想先导。择业观念在大学择业过程中起着重要作用，是大学生世界观、人生观和价值观的集中体现。

【阅读资料】

关于择业观念的说法，早在1835年，马克思就说："在选择职业时，我们应该遵循的主要指针是人类的幸福和我们自身的完美。不应认为，这两种利益会彼此敌对、互相冲突，一种利益必定消灭另一种利益；相反，人的本性是这样的：人只有为同时代人的完美、为他们的幸福而工作，自己才能达到完美。"

(二)大学生择业观念的特点

随着社会的发展，当今大学生的思想和前人相比已经发生了很大的变化，这些变化体现在择业方面呈现出以下特点。

1. 大学生择业的目标多元化

由于社会发展的多元化，大学生的择业目标呈现出多元化的发展倾向。从现在大学生择业的方式来看，主要分为求职就业、考研考博、报考公务员、留学深造、自主创业。在行业的选择上，大多数大学生不再一门心思去挤国有企业或事业单位，外资企业、合资企业成为许多大学生择业的首选目标。

【阅读资料】

以1985年中央颁布的《关于教育体制改革的决定》为标志，中国高校毕业生的就业制度从计划经济的统包统分开始转向市场经济的自主择业、双向选择，至今已走过了20年的历程。发展到今天，大学生就业倾向已经呈现出多元化发展趋势。

2. 大学生择业的主体意识增强

大学生择业的主体意识增强主要表现在择业过程中他们具有强烈的主动意识、竞争意识和危机意识。现在的大学生能够勇敢地面对各方面挑战，正确看待择业，积极关注自身的就业问题，在择业方面也表现出强烈的主动意识。据相关数据表明，近几年来，大学生就业形势越来越严峻，毕业生的待业率逐年增加。面对如此严峻的就业形势，大学生的危机意识和竞争意识比起以往的毕业生有了明显增强。面对激烈的求职竞争，59%的大学生选择在择业时采取“积蓄力量、迎接挑战”的态度；55%的大学生对毕业找工作充满信心；还有54.2%的大学生赞同在择业目标没有实现时可以采取“先就业、后择业、再创业”的做法。对于目前的就业形势，73%的大学生清醒地认识到当前毕业生的竞争主要是全面素质的竞争。以上调查数字表明，在市场经济条件下，大学生择业的危机意识和竞争意识明显增强。机会都是给有准备的人，只有积极迎战就业困难，才能攻克难关，成功就业。

【阅读资料】

在一个摆满众神雕塑的画室里，一个青年人，站在众神雕塑面前，抬头望着众神。他指着其中一尊头发遮住脸、脚上还生着一双翅膀的神，好奇地问雕塑家：“请问这尊神叫什么名字？”

雕塑家说：“他是机会之神。”

“机会之神？”青年人吃惊地问，“为什么它的脸藏起来了呢？”

雕塑家回答他：“因为在它走近人们的时候，人们却很少能够看见它。”

“那它为什么脚上还长着一双翅膀呢？”青年又问道。

雕塑家看了青年一眼，回答道：“因为机会很快就飞走，一旦飞走了，人们就再也看不见它了。”

3. 大学生择业的地域集中化

大学生择业的主要选择区域依然是一二线大城市或东南部经济发达地区，对于小城市和西部地区不重视，对于农村地区更是不加考虑。虽然国家和学校通过就业政策鼓励大学生到西部去、到基层去，但总的来说，大学生还是更愿意选择一二线城市和经济发达地区。大学生择业的这种地域集中化发展，使得小城市、落后地区急缺人才，而大城市却人才饱和，整个社会人才分布失衡，对国家经济发展不利，对大学生自己的发展也产生了不利影响。

【阅读资料】

在如今的网上，“蚁族”可以说是最震撼人心的一个词，他们拥有名牌大学的高学历，却被社会定位是“高智商、低收入、群居的弱势群体”。他们多是80后，从小生活在新中国的优越环境下。当步入社会现实的逆境时，他们没有被困难吓倒，凭借自己的努力勤奋，不断地努力学习，依然坚持自己的梦想，脚踏实地去打拼生活。

陈浩毕业于国内一所知名的大学，大学毕业后跟随毕业生招聘大军孤身一人来到了北京，成为了北京这个大都市里新增的一名“蚁族”。她用随身带着的钱租了一间四人合租的学生公寓，便四处奔走各个招聘会场，为自己未来的生活寻一条出路。

高校毕业生找到工作的机会还是很渺茫的，陈浩投递出去的几十份求职简历石沉大海，偶尔有几个面试电话，却又是工作前需要交押金的。在陈浩四面碰壁的时候，室友介绍陈浩去一家超市里做促销员，每月工资 1 800 元，虽然工作累些，但是毕竟生活有了保障，陈浩接受了这份工作。

每天晚上陈浩都会拖着疲惫的身体回到租的房子睡觉，房子处在城中村，凌晨两三点街上依然灯火通明，非常热闹。陈浩为了能让自己有充足的睡眠，上网买了一副抗噪耳塞戴上，这样才能睡着。陈浩也试过不戴耳塞睡觉，但外面的嘈杂让人根本就不可能睡着。

对于现在的工作，陈浩也有一肚子的苦水。尽管陈浩每件事都想做到最好，但由于大学刚毕业，各方面经验很少，工作中显得笨手笨脚，经常受到顾客的投诉。在老板眼里，陈浩就是员工中的“差等”，平时总对陈浩冷眼相待。“没办法，现在刚毕业的大学生有几个能符合老板的要求的，慢慢来吧。”陈浩苦笑着，如果有机会陈浩想换一份轻松点的工作，哪怕工资少点，至少让陈浩觉得有尊严。

有专家说，80 后的尴尬在于面临一个欲望的世界，想有却不能拥有的窘困。当然这几乎是每一代年轻人的共同问题。“蚁族”表现在当代，则是一个城市化进程中的过度牺牲品。他们在用自己的方式，书写着穷困潦倒却依然拥有激情的青春历程，他们承担着生活的苦与悲，在无处安放的青春岁月里坚忍顽强地成长，执著地追求自己的梦想。

4. 大学生择业的期望理想化

许多大学生在择业时把工作地点、经济收入和发展前途作为择业的三项重要指标。他们在择业时首先考虑的工作地点是北京、上海、深圳等一线城市以及东南部沿海城市和经济发达地区；在单位的选择方面，多数大学生把目光集中在外企、国企、政府机关。工资待遇也是大学生择业时考虑的一个重要因素，大学生对自己的薪酬仍然存在着期望，但从近年来的就业情况来看，很大一部分大学生对自己的薪酬期望值已经下降了，为了一份工作，有些毕业生甚至打出了“零薪酬”的口号。

【阅读资料】

据调查，为了获得更好的工作机会和经验，在参与调查的 5 296 名大学生中，69.2%都表示“如果暂时找不到工作，愿意在一家相对理想的单位‘零工资’就业”。

据了解，大学生“打免费工”的主要目的还是为了积累经验，甚至有一成大学生寄希望于能够在工作中体现自己的价值，使雇主看到自己的长处，从而能够最终获得该单位宝贵的工作机会。

上海某学院的章同学说，自己去过几次招聘会现场，第一个感受是人特别多，其次就是每个招聘单位的摊位上总是堆着厚厚的个人简历。在被招聘人员询问到有没有正式的工作经验时，她总会脸红、心跳，不敢说“没有”，之后便是无期的等待。对于“零工资”就业，小章表示能够接受，“在学校读书都要交学费，而要是能到好的单位学习专业技能，积累工作经验，能为以后的就业起到根本性的帮助，就算不拿钱又有什么关系。”

(三)树立正确的择业观

大学生择业观是大学生走向求职市场的思想先导，它支配着大学生择业的方向、定位和抉择。因此，树立正确的择业观能正确地指导大学生在择业时做出理性、适合的选择。

1. 树立勇于奉献、不计得失的择业观

大学生迈进社会的第一份工作，是人生另一个舞台的开始，无论你是从事哪一种行业、哪一个职位，首先应该考虑的是如何通过自己的辛勤劳动为用人单位创造更大的经济效益，如何在工作中提升自己的工作能力、学习能力、人际处事能力。不能刚刚参加工作，就有攀比心理，和单位同事比收入、和同学比收入，要知道，付出与收获成正比。刚刚进入职场的大学生，只有积极地学习、无私地奉献，才能在单位站稳脚，用优秀的工作业绩赢得领导和同事的信任。有回报必然要付出，但付出不是必然有回报。

2. 树立良好心态、注重职业发展的择业观

当今社会，随着就业竞争的日益加剧和收入的普遍提高，个人的发展空间已成为大学生关注的焦点。在择业时，除了考虑薪酬待遇外，大部分大学生更关心的是个人的职业发展和企业前景。作为初出茅庐的大学生，要调整好自己的择业心态，对自己的职业做好规划，不要只顾眼前利益，而忽略长远的职业发展。

3. 树立终身学习、善于学习的择业观

进入职场的大学生，需要学习的东西很多。无论是工作技能、处理事情的方法，还是与同事相处的技巧，都有可学习的地方。职场上，处处皆学问。只有不断学习、不断进步，才不会被时代所淘汰。

4. 树立到基层、到农村去的择业观

面对严峻的就业形势，应当树立从基层做起的就业观。在年龄、精力、知识、信息、观念等诸方面，大学生都是国家劳动力队伍中具有独特优势的群体。在大城市、大企业的就业机会日趋饱和的情况下，农村和基层的广阔天地为大学生施展才华、实现理想创造了条件。农村是广阔的天地，中国农村人口占全国人口的70%以上，改革开放以来，中国农村的社会、经济、文化发生了翻天覆地的变化，也给大学生创造了大量的就业机会。大学生只要肯选择去基层、去农村，一定会闯出一番新天地。

5. 树立实现自身价值与社会价值相结合的择业观

大学生在择业时，要树立以大局为重的观念，尊重并保护国家利益、人民利益，只有将自身价值同时代发展和社会需要统筹兼顾、同步发展，才能更有利于实现自身的价值。

【阅读资料】

一、不同大学的大学生，择业观各不相同

名牌大学的学生，选择职业时，优先考虑的是进大城市、大机关、大企业、外企及垄断行业，这些单位因收入高、地位高而使名牌大学的学生对其情有独钟。名牌大学的学生总有一种优越感，在人才市场择业时往往期望值比较高。

普通大学的学生，选择工作单位和岗位时，对省会城市、直辖市、沿海城市、党政机关、事业单位、大中型国企会产生较浓厚的兴趣，进这些城市和单位因机会多、前景好、空间大、经济发展快等而被普通大学的学生一相情愿地热恋着。他们认为这些地区、城市和单位才是他们的最佳选择。

三类大学的学生选择职业时，则看中的是工作岗位的相对稳定性，单位经济效益较好，个人能有发展的机遇和空间。他们在择业时比较实际，因为他们在刚跨进大学校门时，老师就给他们讲，我们不是名牌大学，我们需要加倍地去努力学到真本事，将来就业才能有个好的选择，他们自己也认为自己所毕业的院校没有什么名气，单位能够接收自己，暂时能找个岗位先干着就行了。非名校的大学生在人才市场择业时，往往显得底气不足，自信心不强。

二、不同专业的大学生，择业观也不一样

从人才市场供需信息的反馈情况看，生命科学和信息技术、电子科学与技术、通信与信息系统、建筑工程、市场营销、计算机科学与技术、金融、生态环境等专业，由于市场需求热，这些专业的大学生在择业时，期望值相对较高；而对于经济社会发展需求不够热，择业相对困难的专业，这些大学生在择业时，期望值相对较低。

三、不同性别的大学生，择业观也不尽相同

男性大学生的择业观，所重视的主要因素是什么样的单位和部门才能有利于施展个人的才干、发挥自己的作用，使自己能有用武之地，什么样的单位和部门不利于个人才能的发挥。他们择业时，自信心较强，考虑的首要因素是用人单位能否给他们提供一个施展才华的舞台。他们梦想在较短的时间内，能干成一番事业，来回报社会、学校和家人。

女性大学生的择业观，首当其冲考虑的是所从事的职业岗位是否稳定、轻松，专业是否对口，是否有良好的工作环境和工作氛围，甚至离家远近等因素都要考虑。因为在现实生活中，她们要考虑事业和家庭的双重任务，要考虑女性在社会、在家庭的多重角色，要考虑女性自身的生理、心理因素等。所以，她们在择业时，对岗位的选择往往比较慎重。

二、如何培养健康的求职心理

大学生就业难的现实，使大学生就业求职时心理承受着巨大的压力。在就业的竞争中，不管你平时多么优秀、准备得多么充分，你仍然可能遭遇挫折，甚至失败。在一次次的打击下，大学生的心理都在经受着考验，如何调适就业心态成为当前大学生就业时的重要话题。古语道，“宝剑锋从磨砺出，梅花香自苦寒来”，挫折并不可怕，可怕的是退缩，相信只要坚持，你一定是就业竞争中的胜利者。

【阅读资料】

24岁女大学生毕业两年无工作跳楼身亡

宋嘉(化名)死了。24岁的她从14楼的家中跳下，就在母亲转身的一瞬。父亲说，女儿毕业两年一直没工作，之前曾几次轻生。

宋嘉坠楼是在下午1时35分许。诊所的杨大姐与同事一道，提着蔬菜和面条往回走，刚走到门口，“砰”的一声，她以为是楼上扔东西了，定睛一看，“掉下的竟然是个人，当时腿就软了，连连后退”。随即，杨大姐他们拨打了110。

几分钟后，宋嘉的母亲祁女士穿着秋裤就跑下了楼，一直坐在女儿旁边守着，神情呆滞，小声啜泣。邻居拿来一条床单，盖在年轻的宋嘉身上。

祁女士说，刚才跟女儿生气了，自己本来就有些感冒，正想睡觉，谁知道一转身，就出了这事。

邻居说，宋嘉今年24岁，是从家中落下的。

下午2时30分许，女孩的父亲宋先生闻讯赶来，放声痛哭，祁女士的啜泣也变成了大哭。宋先生说，女儿精神不太好，大学毕业两年了，一直没工作，心理压力比较大，之前也有过轻生举动。

案例中的主角是一位毕业两年仍然待业在家的大学生，找不到工作的压力最终导致了她年轻生命的结束。这个案例警示人们，大学生就业难已是现实，在这群未能就业的大学生群体中，就业压力时刻都在吞噬着大学生健康的身心。如何帮助这个庞大的群体，如何防止此类悲剧再次发生，做好大学生就业心理辅导已经成为一个亟待解决的问题。

(一)大学业就业时的心理误区

1. 就业过程中的自卑心理

大学生就业自卑心理，指大学生在就业时主观地认为自己不如其他竞争者。其中，一部分大学生面对激烈的竞争压力，只看到就业竞争中的阴暗面，悲观地认为自身专业知识、专业技能及综合素质不如其他同学，家庭关系不如其他同学，在求职的时候一味地退缩，自动放弃了很多不错的就业机会。当求职失败一次次发生时，他们的自卑感越来越强烈，渐渐转化为自卑心理。有这种自卑心理的大学生往往没有信心和勇气积极面对用人单位，不能充分展现自己的长处，导致了就业机会的流失，失败的经历又进一步强化了自卑的心理。

【阅读资料】

赵建国是一所普通大学的本科生，在一次面试中，和几个研究生同台竞技。想到学历上的差距，赵建国搓了搓冒汗的手。用人单位的面试官问了赵建国以下问题："你认为自己最大的优点和缺点各是什么？你适合做怎样的工作?"赵建国想都没想，脸一红，一紧张，草草地谈了自己的一些优势，然后就开始语无伦次地说自己的弱点，如遇事不冷静、容易激动、脾气不好等。说到最后，只听见他声音颤抖，眼神恍惚……这次面试失败了，但是，赵建国不知道的是，如果他自信一些，他的实践经历和工作能力并不比在场的研究生差。只是自己的自卑心理影响了自己。

2. 就业过程中的矛盾心理

大学生就业矛盾心理，指大学生对自己毕业后的工作和生活充满了希望和憧憬，在择业过程中，既希望单位环境优越、工作轻松、待遇丰厚，又希望专业对口、职业前途光明，但梦想照进现实的时候，往往很残酷。梦想与现实的差距造成了毕业生的矛盾心理，最终导致了毕业生的就业失败。

3. 就业过程中的从众心理

大学生就业从众心理，指大学生在周围环境的影响下，放弃自己的意志而采取与多数人相一致的行为。这一心理误区的产生是因为中国应试教育的特点，大学生在学校期间，接受的更多的是填鸭式教育，较少对自我进行探索，升学的压力不允许有太多个性化的发展。因此，到了大学毕业找工作的时候，很多大学生根本不清楚自己的兴趣所在，也不清楚自己适合做什么工作。看着周边同学做什么，自己也跟着做什么，比如近些年出现的"公务员热"、"出国热"、"北上广"等现象。

【阅读资料】

早晨，一只山羊在栅栏外徘徊，想吃栅栏里面的白菜，可是它进不去。这时，太阳东升，斜照大地，在不经意中，山羊看见了自己的影子，它的影子拖得很长很长。“我如此高大，一定会吃到树上的果子，吃不吃这白菜又有什么关系呢?”它对自己说。远处，有一大片果园。园子里的树上结满了五颜六色的果子。于是，它朝着那片果园奔去。

到达果园，已是正午，太阳当顶。这时，山羊的影子变成了很小的一团。“唉，原来我是那么矮小，是吃不到树上的果子的，还是回去吃白菜好!”于是，它怏然不悦地折身往回跑。跑到栅栏外时，太阳已经偏西，它的影子重又变得很长很长。

“我干吗非要吃白菜呢?”山羊很懊恼，“凭我这么大的个子，吃树上的果子是一点问题没有的!”

4. 就业过程中的自负心理

大学生就业自负心理，恰好与自卑心理相反，一部分名牌大学、紧俏专业的大学生因为自己综合条件高人一筹，在就业时产生一种自负心理。在这种心理的支配下，往往抱着“这山望着那山高”、“皇帝的女儿不愁嫁”的态度，嫌这个单位工作环境不好，那个单位薪酬福利不高，挑肥拣瘦，以致失去许多好的就业机会。

【阅读资料】

每年的校园招聘会一般从 11 月开始，一直延续到第二年的 5 月。在此期间，到学校招聘毕业生的用人单位多如牛毛，特别是在名牌大学校园里。徐强是某名牌大学热门专业的毕业生，参加了几次校园招聘，已经被四五个用人单位选中。本来他可以在这些单位中选一个最满意的就定下来了，但徐强总是想着以后还可能找到更好的工作，所以放弃了已经跟他有意向的单位。到后来，他总算碰到了一个自己非常满意的单位，但不幸的是，由于竞争太激烈，在最后一轮的面试中，徐强被淘汰了。眼看留京就业的最后期限快到了，徐强没办法只能草草跟一个单位签了约。回顾他的求职经历，他最后落实的这家单位与前面的单位相比，各方面的条件都差得很远，但是现在后悔，已经晚了。

5. 就业过程中的攀比心理

在大学最后一年的求职过程中，免不了会出现一部分同学工作找得好，一部分同学找到的工作很一般，还有一部分同学尚未找到工作。如果老是拿身边同学的就业情况来对比自己的就业情况，就会形成攀比心理。在这种心理下，即使某单位非常适合自身发展，但因待遇方面或工作地点比自己的同学差，就放弃，然后再找，试图找到同学之中最好的工作。其实，这是虚荣心在作怪，盲目攀比的结果就是错失工作机会。近年来，在攀比心理的促使下，出现了一些“Offer 帝”，就是拿到一家用人单位的意向书还不满足，还想寻找更好的单位，于是自己手里边攥着好几份 Offer，别的同学却没有，一来导致违约现象的增加；二来耽误了其他同学的就业机会。

6. 就业过程中的依赖心理

大学生就业依赖心理，是指有部分应届大学毕业生在处理事情方面缺乏一个大学生应有的分析解决问题的能力。在择业上的突出表现为对应聘单位的看法，不是凭自身思考来决断，而是听取父母、老师的意见，表现出较强的依赖心理。当然，对择业这样的大事，适当地征询长辈的意见，是应该的，因为他们的社会经历丰富，但他们的意见只能作为参考，不能成为为自己拿主意的主体，这也是大学生思想不成熟的表现。

【阅读资料】

陈伦凯从大四上半学期就开始找工作，由于准备比较充分，结果很理想。“虽然刚开始投的简历没有什么反映，但是到了去年 11 月中旬，通过学校举办的招聘会，我得到了不少面试的机会。其中有像中冶京城、城建集团、中交集团这样响当当的公司。”对此他颇感自豪。

陈伦凯表示，找工作要早动手，在择业过程中不能单纯地只从薪金待遇考虑，要综合考虑自己的素质，有一个合理的定位。

“在众多的面试经历中，中冶京城给我的印象最深刻。最后由于家庭原因我放弃了，到现在还有点后悔。”他遗憾地说，“当时因为我的专业和中冶京城的核心产业不是很符合，而且工程人员还经常派往离京的工程现场常驻，所以家里很反对。现在回想起来于心不甘。”

7. 就业过程中的急于求成心理

在大学生求职群体中，很大部分人都怀有急于求成的心理，这种心理也是受了上一代人的影响。我们的父辈，很多都是在一个岗位上度过了自己的一生，影响到我们这一代，就是只要能找个稳定的职业，就能安安心心过一生。其实，从主观而言，稳定因素在很大程度上取决于自己的事业心和责任感；从客观而言，中国现正在进行的人事制度改革，所谓稳定的职业实际上也是不稳定的，企盼一份又轻松、又挣钱、又稳定的职业过一辈子的想法是不现实的。

(二)女大学生求职心理禁忌

女性就业难是一个现实的问题，因为种种社会历史原因，这一问题还将长期存在。女性必须正视这一现实，对这一问题予以正确地分析和认识。在现实情况下，女大学生要想找到一份合适的工作，最主要的是要排除就业心理障碍和社会心理障碍。

【阅读资料】

女大学生就业难成为无法回避的社会问题

2009年全国普通高校应届毕业生611万，加上历年累计的未就业高校毕业生，有710万毕业生需要就业，其中女大学生约占48%。日益突出的女大学生就业问题，直接关系到她们平等生存发展的利益，关系到数百万家庭的民生和社会的稳定。

被访女大学生四成多来自北京高校，其余来自上海、天津、西安等大城市。来自重点院校的被访女大学生比例高于非重点院校。学历从大专到博士，其中55.3%来自城市，44.7%来自农村，有70%是本科生。

调查显示，被访女大学生平均投出9份简历才可能得到一次面试或笔试的机会，56.7%的被访女大学生在求职过程中感到“女生机会更少”；91%的被访女大学生感到用人单位存在性别偏见；40%被访女大学生认为女生找工作比男生困难，女大学生就业难成为无法回避的社会问题。

女大学生就业难的直接动因是市场经济条件下经济效益与社会公平之间的矛盾，解决不好，将给个人、家庭和社会带来一定的消极影响。在就业难的压力下，14%的被访女大学生打算“自己创业”，但面临着缺少经验、缺少社会资源和压力大三大困难。

建议政府将性别平等纳入促进大学生就业的总体规划和政策体系中，营造公平、公正、平等的就业氛围；优化产业结构，落实就业政策，加大服务力度；完善平等就业法律法规，维护女大学生就业权利：政府采取经济手段，消化女性用工成本，为女大学生创造更多就业岗位；全国妇联和地方各级妇联，也应在促进女大学生就业工作中发挥更大作用。

1. 面对面试思想准备不充分，缺乏足够信心

女同学们在校学习时，对诸如女生分配难、有些单位轻视女员工等情况，即使有所耳闻，也常抱着“车到山前必有路”的侥幸心理，不信倒霉的事真会落到自己头上。正因为这样，大多数女大学生在求职面试前缺乏必要的思想准备和多方面的从业能力的培养。也就是说，没有从就业、择业的需要出发，在可能的条件下，尽量培养自己能与男生匹敌甚至超过他们一些的优势，如动手能力、管理能力、组织能力、逻辑思维能力，甚至还要懂一点自卫、防身、驾车、服饰化妆、礼仪修养、举止风度等方面的常识。这看上去似乎有点左道旁门之嫌，但在同等条件下，这些素质却能令主考官刮目相看，而不忍随便舍弃。因为打动考官的不仅仅是专业素质，不仅仅是性别优势，更是毕业生的综合素质。

2. 自我评价不准确，失去本来属于自己的机会

有些女大学生，特别是部分高学历的女大学生，对自己的优势评价太高，一味地夸夸其谈，孤芳自赏，在应聘时爱说："我想干更好的职位"、"我觉得完全能胜任这个职位"、"我可干不了"，骄娇二气溢于言表。而结果却适得其反，往往是错失良机。一些自认学历低的女大学生，又经常有一种盲目的自卑心理。例如，一家中外合资宾馆招聘部门经理，一个学宾馆管理专业的中专生不敢去应聘的理由是：现在大专生、本科生这么多，我能当经理，人家干什么？她把自己的最大优势——专业对口给忽略掉了。两年的系统学习，一年的顶岗实践，已经使她具备了较扎实的业务功底和一般的管理经历，但她仅仅因学历低便把自己否定了。与前者相比，实际上是走向了另一个极端。

3. 依赖心理太严重，对当前形势认识不足

依赖心理是部分女大学生不思进取的表现，在还没有走上社会就磨损了意志，还没有初试锋芒就退避三舍。这既是封建的"男主女从"思想对她们的影响，也是她们对当前形势认识的不足。社会主义市场经济条件下，各种力量的竞争最终要表现在人才竞争上。面对这样的现实，面对毕业分配从"统包统分"到"双向选择、自主择业"，那种只想依赖家长、依赖学校，认为有个好工作、好丈夫就行了的想法显然与这个时代已经格格不入了。现代女大学生一定要自立。

自立、自主是每个女大学生不可缺少的心理素质。在竞争激烈的今天，女大学生要不断强化自立、自主意识，勇于竞争，以自身良好的业务技能为职业立身之本，女大学生在校期间普遍地比男生学习努力，各科成绩往往优于男生。考试成绩好一方面反映出专业基础知识比较扎实，有利于增加与男生的求职竞争力。但仅凭课程成绩好还不行，还要注重扩大自己的知识面，拓宽自己的视野，注重培养自己观察、分析和解决问题的能力，以及独立工作的能力，注重理论和实践相结合，注重提高自己的创造力，有针对性地弥补不足，为自己择业、就业做好充分准备。

4. 来自家庭、社会舆论的干扰太多

中国几千年的封建专制统治为女性定下了无数清规戒律，虽然已进入新时代，但部分父母和社会上的部分人，仍固守着许多陈规陋习。涉世不深的女大学生，面对父母、亲友、邻居甚至老师的"劝导"，无力自持，与机遇失之交臂而在所不惜。

由于影视传媒的误导，社会上滥用"公关"一词的现实意义，使人们几乎把

“公关”和“女色”画等号，而对公关部所应承担的企业形象设计、公关策划、市场营销等方面的任务，却知之甚少。因此，女大学生一旦做了一名公共关系从业人员，往往要受到许多无端的猜疑、非议，俗话说“众口铄金”，这样的舆论足以让女大学生恐惧。因此，屈服于客观环境的影响而望洋兴叹的女孩，随处可见。

5. 爱幻想、爱浪漫，过分苛求工作条件

一些女大学生把幻想、浪漫用在了求职择业上，这就大大缩小了女大学生自主选择的范围。一些女大学生在择业过程当中，求职期望值过高，要求选择的职业不但要与自己的兴趣、特长相吻合，而且要有良好的职业形象。大多数女大学生把“白领丽人”作为主攻目标。在选择职业时，首先考虑的不是能否有所作为，而是工作环境是否优雅，报酬是否丰厚，工作是否清闲，工作岗位更是得听着响亮。要在大城市、大单位，要有较丰厚的收入，而不愿到一些普通的工作岗位上去，认为那样有损于自己的面子，是“下嫁”的表现。这不同程度上影响了女大学生的职业选择，这实际上就是怕苦、怕累、怕竞争的心理在作怪。

在市场经济体制下，在处处充满竞争的情况下，用人单位一般都愿意要工作能力强、能适应繁重的脑力劳动甚至体力劳动的人，那种像林黛玉似的人物很难为现代社会所接受。特别是一个娇气十足，并以“皇帝女儿”自居的女大学生更是很难被用人单位所接受。就中国目前和今后的发展情况看，在相当长的一段时间内，社会最需要的还是平凡普通的工作岗位的工作人员，即使一些令人羡慕的部门和岗位，也要从最平凡的事做起。如果求职期望值过高，骄娇二气太重，对女大学生就业是十分不利的。

6. 被不思进取、“牺牲自己”的思想拖累

在现实生活中，部分女大学生随着年龄的增长，事业心不断衰减，尤其是婚育之后，随着家务负担的加重，成就感和自身事业上的发展关注程度减弱，投入的精力亦相对减少。有的为了丈夫事业上的成就，甘愿“牺牲自己”，把主要精力投入到家庭生活中去。这种表面上看来似乎是迫不得已，被视为“很正常”，往往还受到人们的赞扬的现象，实际上阻碍了女大学生事业上的上进心和成功欲望。当然，女大学生在结婚生育后的确有一段时间要把精力投入到家庭中去，事业放在次要的位置。可是，随着时间的推移，孩子的渐渐长大，女性事业的“第二青春期”也就来临了，这是女性成就事业的又一大好时机。作为女性，尤其是受过高等教育的知识女性，应该抓住这个时机，把自己的知识贡献给社会，充分体现自己的价值。

【阅读资料】

金融危机下，女大学生求职“冷暖自知”

“我一接电话，对方就像上当受骗了似的，说原来你是女生啊!”北京师范大学中文系硕士小王的名字比较男性化，自从11月开始找工作以来，就碰到不少这样的“误会”。

小王在读书期间，常年担任学生会干部，又在多家中央级媒体实习过，各级奖学金拿了不少，本以为找一个省市级媒体应该没问题。谁知接到不少电话，对方一听是女生，态度马上360°大转变，让她空欢喜一场。

“有家海南的电台原本想通知我直接去实习，结果发现我是女孩，竟然对我说海南太远，他们台的待遇也不太好。”小王发“牢骚”道，“这哪里是想吸引人才，分明是使劲儿把我往外推。”

而在很多女大学生看来，小王已经够“走运”了，有“光鲜”的简历和让人难分性别的名字，可以争取到更多的笔试机会。记者了解到，在许多热门的网络就业BBS上，不少“过来人”就明确“教导”女大学生，制作简历时应尽量模糊性别，除非有特别要求，最好不要贴照片等。

“我看那些男生的简历，不但特别注明性别，附上正装照，甚至把自己的身高、体重都写上。”清华大学法学院2009级毕业生小程说。虽然觉得不公平，但让招聘单位浏览简历时分不出男女，俨然已成为许多女大学生的“共识”。而据了解，虽然今年用人单位需求减少，条件却比往年更苛刻。武汉某师范院校教师张继波告诉记者，不久前，有中学来招教师，面试时让女同学按年龄和身高排队，“一个学生回来说，简直像参加选美一样，感觉‘挺难堪的’。”一家计算机公司的人力资源主管更坦言，同等条件下，有时声音甜美竟也能成为女生“脱颖而出”的“筹码”。

(三)大学生就业心理问题的调适方法

大学生在就业过程中会遇到许多意想不到的挫折和困难，从而导致心理问题，如果不能尽早调适，就会影响大学生的求职结果，甚至导致更可怕的后果发生。随着大学生就业难的情况越来越严重，大学生难免会产生诸多心理问题。出现问题不可怕，关键是要运用正确的调适方法，有效地及时地排除异常心理情况，保持稳定的情绪，培养积极的求职心理，从而顺利实现就业。

【阅读资料】

人们都渴望成功，而成功又非常强调心态。希尔曾讲过，人与人之间只有很小的差异。但这种很小的差异往往造成了很大的差异。这种很小的差异是什么？就是心态。这个很大的差异是什么？就是成功与失败。如果我们认真观察一下就会发现，那些做出过突出贡献的政治家、企业家、科学家无一不是具备积极的心态的。然而失败的或无所作为的人，也大都具有一个消极的心态。所以，一个人的心态好坏，特别是关键时刻可直接关系到一个人事业的成功与失败。

1. 正确认识社会

当今时代的特征是机遇与挑战并存，每一位处于择业阶段的大学生，都将面临更加激烈的就业竞争，同时也将面临比以前更多的机会。大学生能够在公平的竞争环境中接受挑战，展现才华，但要正确地认识社会并非易事，这主要是由两方面原因造成的：一是社会是复杂的，要想正确地认识社会有一定的难度；二是大学生阅历浅，社会心理成熟度低，往往只会用比较简单的思维方式去看待十分复杂的社会问题。大学生认识社会应注意以下几点：

第一，正确地看待就业问题。大学生涉世不深，思想单纯，特别是在就业过程中遇到困难时，往往不从主、客观两方面辩证地分析原因，而是怨天尤人，感叹生不逢时。其实，在市场经济条件下，企业要生存、发展，靠的是有真才实学的人才，靠关系谋职的现象只是局部的、暂时的，随着改革的深化，这种现象将逐步减少，直至消失。

据了解，就业、创业的成功者中，虽然社会原因起到了一定的作用，但绝大多数并非是社会原因，而主要是靠自身的努力。就业或创业失败的基本原因大多是自身素质不足所致。

第二，认识避免情绪化。情绪对认识有积极作用，也有消极作用。如果认识完全被情绪支配，那么，就有可能削弱理智和判断力，看不清、看不透社会的本质。其具体表现为：如果事遂人愿，则异常兴奋，感觉眼前一片光明；一旦遇到麻烦，就满腹牢骚，顿觉前途渺茫。大学生应客观、理智地对待社会现象，对待择业、就业的成功与失败，不要被个人情绪所左右。要做到这一点，主要方法是提高自己的心理素质。

第三，避免消极的人生态度。因为社会的复杂性，大学生就认为一切都深不可测，因而就不去认识社会、关心社会，把自己和社会截然分开，用局外人的眼光去看待社会。这种态度是不正确的，应当看到，个人与社会是密不可分的：社会发展了，个人的境遇也会好起来；社会状况不佳，个人的发展也将受到制约。当今中国社会是催人奋进的社会，我们应关心时事，关心社会的发展，确立正确的人生价值观。大学生在就业前应对社会需要什么样的人才有所了解，以便用社会需求的标准来严格要求自己，使自己在激烈的竞争中站稳脚跟。

2. 正确认识自己

认识自己是择业中的关键环节之一。在求职过程中，如果对自己的主观评价与社会对自己的客观评价趋于一致，就容易成功；如果主观评价偏高于社会客观评价，往往会导致碰壁、失败；如果主观评价偏低于社会客观评价，则信心不足，犹豫不决，很可能会坐失良机。因此，认识自我是成功地走向社会的必要条件。求职者应了解自己的气质、性格、能力等，以便确定切合实际的求职目标。要做到正确认识自己，以下几点值得注意：

第一，自我剖析。要经常对自己的心理、行为进行剖析，使自我评价逐步接近客观实际。自负者要经常做自我批评，通过不懈努力，弥补自身不足；自卑者要看到自己的长处，增强自信心。

第二，通过比较来认识自己。有比较才有鉴别。事实上，人们往往是通过与别人的比较来认识自己的。一是与同学比较来认识自己，不仅比考试分数，更应注重比实际操作能力。通过比较，可以认识自己的长处和不足，认清自己在相比较的人群中所处的位置，以便扬长避短。二是通过别人的态度来认识自己，当然，别人的态度不一定能全面评价一个人，但大多数人的态度总是能说明某些问题的。一个求职者如果不注意与竞争者相比较，就很难判断出自己的成功概率。

第三，通过咨询来了解自己。大学生可以向就业指导教师和班主任咨询，也可征求同学、家长和熟悉自己的人的意见。长期学习、工作、生活在一起的人对自己的言行看在眼里，印象很深，对自己的评价会更公正、更客观。

3. 做好心理准备

(1)永远充满自信

自信是一个人必须具备的心理素质，它是前进的动力，成功的保障。古今中外，凡是有所成就的人，尽管各自的出身、经历、思想、性格、兴趣、处境等不同，但他们对自己的才能、事业和追求都充满必胜的信心，自信能积极适应环境，以艰苦卓绝的奋斗改变自己的命运，实现自己的人生价值。可以说，自信是成功者共同的秘诀。那么，怎样才能使自己在择业过程中保持自信呢?

第一，要相信自己的能力。每个人都具有相当大的潜在能力。当一个人面临择业，忧心忡忡、担心失败的时候，多半不是真的不行。自己的条件可能并不过硬，但别人也不见得比你强。每个人都有自己的优势，都有可能在择业竞争中占据主动地位。

第二，要积蓄自信的资本。自信要有扎实的基础、良好的素质做资本，以雄厚的实力做后盾。如果具备了真才实学，就自然会对自己的选择充满信心。

(2)提高受挫承受能力

古今中外多少仁人志士，哪一个不是从坎坷与挫折中走过来的？一时受挫并不能说明你永远会失败。挫折是一种鞭策，它对失败者并不是淘汰和鄙视，相反能促使失败者振作起来。面对挫折，正确的态度应该是顽强不屈，勇对挫折、冷对挫折、智对挫折，最终成为战胜挫折的强者。青年人应把挫折看做锻炼意志、提高能力的机会。大学生面临复杂的就业问题，可能要经历多次面试失利的打击，很有必要提前做好心理准备，特别是“受挫准备”。视挫折为鞭策，说起来容易，但一个人经过多次失败的打击，很容易消沉而失去斗志。大学生都受过高等教育，但并非都能在自己的工作岗位上得心应手。过硬的职业技能，对职业成功固然重要，充分的心理准备更是不可缺少的。一般来说，事业不会是一帆风顺的，如果心理准备不足，就会产生过激情绪，从而在愤世嫉俗的言行中淹没了自己的才华。

因此，在校期间要调整心态，充分做好心理上的“受挫准备”。在事业顺利的时候不沾沾自喜，以平常心对待工作上的平淡、无为和不被重用；在屡试屡挫的境地中屡挫屡试，不懈追求；在似乎“一文不名”的地位上奋发向上，一鸣惊人。这是事业成功者的必备素质。

第二节　职场初面礼先行

中国素以“礼仪之邦”著称于世。讲“礼”重“仪”是中华民族的优良传统。在社会生活中，礼仪体现了一个人、一个组织乃至一个国家的精神文化素养，也成为协调人际关系的约定俗成的行为规范。讲究礼仪，有利于大学生树立良好的自身形象，赢得用人单位和社会的尊重，有利于求职的成功和职业的发展。

一、遵守时间——首要的礼仪

守时是职业道德的一个基本要求，建议大学生提前10～15分钟到达面试地点，效果最佳。可以利用充裕的时间先熟悉一下面试现场的环境，稳定一下情绪。在面试时迟到或是匆匆忙忙赶到是致命的错误，如果你面试迟到，那么不管你有什么理由，也会被视为缺乏自我管理和约束能力，即缺乏职业能力，将给面试者留下非常不好的印象。不管什么理由，迟到都会影响自身的形象，这是一个对别人、对自己是否尊重的问题。再者，大公司的面试往往一次要安排很多人，迟到几分钟，就很可能永远与这家公司失之交臂了。因为如果这是面试的第一道题，你的分数就被扣掉了，后面的面试你也会因状态不佳而搞砸。

如果你离面试的地点路程较远，宁可早到30分钟，甚至1个小时。因为城市堵车的情况很普遍，而且如果是去一个不熟悉的地方，还可能会迷路。如果你提早来到了面试地点，也不要提前10分钟以上出现在面谈地点，否则面试者很可能因为手头的事情没处理完而觉得很不方便。外企的面试往往是说几点就是几点，一般绝不提前。当然，如果事先通知了许多人来面试，早到者可提早面试或是在空闲的会议室等候，这是另外一种情况。

对于面试地点比较远、地理位置也比较复杂的公司，建议大学生不妨在面试的前一天先去一趟，熟悉交通线路、地形，提早做好准备。

二、行为举止——初识的印象

到了办公区，最好径直走到面试地点，不要四处张望。在走进公司之前，口香糖和香烟都收起来，因为大多数面试者都无法忍受求职者在公司嚼口香糖或吸烟；手机坚决不要开，避免面试时造成尴尬局面。进入面试单位后，若有前台，则开门见山说明来意，经指导到指定区域落座；若无前台，则找工作人员求助。这时要注意用语文明，开始的"您好"和被指导后的"谢谢"是必说的，这代表了你的教养；一些小企业没有等候室，就在面试办公室的门外等候；当办公室门打开时应有礼貌地说声："打扰了。"然后向室内面试官表明自己是来面试的，绝不可贸然闯入；假如有工作人员告诉你面试地点及时间，应当表示感谢；不要询问单位情况或向其索要材料，且无权对单位进行品评；不要驻足观看其他工作人员的工作，或在落座后对工作人员所讨论的事情或接听的电话发表意见或评论，以免给人留下不良的印象。

三、等待面试——不可忽视的细节

进入公司前台，要把访问的主题、有无约定、访问者的名字和自己名字报上。到达面试地点后应在等候室耐心等候，并保持安静及正确的坐姿。此时注意不要来回走动，显得浮躁不安，也不要与别的求职者聊天，因为这可能是你未来的同事，甚至决定你能否称职的人，你的谈话对周围的影响是你难以把握的，这也许会导致你应聘的失败。

四、与面试官的第一个照面

(一)把握进屋时机

如果没有人通知，即使前一个面试者已经面试结束，你也应该在门外耐心等待，不要擅自走进面试房间。自己的名字被喊到，就有力地答一声"是"，然后再敲门进入，敲两三下是较为标准的。敲门时千万不可敲得太用劲，以里面听得见的力度为标准。听到里面说“请进”后，要回答“打扰了”再进入房间。开门关门尽量要轻，进门后不要随手将门关上，应转过身去正对着门，用手轻轻将门合上。回过身来将上半身前倾30°左右，向面试官鞠躬行礼，面带微笑称呼一声“您好”，彬彬有礼而大方得体，不要过分殷勤、拘谨或过分谦让。

(二)专业化的握手

面试时，握手是最重要的一种身体语言。专业化的握手能创造出平等、彼此信任的和谐氛围。你的自信也会使人感到你能够胜任而且愿意做任何工作，这是创造好的第一印象的最佳途径。怎样握手？握多长时间？这些都非常关键。因为这是你与面试官的初次见面，这种手与手的礼貌接触是建立第一印象的重要开始，不少企业把握手作为考察一个应聘者是否专业、自信的依据。所以，在面试官的手朝你伸过来之后就握住它，要保证你的整个手臂呈“L”形(90°)，有力地摇两下，然后把手自然地放下。握手应该坚实有力，有“感染力”。双眼要直视对方，自信地说出你的名字，即使你是位女士，也要表示出坚定的态度，但不要太使劲，更不要使劲摇晃；不要用两只手，用这种方式握手在西方公司看来不够专业。注意手应当是干燥、温暖的。

(三)无声胜有声的形体语言

一项研究表明，个人给他人留下的印象，7%取决于用词，38%取决于音质，55%取决于非语言交流。非语言交流的重要性可想而知。在面试中，恰当使用非语言交流的技巧，将为你带来事半功倍的效果。

除了讲话以外，无声语言是重要的公关手段，主要有手势语、目光语、身体语、面部语、服饰语等，通过仪表、姿态、神情、动作来传递信息，它们在交谈中往往起着有声语言无法比拟的效果，是职业形象的更高境界。形体语言对面试成败非常关键，有时一个眼神或者手势都会影响到整体评分。例如，面部的适当微笑，能显现出大学生的乐观、豁达、自信；服饰的大方得体、不俗不妖，能反映出大学生风华正茂，有知识、有修养、青春活泼的独特魅力，它可以在面试官眼中形成一道绚丽的风景，增强你的求职竞争力。

(1)正确的站姿和坐姿

进入面试室后，在没有听到“请坐”之前，绝对不可以坐下，等面试官告诉你“请坐”时才可坐下，坐下时应道声“谢谢”。坐姿也有讲究，“站如松，坐如钟”，面试时也应该如此，良好的坐姿是给面试官留下好印象的关键要素之一。在面试过程中，正确的站姿是站得端正、稳重、自然、亲切，要做到上身正直，头正目平，面带微笑，微收下颌，肩平挺胸，直腰收腹，两臂自然下垂，两腿相靠直立，两脚靠拢，脚尖呈“V”字形。女生两脚可并拢。站立时，如有全身不够端正、双腿叉开过大、双脚随意乱动、无精打采、自由散漫的姿势，都会被视为不雅或失礼。入座时要轻而缓，走到座位面前转身，轻稳地坐下，不应发出嘈杂的声音。女生应用手把裙子向前拢一下。坐下后，上身保持挺直，头部端正，目光平视前方或交谈的面试官。坐稳后，身子一般只占座位的2/3。两手掌心向下，叠放在两腿之上，两腿自然弯曲，小腿与地面基本垂直，两脚平落地面，两膝间的距离，男生以松开一拳或两拳为宜，女生两膝两脚并拢为好。无论哪一种坐姿，都要自然放松，面带微笑。面试过程中，不可仰头靠在座位背上或低着头注视地面；身体不可前俯后仰，或歪向一侧；双手不应有多余的动作；双腿不宜叉开过大，也不要把小腿搁在大腿上，更不要把两腿直伸开去，或反复不断地抖动。这些都是缺乏教养和傲慢的表现。

(2)眼睛是心灵的窗户

面试一开始就要留意自己的身体语言，特别是自己的眼神，对面试官应全神贯注，目光始终聚焦在面试人员身上，在不言之中，展现出自信及对对方的尊重。眼睛是心灵的窗户，恰当的眼神能体现出智慧、自信及对公司的向往和热情。注意眼神的交流，这不仅是相互尊重的表现，也可以更好地获取一些信息，与面试官的动作达成默契。正确的眼神表达应该是礼貌地正视对方，注视的部位最好是考官的鼻眼三角区(社交区)；目光平和而有神，专注而不呆板；如果有几个面试官在场，说话的时候要适当用目光扫视一下其他人，以示尊重；回答问题前，可以把视线投在对方背面墙上，可用两三秒钟思考，不宜过长，开口回答问题时，应该把视线收回来。

(3)微笑的表情有亲和力

微笑是自信的第一步，也能为你消除紧张。面试时要面带微笑，亲切和蔼、谦虚虔诚、有问必答。面带微笑会增进与面试官的沟通，能提升你的外部形象，改善你与面试官的关系。有赏心悦目的面部表情的人，应聘的成功率将远高于那些目不斜视、笑不露齿的人。不要板着面孔，听对方说话时，要时有点头，表示自己听明白了，或正在注意听。同时也要时刻面带微笑，当然也不宜笑得太僵硬，一切都要顺其自然。表情呆板、大大咧咧、扭扭捏捏、矫揉造作，都是一种缺陷，破坏了自然的美。

(4)适度而恰当的手势

说话时做些手势，加大对某个问题的形容和力度，是很自然的，可手势太多也会分散人的注意力。中国人的手势往往特别多，而且几乎都一个模子。尤其是在讲英文的时候，习惯两只手不停地上下晃，或者单手比划。这一点一定要注意。平时要留意外国人的手势，了解中外手势的不同。另外注意不要用手比画一二三，这样往往会令人生厌；而且，中西方手势中，一二三的表达方式也迥然不同，用错了反而造成误解。交谈很投机时，可适当地配合一些手势讲解，但不要频繁耸肩，手舞足蹈。有些大学生由于紧张，双手不知道该放哪儿；而有些则过于兴奋，在侃侃而谈时舞动双手，这些都是不可取的。不要有太多小动作，因为那是不成熟的表现，更切忌抓耳挠腮、用手捂嘴说话，这样会显得紧张，不专心交谈。

【阅读资料】

面试时，如果一个人的身体语言与他的言语相矛盾，人们宁愿相信他们所看到的情况，而不是他所说的。你很可能忽略了通过体态和手势来表达这一点。以下是一些利用身体语言表达自己的秘诀，只要你照着去做，肯定会取胜。

一、为面试做好准备

最好不要穿新衣，那样会让你坐在那里不自然。另外，叫一个朋友来感受一下面对面的距离。如果坐得太近，主考官会觉得侵犯了他的私人空间，若距离超过 1.5 米，又会显得你冷漠。

二、良好的坐姿

找到面试者的位子后，稳稳地坐上去，全身放松，不需要正襟危坐，以免肌肉紧张，不受控制。调整好呼吸，千万不要喘粗气。如有必要，可以改变你的坐姿，用不着老是保持同一种姿势。

三、避免目光游离

游离的、善变的目光会让面试官认为你这个人不老实，他会想："我可不愿让一个坐不住的女人坐在我的办公室里。"留意倾听一个问题时，将坚定的、自信的目光停留在问话人脸上 5～7 秒。目光的交流并不是让你直勾勾地盯着对方，它的诀窍是将目光集中在对方眼睛与鼻子之间的三角形位置上移动，这样会令人觉得你对他的话十分重视。当你想就某件事获得积极地回应(例如当你说"我真的想得到这份工作")时，你可以微斜着头，然后绽放一个非常诚恳的微笑，就像慈祥的母亲正坐在对面笑眯眯地望着你一样。

四、让双手成为好帮手

当你坐在椅子上，双手要摆姿势时，想象着有一个与肩膀同宽的盒子放在你的下巴与腰之间，将所有的手部动作都控制在这个范围内。移动双手时，确定手离开身体的距离不超过肘部的长度。不能带有恐吓性。当被问到一些很难回答的问题，如"为何辞去你以前的工作"时，让双手重叠在一起，手指交叉，摆出一幅在教堂做礼拜的虔诚来回答，千万不要拍掌、玩手指，这些不经意的小动作极可能使你落选。当然，也不要将双手握得太紧，否则会给人过于紧张的感觉。

五、不要摆弄双腿

坐在面试官对面时，要避免交叉双腿，在任何情况下都不要跷二郎腿，这看上去像你与面试官之间竖起了一道屏障，令面试官觉得你的动作具有攻击性，同时也会影响你的血液循环。记住：你的腿关系到以后你能否迈进这间办公室，所以还是老老实实地坐好为妙。

五、初登职场的新形象

作为新时代的大学生，在穿着打扮方面首先要体现青春、朝气、大方、整洁。由于应聘单位的不同，对应聘者的穿着打扮要求也会不一样。例如，私营企业(尤其是外企)喜欢员工穿着漂亮、明快；而国有企事业单位大多希望员工衣着端庄，体现稳健踏实的作风。由于大学生的经济原因，为求职准备的衣服不可能准备各式各样，所以，准备一套合体的职业装，就能应付许多求职场合。虽然每一年的流行在变化，但假如你稍微注意一下就会发现，作为职业装(不论男装、女装)，总的变化并不是很大，关键是全身装束的色调要统一、协调。

【阅读资料】

某家招聘单位根据收到的求职材料约见一位女同学作为预选对象，见面时，这位女同学涂着过红的嘴唇，烫着时髦的发式；衣着低领、紧身，十分新潮，给人以一种很轻佻的感觉，就是因为第一印象使她落选了。一位人事总监说："我认为你不可能仅仅由于戴了一条领带而取得一个职位，但是我可以肯定你戴错了领带就会使你失去一个职位。"服饰和仪容既是一个人审美观的集中表现，也是文化素养的具体反映。

(一)大学生求职时的服饰准备

服饰礼仪是人们在交往过程中为了表示相互尊重与友好，达到交往的和谐而体现在服饰上的一种行为规范。"衣着"在求职者与用人单位会面时的重要性，虽然很少有人愿意承认，但是，一个人在别人心目中的印象确实受其穿着的影响。作为求职者应该记住的是，着装打扮最终是要为推销自我服务的。

第一，衣着合体、搭配合理、色调和谐。瘦高体形的同学，不宜选用竖条纹的服装，否则会夸大纤细的身形；太薄的衣服也会给人以呆板、缺乏韵味的感觉，而质感、厚实一点的衣料会使体瘦的人看上去精神抖擞。体形丰满的同学则相反，衣服质地太厚显得笨重，当然也不能太薄，否则体形弱点就暴露无遗了，衣料以薄厚适度为宜。身材稍胖的同学切忌穿大花纹、横花纹、大方格图案的服装，否则只会夸张体形。

服装的选配，色彩的选用是很有学问的，大学生应该尽量学习一些关于服装美学的知识。

第二，衣着服饰要投雇主所好。有的大学生总是喜欢根据自己的爱好穿着服装，这样的好处是面试时感到自然轻松。但是，如果你的衣着恰恰不符合招聘者的要求，就可能不被录用。一般说来，着装不必赶时髦，不必求流行，尤其不能浓妆艳抹、花枝招展，许多用人单位都认为"过分追求时髦的人往往是不求上进的人"。当不知道穿什么好时，与其追求新潮，不如穿得正统一点。

第三，服饰要满足应聘职位工作性质的需要。根据所应聘职位的工作性质和类型，确定自己的穿着，这是一个较稳妥的做法。不同职业对人的要求是有差异的，而这种差异同样体现在穿着上。尽管某种职业的穿着标准没有成文规定，但人们心理上却存在着各种各样的定型。因此，求职者的穿着最好是与所应聘工作的性质和环境相协调一致，用人单位职员平时的穿着习惯，可能是最适合面谈的穿着。

【阅读资料】

求职专家曾提出以下几个着装打扮的原则，可供女大学生求职时参考：

第一，面试时着装要选用朴素的裙装或裙套装，不要穿运动服或休闲服。

第二，不要穿外露小腿过多乃至大腿的开衩裙，服装颜色不能太艳丽。

第三，饰物要大方得体，不宜过多，不戴叮当作响的手链，不佩戴过长的吊挂式耳环，也最好不要戴戒指。

第四，应化淡妆，不使用闪光化妆品，不涂深红的口红，香水喷洒要恰到好处。

第五，指甲要整洁、干净，不要涂成红色、紫色。

第六，穿中跟鞋，长筒袜要高，不要在裙子和袜子之间露出皮肤。

第七，手袋的风格也要持重，不携带体育用包或叮当作响的包。年轻女子挎上很有韵味的手提式包，显得比较干练，适用于女性管理人员、办事人员等；手提式背包适用于中老年人，显得沉稳端庄。同时，选择手袋(包)要考虑到衣服的颜色，白色或黑色手袋可配任何颜色的衣服，身材高大的女生，不宜用太小的包；反之，娇小玲珑的女生不宜用太大的包。

特别值得注意的是，近几年，青年人中间刮起了所谓的"哈韩"、"哈日"风潮，很多大学生喜欢穿着夸张奇异："韩式"的长裤，厚底松糕鞋，小身材偏偏要背个大书包等。实践证明，这样的"流行"打扮在就业求职中是行不通的。

(二)毕业生求职时的仪容准备

1. 发型

看一个人的第一眼往往焦点在头发。因此，大学生求职时应该注意保持头发的清洁，并修饰整齐。发型不仅要符合美观、大方、整洁和方便生活、工作的总体原则，而且要与自己的发质、脸型、体型、年龄、气质、四季服装及环境等因素很好地结合起来，才能给人以整体美的形象。

因为大学生的年龄特征，所以在发型设计上既可以显得青春活泼，也可以变得端庄文雅，起到修饰脸型、协调体型的作用。就不同的脸型来说，椭圆形脸是东方女性的标准脸型，可选任意发式。长脸形看起来面部削瘦，应将头发适当遮住前额，并设法使双颊显得宽一些。圆脸型的人应将头顶部的头发梳高，使脸部在视觉造型上增加几分力度，并设法遮住两颊。而方脸型应设法掩饰棱角，使脸型显得圆润些。额部窄的脸型，应增加额头两侧头发的厚度。长脸型的人不宜留太短的头发，下巴较长的人可以留些鬓发，矮胖或瘦小的人头发不宜长，瘦高的人头发应留长一点。

就季节而言，春、秋两季的发式可以自由活泼一些，而冬、夏季的头发则因为受气候因素的影响，需要格外注意一些。夏天天气炎热，可留凉爽、舒畅的短发，如果是长发，则可以梳辫子或将头发盘起。由于多数人夏天面部油脂分泌都很旺盛，而额前的头发过多往往不利于热量散发，反过来更加重面部油脂分泌。因此，夏季的发型一定要考虑前额、两颊的头发不能留得过多，应尽量把头发向后向内梳理。同时，搭配一个浅色的上衣领，能把脸部衬托得光亮鲜活一些。

冬天人们的衣着较厚重，衣领高，留长发既美观又保暖。在冬季经常刮风的地方，参加面试前最好用帽子、头巾或者干脆用发带把头发束缚起来，等到达面试地点前，利用上卫生间的机会顺滑一下头发，以免被风吹乱秀发。

女大学生如果再在头发的适当部位佩戴花色款式、质地适合的发卡、发带或头花等饰物，就会对整体美起到“画龙点睛”的作用，从而增添无限魅力。但要注意饰物不可过多，色彩也不能过于光亮耀眼，形成堆砌，以免给人一种俗气的感觉，反而失去自然美。男生的发型也要体现出一个人的性格、修养和气质。短发型可以体现男同学朝气蓬勃的精神面貌，具体来看，寸发适合于头型较好、面部饱满的男生，前额较宽的男生应该梳“三七开”的分头，以便更多的头发能够遮盖前额；选择“四六开”或“中分”发型的男生面部一般都不会过长，而且发质偏油性的较为适合。

不管你平时怎样打理头发，不管男生还是女生，我们建议在参加面试的时候除了带齐简历材料以外，最好在衣兜里装一把小梳子。因为除了风沙、灰尘等因素影响外，公共汽车上摩肩接踵的拥挤也可能把你的头发弄乱。

2. 脸部皮肤

肤色十分重要，面色红润昭示着你的青春健康。脸部皮肤的整体妆饰，除了要体现出自然光泽外，还要注意脸部各器官妆饰的整体协调性，否则便难以达到美容的效果。例如，为了突出眼睛的魅力，口红的颜色就应该有所限制，尽量使用与肤色接近的口红。没有一定社会阅历的女大学生，在化妆时往往也不懂得如何把握淡雅适度的分寸，常常把口红抹得过浓，粉底涂得太厚。

为了达到美容的效果，还应考虑不同季节和不同时间，根据自身的性格气质、职业特点、年龄、场合而采用不同风格的妆饰。对于求职的女大学生来说，化淡妆比较适宜，这样能显得端庄、秀丽，给人以自然、青春、得体的感觉。

【阅读资料】

求职路上着装毁了我的面试

大四找工作那会儿，班上的女生都恨不得整容，男生好像一夜之间也在开始习惯了穿着西装。

我是特别相信形象加分这样的概念的人。看到几乎所有同学都要给自己添置几套像样的行头，以备面试之用，我也坐不住了。大家都说，从头到脚置办完备，在花1 000元之前觉得肯定多了，但是花完才知是少了。

我家的经济条件，让我不容多想，我实在不忍心再加重父母的负担，可翻翻衣橱，的确拿不出一件正经的职业装。正犯着愁，同寝室的女生给我出了个主意，据说不少外贸小店都有名牌的仿货，绝对能以假乱真。

我一下子心动了，立刻找了家店，从上到下给自己置办了一身，只花了相当于正品几分之一的钱。

返回学校，我特意让一个对品牌颇有研究的同学检验了一番，她竟然没有看出来。得到“专家”的肯定后，我彻底放心了。第二天，就穿着新衣服去参加某知名公司的面试。

谢天谢地呀，看得出几位考官对我的形象评分不错，对我的应答也颇为满意，一切都进行得非常顺利。

最后一个问题了！由那个一直沉默的女考官发问。“你的着装很有品位，不过，你所穿着的品牌似乎不是你这个年龄学生的经济能力所能承受的。你不觉得你的追求太超前了吗?”

当时我就蒙了。这可怎么解释呢？难不成跟考官说这都是假名牌？一个心虚，脑子一片糨糊。支支吾吾半天，越解释越不明。所以，考官终于不耐烦地打断了我，让我回去等通知。

没想到最后竟然砸在这套给自己壮胆的衣服上面，真正是弄巧成拙！

走出面试房间的那一刻，我差点儿哭出来。

第三节　轻点鼠标找“婆家”

人类已步入了信息化的时代，信息在人们生活中起着重要作用。大学生就业时，就业信息的获取是非常关键的一个环节，大学生要善于利用网络资源获取信息，谁获取的就业信息多，谁的就业机会就大。就业信息的搜集和整理，可以帮助大学生以最小的代价找到最合适的工作；还可以帮助大学生在择业过程中做到有的放矢，提高就业的效率。另外，大学生还可以利用就业信息调整自己的知识和技能结构，增强自己的就业竞争力。

一、就业信息的分类

根据内容的不同，就业信息可以分为政策类就业信息、需求类就业信息和就业形势信息。

政策类就业信息。此类信息包括国家（中央、国务院及各部委）和地方（各省、自治区、市的相关部门）制定的与大学生就业相关的法律法规、规章制度及部分行业从业规定。此外，还包括大学生所在高校发布的关于毕业生就业的相关管理规定。

需求类就业信息。此类信息指用人单位对应聘人员的专业、学历、个人能力和需求人数等方面要求的信息。

就业形势类信息。此类信息包括中央和地方有关部门（特别是毕业生就业主管部门）发布的毕业生就业人数、供需比、签约率、待就业等统计性的数据及就业环境的变化，对大学生正确判断当前的就业形势，树立合理的就业期望极为重要。

二、就业信息搜集的渠道

【阅读资料】

某大学宿舍，小赵在计算机前不停查找着各种招聘网站的信息……他根据自己的专业和兴趣选择着就业岗位。虽然现在是冬末春初，仍有大滴大滴的汗从小赵额头滚落。而他邻床的杨阳早已胸有成竹，手中早就握着几个单位的就业意向书，从国企到民企，杨阳在犹疑不决，但脸上有种灿烂的神情。

是什么让同一个专业、同一个宿舍的他们在就业的重要关头面临不同的情况呢？经过采访记者发现，原因在于他们对于就业信息掌握的情况不同。

小赵只是单一地将就业信息搜集定位在传统的网站搜索，杨阳则有更多的想法，他说："我觉得自己能在就业上脱颖而出，主要是因为手头有很多就业信息可以选择。从综合学校就业指导中心提供的就业信息，到我自己去心仪企业网站链接上搜集招聘信息，我在尽可能多地搜集和利用就业信息，我是赢在起跑线上。"

在信息爆炸的时代，掌握更多信息，就是给自己更多的机会。信息的获取也有技巧，对于求职的大学生来说，就业信息的获取可以通过下面几种方法。

第一，通过学校的毕业生就业指导和服务部门。为了促进学生的就业，学校设有专门的就业指导和服务机构，它们不仅与各级主管大学生就业工作的部门保持着广泛而密切的联系，还与社会用人单位建立了协作关系。每年到了毕业生就业时期，就业指导部门会及时向有关劳动和人事部门发函征集就业信息；与此同时，有招聘需求的各类企业，也会向学校提供大量的用人信息。就业指导部门会在收集到各方用人信息后，在学校的就业公告栏或学校网站上发布。因为就业指导部门的诸多特点，它发布的信息比其他渠道的信息更加有针对性，可信度也更高。

第二，通过政府举办的人才交流会。每年从 10 月开始，到来年 7 月，政府都会在指定地点举办多场人才招聘活动，形式也多种多样，如双选会、教师专场、研究生专场等。由政府为高校毕业生提供的这些人才交流会，既为毕业生和用人单位提供了面对面的交流机会，也为毕业生提供了丰富的就业信息。大学生应该积极参与，尽可能地增加自己就业的机会。

第三，通过社会传播媒介。大学生就业问题是社会广泛关注的问题，所以许多报刊、电视广播都开设有专门的就业信息栏目，定时会发布大量的用人信息。因为传播媒介的特点，所以它们的信息往往具有传播速度快、涉及面广、时效性强等优势。

第四，通过互联网。近几年，大学生更多地选择互联网求职。网上求职的优点在于方便、快捷、信息量大，不受时间、地点的限制。从网上获取就业信息的渠道主要有国家六部委联合举办的就业网络联盟；各省市的人才就业网站；各用人单位自己的网站；近年来兴起的求职网，如中华英才网、前程无忧网、智联招聘网、应届生求职网等。

第五，通过家庭和个人的各种关系。家庭和个人的人脉关系分布于社会的各个领域多个层面，通过他们收集到的就业信息更加准确也更加可靠。家庭和个人的社会关系包括家庭成员、亲戚朋友、老师、同学等。现在许多用人单位为了降低招聘成本，都越来越重视以内部推荐的方式招聘新人。

第六，通过求职实习。大学生毕业之前，应该找一份实习工作。在实习过程中，不仅可以与用人单位直接接触，也更能清楚地了解用人单位的相关情况，更重要的是让用人单位更多地了解自己。这样，用人单位在有招人需求时，就会优先考虑你。

【阅读资料】

中华英才网：http：//chinahr. com

简介：中华英才网成立于1997年，是国内最早、最专业的人才招聘网站之一，其品牌和服务已被个人求职者和企业人力资源部门所普遍认可。中华英才网是国内首家提供全面校园招聘解决方案的企业，从2000年至今，累积为多达30余个行业的近300家中外知名企业提供系统、专业的校园招聘定制服务，为客户成功输送近30 000名优秀毕业生。中华英才网成为全国公认的最佳校园招聘服务企业的品牌形象。

前程无忧：http：//51job. com

简介：前程无忧是国内领先的集多种媒介资源优势的专业人力资源服务机构。它集合了传统媒体、网络媒体及先进的信息技术，加上一支经验丰富的专业顾问队伍，提供包括招聘猎头、培训测评和人事外包在内的全方位专业人力资源服务，在全国包括香港在内的26个城市设有服务机构。2004年9月，前程无忧成为首个在美国纳斯达克上市的中国人力资源服务企业，融资8 000多万美元，标志前程无忧的发展进入一个新的里程。从2000年起，每年企业获准进入学校招聘之前，面向全国20个城市，40多所重点高校的20万应届毕业生深入发行。

智联招聘：http：//zhaopin. com

简介：成立于1997年的智联招聘是国内最早、最专业的人力资源服务商之一。它的前身是1994年创建的猎头公司智联(Alliance)公司。智联招聘面向大型公司和快速发展的中型企业，提供一站式专业人力资源服务，包括网络招聘、报纸招聘、校园招聘、猎头服务、招聘外包、企业培训及人才测评等，并在中国首创了人力资源高端杂志《首席人才官》，是拥有政府颁发的人才服务许可证和劳务派遣许可证的专业服务机构。

三、就业信息筛选的方法

【阅读资料】

进入暑假后，各高校应届毕业生正式走上社会求职，不少在校大学生也开始勤工俭学。然而，由于他们心地单纯且求职心切，一些不法机构便抓住他们的这些弱点和心理，挖好“陷阱”等人来跳。

2010 年 6 月 15 日，大学毕业生小刘在郑州北环一家电器贸易公司面试通过后，被要求交 360 元服装费，然后才能签合同、培训，再开始工作。交费后，她同该公司签了劳动合同，上面还特别注明：如因个人原因辞职或自动离职，公司不予退还服装费。上班后，小刘因一直未被安排工作就要求辞职并退还服装费，被对方以签有协议为由拒绝。

李强是广告系的高材生，2010 年 5 月到某广告公司应聘。对方给他出了一道题：为一款家用电器做个广告策划方案，限期 3 天。3 天后，李强带着自己做出的策划方案来到该公司，对方收下后让他回家等通知，然后就再无下文。2010 年 6 月，李强发现一条家用电器的广告“很眼熟”，和他做的方案几乎一模一样，而策划公司正是他曾去应聘的那家。原来，对方招聘是假，窃取他的创意才是真。

据某求职网站关于大学生就业安全的调查发现，在参与调查的近 6 000 人中，有 77％参与调查者在求职过程中有过被骗经历，这些同学在被骗后都表示就业信息的筛选很重要。

第一，去伪存真、去粗取精。信息的来源是多方面的，真实的用人信息意味着机会，虚假的用人信息则可能是陷阱，甚至是危险。所以，信息的真实性是其价值的决定因素。从政府相关机构举办的人才交流会或学校就业指导机构承办的招聘会上获取的信息，一般存在这样的问题：一些实力一般的单位，想招到优秀的人才，故意在自我宣传上夸大其词。大学生应该客观真实地了解用人单位情况，切勿被花言巧语所迷惑。从中介机构或网上获取的就业信息，往往会掺杂一些骗人的信息，这些中介机构利用了大学生求职心切的特点，发布一些虚假招工信息，以骗取所谓的信息费、中介费等。大学生一定要提高警觉，为自己把好信息筛选这一关，不要给居心不良的企业或个人以可乘之机。

第二，结合实际、分清主次。就业信息很丰富，但不是每一个职位信息都适合自己。首先，毕业生要根据自身的情况加以选择，并不是所有薪酬待遇好、福利好的工作机会都要尝试，要分析用人单位的人才需求，结合自己的实际情况，综合考虑。其次，不能一门心思地只关注知名企业、大型企业，很多中小企业虽然目前刚在起步或正处于上升期间，但它的前途是不可限量的。所以在就业时，除了用人单位的知名度、规模外，还需要客观地衡量用人单位在行业的前景及个人的发展空间，扩大自己的就业范围。

第三，及时更新、果断出击。信息的重要特点就是更新速度快，谁抓住机会，谁就能成功。信息的时效性就意味着大学生在获取用人单位的招聘信息后，一是注意它的有效期；二是快速分析人职匹配度，确定后果断出击。另外，手头掌握的就业信息，也需要时时更新，只有掌握了最新的就业信息，才能增加成功求职的几率。

【阅读资料】

就业信息筛选的三种方法

第一，全方位搜集法。把与你的专业有关联的就业信息统统搜集起来，再按一定的标准进行整理和筛选，以备使用。这种方法获取的就业信息广泛，选择的余地大，但较浪费时间和精力。

第二，定向搜集法。根据自己选定的职业方向和求职的行业范围来搜集相关的信息。这种方法以个人的专业方向、能力倾向和兴趣特长为依据，便于找到更适合自己特点、更能发挥自己能力的职业和单位。需要注意的是，当你选定的职业方向和求职范围过于狭窄时，有可能大大缩小你的选择余地，特别是你所选定的职业范围是竞争激烈的"热门"职业时，很可能给你下一步的择业带来较大困难。

第三，定区域搜集法。根据个人对某个或某几个地区的偏好来搜集信息，而对职业方向和行业范围较少关注和选择，这是一种重地区、轻专业方向的信息收集法，按这种方法收集信息和选择职业，也可能由于所面向地区的狭小和"地区过热"(即有较多择业者涌向该地区)而造成择业困难。

四、就业信息的处理

收集就业信息的目的在于帮助大学生成功就业，有效地处理收集到的求职信息，能提高自己在求职过程中的成功率，令自己在有限的时间里找到既适合自己又中意的工作。

第一，利用收集到的就业信息完善自己的不足。利用自己收集到的就业信息，对照用人单位的用人要求，比对自己的实际条件，无论是知识的欠缺或是技能的缺乏，发现不足及时补充。

第二，营造和谐的求职氛围。对于不符合自己的就业信息，应该及时与同学分享。不要因为就业的原因，就与同学树立敌对关系，要把目光放长远，记住，就业时的竞争对手不是你身边的同学，而是来自各高校的应届生。和同学互相帮助，互相鼓励，不仅可以帮助别人，也能增加自己的就业机会。

五、网络求职

随着现代科技的发展和网络的普及，大学生们的求职方式也趋向多样化。

其中，“网申”成为近几年的求职关键词之一。现在，越来越多的公司采用网络申请的方式招聘人才，尤其是大型企业，网申更是司空见惯的招聘方式，毫不夸张地说，网络申请已经成为申请者进入名企的“敲门砖”。

【阅读资料】

根据某招聘网站2008年毕业生求职调查数据显示，通过人才网站招聘的学生占总数的33.6%，通过校园招聘的占21.2%，通过报纸、杂志的占4.4%，通过社会招聘会的占16.4%，通过父母、亲朋好友介绍的占13.4%，通过学校推荐的占4.5%。可见，大学生通过网络求职的比例和成功率都在不断地提高。

(一)网申的含义

网申是利用网络信息平台而发展起来的“选才”新方式，指通过公司官方网站的招聘页面，或者第三方的招聘网站开设的专门的页面投递简历的求职方式。招聘方通过该页面收集简历，并对大学生进行初步筛选。网络申请是用人单位考察申请者大学学习、生活情况和性格的一种重要手段。

网申一般由个人资料和开放式问题组成。个人资料以表格形式呈现，表格涵盖了大学生从个人基本情况、教育背景到实习经历等多方面的信息。开放型问题通过精心设计的提问，要求大学生在一定字数内回答，用人单位以此判断大学生的个人合作能力和技巧、工作的抗压能力、是否有不利于工作的性格缺陷等。

(二)网申的步骤

第一步：进入网站，选定职位。

进入目标公司的招聘页面，了解企业的详细介绍及应聘程序，大学生可根据自己的条件选择自己感兴趣的职位。

【阅读资料】

小李最近开始发愁了，早在8月中旬，企业陆续开放网申通道时，同班同学就开始网申了，自己现在才开始。心急如焚的小李眼看着自己落在了大家后头，他不甘心，这几天看到企业挂出招聘告示，不管对方是什么类型的企业，招什么职位，打开页面闷头就申请。几天下来，所有开放网申通道的企业倒都被他申请了个遍，同寝室的室友都调侃他患上了“网申强迫症”，而小李自己则头晕眼花，根本已经记不得申请了哪些企业和职位。

第二步：填写简历。

一般企业的网申，实行的是在线填写模式，即大学生直接在招聘企业的招聘主页上按照一定的格式来填写简历；也有一部分企业要求在填写完网上的简历模板后，上传一份电子版(一般为 Word 格式)的个人简历。简历中一般包括个人信息、教育背景、语言和计算机水平、工作实习及项目经验、其他情况(个人特长、奖励)等项目。由于网申的目标企业可以是地球上任何一个地方一家企业，因此英语也就成了网申的主要语言。申请国外企业职位，必须有良好的外语水平作基础，外企一般都十分看重应聘者的英语应用能力。

第三步：回答开放式问题。

许多大学生对于每次网申都要回答大段的开放式问题感到非常头疼，甚至“放弃作答”。但是，在用人单位眼中，开放式问题是网申中的重要环节。

具体来说，每道开放式问题都有其考察点和目的。从大学生的回答中，用人单位可以判断其价值观、能力、知识结构等。比较各企业的开放式问题，大学生会发现问题差别不是很大，所以可以在申请前先行了解，提前准备。但是，提前准备好的答案在应聘不同企业时，一定要参照特定的人才要求和企业文化做一定程度的修改。

【阅读资料】

在进行第一家企业的网申时，小林还很有耐心地逐字逐句地琢磨，力争最完美地展现自我。但这两天，她在申请第四家、第六家企业的职位时，已经失去了耐心，状态明显回落。面对差不多的开放式问题，小林开始拿出标准答案的模板复制粘贴。在与室友交流求职经验时，谈起未来 3 个月还将陆续上线的企业网申，所有人都觉得很无奈。

第四步：提交，完成流程。

申请完成后，切记不能患得患失，觉得自己刚刚在填写资料或回答问题时，有不完美的地方，就再申请一次同一个职位。应聘者反复向同一个招聘邮箱发送简历，效果往往会适得其反，让用人单位产生反感，而错失工作机会。

【阅读资料】

小羽平时做事小心谨慎，凡事总要反复确认结果才算安心。这种性格被她运用到网申中，就成了一个致命伤。求职往往是一个漫长的过程，鲜有即刻回复信息的企业，这一点让小羽总忍不住不停修改自己上传的信息再发送，导致招聘企业重复收到她投去的好几份一模一样的简历。虽然知道这种做法不对，但小羽总是甩不掉这种患得患失的心情，只要没得到回复，心里总是忐忑不安。

第五步：等待企业的回复。

网申大多要 2 个月才正式关闭申请通道，也就是说这 2 个多月中求职者能够做的事情只有等待结果。据调查，应届毕业生平均每申请 9 个职位才能获得一次面试机会。与其在无聊地等待，还不如抓紧时间好好留意各个招聘渠道，看看还有什么自己心仪的工作。

【阅读资料】

企业筛选简历有关键字

为了节省成本，一般企业都会通过网申从成千上万份的电子简历中挑出自己的“意中人”。在筛选简历的过程中，基本是以关键字进行筛选，因此，拥有相应的经历及关键字成为突破重围的有力筹码。如果有1 000个人申请1个职位，首先，一些招聘网站会根据一些硬性指标如大学、英语能力等删掉将近800人，然后他们给剩下的200人打分，根据不同的层次、学历、工作经历、奖学金、学生工作等，分数如果是10分为最高，招聘网站会根据公司的需求，比如把7分以上的简历数据传给用人单位的负责人处，一般是招聘部门的负责人负责挑选，挑合适的过来面试。

一般来讲，企业筛选简历的关键字如下：

学校：重点大学，即211工程学校，多数知名公司及职业中介机构以全国名牌大学作为衡量申请者的重要标准。

专业：知名企业基本对专业没有严格要求，但对于明确要求专业的职位，一定要突出自己的专业及获得的与专业相关的认证。

英语：硬性指标大多要求大学英语四级、六级，新四级、六级则必须超过一定分数(425分左右)，不同企业要求不同。

实习经历：尽量突出自己在知名企业或与职位相关行业的优秀公司的实习经历，实习时间至少半年。实习时间越长、实习单位越好，加分越多。

学生工作：需做到学生会部长级以上，并有实质工作业绩，从中要体现出领导力、团队合作、沟通能力等。

奖学金/成绩：如有奖学金一定要将最重要的列在前面，成绩在班级或系内排前5名更要突出一下。

国际交流经验：基本属于可遇不可求的经历，可重点突出这块经历。

(三)开放式问题回答攻略

开放式问题是网申之特殊地方，也是网申最为重要的部分，常常需要用英语回答若干问题，重点考查申请者的相关经历和生活感悟。若有实习经历或学生工作经历则回答此类问题会有较多素材，经验较缺乏的同学在回答时就会理屈词穷。

第一，仔细看一下这些开放式问题就会发现，很多问题就是以后面试中会被问到的问题。所以，大学生在简历和面试中要提供一致的信息。这也要求大学生认真完成并记住自己的回答。

第二，揣摩开放式问题背后的含义。面试时的大问题都有弦外之音，这同样适用于网申。例如，经常问到的“你认为大学时代最成功或失败的一件事是什么?”“你最遗憾的一件事是什么？为什么?”等。从大学生的回答中用人单位可以判断出其价值观，即在其眼里什么最重要。

第三，关于职业生涯规划的问题。“请谈谈你3～5年的规划”之类的问题几乎是每份网申都会问到的开放式问题，却鲜有答得好的。用人单位之所以这样问是希望挖掘大学生应聘的深层次动机，看其是否具有稳定性。建议回答不要过于具体。

第四，STAR原则。对于类似“成功失败事件举例”的问题，回答有一个基本思路，就是STAR原则，即Situation(情景)、Task(任务)、Action(行动)、Result(结果)。你完成某事或者做出某决定是在怎样的背景下，当时你具有怎样的资源，面临怎样的问题；你是如何行动的(利用资源、克服困难、解决突发状况等)；最后的结果是什么。如果是失败的事例，那么最后你还需要分析失败的原因，并总结你得到的经验教训。

常见开放式问题：

1. Describe an instance where you set your sights on a high/demanding goal and saw it through completion.

2. Summarize a situation where you took the initiative to get others going on an important task or issue, and played a leading role to achieve the results you wanted.

3. Describe a situation where you had to seek out relevant information, define key issues, and decide on which steps to take to get the desired results.

4. Describe an instance where you made effective use of facts to secure the agreement of others.

5. Give an example of how you worked effectively with people to accomplish an important result.

6. Describe a creative/innovative idea that you produced which led to a significant contri-bution to the success of an activity or project.

7. Provide an example of how you assessed a situation and achieved good results by focu-sing on the most important priorities.

8. Provide an example of how you acquired technical skills and converted them to practical application.

上述题目经常出现在不同企业的网申中，建议毕业生在求职准备过程中对这些问题进行充分地准备，并把答案记下，请老师或有经验的前辈修改，形成自己的标准答案，合理运用到每一次的网申中。

第四节　职场无声的面试

用人单位选拔面试人选的依据是什么？在成堆的求职简历中如何使自己脱颖而出，得到用人单位的青睐并获得宝贵的面试机会？人们将求职简历形象地比喻为无声的面试，是毕业生获得求职机会的关键。

一、求职信的基本要素

求职信有广义和狭义之分。狭义的求职信是求职者与用人单位在初次接触时，反映求职者求职意愿的信件，准确地称为“申请信”；申请信与个人简历的作用相似，但并不完全相同。广义的求职信指的是求职者在求职择业前后，所需要用到的申请信、感谢信等多种信件的总称。多数用人单位在招聘的时候，都会要求应聘人员附上求职信，因为求职信可以帮助用人单位在最短的时间里对应聘人员有基本的了解。由此可见，求职信就像求职者的“敲门砖”，是求职者留给用人单位的第一印象。因此，如何写好求职信，成为大学毕业生就业准备中必要的一步。

(一)中文求职信

1. 内容

中文求职信的内容应该由称呼、正文、结尾三部分组成。

(1)称呼

在求职信的左上角，写明用人单位人事负责人的称谓或职务，尊敬的×××经理/主管。

(2)正文

求职信的正文一般需要包含以下几点信息：信息来源、个人基本情况、专业才能、社会实践、联系方式等。

(3)结尾

在求职信的结尾处要写一些祝愿性的话，并表达对面试机会的期望。

2. 写作技巧

第一，实事求是，态度诚恳。求职信中既要有对自身情况的客观叙述，也要表达对该职位渴望的情感。客观陈述的部分内容要真实，主观表达的部分情感要适当，不要过于激烈，让看信人感到虚假。

第二，富有个性，针对性强。因为用人单位的要求不尽相同，所以在应聘不同的单位要准备相应的求职信，信中的内容也应该针对应聘单位有所调整。在了解应聘单位的基础上，如果能谈一些与行业相关的内容，会加深看信人的印象。

第三，格式规范，言简意赅。求职信的写作不能过度追求与众不同，格式要规范。一般都要求打印，不过，如果你的字写得特别好，不妨亲手书写，这样会为你的求职信加分不少。求职信一定要言简意赅，切忌长话连篇，篇幅不宜过长，一般以800字为宜。

总而言之，求职信是求职者以书面形式第一次与用人单位的接触，是用人单位取舍的首要依据。因此，写好求职信是求职者的第一关。

【模板一】

尊敬的×××先生/小姐：

您好！

我是一名刚刚从×××大学×××专业毕业的学生，我很荣幸向您呈上我的个人资料。请允许我向您做一下自我推荐。

作为一名×××专业的大学生，我热爱我的专业并为其投入了巨大的热情和精力。在大学四年的学习中，我掌握了该专业从×××到×××的专业知识。通过对这些知识的学习，我对这一领域的相关知识有了一定程度的理解和掌握。事实上，专业学习是一种工具，而利用此工具的能力是最重要的，我在与课程同步进行的各种相关实践中，具备了一定的实际操作能力。并且，在学校工作中，锻炼了人际交往能力，学习了团队管理经验。

我知道计算机和网络是将来必备的工具，因此，在学好本专业的前提下，我对计算机产生了浓厚的兴趣，并阅读了大量的书籍，能够熟练操作Windows/Office等操作系统和办公软件。

我正处于人生中精力充沛阶段，我渴望在更广阔的天地里发挥自己的才能，我不会停留于现有知识水平，期望在实践中得到锻炼和提高。因此，我希望能够加入贵单位，我会踏实地做好自己的工作，努力在工作中取得好成绩。我相信经过自己的奋斗，一定会为贵单位做出应有的贡献。

感谢您在百忙之中给予我的关注，祝您工作顺利。

此致

敬礼！

×××谨呈

×年×月×日

【模板二】

尊敬的×××领导：

您好！

首先感谢您的启阅，至少这意味着您给我一个参与选择的机会。

我是×××大学×××专业×××级的大学毕业生，和其他同学一样，毕业在即，等待着时代的召唤，期待着您的垂顾。

我出生在×××，小城市的淳朴生活与大城市的繁华对我都不陌生，这也使我具有了良好的适应能力，大学四年的生活更是让我阅历大增。

“宝剑锋从磨砺出，梅花香自苦寒来。”回首往事，时光剪彩，十年的寒窗苦读，我在追求学业的同时，也为自己的理想奋斗着。同时，我在德、智、体各方面得到全面的发展。勤劳的付出，终于让我拥有了扎实的专业基础知识。除了掌握了×××的相关知识，我还广泛阅读了相关行业书籍，而且还掌握了×××等多种办公室常用软件，并自学了×××技术，在多次的校园实践中运用其中。

同时，在求知之余不忘对自己品行的塑造，诚实守信，宽以待人，严于律己；业余时间积极参加学校内外各种有意义的活动，在活动中锻炼自己的处事能力。

匆匆三载，一路的艰辛与微笑，虽有所收获，然所学伊始，新的考验和抉择，仍要自己奋斗不息磨砺前行。但是，我相信，只要你给我一个机会，能加入贵公司，我一定能在这个精诚团结、锐意进取的集体中竭尽全力，再添辉煌！

最后，祝贵单位事业兴旺发达。切盼佳音！

此致

敬礼！

自荐人：×××

×年×月×日

【模板三】

尊敬的领导：

您好！

衷心地感谢您在百忙之中翻阅我的这份自荐材料。

我是×××学院×××级的毕业生，自从进入大学之后，我努力奋斗，随时准备迎接新的挑战！时光如梭，我即将离开大学校园，走上工作岗位。大学四年是我思想、知识结构及心理、生长成熟的四年。惠于×××学院的深厚学习氛围，熔融其中四年使我成为一名复合型人才。

在校期间，我勤奋学习专业知识，努力把理论知识运用到实践中去，曾参加全国各类竞赛，并取得优异成绩；此外，我还特别喜欢计算机，不仅熟练掌握基本应用软件的使用，还对自己专业方面的软件有所研究。刚进校的我就在学校的勤工部上班，大学里我就开始在外面实习，锻炼自己，提升自己，使自己在社会大舞台上有了立足之地。

“长风破浪会有时，直挂云帆济沧海”，我真诚地希望成为贵单位的一员，我定会以饱满的热情和坚忍的性格勤奋工作，与同事精诚合作，为贵单位的发展尽自己的绵薄之力，恳请接纳，回函是盼，我恭候您的佳音！我相信自己，更相信您！给我一个机会，蓄势而后发的我会还您一个惊喜！

此致

敬礼！

×××

×年×月×日

(二)英文求职信

随着全球经济一体化的发展以及行业环境、工作性质的需求变化，越来越多的用人单位对大学生的求职材料要求也越来越高。例如，日资企业需要大学生应聘者提供日语求职信、日语简历；法资企业需要大学生应聘者提供法语求职信、法语简历；德资企业需要大学生应聘者提供德语求职信、德语简历等。总之，语言水平较高的大学生求职者，在求职过程中有一定优势。鉴于国内的外企中英语使用程度最高，所以下文将介绍英文求职信的写作技巧与注意事项。

在信件写作的基本注意事项上，英文求职信与中文求职信要求一样，如态度真诚、语气诚恳、格式规范、言简意赅。但是，英文求职信相对中文求职信来说，还有其他一些需注意的地方：

第一，用英文写作的求职信，在语言表达上要简洁明了，避免使用太过复杂的句子和专业术语，因为用人单位不会在一份求职信上花费太多的时间。语言表述简洁能体现出你尊重用人单位，珍惜他人的时间。

第二，重视开头和结尾。在英文求职信的开头，除了对看信人的尊称外，在第一段中还需要提到求职信息获取的渠道，如 Your advertisement for a Network Maintenance Engineer in×××interested me。在英文求职信的结尾，要提及关于希望得到面试的事情。

注意，在表达自己希望得到面试的意愿的时候，切忌软弱、羞怯的表达方式，如 If you think I can fill the position after you have read my letter，I shall be glad to talk with you。

第三，外企很看重员工的诚信度。在求职信中，如果对某种活动、某类事件你不是真正关心或爱好时，不要夸夸其谈，即使你在求职信中的谈论使你赢得面试机会，但面试中如果让招聘人觉得你有夸张成分，是在不懂装懂，你的诚信度会受到影响。当然，你也不会被录用。

【模板】

June 18，2010

P. O. Box 9

×××University

Tianjin，China 300011

Dear sir，

I would like to ask you to consider my qualification for the position in sales that you advertised in 5ljob. com.

I graduated from the college of business administration in June of 2010. Since that time I have been taking night courses at city polytechnics in sales techniques and advertising.

For the past four years，I have worked as a shipping salesman for market，one of the world largest shipping companies. At present I am their chief salesman and it account for over one quarter of the sales in Asia. Before my present employment，I worked for ABC chains boutique as a salesclerk. We worked mainly on commission and I was able to earn a substantial amount although I was very young.

I would like to make a change now because I feel that I can go no further in my present job，I feel that my ability and my training should enable me to advance into a better and more responsible position，and it appears that this will not be forth-coming at my present position.

If you would like to know more about my ability，I can be available for an interview at any time convenient to you.

With many thanks.

Li Xiang

二、如何制作一份合格的简历

在求职的过程中，简历是获得面试机会的重要工具。很多大学毕业生，可能有年级排名靠前的优秀成绩，可能是几百人社团的主席，也可能有着丰富的社会实践经验，但是，如何让用人单位能了解你，让用人单位认同你，为自己创造面试的机会，那就需要一份合格的简历。简历好比是一份由毕业生本人撰写，反映毕业生本人的学习、成绩、生活、工作经历等情况的文书。好的简历能让毕业生在一瞬间就从几百份简历中脱颖而出；相反，不合格的简历也会让毕业生与理想的工作失之交臂。虽然简历只是简单的几页纸，看似很简单。但每到就业的时候，很多同学却为制作简历而头痛。如何制作优秀的简历？先来看看用人单位是怎么挑选简历的。

【阅读资料】

中国移动通信集团公司

人力资源部高级项目经理　刘先生

筛选标准：先看专业再挑学校背景。

中国移动采取多种方式进行招聘，包括招聘会、报纸、杂志、猎头等，用得最多的是网络招聘。同时，还会针对招聘项目，进行校园招聘、社会招聘和内部竞聘。中国移动已经将很多工作外包给专业人才网站，因而在筛选简历、笔试和面试时都遵循着一个既定的程序和标准。一个优秀人才应聘中国移动，需要经过以下几个程序：软件系统筛选简历→人工筛选简历→第一轮面试→笔试→第二轮面试。

自动软件系统会通过考查五个方面来挑选简历，即学校和专业、学习成绩、班级排名、英语能力、项目经验，这些都是应聘中国移动的五大拦路虎。中国移动青睐那些来自重点院校、专业对口的大学生，而名校背景、突出的英语能力及担任过班长、学生会干部、社团组织者的经历，都会成为应聘中国移动的加分亮点。

ABB(中国)有限责任公司

人力资源经理　唐女士

筛选标准：言简意赅的简历最受欢迎。

首先，ABB是根据每个职位的岗位描述和招聘需求来筛选简历。之后，人力资源经理把选中的简历发到对应的业务部门进行第二轮筛选。在业务部门经理和人力资源经理沟通、协商之后，产生面试名单。

一份干净整洁、言简意赅的简历是最受ABB欢迎的，长度在2～3页纸比较合适。个人信息、工作经验的叙述越接近招聘职位的要求越容易赢得入围机会，而那些特别精美或者花里胡哨的简历并不见得就受欢迎。简历的真实内容才是我们考核的重点。

对于应届毕业生的简历，ABB会比较注重对方的相关社会经历，比如参加过哪些社会活动、是否当过学生干部等。而招聘社会人员时，对方的工作经验是最受关注的。实际上，ABB集团的销售人员也需要严格的专业教育背景和行业工作经验。

北京松下电子有限公司

人事科长　张先生

筛选标准：从简历判断求职者的思维特点。

对于市面上蜂拥而现的大贴艺术照和写真照的简历，北京松下电子有限公司并不赞成。企业用人是根据岗位需求和个人情况来选择的，简历再漂亮也起不到决定性的作用，尤其是应届毕业生更不该如此制作简历。

至于筛选简历的根据，我们针对不同岗位的需求，会有不同的考察重点。例如，招聘技术型人才时，看应届毕业生的简历会比较注重其专业成绩，在校是否有过相关作品；如果招聘的是管理型人才，除了看所学专业和学习成绩外，还会注重他在校时担任的学生会工作、参加的社会活动等；看社会人员的简历时，除了硬件必须符合招聘岗位需求之外，主要看他的工作经历。

实际上，简历行文里透露出来的信息是很重要的。对方表述自己的语言、行文方式，简历撰写的层次性、逻辑性、流畅性、重点性，都能流露出写作者的思维特征。

北京住总房地产开发有限责任公司

人力资源经理　姜女士

筛选标准：挤出简历中的“水分”有高招。

说到简历的筛选，程序有两道。先是普通筛选，主要根据性别、专业、年龄淘汰；接着细选，主要看工作经历、技术水平。在条件同等、多中选优的时候，学历往往占优势。

每次人才招聘中，住总地产招的应届毕业生人数占招聘总人数的10%～20%。看应届毕业生的求职简历时，主要看专业是否对口、在校的成绩、参加的社会活动、担任的社会工作等。

可见，简历对求职者的重要程度不言而喻。为了使自己的简历能吸引住用人单位的眼球，有的大学生把简历当成自我吹捧的抒情散文，有的大学生在简历中大肆夸耀自己的成绩，这样反而令用人单位反感。如何在极为有限的篇幅中，用有限的字数恰当地介绍自己，成为大学生求职者头痛的事情。

(一)简历的类型

1. 时序型简历

时序型简历是最传统的简历格式，一般按时间先后顺序编写学历和工作经历，通常按中国式的习惯由远及近、由过去到现在顺着写，而在国外和呈送给外资企业的简历则由现在到过去分阶段倒推排列介绍。

如果想强调过去无可挑剔的工作和学习经历，求职者可以考虑使用时序型格式。

2. 功能型简历

功能型简历又称技术型简历，在简历一开始就强调技能、能力、资格及成就。关注的焦点完全在于求职者所做的事情及掌握的技能，好像一份素质总结，首先把自己的能力素质亮点放在重要位置，吸引用人单位的注意力。

如果不想以职务、在职时间和工作经历，而是以自己的技能在求职场中取胜，功能型简历是很好的选择。作为一名毕业生，在所求工作领域中只有一点经验，则功能型简历也是不错的选择。

3. 业绩型简历

业绩型简历是使他人的注意力集中在求职者的资源优势上的一种绝妙方法。业绩型简历的关键是简明扼要、快速出击。一些简短而有力的成就陈述，会使一份业绩型简历比长篇的细节叙述更容易令人产生兴趣。

业绩型简历对专业销售人员、顶级行政人员及那些只想让聚光灯聚集于其整个职业生涯中少数成功事例的人很管用。

4. 综合型简历

综合型简历综合了时序型简历和功能型简历的特点，也可称为个性化简历。综合型简历可以以功能型简历为基本结构，然后再加上各种名称做小标题，表明各项业绩都是在何处取得的。这种综合型简历有很多时序型简历和功能型简历所拥有的特点，可以使任何一名潜在雇主满意。

(二)简历的基本内容

简历的类型和格式有很多，个人根据偏好可适当选择适合自己风格的形式。但是，无论是简历的类型和格式怎样相异，它的基本内容都是基本一致的，其中都必不可少地包括以下几个要素。

1. 标题

简历的标题一般为“简历”，也可以是“求职简历”或“个人简历”。当然，也有些大学生把自己的简历名称起得很个性化，这需要根据你应聘的单位性质而定。如果是应聘国有企事业单位或研究机构，还是用朴实中庸的标题比较好；如果是应聘广告公司、艺术机构等，为简历起一个极具个性的标题则更能抓住用人单位的眼球。

2. 个人基本信息

这里的基本信息包括求职者的姓名、年龄、籍贯、民族、政治面貌、毕业学校、专业、联系方式等。特别注意的是，在留下联系方式时，要留下自己的手机号，这样方便用人单位随时都能找到你。最好不留家里的电话，因为在真实的招聘中，出现过不法分子通过大学生留下的家里电话进行钱财诈骗。

【阅读资料】

王某是天津一所大学的应届毕业生，在一次人才交流会上，对有兴趣的单位投了不少简历。交流会结束后，有些单位把不感兴趣的简历留在了现场，这一举动恰恰给不法分子陈某有了可乘之机。陈某根据王某简历上面的电话给王某的家里打电话，称王某得了急症，需要动手术，急需 3 000 元住院费。王某的家长听到女儿生病的消息，没有多加思考就把钱汇到了陈某的账上。事后，才想起来跟女儿核实时，才发现已经受骗。

3. 求职目标

求职目标是表明你此次求职希望得到什么样的工作，并可展示你未来能有什么作为。要结合自己的实际情况去选择求职目标。如果求职目标不明，招聘人员拿到简历后，不知道你想做什么，也不愿花时间去推敲，就直接把你的简历都忽略掉了。最直接也是用人单位最喜欢的，就是一目了然写上你所应聘的职位名称。

4. 学习经历

在这一栏中，列出高中到最高学历获得的学校名称，包括就读的起止时间、所读专业，便于用人单位对你的求学经历有个大概的判断。在就读学校的排列时，一般按时间顺序由近及远，最先列的一条应该是突出你的最高学历。

5. 所学课程

列出大学期间的所学课程，便于用人单位了解你的知识结构，也是展现你能胜任该职位的证明。

6. 科研成果

科研成果对于本科生来说用到较少，对于研究生、博士而言很重要，很多单位会根据求职者的科研成果，如论文发表数量、所承担科研项目等来对简历进行评分。

7. 实践经历

实践经历是简历中的核心内容。尤其是近几年，用人单位对大学毕业生的实践经验越来越看重。但是这部分内容又是大学生在制作简历的过程中最头疼的部分，因为大部分大学生都缺乏社会实践经历。

在写作这部分内容时，如果有实践经历的，可以把自己的实践经历如实描述，但在描述时要注意技巧，尽量避免使用如“承担大量的工作”、“做出了卓越的贡献”、“获得不俗的成绩”等华而不实的形容词，这是用人单位最不爱看到的，用人单位需要看到毕业生实实在在地在实践工作中做过什么，最好能用数据来说明。这一点尤其在应聘外企、银行时需要注意。

对于没有过社会实践经历的大学生，可以将在学校组织过的活动、参与过的工作、假期社会实践活动、有价值的兼职经历等适当提及，让用人单位从大学生平时的活动中判定出你的爱好、能力等。

8. 成绩和获奖情况

在这一部分要如实展示在校时的成绩、年级排名，如果排名不是优秀那种，则避免提到排名情况。获奖情况指获得的奖学金或学校其他嘉奖等情况。这部分要求真实，不能弄虚作假，否则一旦被用人单位发现，你的诚信度就会被大打折扣。

9. 职业技能

职业技能包括外语水平、计算机水平、专业相关认证等。如果是应聘特定的职业，则需要说明相应的资质证书，如应聘教师就需要教师资格证、普通话等级证书；应聘计算机相关职位，就需要微软、思科等认证，它是胜任应聘职位的有力说明。

10. 特长和爱好

这部分可以根据实际情况具体调整。如果你的特长和爱好与你应聘的职务有很大的联系，可以列出来为自己的应聘加分，也方便用人单位全面地了解你。

(三)简历的写作原则和策略

1. 简历写作的三大原则

简历的样式千差万别，内容也不尽相同，大多数毕业生都希望把能想到的情况全部写进简历中，但我们知道没有人会愿意阅读一份长达几页的东西。一份完美的简历，无论从形式、内容，还是用词上都应当恰当地把求职者的个人情况、能力、经验、性格和特长等充分表现出来，见其文如见其人。要实现这个目标，必须遵循简历写作的三大原则。

(1)围绕一个求职目标

毕业生千万不要忘记用人单位寻找的是适合某一特定职位的人，这个人将是数百名应聘者中最合适的一个，用人单位想知道你可以为他们做什么。如果简历的陈述没有工作和职位重点，或是把自己描述成一个适合于所有职位的求职者，你很可能将无法在求职竞争中胜出。所以，要为你的简历定位，围绕一个求职目标来写。任何含糊的、笼统的、毫无针对性的简历都会使你失去机会。

(2)做好一份推销广告

最成功的广告通常要求简短而富有感召力，并且能够多次重复重要信息。你的简历应该限制在一两页以内，情况介绍不要以段落的形式出现，尽量运用动作性短语使语言鲜活有力。最为有力的做法是在简历页面上端写一段总结性语言，陈述你在事业上最大的优势，然后在情况介绍中再将这些优势加以叙述。

(3)争取一次成功机会

也就是说尽量避免在简历阶段就遭到拒绝。如果你从招聘者的角度考虑就会明白：招聘时每次面试都需要较长时间，因此对招聘者来说进入面试阶段的应聘者人数越少越好。对于招聘者来说，理想的应聘者要求有相应的教育背景、工作经历及技术水平，这会是应聘者在新的职位上取得成功的关键。应聘者应该符合这些关键条件，这样才能打动招聘者并赢得面试机会。

记住，写作简历时要强调工作目标和重点，语言简短，并且尽量避免出现会使你被淘汰的不相关的信息。

2. 简历制作的策略和要点

简历是求职者必备的材料，虽然只有一两页纸，只列出本人简历的基本要素，但是求职者如果加以用心，在字里行间注意一些细节，也会使用人单位从中读出与众不同的特点。

(1)语言简明，重点突出

大学生在制作简历时，文字一定要简略得当、通俗易懂。尽量用短句，避免用长句。尤其是避免使用抽象、空洞、情感色彩过重的修饰词。应该选用具体、明确的动词性短语、名词性短语。在编写简历时，大学生还应该注意突出重点，尽量只写与应聘职位相关的实践经历、技能等。如果不分主次地把自己的经历和技能全部写出来，用人单位很可能在有限的时间里还没发现你的优势就把你简历丢到一边了。只有重点突出的简历，才能抓住用人单位的眼球，引起他人的兴趣。

(2)精心编排，反复修改

简历虽然只是简短的文字说明，但也需要大学生精心地设计与巧妙地安排。在简历制作好后，自己要反复阅读，或者请同学检查一下，是否有错字错句、排版是否适合阅读、字体会不会太小或太大、重点内容是否突出。总之，大学生用于求职的简历一定是一份完美的作品，因为简历代表了大学生本身。

(3)杜绝作假，实话实说

简历是用人单位筛选求职者的工具，为了在众多简历中脱颖而出，不少大学生夸大自己的成绩，编造虚假的经历。这样的做法，或许能帮你通过简历这一关。但是，到了真正与用人单位面对面时，经验丰富的面试官可以从很多个细节找出你弄虚作假的痕迹，到那时，无地自容的是大学生自己。

【阅读资料】

张××，是某政法大学2010届法学专业的毕业生。2010年4月，被某市法院录用，签订了《就业协议书》。毕业前夕，该单位政治部负责同志到学校了解张××的有关情况。原来，在该单位招聘应届毕业生的过程中，明确要求应聘者英语水平需要通过国家英语六级考试。张××求职心切，为了不错过这次招聘，他在简历中称自己已经通过英语六级考试，因为他口语水平不错，所以在面试中没有被面试官发现。本来张××以为他已经顺利过关了，没想到，在签订《就业协议书》时，必须出示英语六级考试证书，他给用人单位说他把证书丢了，要补办，百般拖延。这一举动引起了用人单位的怀疑，所以派人去张××学校调查情况。经学校有关部门证实，张××在校期间根本没有参加过国家英语六级考试。随后，用人单位立即与张阳解除了《就业协议书》。

【简历模板一】

<table>
<tr><td>姓名</td><td>张三</td><td>出生年月</td><td>1987－2－4</td><td rowspan="6">近照</td></tr>
<tr><td>身高</td><td>178cm</td><td>性别</td><td>男</td></tr>
<tr><td>籍贯</td><td>福建福州</td><td>政治面貌</td><td>中共党员</td></tr>
<tr><td>专业</td><td>应用数学</td><td>学历</td><td>大学本科</td></tr>
<tr><td>毕业学校</td><td colspan="3">福建工程学院</td></tr>
<tr><td>电子邮箱</td><td colspan="3">××××××</td></tr>
<tr><td>联系方式</td><td colspan="4">××××××</td></tr>
<tr><td>求职意向</td><td colspan="4">科研机构、学校</td></tr>
<tr><td>语言能力</td><td colspan="4">大学英语六级，口语流利，能进行交谈</td></tr>
</table>

续表

计算机能力	国家计算机三级(C++)
教育经历	
2006.9—2010.7　福建工程学院数理系应用数学本科 2003.9—2006.7　福建省福州市第八中学	
获奖情况	
2009—2010 年　获国家励志奖学金 2008—2009 年　获校级学习标兵奖学金 2007 年　数学学院"创新杯"优秀创意奖 2006 年　获校"优秀学生干部奖"	
实践经历	
大一学年担任班学习委员、院纪检部干事、校学生会办公室主任 大二学年担任班学习委员、院纪检部部长 大三学年担任学院篮球队队长	
兴趣爱好	
爱好体育、音乐、文学，擅长篮球、足球、写作	
知识结构	
专业知识：《数学分析》、《高等数学》、《解析几何》、《初等数学》、《初等几何》、《数学建模》、《离散数学》、《复变函数》、《常微分方程》、《数学教育学》、《初等代数》、《计算机文化基础》、《数学教育学》、《VF》 基础知识：《心理学》、《教育学》、《大学生道德修养》、《法律基础》、《毛泽东思想概论》、《现代教育技术》、《马克思哲学概论》、《大学英语》、《邓小平理论》	
自我评价	
幽默、率真、对人生充满乐观的态度，对生活充满希望，希望能将自身所散发的火热生命力及快乐，感染到别人，所以人缘通常较好。外向、健谈，喜欢尝试新事物，爱好看书、写作，能熟练操作办公软件。做事踏实、认真负责，有强烈的事业心和责任感	

【简历模板二】

<table>
<tr><td>李四　福建工程学院 02034 信箱　邮编 350000
电话：××××××　E-mail：××××××</td></tr>
<tr><td align="center">基本情况</td></tr>
<tr><td>求职意向：软件开发/网络或系统管理/企业信息管理
出生年月：1984 年 1 月　性别：男　籍贯：福建宁德
政治面貌：中共党员　健康状况：好
毕业院校：福建工程学院　软件工程</td></tr>
<tr><td align="center">教育背景</td></tr>
<tr><td>2006.09—2010.07　福建工程学院计算机科学系
工学士　班级综合测评排名第四，核心专业课成绩排名第三
主修课程：汇编语言 84 分，C 语言 90 分，操作系统 93 分，计算机网络 86 分，数据库原理 91 分，系统分析与统计 83 分
在校期间担任了院团委组织委员，班级学习委员，具有沟通、管理能力</td></tr>
<tr><td align="center">获奖情况</td></tr>
<tr><td>2006—2007 年　获得校三等奖学金
2007—2008 年　获得校二等奖学金
2008—2009 年　获得校一等奖学金</td></tr>
<tr><td align="center">主要经历</td></tr>
<tr><td>2007 年 7 日，在中国国际展览中心“2007 年国际电子商务展览会”上为台湾世纪股份有限公司做软件产品展示员，介绍网络应用软件《沟通大师》和《沟通精灵》，因工作耐心，讲解明细、透彻、专业而受到公司的好评。2008 年，独立为 Informix 公司完成技术培训课程 DATA WAREHOUSE INTRODUCTION 的翻译工作，内容准确、技法娴熟、专业知识到位，得到公司的肯定。</td></tr>
<tr><td align="center">外语水平与 IT 知识技能</td></tr>
<tr><td>国家英语四级考试成绩优秀；国家英语六级考试成绩合格
具有娴熟的英文阅读、写作能力，良好的英语听说能力；熟练掌握专业英语
全国计算机等级考试二级合格。通过初级程序员考试，成绩优秀
熟练使用 Office 软件，如 Word、Excel、PowerPoint 等，精通动画软件 3DMAX</td></tr>
<tr><td align="center">自我评价</td></tr>
<tr><td>个性坚忍，能吃苦耐劳，工作认真，有突出的钻研开拓精神
为人热情乐观，兴趣广泛，适应性强，人际关系融洽
有优秀的组织、协调能力，善于沟通，有良好的团队协作精神</td></tr>
</table>

(四)英文简历

随着用人单位对大学毕业生的综合素质要求越来越高，大学毕业生在制作简历时，不仅需要一份中文简历，很多时候也需要一份英文简历。

英文简历通常由开头部分、教育背景、工作经历和个人资料四部分组成。

1. 开头部分

(1)名字

中国人的名字通常分为单字名和双字名两种情况。

如果是单字名，如“张三”，英文可以写成“San ZHANG”、“SAN-ZHANG”、“San Zhang”、“San ZHANG”、“ZHANG San”、“Zhang San”，这几种形式都是可以的，但在外企中标准写法是“SAN ZHANG”。

如果是双字名，如“李小明”，英文可以写成“Xiaoming Li”、“Xiao-Ming Li”、“Xiao-ming Li”、“Xiao Ming Li”，这些都是正确的写法，最通行的写法是“Xiaoming Li”。

(2)地址

应聘外企除了写上所在城市名，还一定要写上“中国”，但不必用“PRC”，“China”就很简单清楚。邮编的标准写法是放在省市名与国名之间，起码放在China之前，因为是中国境内的邮编。

(3)电话

电话前面一定加国家代码和区号，如“86-10”，这是很多大学生在简历中不太注意的细节。应聘外企时，虽然他们是来中国宣讲或校园招聘，但你的简历很可能会被传真到国外的总公司，如果对你有兴趣，想打电话和你沟通，结果不知道国家代码和区号，那这个工作机会你就可能白白错过了。

2. 教育背景

学历的排列采用倒序，最近的学历要放在最前面。

学校名称要大写并加粗，便于用人单位迅速知道你的学历。

地名要右对齐，全部大写并加粗。地名后一定要写上“中国”，让别人知道你的国别。

学历：如果正在学习，用“Candidate for”开头比较严谨；如果已经毕业，可以把学历名称放在最前面。

社会工作：担任过班干部，写出职务；参加过社团协会，写明职务和社团名，如果什么职务都没有，写“Member of club(s)”。

成绩和获奖情况：英文简历中的成绩习惯用“Top * %”表示，如果你的成绩排名不是很优秀，建议不写；获得的奖学金可以用一句话简单概括。

3. 个人资料

(1)名称

"Personal"，"Personal Information"，"Other Information"，"Additional Information"，这 4 种写法都可以。无论是教育背景、工作经历，还是个人资料，既可以首字母大写，也可以全部字母大写，还可以全部字母小写。名称可以排在最左侧，也可居中，视个人情况而定。

(2)语言

语言水平的描述有几个层次。"Native speaker of"指母语；从严谨的角度讲，"Fluentin"显得更流利；"English as working language"显得不是非常流利，但可信度更高；"Some knowledge of"指会一些，没有把握的千万别写。在面试中，语言最容易被测试，一旦实际情况与简历上写的不符合，用人单位会对你的诚信度产生怀疑。

(3)计算机水平

大学生在英文简历中最爱用"熟悉"(familiar)。无论在中文还是英文简历中，"熟悉"都是一个不具有说服力的词，如果几个软件，有的熟练，有的熟悉，建议只写软件名。完全没把握的，一点儿不熟悉的，千万不要写。如果真的用得很多，不妨用"Frequent user of"更为恰当。

(4)资格证书

资格证书一定要标明国别，如注册会计师大家习惯称为 CPA，但各国都有自己的 CPA，有些是互不承认的，所以一定要写上国别和考取年份。

(5)兴趣特长

兴趣特长可以选一两个写上，但前提是你必须是擅长的，否则在面试过程中，面试官想跟你聊点轻松的话题，你却答不上来，那场面就尴尬了。

4. 工作经历

目前的工作要最先写，左侧写时间，如"2010—present"。以前的工作，只写年份，如"2007—2010"。这样的写法主要适用于以下三种情况：一是工作时间较早；二是工作时间在两年以上；三是巧妙地拉长工作时间。例如，你曾经在 2009 年 12 月到 2010 年 1 月就职于某家公司，虽然只有短短两个月，但写成"2009—2010"就显得工作时间较长。如果要加上月份，就应写成"June, 2010"或"June 2010"。

提到曾工作过的单位名称时，单位名称应大写加粗；提到曾担任的职务与部门时，应加粗，每个词的第一个字母要大写。

5. 英文简历中常用语句

(1)荣誉称号中英文对照

National Scholarship 国家奖学金

National Encouragement Scholarship 国家励志奖学金

Pacemaker to Merit Student 三好学生标兵

Merit Student 三好学生

Model Student of Academic Records 学习优秀生

Model Student of Outstanding Capacity 突出才能奖

Advanced Individual/Outstanding Student 先进个人

Excellent Staff 优秀工作者

Excellent Student Cadre 优秀学生干部

Excellent League Member 优秀共青团员

Outstanding Graduates 优秀毕业生

Outstanding Volunteer 优秀志愿者

Advanced Class 先进班集体

Outstanding League Cadres 优秀团干部

Outstanding Cadres of Student Association 学生协会优秀干部

Outstanding Individual of Student Association 学生协会工作优秀个人

Spiritual Advanced Individual 精神文明先进个人

Advanced Individual of Social Work 社会工作先进个人

Advanced Individual of Cultural and sports activities 文体活动先进个人

Ethic Award 道德风尚奖

High Morality Prize 精神文明奖

Prize for The Best Organization 最佳组织奖

Prize for The Outstanding Contribution 突出贡献奖

Prize for The Creative Working 工作创新奖

Prize for The Team Contribution 团队建设奖

(2)证书中英文对照

CET4(College English Test Band 4 Certificate)大学英语四级

CET6(College English Test Band 6 Certificate)大学英语六级

TEM4(Test for English Major Grade 4 Certificate)英语专业四级

TEM8(Test for English Major Grade 8 Certificate)英语专业八级

National Mandarin Test(Level 1，2，3；Grade A，B，C)普通话等级考试

Japanese Language Proficiency Test(Level 1，2，3，4)日语能力考试

Business Japanese Proficiency Test 商务日语能力考试

IELTS(International English Language Testing System)雅思

TOEFL(Test of English as a Foreign Language)托福

Business English Certificate 商务英语证书

First－Level Certificate for National Computer 全国计算机一级证书

Second－Level Certificate for National Computer 全国计算机二级证书

Third－Level Certificate for National Computer 全国计算机三级证书

Fourth－Level Certificate for National Computer 全国计算机四级证书

Sub－Accountant Certificate Preliminary Level 初级职务(助理会计)证书

Psychological Counseling Teacher Certificate 心理辅导教师资格证书

Qualification of Human Resources Practitioners 人力资源从业资格证书

Intermediate Foreign Secretary Card 中级涉外秘书证

Guide Certificate 导游资格证书

Secretary Card 秘书证

Driver's License 驾驶证

Accounting Certificate 会计证

Electrician certificate 电工证

Technician Certificate 技工证书

Teacher Certification 教师资格证

Attorney's Certificate 律师资格证书

Civil Servants Exam 公务员考试

Clerk for the Customs Declaration 报关员资格证书

National Judicial Examination Certificate (Lawyers Qualification Certificate)国家司法考试证书

(3)校园组织中英文对照

Student Union 学生会

Youth League Committee 团委会

Students' Association 学生社团

Sports Department 体育部

Arts Department 文艺部

Learning Department 学习部

Girls Department 女生部

Psychological Development Department 心理发展部

Public Relations Department 外联部

Propaganda Department 宣传部
Life Department 生活部
Discipline Inspection Department 纪检部
Secretary Department 秘书部
Organization Department 组织部
Editorial Department 编辑部
President of the Student Union 学生会主席
Secretary of the Youth League Committee 团委会书记
League Branch Secretary 团支书
Secretary of the Youth League Branch Committee 团支书
Vice Secretary 副书记
Secretary－General 秘书长
a member of the Academic Department 学术部干事

(4)职位中英文对照

①Executive and Managerial(管理部分)

Chief Executive Officer(CEO)首席执行官
Director of Operations 运营总监
Vice － President 副总裁
Branch Manager 部门经理
Retail Store Manager 零售店经理
HMO Product Manager 产品经理
Operations Manager 操作经理
Assistant Vice － President 副总裁助理
Management Consultant 管理顾问
Project Manager 项目经理
Regional Manager 区域经理
Chief Operations Officer(COO)首席运营官
General Manager 总经理
Executive Marketing Director 市场行政总监
Controller(International)国际监管
Claims Examiner 主考官
Controller(General)管理员
Service Manager 服务经理
Assistant Store Manager 商店经理助理

Manager(Non－Profit and Charities)非营利性慈善机构管理
②Administration(行政部分)
Administrative Director 行政主管
File Clerk 档案管理员
Executive Assistant 行政助理
Office Manager 办公室经理
Executive Secretary 行政秘书
Receptionist 接待员
General Office Clerk 办公室文员
Stenographer 速记员
Staff Assistant 助理
Secretary 秘书
Telephone Operator 电话操作员
Typist 打字员
Vice-President of Administration 行政副总裁
③Human Resources(人力资源部分)
Director of Human Resources 人力资源总监
Assistant Personnel Officer 人事助理
Compensation Manager 薪酬经理
Employment Consultant 招募顾问
Facility Manager 后勤经理
Job Placement Officer 人员配置专员
Labor Relations Specialist 劳动关系专员
Recruiter 招聘人员
Training Specialist 培训专员
Vice－President of Human Resources 人力资源副总裁
Assistant Vice－President of Human Resources 人力资源副总裁助理
Personnel Manager 职员经理
Benefits Coordinator 员工福利协调员
Employer Relations Representative 员工关系代表
Personnel Consultant 员工顾问
Training Coordinator 培训协调员
④Marketing and Sales(市场与销售部分)
Vice－President of Sales 销售副总裁

Senior Customer Manager 高级客户经理
Sales Manager 销售经理
Regional Sales Manager 地区销售经理
Merchandising Manager 采购经理
Sales Assistant 销售助理
Wholesale Buyer 批发采购员
Tele－Interviewer 电话调查员
Marketing Consultant 市场顾问
Marketing and Sales Director 市场与销售总监
Market Research Analyst 市场调查分析员
Manufacturer's Representative 厂家代表
Sales Representative 销售代表
Assistant Customer Executive 客户管理助理
Marketing Intern 营销实习生
Marketing Director 市场总监
Insurance Agent 保险代理人
Customer Manager 客户经理
Vice－President of Marketing 市场副总裁
Regional Customer Manager 地区客户经理
Sales Administrator 销售主管
Telemarketing Director 电话销售总监
Advertising Manager 广告经理
Salesperson 销售员
Telemarketer 电话销售员
Sales Executive 销售执行者
Marketing Assistant 市场助理
Real Estate Manager 房地产经理
Real Estate Broker 房地产经纪人
Product Developer 产品开发
Marketing Manager 市场经理
Advertising Assistant 广告助理
Customer Representative 客户代表
⑤Computers and Mathematics(计算机部分)
Manager of Network Administration 网络管理经理

MIS Manager 计算机部经理
Project Manager 项目经理
Technical Engineer 技术工程师
Developmental Engineer 开发工程师
Systems Programmer 系统程序员
Administrator 局域网管理员
Operations Analyst 操作分析师
Computer Operator 计算机操作员
Product Support Manager 产品支持经理
Computer Operations Supervisor 计算机操作主管
Director of Information Services 信息服务主管
Systems Engineer 系统工程师
Hardware Engineer 硬件工程师
Applications Programmer 应用软件程序员
Information Analyst 信息分析师
LAN Systems Analyst 局域网系统分析师
Statistician 统计员

(5)英文简历常用开头语

My desire to locate a responsible position in plant management has prompted me to forward the attached for your consideration.

I am writing to inquire opportunities for computer programmers in your organization.

My interest in the position of Masonry Supply Manager has prompted me to forward my resume for your review.

Your October 30 advertisement in The Jackson Review calls for an Administrative Assistant with a background rich in a variety of administrative skills, such as mine.

Are you currently seeking a security specialist to maintain or upgrade the security of your organization? If so, I would like to apply for the position.

My interest in joining Any Corporation as a licensed electrician had prompted me to forward my resume for your review.

I want a job. Not any job with any company, but a particular job with your company.

Here are my reasons: Your organization is more than just a company. It is an institution in the minds of the Chinese public.

I am forwarding my resume in regards to the opening we discussed in your Marketing Department.

Should you entertain my application favorably, I would spare to trouble acquiffing myself to your satisfaction.

If you desire an interview, I shall be most happy to call in person, on any day and at any time you may appoint.

If you feel that I am suited for the job that you have in mind, please inform me of the time convenient for an interview. I hope to hear from you in the near future.

I am happy to refer you upon your request people who can tell you of my work and my character.

I would be very happy to work under your supervision if it is possible. Thank you very much for your kind attention. Please send me an answer at your earliest convenience.

三、相关证书与证件的准备

在求职信、简历准备好后，还需要准备相关证件，如毕业证；学位证书、学历证书、获奖证书复印件；英语、计算机、普通话等级证书的复印件；参加文艺演出、社会实践、运动会等的获奖荣誉证书复印件。这些证书是毕业生大学生涯成绩的证明，也是毕业生综合素质的反映，所以需要在求职前准备好。如果上述证件不慎遗失，需要及时向有关部门或老师挂失，并及时补办。

学校发放的《就业推荐表》、《就业协议书》、《单位(聘)用毕业审核备案表》、《学校应届毕业生成绩表》，这类材料都是毕业生与用人单位正式签约的材料，一定要保管妥当。特别是《就业协议书》，一定要慎重使用，不得挪用、转借、涂改，否则视为无效。

第五节　面试技巧大公开

一、面试及其技巧

在大学毕业生应聘的整个过程中，面试无疑是最具有决定性意义的一环。同时，面试也是大学毕业生全面展示自身素质、能力、品质的最好时机。在面试中，如果发挥出色，可以弥补先前笔试成绩偏低或是其他条件的不足。然而，在应聘的几个环节中，面试也是难度最大的一个环节。求职面试，你准备好了吗？

(一)面试的定义

面试即当面测试，是用人单位经过精心设计，在特定的环境下通过面对面直接交谈的方式对应聘者进行考核的一种方式，是公司挑选职工的一种重要方法，是应聘者取得求职成功的关键一步。

通过面试，用人单位可以考核应聘者的动机和工作期望；也能借此观察应聘者的仪表、性格、知识、能力、经验等特征；获取笔试中难以获得的应聘者的其他信息。由于面试的诸多优点，所以用人单位都会采用这一形式。

(二)面试的内容和方式

1. 面试的内容

面试是面试官通过观察、提问、交谈，测试了解并判断应聘者的修养、形象、气质、知识水平、表达能力、应变能力、心理素质、敬业精神等。目的是加深对应聘者的考察，看其是否适合企业和岗位的需要。常见的面试内容包括以下几个方面。

背景。主要考察应聘者的个人情况，如民族、性别、身高、视力等自然状况；家庭主要成员及社会关系；文化程度、毕业学校、所学专业、接受过哪些培训、从事过哪些工作、参加过哪些社会活动等。

智商。主要考察应聘者的知识层次，如所学的专业课程、学习成绩、外语和计算机水平等。

业务能力。主要考察应聘者的毕业论文、毕业设计、科研成果、专著及其实践能力、操作能力、组织领导能力、口才、文笔等。

情商。考察应聘者的人生观、价值观、敬业精神、人际关系、适应能力、处理压力的能力和自我激励能力等。

形象。考察应聘者的言谈和仪表等。

2. 面试的方式

面试的方式有很多，根据面试的目的、面试现场组织形式的不同，可以分成很多种类型。

(1)问题式面试

由招聘者对应聘者提出一个事先准备好的问题，请应聘者回答。其目的在于观察应聘者在特殊环境中的表现，以判断其解决问题的能力。

(2)模式化面试

由招聘者根据预先准备好的问题，一一向应聘者发问。其目的是为了捕捉应聘者更多、更全面的材料和细节。

(3)压力式面试

由招聘者有意识地对应聘者施加压力，针对某一问题或某一事件一连串地发问，问细节问详情，穷追不舍，直至应聘者无法回答。其目的是为了观察应聘者在突发压力下的反应速度、机智程度和应变能力。

(4)自由式面试

招聘者与应聘者海阔天空、漫无边际地交谈，气氛轻松活跃，引导应聘者自由发表言论。其目的是为了观察应聘者在正常状态时的谈吐、举止、知识、能力、气质和风度，对其做全方位的综合素质考察。

(5)情景式面试

由招聘者事先设定一个情景，提出一个问题或一项计划，请应聘者进入角色模拟完成，其目的在于考核应聘者分析问题、解决问题的能力。

(6)综合式面试

由招聘者通过多种方式考察应聘者的综合能力和素质，如用外语与应聘者交谈，以考察其外语水平；或要求应聘者即兴写一篇文章，以考察其文字能力；或要求应聘者即席做一次演讲，以考察其口头表达能力等。

另外，除了上述常见的 6 种面试方式外，还有一种通过招聘实习生的方法当做面试的方式。从最近几年的求职趋势来看，一些企业会在每年 5 月的时候招聘实习生，并安排到企业的相应岗位上工作一段时间，其目的是为了全程地观察实习生的综合能力和各方面素质。如果实习生表现好，就会被纳入企业当年招聘的录用名单。

上述几种面试方式是根据面试的内容进行的划分。实际面试过程中，招聘者可能采取一种面试方式，也可能采取几种面试方式。建议大学毕业生在正式面试前对各种方式的面试分别做好准备，以备不时之需。

(三)面试的基本程序

一般企业的面试都会按照以下程序进行。

第一步：用人单位对应聘者的申请材料进行审核，确定面试名单。

第二步：用人单位向应聘者通知面试时间和地点。面试地点一般按照就地、就近和方便的原则进行安排。应聘者一般会在面试前接到用人单位人力资源部门打来的通知电话。

第三步：应聘者准备面试

第四步：正式面试。

(四)面试技巧训练

一个人不是一生下来就能应付一切的事情，很多事情都是通过努力才能完成的，面试也一样。在面试场上侃侃而谈的应聘者，其实不是他天生就会面试，只是他在面试之前做好了准备，所以才能在面试现场发挥自如。如果每一位大学毕业生在求职准备时肯多花心思、不厌其烦地提升求职能力。相信，每一位大学毕业生都会是求职场上的大赢家。

1. 面试前进行有效准备

(1)知己——面试前的自我认知很重要

想要面试中取得成功，首先第一步要正确认识自己。

列出几件自己取得成功的事情，逐一分析这些事情，发掘你擅长的几项技能。

因为每个人的个性不同，所以在面对同一件事的时候会有不同的处理方式。通过对自己过去成功的分析，归纳出几个能形容自己个性的词语。

在确定了自己的个性后，进一步思考你理想中的办公环境是怎样的，工作条件是怎样的，自己最喜欢哪种企业文化。

(2)知彼——根据对方情况，制定作战策略

充分了解应聘单位，包括对用人单位的性质、办公地址、业务范围、发展前景等的了解。同时，也需要大体了解所应聘职位的情况，包括职位所需的专业知识和技能有哪些。了解用人单位的性质，是因为单位性质的不同，它惯用的面试方式也会不同。建议大学毕业生在面试之前，上网搜索用人单位的相应信息，或者通过身边的同学、朋友、老师、长辈打听用人单位的相关消息。

在面试前可以请身边的同学帮自己做一次模拟面试，预设招聘者可能询问的问题，模拟作答，使得正式面试时胸有成竹，发挥得更好。

对自己的弱处进行处理。面试时招聘者可能会对你的某一项弱处进行提问，建议求职者在面试前要正视自己的弱处，理清思路，以备询问。

(3)基础——熟练的业务知识准备

应聘者要熟知所应聘岗位相关的专业知识、业务技能等，并备上一份求职材料，供招聘者查阅参考。准备当天可能用到的个人资料或作品，携带相关证件，以便在面试过程中进一步向招聘者提供有关自己个人的相关资料。应聘跨国公司或知名企业，还应准备用流利的外语应答。

(4)巩固——良好的心理准备

面试就好比是一场考试，是测试应聘者的知识素养，也是测试应聘者的心

理素质和临场发挥能力。因此，要成功面试，首先要充满信心。自信会让人散发出一种光芒，不仅使自己更有动力，也使招聘者心情舒畅。

(5)增色——合体的衣着打扮

建议毕业生在面试前一定要保证充分的睡眠和愉快的心情，保持良好的精神状态。面试前还应注意修饰自己的仪表，使穿着打扮与应聘的职业岗位相符合，与年龄、身份、个性等相协调。招聘者对毕业生的第一印象不是来自毕业生的能说会道，而是毕业生的穿衣、发型、气质。

2. 面试时的交谈技巧

【阅读资料】

吴乐是某职业技术学院的优秀学生，主修数控，选修文秘。为了应聘某知名集团公司的文秘岗位，吴乐精心设计了个人简历和求职信，终于获得了面试的机会。在面试过程中，双方谈得非常愉快，接近尾声时，人力资源主管问她："对你来说，现在找一份工作是不是不太容易，或者说你很需要这份工作?"吴乐回答说："那倒不见得。"结果仅仅因为这句话而没有被录用。为什么呢?

吴乐这句话，客观上可能是想表现自己的不卑不亢，主观上却流露出了一种傲气。如果这样回答："我希望得到这份工作，也自信有能力做好这份工作；但如果你们还有更合适的人选，我会尊重你们的决定。"或许这份工作就是她的了。

(1)掌握答问技巧

把握重点，简捷明了，条理清楚，有理有据。一般情况下回答问题要结论在先，议论在后，先将中心意思表达清楚，然后再做叙述和论证。面试的时间都是有限的，不要说多余的话，记住：言多必失。

讲清原委，陈述事实，有理有节，避免抽象。招聘者提问是想了解应聘者的具体情况，切不可简单地仅以"是"或"否"作答，有的需要解释原因的，应聘者要诚实地讲述；有的则需要说明程度的，应聘者要逐一说明。

确认提问内容，切忌答非所问。面试中，如果招聘者提出的问题范围太大，不着边际，应聘者不知从何答起，或应聘者不理解问题的意思，可以将问题复述一遍，请招聘者确认其内容后，再作答，做到有的放矢，不致答非所问。

要知之为知之，不知为不知。遇到自己不懂、不知、不会的问题，回避问题、牵强附会都是错误的做法。诚恳、坦率地承认自己的不足之处，反倒会赢得招聘者的信任和好感。

【阅读资料】

某企业要招聘一名企业内刊编辑。在众多的大学毕业生中挑选了5位来面试。当5位面试者都来到面试现场，招聘者问及是否担任过刊物编辑时，5位中只有一位坦言没有发表过任何文章，甚至问到他为什么没有发表时，他说可能是自己的文笔不够好。虽然其他4名面试者都说自己发表过文章；但招聘者看到这位诚实的同学的简历和求职信后，觉得他的文笔并不至于那么差，但他的谦虚和诚意打动了招聘者，最终决定聘用他。

有个人见解，有个人特色。招聘者在提出同样的问题数次后，如果毕业生能答出充满个人见解的答案，会让招聘者眼前一亮，并关注这名毕业生。

(2)注意发问技巧

面试时若招聘者问应聘者有没有问题，应聘者可以适当问一些问题，并且应该把提问的重点放在招聘者的需求及你如何能满足这些需求上。通过提问的方式进行自我推销是十分有效的，所提问题必须是紧扣工作任务、紧扣职责。

应聘者可以询问诸如以下问题：应聘职位所涉及的责任及所面临的挑战；在这一职位上应该取得怎样的成果；该职位与所属部门的关系及部门与公司的关系；该职位具有代表性的工作任务是什么。当然也要注意不要问一些通过事先了解能够获得的有关公司的信息，这会让人对你的面试目的是否明确表示怀疑。

(3)把握谈话技巧

谈话应顺其自然。不要误解话题，不要胡搅蛮缠，不要独占话题，不要抢话回答，不要说奉承话，不要浪费口舌。

留意对方反应。交谈中很重要的一点是把握谈话的气氛和时机，这就需要随时注意观察对方的反应。如果对方的眼神或表情显示对你所涉及的某个话题已失去了兴趣，应该尽快找一两句话将话题收住。

有良好的语言习惯。不仅是表达流利，用词得当，同样重要的还有说话方式。

第一，发音清晰。有些人个别音素发音不准，如果影响讲话整体质量的，应少用或不用含有这个音素的字或词。

第二，语调得体。得体的语调应该是起伏而不夸张，自然而不做作。

第三，声音自然。音调不高不低，不失自我，不仅听来真切自然，而且有利于缓解紧张情绪。

第四，音量适中。音量以保持听者能听清为宜。

第五，语速适宜。要根据内容的重要程度、难易度及对方注意力情况调节语速和节奏。

此外，还要警惕容易破坏语言意境的现象，如过分使用语气词、口头语，这不仅有碍听者的连贯理解，还容易引人生厌。

(4)交谈心态

作为应届毕业生初次参加招聘，如何摆正自己的心态很大程度上关系着招聘的成败。

【阅读资料】

参加学校里的招聘会时，我进入了一家国内知名企业的面试现场，据说投简历的就有数百人，最后面试的只有30多人。当时我们被分成3人一组回答面试官的问题，我觉得要脱颖而出必须表现得更积极。所以，在回答问题的时候，我总是抢在别人前面，比别人多说两句。

面试官问：如果你的同事中有不好沟通的人，你怎么办？别人还没有说话，我就抢着回答：最重要的是工作，每个人都有自己的个性，不需要去勉强。整个面试下来，有2/3的问题都是我回答的，而且越说越顺根本忘了要收敛。一个星期后我收到通知，被客气地告知不需要参加复试了。因为公司觉得我不注重团体合作精神，太急于表现自己，不是他们需要的人才。

展示真实的自己。面试时切忌伪装和掩饰，一定要展现自己的真实实力和真正的性格。有些应聘者在面试时故意把自己塑造一番，比如明明很内向、不善言谈，面试时却拼命表现得很外向、健谈。这些都很难逃过有经验招聘者的眼睛，也不利于自身发展。即便是通过了面试，人力资源部也不会根据面试时的表现安排适合的职位，这对个人的职业生涯也是有害的。

以平等的心态面对招聘者。面试时如果能够以平等的心态对待招聘者，就能够避免紧张情绪。特别是在回答案例分析问题时，一定要抱着我是在和招聘者一起讨论这个问题的心态，而不是觉得他在考自己，这样才有可能发挥得更精彩。

态度要坦诚。招聘者一般都认为做人优于做事。所以，面试时应聘者一定要诚实地回答问题。一位企业的人事主管说，以前曾经面试过一个女孩，面试时她说自己有男友，进入公司后又说没有男友。问她原因，她说曾在一些书里看到，如果说有男朋友就会给人稳重、有责任感的印象。实际上，这样做非常不好，面试时的欺骗行为是不利于以后发展的。

(5)把握面试最后关

适时告辞。面试不是闲聊，也不是谈判。从某种意义上讲，面试是陌生人之间的沟通。谈话时间的长短要视面试内容而定。招聘者认为该结束面试时，往往会说一些暗示的话语："我很感激你对我们公司这项工作的关注。""谢谢你对我们招聘工作的关心，我们一做出决定就会立即通知你。""你的情况我们已经了解了。你知道，在做出最后决定之前我们还要面试几位申请人。"应聘者听了诸如此类的暗示语之后，就应该主动告辞。

礼貌地说再见。面试结束时的礼节也是考察录用的一个砝码。不要在招聘者结束谈话前表现出浮躁不安、急欲离去的样子。告辞时应感谢对方花时间同你面谈。离开时，如果有秘书或接待员接待过你或招待过你的话，也应向他们致谢告辞。

(五)面试成功的原则

你是公司未来的有利资产。你需要传递给企业这样的信息：你拥有帮助企业实现预期目标的潜在能力，你是公司的宝贵资产而非包袱。

明确的人生目标。具有积极自我成长的信念，努力进取，并充满旺盛的事业心与斗志。能迅速进入工作状态的人，更易为企业赏识和任用。

强烈的工作意愿。面试时要随时保持对工作的高度热忱与兴趣。

与同事、团体合作的能力。一个容易与人沟通协调的毕业生可以说已有一半成功的希望。如果你曾有社团活动的工作经验，可尽量举例说明，以争取主考官的青睐。

掌握诚恳原则。在录用标准上，"才能"是永恒不变的第一原则，"诚恳"则是重要的辅助因素。面试前准备充分，心情镇定，仪容大方整洁，临场充分表现自我，便是诚恳的最好表现。

(六)面试结束后的注意事项

1. 回顾总结

面试一结束，应该对自己在面试时遇到的难题进行回顾。重新考虑一下，如果他们再一次向你提问时，该如何更好地回答那些问题。

尽量把你参加面试的所有细节记下。一定要记下面试时与你交谈的人的名字和职位。

万一通知你落选了，你也应该虚心地向招聘者请教你有哪些欠缺，以便今后改进。这样，就可以知道自己到底为什么落选。一般来说，能得到这样的反馈不容易，你应该好好抓住时机。

2. 面试后致谢

在面试后的一两天内，你可以给某个具体负责人写一封短信。在信里应该感谢他为你所花费的精力和时间，感谢他为你提供的各种信息。

如果在一个星期内，或者依据他们做决策所需的一段合理时间之内没有得到任何音讯，你可以给负责人打个电话，问他“是否已经做出决定了?”这个电话可以表示出你的兴趣和热情。还可以从他的口气中听出你是否有希望得到那份工作。

如果在打听情况时觉察出自己有希望中选，但最后决定尚未做出，那你过段时间后再打一次电话询问。

【致谢信模板】

尊敬的×××先生：

感谢您昨天为我的面试花费的时间和精力。我和您谈话觉得很愉快，并且了解到许多关于贵公司的情况，包括公司的历史、管理形式及公司宗旨。

正像我已经谈到过的，我的专业知识、经验和成绩对公司是很有用的，尤其是我的刻苦钻研能力。我还在公司、您本人和我三者之间发现了思想方法和管理方法上的许多共同点。我对贵公司的前途十分有信心，希望有机会和你们一起，为公司的发展共同努力。

再一次感谢您。并希望有机会与您再谈。

×××

×年×月×日

二、面试常见问题剖析及应对

面试时，有几个问题是公司面试人员常常会问到的。在面试前，应充分准备这些疑难问题，以避免在面试时应对失措。

(一)“请介绍一下你自己”

“请介绍一下你自己!”面试时，寒暄之后应聘者往往被问到的第一个问题一般就是这个。许多应聘者在心里想：我不是都已经写在简历中了吗？为什么还要再问？因而面露不耐烦的脸色，有的甚至还会以“这些我在简历中都已经写得很清楚了”此类话作为答复。

面试官问你这样的问题，其实是把主动权交给你，正是你表述自己的好机会。有效的自我介绍往往能够使接下来的面试轻松流畅，最终使你获得你想要的工作机会。

有效的自我介绍不是机械地答复你叫什么名字、从哪里来等，而是要有重点地进行自我推销。如果你在面试前认真做过准备，那么你必然能成功地回答这个问题：我最大的长处、特色在哪里？哪些是我过去做得最好的事情？我具备什么样的专业技术、知识？然后巧妙地在自己的特色与所应聘的职位之间找到着力点、相关性，并将其突出出来。

(二)"自己的优缺点如何"

有许多面试官都喜欢问这个问题，目的是在于检视应聘者的诚恳度。建议应聘者在面试之前好好分析自己，将自己的优点与缺点列出来，在其中挑选也是缺点亦是优点的部分。在回答问题时，以优点作为主要诉求，强调可以为公司带来利益的优点，如积极、肯学习是最普遍的回答，而缺点部分则建议选择一些无伤大雅的小缺点，或是上述那些模棱两可的优缺点作为回答，这样才不会使面试官太过针对缺点做发挥，造成面试上的困难。

(三)"你为何想进这家公司"

这通常是面试官最常问到的问题。回答这个问题时，一定要积极正面。例如，加入贵公司能使自己有更好的发展空间，或是希望能在相关领域中有所发展，或是希望能在公司多多学习等。此时，可以稍稍夸奖一下用人单位，但切记态度一定要诚恳，不然会有画蛇添足之嫌，让招聘者感觉到你的虚情假意。

(四)"你认为自己在什么样的条件下工作最有效"

此问题考察的是应聘者对工作条件的要求。面试官可以从中获取应聘者的工作方式、影响工作效率的因素等信息，还可以知道毕业生的不足在哪里。

"不管在什么条件下，我都会努力把工作做得最好。"这样的回答并不是十分妥当的，有喊口号的嫌疑。对于管理者和做人事工作的面试官来说，他很清楚任何一个员工在工作中都难免有产生情绪的时候。他想了解的是你的期望值和公司所能提供的条件的差异及你对不满意工作环境的承受能力。如果你对作风强横听不进下属意见的上司实在不能忍受的话，不妨举例直说，免得得到了这份工作才发现面对的正是这样的上司，那就非你本意了。为了对自己负责，你可以具体谈谈你期望的工作条件。当然，从另一方面来说，大多数的面试官都不肯承认自己的公司存在着这样的管理者。

(五)"你对薪酬的期望值如何"

对于应聘者来说，在面试中谈薪酬是个大忌。在一般大公司看来，没有经验的应聘者没有资格谈薪水。况且新人的起薪都一样，你谈了，人家也不会给你加薪，反而会招致反感。即使对方问你对薪水的期望，你也应谨慎应对，或者干脆用"我相信公司会承认我的工作价值"之类的话搪塞过去。

(六)"你认为自己适合干什么"

遇到这个问题时，最错误的回答就是：只要公司需要，我什么都能干。这类"服从需要"的空话往往给用人单位留下没有主见的印象。你觉得自己最适合干什么，自己的喜好是技术还是管理，坦诚地告诉人家就可以了。

(七)“喜欢这份工作的哪一点”

相信应聘者心中一定都有答案。每个人的价值观不同，评断的标准自然也会不同。但是，在回答面试官这个问题时，不能直接就把自己心里的话说出来，尤其是薪酬方面的问题，不过一些无伤大雅的回答是不错的考虑，如交通方便、工作性质及工作内容符合自己的兴趣等都是不错的答案。不过，如果这时能说出这份工作的与众不同之处，相信在面试上会大大加分。

(八)“能否描述你的个人职业生涯规划”

这个问题在很大程度上是考察应聘者的职业稳定度，没有哪一家公司愿意招聘流动性强的员工。虽然跳槽流动并非你本意，但在回答这个问题时最好不要流露出学了东西就走人的想法。应该表现你踏实的一面，用简明扼要的语言描述你对未来职业生涯的规划。

(九)“你最大的成就是什么，为什么”

面试官问这样的问题是在考察应聘者的价值观，应聘者问答时要表明自己的判断标准和崇尚的观点。

初入社会的大学毕业生常这样回答：“在校时学业虽然很重，我还是顺利圆满完成了。我非常骄傲能在上学时外出做兼职。”

表面上看起来这种回答好像不错，也许很多人曾做过类似的回答，但它缺乏有价值的内容。首先，这种回答毫无特别之处；其次，回答太空泛，应找出自己经历中的亮点作为事例讲给面试官听。就算你没有得过奖学金，没有担任过什么职务，也没有组织过什么活动，你肯定也有自己的亮点，比如说：我觉得大学四年我最大的收获是结交了很多非常好的朋友，建立了非常好的人际关系。

(十)“现在你可以提关于公司的任何问题”

一般在这个时候不要谈到薪酬问题，最好是问一些面试官乐于回答的问题，如在公司里通常新员工要学些什么，会遇到哪些困难？在公司里，我的发展机会如何？公司与某公司(竞争对手)相比，有哪些长处和短处？能否简单介绍一下公司文化？等等。当然如果你很有信心和见地也可以提尖锐的问题，让面试官发现你与众不同的思想。

思考与练习

1. 大学毕业生在激烈的就业竞争中，会遇到哪些心理问题？用哪些方法可以调适？

2. 假如你要去应聘一家民营企业，你准备如何穿衣打扮？

3. 构成简历的要素包括哪些？在简历的制作过程中，需要注意哪些事项？

4. 假设小张同学从网上收集了很多就业信息，他能用什么方法进行处理？

求职拓展活动

现代社会，一个人即使满腹经纶，如果不善于去表现和“推销”自己，也会失去很多就业机会。因为，不少用人单位都把应聘者的语言表达能力作为首要的考核条件，对“哑巴”型人才常常亮红灯。因此，应聘者不仅要敢说，更要会艺术地推销自己。

一、模拟训练

两个同学为一组分别扮演招聘单位、应聘者的角色，根据以下招聘启事，进行求职自我介绍。

招聘启事

我公司因业务发展需要，特招总经理助理一名，具体应聘要求如下：

1. 相貌端正，年龄在23～30岁，身高1.60米以上，形象气质好，男女不限。

2. 具有本科以上文凭，有秘书资格等级证书，能够熟练操作办公软件。

3. 具有较强的业务能力和组织应变能力，两年以上工作经验者优先考虑。

符合上述条件的有意者请携带相关证件前来应聘。

面试时间：2011年9月

面试地点：××办公楼201室

联系电话：××××××

联系人：王秘书

地址：福州市××路××号

二、针对求职自我介绍的情况，找出不足，提出对策

明确：求职自我介绍可采用直白式、文雅式、成果式、幽默式、职务式，使介绍内容简短(1～3分钟完成)，概括且重点突出，给人印象深刻。

要求：要回答面试中常见问题与挑战性问题；有声语言表达准确、规范、口语化；目光坦诚，面带微笑；巧妙掩饰经验不足、学历偏低、优势不强等弱项。

第七章　把握规律　认真备考

【学习目标】

了解笔试的作用和类型；掌握笔试的准备技巧，包括笔试前的知识准备、复习技巧和笔试时的答题技巧；了解国家公务员考试的基本内容，掌握公务员考试的复习方法与答题技巧。

【案例导入】

微软作为全球最负盛名的公司之一，如何网罗英才？大学毕业生小张曾亲历其在复旦大学的校园招聘会，让小张大开眼界，笔试题目竟只有小学三年级水平。

当小张坐进笔试考场，心里有些忐忑。试卷到手，不禁吓一跳。第一道题目竟是："给你两个 8，两个 3，只运用加减乘除和括号运算，如何得出 24?"

整整一页试卷，所有题目都有点"稀奇古怪"，有的是判断时钟打点所需时间，有的是判断一个人所戴帽子的颜色，不仅和计算机丝毫不搭界，而且没有一点科技含量。用微软全球技术中心总经理唐骏博士的话说："小学三年级水平的人就可以做。"

微软全球技术中心总经理助理表示："我们的目的是选人，而不是难倒学生。这些题目虽然和计算机没有什么直接关系，但考察的是一个人的逻辑能力，这对于编程非常重要。"

据悉，有幸从参加笔试的千名同学中脱颖而出的 200 多人，还将面临多达 7 轮的一连串面试，时间将持续 5 个小时，这不仅是智力上的较量，对面试者的体力也是巨大考验。唐骏总经理戏称："能够成功进入我们公司的人，身体素质都很好。"

案例点评：笔试已经成为用人单位考察毕业生的常用工具，也是大学毕业生求职过程中无法回避的一关。笔试之前，了解用人单位的相关信息，有利于掌握用人单位的选人风格，从而更好地应试。

第一节　笔试相同　考法不同

笔试是一种常用考核方式，对应聘者来说，也是一种相对公平的测试方法。笔试的目的是考核应聘者的知识水平、文字表达能力、书写态度和心理健康状况等综合素质。笔试通常用于一些专业技术要求很强或对录用人员素质要求很高的单位，如知名企业、大型事业单位、国家机关等。

一、笔试的种类

同样是笔试，由于用人单位的性质、文化等不同，就会出现不同种类的笔试。

(一)专业能力考试

专业能力考试主要是用于检验求职担任某一职务时能否达到所要求的专业知识水平和相关的实际能力。例如，应聘外企，应聘者的笔试科目中通常会包含外语水平测试；应聘科研机构，通常要考查动手能力；报考国家机关，则要考行政管理和法律知识。这是因为，用人单位在挑选毕业生时，主要是通过学校提供的毕业生推荐表和成绩单，而不能直观地了解毕业生的实际水平，所以都加上了笔试这个环节。

【阅读资料】

中国网通专业试题

一、选择题(每题 5 分，只有 1 个正确答案)

1. 中国 1 号信令协议属于______协议。

A. CCS　B. CAS　C. IP　D. ATM

2. ISDN PRI 协议全称是______。

A. 综合业务模拟网基速协议　B. 综合业务模拟网模拟协议

C. 综合业务数字网基率协议　D. 综合业务数字网基次协议

3. 路由协议中，______协议是用距离作为向量的。

A. OSPF　B. BGP　C. IS-IS　D. RIP

4. 中国智能网中，SSP 与 SCP 间最上层的 SS7 协议是______。

A. INCS　B. IS41B　C. IS41C　D. INAP

5. DTMF 全称是______。

A. 双音多频　B. 多音双频　C. 多音三频　D. 三音多频

6. 计算机的基本组成部分中，不包括下面______设备。

A. CPU　B. 输入设备　C. 存储器　D. 接口

7. 脉冲编码调制的简称是______。

A. PCM　B. PAM　C. (delta)M　D. ATM

8. 普通电话线接口专业称呼是______。

A. RJ11　B. RJ45　C. RS232　D. BNC

9. 现有的公共数据网都采用______。

A. 电路交换技术 B. 报文交换技术 C. 语音插空 D. 分组交换

10. SS7 协议中的制止市忙消息简写为______。

A. STB B. SLB C. SUB D. SPB

二、简答题(每题 10 分)

1. 简述普通电话与 IP 电话的区别。

2. 简述随路信令与公路信令的根本区别。

3. 说明掩码的主要作用。

4. SS7 协议中，有三大要素决定其具体定位，哪三大要素?

5. 描述 SS7 的基本通话过程。

6. 简述通信网的组成结构。

7. 面向连接与面向非连接各有何利弊?

8. 写出爱尔兰的基本计算公式。

9. 数据网主要有哪些设备?

10. 中国 1 号协议是如何在被叫号码中插入主叫号码的?

(二)心理测试

心理测试指应聘者完成事先编制好的标准化量表或问卷，根据其完成问卷的数量和质量来判定其心理水平或个性差异的方法。

【阅读资料】

中国建设银行笔试之心理测试题

一、每题只能选择一个答案，且为你第一印象的答案，把相应答案的分值加在一起为你的得分。

1. 你更喜欢吃哪种水果?

A. 草莓 B. 苹果 C. 西瓜 D. 菠萝 E. 橘子

2. 你平时休闲经常去的地方?

A. 郊外 B. 电影院 C. 公园 D. 商场 E. 酒吧 F. 练歌房

3. 你认为容易吸引你的人是?

A. 有才气的人 B. 依赖你的人 C. 优雅的人

D. 善良的人 E. 性情豪放的人

4. 如果你可以成为一种动物，你希望自己是哪种?

A. 猫 B. 马 C. 大象 D. 猴子 E. 狗 F. 狮子

5. 天气很热，你更愿意选择什么方式解暑？

A. 游泳　　B. 喝冷饮　　C. 开空调

6. 如果必须与一个你讨厌的动物或昆虫在一起生活，你能容忍哪一个？

A. 蛇　　B. 猪　　C. 老鼠　　D. 苍蝇

7. 你喜欢看哪类电影和电视剧？

A. 悬疑推理类　　B. 童话神话类　　C. 自然科学类

D. 伦理道德类　　E. 战争枪战类

8. 以下哪个是你身边必带的物品？

A. 打火机　B. 口红　　C. 记事本　D. 纸巾　　E. 手机

9. 你出行时喜欢什么交通工具？

A. 火车　　B. 自行车　C. 汽车　　D. 飞机　　E. 步行

10. 以下颜色你更喜欢哪种？

A. 紫　　B. 黑　　C. 蓝　　D. 白　　E. 黄　　F. 红

11. 下列运动中挑选一个你最喜欢的(不一定擅长)？

A. 瑜伽　B. 自行车　C. 乒乓球　D. 拳击　　E. 足球　F. 蹦极

12. 如果你拥有一座别墅，你认为它应当建立在哪里？

A. 湖边　B. 草原　　C. 海边　　D. 森林　　E. 城中区

13. 你更喜欢以下哪种天气现象？

A. 雪　　B. 风　　C. 雨　　D. 雾　　E. 雷电

14. 你希望自己的窗口在一座30层大楼的第几层？

A. 7层　　B. 1层　　C. 23层　D. 18层　E. 30层

15. 你认为自己更喜欢在以下哪一个城市中生活？

A. 丽江　　B. 拉萨　　C. 昆明　　　D. 西安　　E. 杭州　　F. 北京

二、情商考察题

请从下面的问题中，选择一个和自己最切合的答案。

1. 我有能力克服各种困难。______。

A. 是的　　　　B. 不一定　　　　C. 不是的

2. 如果我能到一个新的环境，我要把生活安排得______。

A. 和从前相仿　　B. 不一定　　　　C. 和从前不一样

3. 一生中，我觉得自己能达到我所预想的目标。______。

A. 是的　　　　B. 不一定　　　　C. 不是的

4. 不知为什么，有些人总是回避或冷淡我。______。

A. 不是的　　　B. 不一定　　　　C. 是的

5. 在大街上，我常常避开我不愿打招呼的人。______。

A. 从未如此　　B. 偶尔如此　　C. 有时如此

6. 当我集中精力工作时，假使有人在旁边高谈阔论。______。

A. 我仍能专心工作　　B. 介于 A、C 之间　　C. 我不能专心且感到愤怒

7. 我不论到什么地方，都能清楚地辨别方向。______。

A. 是的　　B. 不一定　　C. 不是的

8. 我热爱所学的专业和所从事的工作。______。

A. 是的　　B. 不一定　　C. 不是

9. 气候的变化不会影响我的情绪。______。

A. 是的　　B. 介于 A、C 之间　　C. 不是的

(三)智商测试

智商测试主要为一些外企所采用，但近年来，除了外企，许多用人单位也增加了智商测试的笔试科目。智商测试的特点往往不是考核应聘者的专业知识水平，而是注重应聘者是否具有不断接受新知识的能力。智商测试并不神秘，主要有两种形式：一种是图形识别，如一组有 4 种图形，让应聘者指出其相似点和不同点；另一种是算术题，主要测试应聘者对数字的敏感程度及基本的计算能力，如给你一组数据，让你根据不同的要求计算出平均值，这种题的难度不会太大。

【阅读资料】

数学能力考察——100 美元哪里去了?

三个朋友住进了一家宾馆。结账时，账单总计 3 000 美元。三个朋友每人分摊 1 000 美元，并把这 3 000 美元如数交给了服务员，委托他带到总台交账。但在交账时，正逢宾馆实施价格优惠，总台退还给服务员 500 美元，实收 2 500 美元，服务员从这 500 美元退款中扣下了 200 美元，只退还三个客人 300 美元，三个客人平分了这 300 美元，每人取回了 100 美元。这样，三个客人每人实际支付 900 美元，共支付 2 700 美元，加上服务员扣的 200 美元，共计 2 900 美元，那么这 100 美元的差额哪里去了?

反应能力考察——谁是罪犯?

在某商厦珠宝盗窃案中，警方已查明作案人肯定是 A、B、C、D 4 人中的一人，在审讯中，他们的口供如下：

A 说：珠宝被盗那天，我在乡下，不可能进入商厦盗窃。

B 说：D 是罪犯。

C 说：B 才是罪犯分子，我曾经看见过他卖过珠宝。

D 说：B 与我有仇，所以诬陷我。

经核实，4 人中只有一个人说的是实话，你能从中找出谁是罪犯吗？

第一道题纯粹是文字游戏，但是如果你的头脑不够清晰，很可能把你搞糊涂了。客人实际支付 2 700 美元，就等于总台实际结收的 2 500 美元加上服务员克扣的 200 美元。在这 2 700 美元加上 200 美元是毫无道理的，如果在这 2 700 美元加退回的 300 美元，这是有道理的，因为这等于客人原先交给服务员的 3 000 美元。

第二道题的推理过程是这样：

A 真话，那么 B、C、D 都是假话，从 B 中可得出 D 不是罪犯，从 C 中可得出 B 不是罪犯，那么罪犯就只剩下 C 了！

B 真话，可得出结论 D 是罪犯，但是 A 也说的假话，所以 A 也是嫌疑人，故结论是 A、D。

C 真话，可得出结论 B 是罪犯，但是 A 也说的假话，所以 A 也是嫌疑人，故结论是 A、B。

D 真话，那么 A、B、C 都是假话，从 B 中得出 D 不是罪犯，从 C 中得出 B 不是罪犯，故结论是 A、C

从上述 4 种情况看，A 的嫌疑最大，故结论是 A。

(四)作文考试

由用人单位拟定作文的范围或主题，让应聘者自由发挥，旨在通过作文考察应聘者的文字表达能力。

【阅读资料】

安永会计师事务作文题

1. SARS 对中国经济几乎没有什么影响。如果冬天 SARS 再度来临，是否还是这样？

2. 近 10 年来中国社会有什么变化？

3. 西部开发正在迅速地进行中，你认为需要首先完成的 3 件事是什么？为什么？

4. 谈谈你对中国和北美文化之间差异的认识，你觉得这种差异是在扩大还是缩小，为什么？

5. 写一封信给 Sally，包括以下几点内容：Annual dinner 的安排情况和细节；能不能促进员工间的 Communication？今年的 Event 和去年有什么不同？

(五)论文笔试

论文笔试是检验应聘者分析、综合、比较、归纳、推理等思维能力的方法。论文笔试的形式采用论述题或自由应答型试题，其最大的长处在于有利于考查应聘者的思考能力，从而能够了解应聘者思想认识的深刻程度。论文笔试通常会导致种种不同的答案，比较容易发现人才，比简单的测验题更能判断一个人的水平。论文笔试要求应聘者讨论问题要深刻，要有见地。

(六)综合能力测试

综合能力测试兼有智商测试的要求，但程度更高。例如，应聘者要在规定的时间内对一组数据、一组资料进行分析，找出其合理的地方和存在的问题，并设计出解决问题的方案。这是对应聘者的阅读理解能力，发现问题、分析和解决问题的能力，知识面等素质的全方位测试，甚至有时问答都是用英语进行，相对来说难度更大一些。

(七)国家公务员录用笔试

中央国家机关的各招考职位按性质和权责不同分为 A、B 两类。“A 类”职位主要包括在中央国家机关和中央行政机关派驻机构与中央垂直管理系统所属机构中，从事政策、法律法规、规划等的研究起草工作和政策、法律法规、规划实施的指导、监督检查工作，及从事机关内部综合性管理工作的职位(如国家计委综合司从事经济形势分析和政策研究的职位)。“B 类”职位主要包括在中央机关内的专业技术工作、对机关的业务工作提供专业技术支持的职位(如某些机关内部的财务会计职位)；实行中央垂直管理的行政机关中直接将各项具体规定施于公民、法人和其他组织的行政执法职位(如基层海关中从事海上缉私或现场查验工作的职位)。

报考职位由于 A、B 两类职位对考生素质和能力的要求有所区别，两类职位的考试科目也将不同。报考“A 类”职位的考生笔试公共科目为《行政职业能力测验(A)》和《申论》两门。报考“B 类”职位的考生笔试公共科目为《行政职业能力测验(B)》和《申论》两门。两类考试都取消了较为死板的《公共基础知识》科目，并取消考试指定用书。为了方便考生，在全国 31 个省会城市全部设置报名、考试点，实现考生就近考试。国家机关考试录用机关工作人员和国家公务员的报名时间定在每年 11 月的第 1 周，公共科目笔试时间为每年 12 月的第 3 个周六。

二、笔试的方法

既然笔试是大学毕业生求职时经常遇到的考察方式之一，毕业生就应该了解笔试的基本方法，才能提升求职成功率。参加笔试时，拿到试卷，首先通览一遍，对试卷题目的量和难易度有一个大概的了解，以便控制答题的速度和深度。然后，按照先易后难的原则进行答题，保证简单题不丢分，难题尽量多拿分。最后做完试卷后，再对试卷进行全面的检查，特别是检查有没有漏掉题目。

还有一点需要特别提醒毕业生注意的是，试卷卷面要干净，字迹要清晰，不能潦草。古语有云：见字如面。字迹太潦草，一是影响用人单位阅卷；二是误导用人单位以为你的态度不端正。

笔试的方法有很多种，归结起来常见的有测试法、作文法和论文法 3 种：

(一)测试法

测试法是笔试中运用得最多的一种方法，也是一些具体方法的总称。测试法具体可分为：第一，填空法。指往缺少词语的句子里填充词语。第二，是非法。也就是我们平常常见到的判断题，指判断内容正误的方法。第三，选择法。指对某一词句或问题提出若干容易混淆的解释，要求从其中选择一种最正确的解释作为答案。第四，问答法。指被试者对提出的问题做出回答。

上述几种测试方法有时会同时出现在一张试卷当中。测试法虽然用得最广，但它的缺陷也很明显。例如，追求简单唯一的答案，只能体现应聘者的求同思想和聚合思维，而不能体现应聘者的求异思维和发散思维；不能充分反映应聘者的表达能力；把所有精神现象都用简单化的方法加以反映，难以做到考查出应聘者复杂的心理状况。所以，用人单位在用测试法的时候，有以下特点：第一，出题量大；第二，问题明确、简练；第三，问题覆盖面广；第四，难度适当。抓住了应聘者的以上特点，应聘者在参加笔试之前可做针对性地去复习。

(二)作文法

作文法经常为用人单位在招聘选拔人才的笔试中使用。

第一，规定条件，限制作文。规定条件的作文，是让应聘者在试卷提供的一定条件范围内作文。例如，阅读一段材料，然后根据材料里提出的问题写文章。这样既可以避免应聘者提前猜题，又利于考查出应聘者的真实水平。

第二，分项打分，综合评定。是指按作文的构成因素，区分项目，分别给分，然后再综合评定。例如，笔试试卷分为内容和形式两方面，内容方面再区分为立意和取材两项；形式方面区分为段落结构、字词句、标点符号、书写等项目。这样分项给分，然后综合起来评定。需要特别注意的是，由于文字书写、用词语句的正误具体而明显，易于形成印象，吸引判卷人的注意力，因而也就易于左右分数。所以，应聘者在进行作文法的笔试时，一定要在主题表达清楚的同时，对字词句、标点符号要认真对待，以取得用人单位的好印象。

(三)论文法

在中国招聘选拔人才的笔试中，论文法存在了相当长的历史，比如古代的科举考试。论文法与测试法最突出的不同点在于，它是让应聘者发挥自己想法写出自己的答案。如果说测试法是一种封闭性或识别性的考试，那么论文法则是表达性或开放性的考试。

论文法笔试测试的内容，主要是让应聘者对职业选择的具体问题做出评价，对某种现象做出分析或写出感想。论文测试远远比简单的测试题更能判断一个人的水平。应聘者在参加使用论文法的笔试时应该弄清楚题意，然后全面答题。

三、笔试的应对技巧

笔试成绩的好坏，不仅与应聘者实际水平有关，与考前复习情况有关，还与笔试过程中的答题技巧有关。笔试之前，应聘者要调整好心态，了解回答各类题型的方法，充分发挥自己的真实水平。

(一)笔试知识准备

1. 提纲挈领，形成系统体系

在知识与能力两者之间，知识是基础，没有扎实的基本知识，就无从去说什么能力的培养。掌握知识的一个有效方法就是把零散的知识化为系统的知识。但招聘笔试往往范围大、内容广，存在一定的随意性和盲目性。所以，凡是与求职相关的知识，如科技知识、历史知识、经济知识、法律知识和常用知识，都应该系统地复习。

2. 学以致用，理论联系实际

现在的招聘考试越来越注重于考察应聘者的知识运用能力。因此，在笔试准备过程中必须始终突出一个“实用”二字，通过各种实践，把学到的知识运用到实际工作中去。

3. 多读多练，提高阅读能力

提高阅读能力，对扩展知识面和回答招聘考试的各类问题很有益处。要提高阅读能力，首先得坚持进行阅读实践。知识的获得，主要依靠传授；能力的提高，主要通过实践。复习时经常做一做阅读训练，有助于阅读能力的提高。在做阅读训练时，一定要做到眼到、手到、心到，即对每个问题都要仔细揣摩、认真思考、分析比较、综合归纳，提高自己的阅读理解能力。

4. 敏锐思考，提高答题能力

现在很多笔试虽然不难，但题量特别大，很难在规定时间内把题答完。为了适应招聘考试中的题量，应聘者还应该尽快培养自己快速阅读、快速思维和快速答题的能力。因为现代阅读观念不只着眼于信息的获取，而且还特别重视速度。所以，在准备笔试的时候一定要提高做题速度。

(二)笔试复习的技巧

笔试之前，除了已掌握的知识外，还应该制订一份合理的复习计划，为笔试成功加把力。

1. 制订周全的复习计划

首先，应聘者要对考前复习的情况进行具体分析，其中包括需要复习的内容、自己已有的知识能力水平、复习时间长短等。接着，应聘者要对时间和内容进行合理分配，计划出每一科复习大致需要的时间，每一阶段要达到的目标和复习的内容。记住，不仅要拟定总的复习目标，还应有阶段性的目标。计划制订后，剩下的工作就是落实，严格执行复习计划，以顽强的意志推进自己的复习进度。另外，为了不使计划在进行中就难产，建议应聘者可以将复习计划中的复习活动多样化，各科复习交替进行，一来增加趣味性；二来也能提高效率。

2. 采用恰当的复习方法

(1)归纳提炼法

建议应聘者将大量的零散的知识归纳提炼为几条基本理论知识，用一个简明的表格或提纲或几句精练的语言准确地罗列出来。对于个别的概念、定义、定律、定理，把其放到知识的体系中贯穿思考，弄清楚它们之间的相互联系，列出相似点和不同点。

(2)系统排列法

指对已经归纳提炼出来的知识点，进行聚同去异，使之成为系统的排列过程。在系统排列时，依据某些相同的或相似的特征为基础，不断地把较小的组或类联合为较大的组或类。也可采用相反的方式，依据对象的某些特征或特征差异为基础，把它划分为较小的组或类。通过这种系统排列，组成一定的顺序，从而找出各部分之间的联系和关系，更好地认识其特性。

(3)"厚书变薄"法

建议应聘者把章节或单元的学习按一定的科学系统和自己的思维特点自编提纲，进行高度概括，把"厚书变薄"。变"薄"的原则是具有科学性，把大量看起来是单一的或逐个理解的知识内容有意识地归并到某个知识体系中，从横向、纵向上形成有机联系，组成一条知识链。在概括学习内容时，抓住关键的知识点，前后联系，纵横结合，起到提纲挈领的作用。

(4)串联建构法

在系统复习的基础上，对章节与章节、单元与单元进行各种串联，做更高层次的理解。对已掌握的知识进行整理、归纳、分类、列表，以形成自己的知识体系，建立起良好的认知结构。在复习每个具体内容时，先冷静地想一想，再看书；然后逐个章节复习，找出难点、重点。在全面复习完后，最后把整个的知识点，在脑子里过一次。这种方法可以改变一味死记硬背的方法，从整体上把握知识。

在运用上述几种方法复习时，应聘者必须手脑并用，学思结合，才会收到良好的复习效果。

(三)笔试答题的技巧

在参加笔试之前，应聘者要做到适度的放松和适度的紧张。当一个人紧张时，会加速血液流畅，促进大脑思考，有利于提高复习效率。只有适度紧张，情绪稳定，才能发挥出更高的水平。做好了心理准备后，还需要掌握以下考试技巧：

(1)先易后难，先简后繁

笔试题型多，内容多，又要在限定的时间内做完，并保证正确率，要求应聘者必须合理地安排答题时间。首先，到了笔试考场，应聘者拿到考卷，先要看清注意事项、答题要求，然后从头到尾大略看下试题，了解题目类型、分量轻重、难易程度，再根据先易后难、先简后繁的原则确定答题步骤。

(2)精心审题，字迹清楚

在具体答题时，必须认真审题，切实弄清题目要求，逐字逐句分析题意，按要求进行回答。书写时，力求做到字迹清楚，卷面整洁，格式、标点正确，不写错别字。

(3)积极思考，回忆联想

有些试题的设计，从理论和实践两方面检查应聘者的基础知识和技能，并以综合运用为主，检验应聘者的实际水平和学习灵活性。因此，有的试题是具有一定难度的。考试时要积极思考，努力回忆学过的知识，并进行联想，将已学过的有关内容相互联系起来比较分析，积极思考，找出正确答案。

(4)掌握题型，答题精细

要了解各科考题的特点，熟悉每种题型的答题方法，防止出现不必要的差错。常用的题型有填充题、问答题、选择题、判断题、再生题、应用题、作文题等。

【阅读资料】

填充题是一般试卷中不可缺少的基本题型，用以检查应聘者对这些知识所掌握的情况。答题必须看清题目要求，是填词还是填句，填词语还是填符号，是填写一个还是填写几个。

问答题要求考生对试题提出的问题做出回答，较多的是要求用简单的语句回答简单的问题。答题时要对准中心，抓住重点，开门见山，简明扼要。落笔前先理顺思路，按要求作答。

选择题是从已经给出的几个备选答案中，选择一个唯一正确的、恰当的答案。要答好这种题型，可用经验法，凭所掌握的知识作经验性填写；可用假设法，假设某选择答案正确，代入验证，以获取正确答案；可用排斥法，将题目中的选择项，采取逐一排除。

判断题要求对所给的命题做出明确的是或非的回答。一般判断题只有一个误点，用最终排除的方法，最后确定正确的答案；也可用计算法，通过计算来确定正确答案。两个选项较多出现在基本知识中易混淆、易误解的常识性知识部分，必须把解题集中在这些部分上。

再生题是指听写、默写、记录等一类用以检验应聘者对某些知识的掌握和应用能力。答题时要明确这类题目的内容是所学课程的重点和精华，解答的基础在于平时对字、词、句、段、篇的理解和记忆。下笔前，应迅速在脑中默念一遍，写完后必须读一遍，检查是否有漏字、错字。

应用题要求应聘者运用所学的知识解决实际问题。应根据题目的要求，选择适当的方法，予以解决。解题时先找出关键词，理解题意，再认真仔细地做，确保正确无误。

作文题要求在规定的时间和空间内写好。审题要果断，迅速地扣住作文题目的关键词，确定写作中心。写作提纲应简略，不要太费时间，只要能反映文章的基本思路、段落层次即可。行文时要正确计时，合理分配时间，对需要修改加工的词句，可先跳过去，留待最后解决。写好后注意检查，修改词句，检查标点符号及是否有错别字等。

第二节　国家公务员考试解析

大学毕业生报考国家公务员已经成为一个社会热点，每年都有数以百万的毕业生投入“国考”的大潮当中。“国考热”现象的出现，也跟就业形势严峻，公务员的收入待遇稳定、福利好，社会认可度高等因素有关。

一、国家公务员的定义

国家公务员录用考试指为满足中央机关及其直属机构录用公务员的需要，根据公务员法和公务员录用有关规定，中共中央组织部、人力资源和社会保障部、国家公务员局组织实施的中央机关及其直属机构考试录用担任主任科员以下及其他相当职务层次非领导职务公务员工作。

二、国家公务员的报考条件(以2011年为例)

第一，具有中华人民共和国国籍；

第二，18周岁以上、35周岁以下(1975年10月15日至1993年10月15日期间出生)，应届毕业硕士研究生和博士研究生(非在职)年龄可放宽到40周岁以下(1970年10月15日以后出生)；

第三，拥护中华人民共和国宪法；

第四，具有良好的品行；

第五，具有正常履行职责的身体条件；

第六，具有符合职位要求的工作能力；

第七，具有大专以上文化程度；

第八，具备中央公务员主管部门规定的拟任职位所要求的其他资格条件。

招考职位明确要求有基层工作经历的，报考人员必须具备相应的基层和生产一线工作经历。基层和生产一线工作经历，是指具有在县级以下党政机关、国有企事业单位、村(社区)组织及其他经济组织、社会组织等工作的经历。离校未就业高校毕业生到高校毕业生实习见习基地(该基地为基层单位)参加见习或者到企事业单位参与项目研究的经历，可视为基层工作经历。在军队团和相当于团以下单位工作的经历，可视为基层工作经历。报考中央机关的人员，在地(市)直属机关工作的经历，也可视为基层工作经历。以上基层工作经历的截止时间为2011年10月15日。

招考职位要求有农村基层服务项目工作经历的，是指报考人员为服务期满且考核合格的“选聘高校毕业生到村任职工作”、“农村义务教育阶段学校教师特设岗位计划”、“三支一扶”计划或“大学生志愿服务西部计划”等四类人员。

曾因犯罪受过刑事处罚的人员和曾被开除公职的人员，在各级公务员招考中被认定有舞弊等严重违反录用纪律行为的人员，现役军人、试用期内的公务员、在读的非应届毕业生、公务员被辞退未满5年的，以及有法律规定不得录用为公务员的其他情形的人员，不得报名。报考人员不得报考录用后即构成回避关系的招考职位。

三、国家公务员的报考、录用程序

(一)报考程序

1. 职位查询

报告国家公务员可登录以下网站进行职位查询：

中国政府网(http：//www.gov.cn)；

人民网(http：//www.people.com.cn)；

新华网(http：//www.xinhuanet.com)；

中国网(http：//www.china.com.cn)；

人事部网站(http：//www.mop.gov.cn)；

新浪网(http：//www.sina.com.cn)；

搜狐网(http：//www.sohu.com.cn)；

中华网教育频道(http：//edu.china.com)；

中国教育和科研计算机网(http：//www.edu.cn)；

中国教育在线(http：//www.eol.cn)。

对《招考简章》中的专业、学历、资格条件及备注的内容等信息需要咨询时，报考人员请直接与招录机关联系，招录机关的咨询电话可以通过上述网站查询。

为方便考生报考，公务员主管部门一般还就报考政策、报名网络技术和考场考务安排等事宜编制了《报考指南》，报考人员可以通过上述网站查阅该指南。

《招考简章》和《报考指南》也将同时在全国各省会城市及各市(地)级城市的新华书店发行。

2. 网上报名

本次考试报名全部采取网络报名的方式进行，不设现场报名。网址是人事部网站(http：//www.mop.gov.cn)。

报考海关系统(不含海关总署机关)的人员，请登录 http：//www.customs.gov.cn 进行报名和查询。

网上报名按以下程序进行：

(1)提交报考申请

报考人员可在规定时间内登录人事部网站，提交报考申请。报考人员只能选择一个部门或单位中的一个职位进行报名，不能用新、旧两个身份证号同时报名，报名与考试时使用的身份证必须一致。报名时，报考人员要仔细阅读诚信承诺书，如实提交有关信息和材料，凡弄虚作假的，一经查实，即取消考试资格或录用资格。

(2)查询资格审查结果

报考人员请在规定时间内登录人事部网站查询是否通过了资格审查。通过资格审查的，不能再报考其他职位。规定时间内，报考申请尚未审查或未通过资格审查的，可以改报其他职位。规定时间外，报考申请未审查或未通过资格审查的，不能再改报其他职位。

(3)查询报名序号

通过资格审查的人员，请于规定时间内登录人事部网站查询报名序号。报名序号是报考人员报名确认、下载打印准考证和成绩查询等事项的重要依据和关键字，请务必牢记。

3. 报名确认

通过资格审查的报考人员需要进行报名确认。报名确认采取网上确认和现场确认两种方式进行，未按期参加报名确认并缴费者视为自动放弃考试。

享受国家最低生活保障金的城镇家庭的报考人员和农村绝对贫困家庭的报考人员可以减免考务费用。

(1)网上报名确认

在除甘肃、海南两省外的其他省(区、市)参加公共科目笔试的报考人员，请于规定时间内在人事部网站或所选考试地考试机构网站进行网上报名确认及缴费。

网上报名确认时，报考人员应上传本人近期免冠 2 寸正面证件电子照片，JPG 格式，大小在 20KB 以下，并按规定网上缴纳有关费用。

拟享受减免有关考务费用的人员，不实行网上确认，请拨打所选考区考试机构的咨询电话，按各考试机构指定的日期、地点和程序进行报名确认。确认时应携带有关证明材料办理减免手续。证明材料包括：享受国家最低生活保障金的城镇家庭的报考人员，其家庭所在地的县(区、市)民政部门出具的享受最低生活保障的证明和低保证(复印件)；农村绝对贫困家庭的报考人员，其家庭所在地的县(区市)扶贫办(部门)出具的特困证明和特困家庭基本情况档案卡(复印件)。

(2)现场报名确认

现场报名确认地点请于规定时间在人事部网站查询。

现场报名确认时，报考人员应提交本人近期免冠2寸证件照片1张(照片背面一定要写清报名序号)、缴纳有关费用，并服从现场有关考试信息采集的安排。

拟享受减免有关考务费用的农村特困大学生和城市低保人员在确认时应携带有关证明材料(同上)办理减免手续。

4. 网上打印准考证

报名确认成功后，报考人员请在规定时间内，登录人事部网站或所在考区考试机构网站下载打印准考证。

打印中如遇问题，请登录上述网站查询或与当地公务员考试机构联系解决。

(二)录用程序

公务员的录用程序主要有四步，依次为考核、体检、录取和试用。

1. 考核

考核工作有两个重点：一是政治素质；一是拟录用职位的要求。政治素质考核的具体内容有：能否坚持四项基本原则和改革开放的方针，在政治上同党中央保持一致；能否坚持和贯彻党的方针、政策和路线；是否遵守党的纪律，遵守国家法律，遵守社会公德；能否团结同志，与人合作共事，具有良好的人际关系。拟录用职位工作要求的考核，是通过对考核对象在原单位工作或学习的表现和实绩的考核，了解其是否具备拟录用职位的工作要求和发展潜力。具体内容有：运用所学知识分析问题、解决问题的能力，包括了解工作中较突出的成绩、科研工作的成果、本人撰写的研究论文、工作总结、调查报告等；在担任某一工作职务中，所表现出来的组织管理能力，包括与人交往、联系协调、合作共事、语言表达、制订计划、监督检查等方面的情况；根据职位的需要，主动自学有关知识的态度和能力，包括总结自身经验教训、虚心向他人学习、终身接受教育的能力等。

公务员录用考核的内容还包括报考资格条件复审、职务回避考核、道德品质考核等。报考资格条件复审，主要是确定被考核者是否具备报考资格条件，在报名时是否隐瞒了某些情况。职务回避考核主要是了解考核对象的夫妻关系、直属血亲关系、两代以内旁系血亲及其配偶等人员中，是否有在报考部门任职的情况。道德品质考核主要了解考核对象能否遵守社会公德和职业道德；讲话办事是否实事求是；恋爱、婚姻、家庭、邻里关系是否处理得好等。

常用的考核方法有 3 种，即查阅档案考核法、谈话考核法和座谈会考核法。

查阅档案考核法是考录机关工作人员实施考核时必经的第一道手续。通过查阅档案，可以熟悉被考核者的自然情况、工作经历、历史和现实情况，起到被考核者在报名期间自报条件的复核作用。

谈话考核法是考核中常用的另一种方法。此法可以获知一些在查阅档案时无法了解的情况。在考核之前，考核小组要对考核的内容、重点做出合理的设计，以便充分利用此法，全面、客观地了解被考核者在档案中反映出的个人工作、学习、品德等方面以外的情况。谈话的对象主要是被考核者所在单位的领导、同事和被考核者本人。

座谈会考核法是指考核人员召集考核对象所在单位人事、组织部门负责人以及同事、主管领导等人进行座谈，听取大家对考核对象的意见，了解考核对象的有关情况。

通过查阅档案考核法、谈话考核法和座谈会考核法后，要形成考核材料，考核材料要准确、全面地叙述考核对象的主要优缺点，提出考核是否合格、是否可以录用的结论性意见。

2. 体检

公务员必须要有合格、强健的身体，健康的身体是执行公务的有效保证。对笔试、面试、考核都合格的应试者要组织体检，体检不合格者，不能录用。

第一，确定体检的项目和标准。主考机关要根据公务员录用对象的年龄特点和机关公务员工作特点，同卫生行政部门协商制定体检项目和标准。

第二，由主考机关或委托用人部门具体组织体检工作。其程序是：(1)确定体检医院。体检医院必须是县级以上医院，有比较健全的管理制度、较先进的医疗设备、较高的医疗水平。(2)通知报考者做好体检准备。(3)组织报考者到医院分科检查身体。(4)对初次体检不合格者，根据医生的意见，可重新复查一次。(5)体检完毕，由主检医生按照体检标准做出明确结论，如“合格”、“不合格”等，并签名盖章。

3. 录取

录取阶段主要有以下 5 项工作：

第一，确定推荐比例。在笔试、面试、考核、体检合格后，根据各部门的录用计划，确定各部门、各单位的推荐比例，推荐比例大小根据合格者人数与计划录用人数之间的差额确定。一般来讲，当合格者人数多于计划录用人数时，以综合成绩高低为序，实行差额推荐。对于合格者等于或小于计划录用人数的专业，实行等额或缺额推荐。

第二，公布录用候选人名单。

第三，编制和管理录用候选人名册。凡考试考核体检合格者，编入录用候选人名册。名册中人员都具有被推荐资格。录用候选人名册主要包括基本情况，考试、考核、体检情况，推荐情况三方面内容。录用候选人的管理工作包括除名、恢复、查阅等。录用候选人名册的有效期为1年，在有效期内，名册中人员保留被推荐资格。

第四，推荐。主考机关编制推荐录用表，将每一个录用候选人的有关情况填入表中，按确定的推荐比例、报考志愿和成绩高低分别向用人部门推荐。推荐的一般程序如下：主考机关将录用候选人的推荐录用表推荐到其所报部门。用人部门按其志愿、成绩向本部门有关司、处、科推荐。在推荐的录用候选人数量不能满足各用人单位需要时，主考机关从名册中调整推荐。对少数民族录用候选人，在成绩与其他录用候选人相同的情况下，优先推荐。

第五，办理录用手续。用人部门根据拟录取职位的要求，综合评定报考者的笔试、面试、考核、体检结果，确定拟录取人员名单，报同级政府人事部门审批。政府人事部门根据用人部门报来的拟录取人员名单，办理录用手续。政府人事部门在录取人员名单上填写人事部门意见，向用人部门发出录用通知书，用人部门在接到录用通知后，向被录取者的所在单位和被录取者发出录用通知，由所在单位协助办理有关手续。被录用者持录用通知书及有效证件，在规定时间内到用人部门报到。报到期限为一个月，逾期不报到者取消录用资格。录用手续的办理，实际上就是录用到位的问题。在录用过程中如果报考者所在单位不予放行，或出现其他有争议的问题，由主考机关协调或交人才流动部门仲裁。

4. 试用

新录用人员有1年试用期。按规定录用的没有基层工作经历的人员，要在基层工作1～2年。试用期内用人部门要组织培训，期满要进行考核。新录用人员在上岗前接受岗前培训。岗前培训目的：使新录用人员了解国家行政机关的职能和公务员的职责；熟悉本岗位工作程序；掌握所担负工作的基本工作方法、专业知识和实际技能。培训的主要内容：行政管理学、行政法、社会调查研究方法、机关应用文写作、岗位必备的实务知识等。培训要采取集中学习和岗位实习相结合的方式。培训结束时要组织必要的考试，合格者发给岗前培训证书。用人部门在新录用人员的1年试用期内，对其要进行考核。考核以岗位规范中规定的任职条件为依据，考察新录用人员在试用期内的德、能、勤、绩。

新录用人员试用期满后，试用合格者，可正式任职；需进一步考察者，由用人部门决定可适当延长试用期；试用不合格者，取消其录用资格。

四、国家公务员考试复习方法

报考国家公务员的考生都想在有限的时间内全面掌握考点、准确把握重点、快速突破难点，达到最好的复习效果，取得优异的成绩。行政职业能力测验和申论两个科目，考试侧重点不同，所以复习的时候要采用不同的方法。

(一)行政职业能力测验

1. 国家公务员行政职业能力测验考试备考的六大步骤

(1)准确认识行政职业能力测验，宏观把握考试内容

近几年行政职业能力测验考试的题型分类趋于稳定，基本分为五个专项：言语理解与表达、数量关系、判断推理、常识判断与资料分析。这五个专项对应考查的其实是与机关行政工作密不可分的几种核心能力。言语理解与表达能力、逻辑思维能力、数学计算、处理资料的能力也是作为现代社会人必不可少的基本素质，所以说行政职业能力测验是通过试题的形式考查人的综合能力、基本素养的特殊考试。因此，对于应试者来说，首先要具备履行公职所需的综合素质，接下来要做的就是适应行政职业能力测验试题的考查形式，从而将自己的能力通过行政职业能力测验试卷有效地体现出来。

(2)系统复习，全面掌握考点

备考公务员考试和备考其他科目考试的备考方法本质上是一样的，考生都要通过系统的学习公务员考试涉及的各种专业知识，尤其是作为公务员考试难点的数学运算、演绎推理，更是需要专业的基础知识才能准确迅速地解答好该类试题。考生需要利用复习时间，系统地学习各类知识。

(3)认清自身优劣，做到知己知彼

虽然公务员考试的行政职业能力测验试卷不分职位、不分专业、统一命题、公平竞争，但是具体到每一位考生都会有自身的强项与相对薄弱的地方。对于有过考试经验的人来讲应该会比较清楚自己的强弱环节在哪里；而对于首次应考的考生，建议可以先用之前的国家公务员考试行政职业能力测验真题做一次实战模拟，然后对照答案，如果该专项的正确率在七成以上，则说明较为擅长，否则即为需要重点提高的部分，在接下来的复习备考中要注意有所偏重。

一般来说，文史类考生擅长言语理解和常识判断，而理工科考生更精于数量关系和逻辑推理。所以，建议考生在了解行政职业能力测验的性质与结构特

点之后，结合个人特点做一份有针对性的复习计划，争取在最短时间内做到最有效地复习，最后达到同强保弱的效果。

(4)专项复习，快速突破难点

经过前一步，考生已经了解了自己的薄弱环节，这时考生要进行科学系统地专项复习，加强自己弱项的学习。建议考生可以选择相应的专项突破教材，专项突破教材可以有助于考生更有针对性地对弱项进行复习，同时，考生也可选择专项教材来对自己的知识进行查缺补漏。因为专项教材对某一部分知识的讲解会比基础教材更加详细、更加深入，对于考生对考试题型的理解和把握也更加有帮助，解题方法的集中讲解也会使考生对解题技巧的理解更加透彻，运用得更加得心应手。

考生在对大部分题型都已经熟悉的基础上，必要时可以适当地做笔记，尤其是针对行政职业能力测验中的数学问题和公共基础知识，因为这两部分比较烦琐，且遗忘率较高。

(5)研读考试大纲，准确把握重点

在复习的过程中考生要随时关注考试大纲，大纲一发布就要及时进行研读，尽量从大纲中汲取对自己有用的信息，准确把握考试的重点。在这个过程中，考生可以收藏几个网络上有价值的“国考”论坛和专业辅导网站，很多热心的网友会把自己对大纲的理解、看法发到网上，并且还会进行讨论。有很多专业公务员辅导网站会有专家对大纲的讲解，考生也可以浏览学习。

(6)冲刺模拟，迅速提升

考试在即，模拟冲刺是关键。在冲刺阶段，考生要以最新最接近国家公务员考试难度的试题进行模拟训练，结合历年真题实战，抢占先发优势，迎接即将到来的考试。

2. 国家公务员行政职业能力测验考试备考小技巧

(1)定时、定量模拟

有些考生在复习备考的过程中会发现行政职业能力测验试题难度不大，以为几乎大部分经典题型涉及的知识点都已经掌握，但真正上了考场就会发现在当时的时间压力与精神压力之下，原本认为“容易”的题目也没想象中的那么快就能“搞定”，最终的成绩也很难会让人满意。究其原因其实就是自己对知识与技巧的掌握还没有熟练到顺手拈来的程度，所以要想取得理想的成绩，必须要真正掌握才行，要掌握到题目的灵魂。

建议考生选择适用的教材，结合自己的复习计划，有步骤地补强薄弱环节，并定期做模拟测验。模拟测验一定要严格控制时间，一套完整的试卷要在120分钟内完成，这样才能培养并适应考场的感觉，最大程度地发现自己的不足，并最大限度地提高自己的应试能力。

(2)注重总结解题技巧

行政职业能力测验试卷全部由客观性试题构成，以公共知识为载体，测查考生解决问题的能力，所以非常讲究解题技巧。以数学计算部分为例，如果考生把每道题目都当中小学的应用题来做，计算出结果再对照选项选择答案，就忽略了试题是选择题这一最大的特点，若掌握答题技巧，则能省去很多计算的时间。

行政职业能力测验试卷一般在20～25页，信息量庞杂，这就需要考生具备快速阅读的能力。考生在很多时候并不是大脑处理不完试卷中的信息，而是受困于阅读能力，考生做不到把试卷中的信息及时输入大脑。培养提高快速阅读能力非朝夕之功，如果考生有志于步入公职生涯，则需要在平时的学习生活中增加阅读量，掌握必要的快速阅读技巧，另外在考场上要尽量做到放松压力、集中精力。

(3)综合利用资源

根据大学生的心理特点，行政职业能力测验的学习时间久了不免枯燥，建议考生在备考过程中找同学、考友一起学习，彼此可以交流切磋，互补短长。

总而言之，有付出才会有回报，考生只有通过不懈努力，最大限度地完善充实自己，提高自己的综合能力，最终才能取得一个优异的成绩。

【阅读资料】

“国考”过来人的经验之谈

首先，谈一谈怎样制订合理的复习计划。因为报名时间距考试时间也就是说备考时间仅1个月，所以详尽的复习计划尤为重要，计划不仅要定出每天的学习进度、更要细到每个小时每一分钟完成什么，公务员考试专家分析了如何制定有效的复习大纲，希望对广大考生有所帮助。

做计划有一个前提很重要，那就是，明白自己的优劣：哪方面能力强、哪方面能力弱，做到有的放矢。本人文字功底较强，平时较喜欢研读时政，喜欢思考、评论和写作，对公务员考试申论科目来说，因为工夫下到了平时，所以在备考的阶段可以省去很多精力。对于行政职业能力测验来说，共有言语理解与表达、数量关系、判断推理、常识判断和资料分析五个模块，每个模块的测查点不同，考查的都是你是否具备公务员所应具备的综合能力素质。在计划前，我先做了几套真题测查了一下自己的弱点所在，以保证我在复习过程中更有针对性。

下面就是学习的阶段。明白了自己的弱项，然后就是集中精力补充知识了。我是文科出身，数字敏感性不强，相应的数量关系、判断推理及资料分析是我的弱项。事实上，每个模块都有做题技巧。复习的过程就是理顺这些技巧。所谓的技巧，大家都是熟知的。例如，数量关系模块，基本上是等差数列、等比数列及其综合应用。在掌握基本的原理后就是通过做题来练就你对规律掌握的熟练度，不停地做题以加深自己对命题的理解和规律的应用。需要注意的是答题顺序也是很讲究的。那就是做自己想做的、会做的、能得分高的。这就需要考生自己把握，但也不可偏重。所以平时有时间还是要多看看人民网、新华网和光明网上的热点及评论。把这些东西理顺了，形成自己的观点，必要时也可以写写，写得好的东西还可以投稿，一举两得。另外，《半月谈》也应多看看，这样对自己在写作过程中的措辞严谨性是很有帮助的。

冲刺阶段。考前1个月，对于公务员考试备考阶段来说，正是处于考前冲刺阶段。因为之前考试科目的弱势已经在一定程度上得到弥补，这个阶段要做的便是扎实根基，固本强根。对于行政职业能力测验来说，这个阶段还是做题，不是做模拟而是做真题。如果各位认真研读一下历年国家及各省市的真题，你会发现：多数题目是相通的，可以说，考题多出自一个题库。所以，做真题是很重要的，也是你消化知识、沉淀知识的一个过程。

有条件的考生尽量把行政职业能力测验答题时间安排在上午，申论的答题时间安排在下午，以提升这个时段的兴奋度。需要注意的是做题不仅仅是在做题，切不可为了得高分，而无限地延长答题时间。只有把每次演练当成真正的考试，有一点紧张度，在做题过程中严格按照2小时答题，才会对考试有所帮助。行政职业能力测验的作答时间应尽量控制115分钟内，留出5～10分钟的填涂答题卡的时间。

作答完毕，再找原因、做总结，不仅总结错的、更要总结对的。有人一定奇怪，为什么一定要总结对的？那么请问，做对的题目一定会做吗？不是！其中寓意自己体会。把手中的真题做了一遍之后，还是要总结。你会问：前面总结了，现在还总结什么。前面总结的是对、错的原因，现在总结的是系统知识、是规律，即同类题目的做题规律。上过辅导班的学生可能会疑问，辅导班里老师已经讲过相关题目的规律，做题就是加深对规律的掌握。是的，因为你提前知道了题目的规律性，但是这个阶段更要总结。因为规律只是个大环境，其中还有潜藏的暗礁，考生很容易在规律中迷失。例如，你知道数量关系里的等差等比数列的应用，但是它所有的变形你都了然于心了吗？

对于申论，这个阶段所要做的是把自己把握的热点拿出来再梳理一遍。归类、汇总，与中央的大政方针结合。例如，大头娃娃、三鹿事件等反映的是诚信问题：华南虎事件则反映的是政府的公信力的问题；还有10月份的党的十七届三中全会审议通过的《中共中央关于推进农村改革发展若干重大问题的决定》，再次突出了三农问题的重要性等。那么你就要理一下有关三农问题的所有政策。而实现好、发展好和维护好最广大人民群众的根本利益；权为民所用、情为民所系和利为民所谋；发展为了人民，发展依靠人民，发展的成果由人民共享；落实科学发展观、促进社会和谐等体现人民的主体地位才是根本的落脚点。

参加过公务员考试的考生都知道，紧张的心理是很难完全克服的。所以，平常的练笔更应当作为实战对待。另外，把考试当回事的人都有种感觉，越是接近考试紧张感越强。这不是什么心理问题，是一种正常的反应、一种临战的状态。在这段时间，我个人的经验是坚持继续晨读和晨练。不仅舒缓了紧张感，而且通过晨读让我可以加深知识的沉淀、更多更扎实地吮吸着知识的精华。我一定行，自信亦是从现在开始。

一个人无论是做事还是思考，总是容易产生小巷思维的。所以建议多和同学、老师及与有益于你备考相关的人交流，交流复习经验。只有良性互动、发散思维，形成一个良好的心理状态，做事的成功率才会更高。

(二)申论

"得申论者得天下"，许多参加过国家公务员考试的同学都有这样一个共识，申论成绩的高低直接决定是否进入面试及最终的排名。因此，掌握申论考试中的具体要求和答题技巧尤为重要。

首先了解国家公务员考试大纲关于申论科目的介绍：

【阅读资料】

申论主要通过应试者对给定材料的分析、概括、提炼、加工，测查应试者解决实际问题的能力及阅读理解能力、综合分析能力、提出和解决问题能力和文字表达能力。

申论材料通常涉及某一个或某几个特定的社会问题或社会现象，要求应试者能够准确理解材料所反映的主要内容，全面分析问题所涉及的各个方面，并能在把握材料主旨和精神的基础上，形成并提出自己的观点、思路或解决方案，准确流畅地用文字形式表达出来。

大纲的第一段着重介绍申论考试是对考生多种思维能力的考察，强调的是考生解决实际问题的能力，这是申论考试的核心和主线，考生在申论考试中要牢记这一点，在回答中提出的对策一定要具有针对性和可行性。大纲的第二段则结合试题的命制和答题要求进行说明。明确指出申论考试中需要考生密切结合给定材料，按照"问题的表现—问题的原因—问题的对策"这样一个思维模式将材料中的主干梳理出来，并依靠辩证的思维能力去全面分析材料所反映的内容，最终按照命题者的要求答题。

以上是通过大纲对申论的基本认识。接下来，从申论考试的题型和答题技巧两方面为考生进行指导。

申论考试一般分为概括给定材料的内容、综合分析原因和对策、提出解决问题的对策和申论的论证文章写作四个部分，是一个整体，需要考生具有全局思维。

1. 概括给定材料的思路与方法

概括给定材料的内容是申论考试的保留题型，着重考察考生的阅读理解能力和综合归纳能力，但是广大考生在此部分的得分普遍偏低。原因有两方面：一方面是考生对于问题的答题指向性不明确；另一方面是信息点比较多，考生的综合归纳能力欠佳。近年来，申论试题的材料阅读量基本维持在8 000字左右，需要考生将其压缩到200～300字，这要求一定要抓主干。首先，通过首尾句、关联词、常见词等原则抓住每段材料的主要内容；其次，从宏观上分析材料反映的问题是一个还是多个，并用简要的语言表述清楚；再次，将问题的表现、原因和已有的对策找出来并加以综合；最后，在形成段落的过程中一定要围绕材料反映的问题去加以概括，如果是两个问题就分开表述，同时要注意句子结构完整、条理清晰、简明扼要。

2. 综合分析部分的思路与方法

综合分析部分的变化比较大，难度也有所上升，归纳起来有以下三种题型。第一种就是传统的分析原因的题目，主要采用主体的利益分析方法、内外因的多层次分析方法及多角度的分析方法。这三种方法只是分析的角度不一样，所以需要结合起来使用，力求将问题的原因分析得更加全面、深刻。第二种就是分析对策的可行性和有效性。第三种就是最新出现的评析给定材料的具体案例，这类题型的设问比较模糊，需要考生首先必须弄清楚命题老师的用意是什么，这个案例是说明问题的原因还是对策，如果是原因，就要分析出是直接原因还是间接原因，原因是否全面，这样就回到了第一种题型里面加以解决。另外，如果题目要求是评析对策，给定材料是反映解决问题的一项具体措施，需要分析这种措施是否具有针对性和可行性，这样就回答了第二种题型。

3. 提出对策题目的思路与方法

对于提出对策的题目也是一种比较传统的题目，考生反映出来的第一种情况是脱离了给定材料，凭自己的主观臆断提出对策；第二种情况是对策比较空洞，全是套话，没有内容。以上两种情况的出现都是因为考生在平时的积累太少，所以建议广大考生在复习备考的初期就要做好资料的搜集和整理工作，最终形成自己的申论语言。

4. 申论文章的写作方法与技巧

申论文章的写作分值占 40%，一般的考生都能够得到 20～30 分(总分 40 分)。申论文章是介于政府公文与传统作文之间的一种特殊的议论文，题型大致分为策论文、政论文、评论文三种。策论文要求考生从某一方面或者全面地解决给定材料反映的问题，要求考生用具体的案例对对策加以分析论证，表明其具体可行。政论文一般是对国家的某项政策措施展开分析论证，说明其重要性。评论文往往是对某一种或某几种观点和对策展开评论，分析出正、反两方面的意义。广大考生在备考的过程中一定要坚持申论文章的写作，可以围绕一个话题从这三个角度去展开联系，一方面可以积累对问题的全面思考；另一方面是训练文字表达能力的必然要求。

【阅读资料】

申论考试具有长期性和艰巨性，所以需要一开始就做好全面的计划安排，有节奏、有条理地展开复习备考，许多考生在备考过程对于申论备考感到茫无头绪，不知从何入手。很多考生因为是应届生，习惯按校园里形成的思维方式思考问题，而不能从解决实际问题的角度看待社会现象。建立在这样思维方式基础上，申论难以考到高分就不奇怪了。申论辅导专家结合自己多年教学辅导经验，为广大考生做出的指导如下：

第一，形成关注社会热点和新闻报道的习惯。考生报考国家公务员必须对国家的大政方针、政策有全面和较为系统的把握，而不能对社会问题漠不关心。申论材料一般分为表现、原因和对策，那我们在分析社会现象时也可以有意识地按照这样的方法来进行分析。比如我们看新闻联播就会发现，里面的绝大部分内容都可以划分为表现、原因、对策，特别是对策，往往都是中央层面的，对申论考试有非常大的帮助。如果曾经在复习资料上看到过，再在新闻联播里听听，相当于“视听资料”，能起到很好的复习作用，听多了自然就会说了，会写了。这不仅对申论考试有用，对考生以后的公务员职业生涯也大有裨益。

第二，形成理智的思维方式，凡事重在分析原因。发牢骚甚至批评政府，这是公民的权利，但公务员不仅仅是普通公民，其职责在于分析问题和解决问题。因此考生在分析问题时首先不应情绪用事，看到一个负面社会现象就大加挞伐和抨击；而应该理智地分析这一现象形成的原因是什么，应该怎么样解决。比如在学校食堂吃饭看到饭菜中有一条青虫，大骂无耻可恨无助于问题的解决；而是应该想想这是由多方面的原因造成的，如管理体制不健全、净菜员工作不认真负责、监督不到位、思想认识上不重视等。对于学校食堂的小事尚且如此，对于社会问题就更是如此。社会问题的成因要复杂得多，更需要考生深入剖析、全面思考。又如杭州飙车案，如果考生一味斥责肇事者素质低下，甚至大呼这样的人“该杀”、“不杀不足以平民愤”，这就显然不符合申论思维了。申论思维是以政府解决问题为出发点和落脚点的。考生应该理性分析，出现这一问题除了肇事者不可推卸的重大原因之外，还有立法不健全、执法机关执法不够严格等多方原因造成违法成本过低的问题。结合现在开展的全国打击醉驾行动就可以进一步印证严格执法的重要性。

第三，习惯联系思维和适度抽象。申论考试对考生的抽象思维能力要求较高，考生应在平时就形成抽象性思维。申论是一种归纳性思维，这种抽象要求考生从个别现象上升到一般问题，从局部认识到整体。如考生看到行人在马路上横穿猛跑、在路边看到路人随地吐痰、在火车上看到旅客旁若无人的大声喧哗，应能将这些现象联系在一起上升抽象为部分公民的素质有待提高。此外，常用的抽象和归纳思维还有：房屋拆迁上升到城建；汽车堵塞上升到城市交通；污染治理上升到环保；治安混乱上升到稳定；下岗分流上升到社会就业、民生问题；盗版光碟上升到知识产权保护；偷税漏税上升到社会分配；户籍问题上升到城镇化建设；农民工进城上升到三农问题；高技术、新材料、新工艺、发明专利应用上升到创新型社会；能源资源短缺浪费现象上升到节约型社会；土地、农民、农村、农业同时出现上升到新农村建设；衣食住行、物价、教育、就业同时出现可上升到民生问题；贫富、阶层、收入差距、劳资同时出现可归结为和谐社会；污染、治理、人口、能源、城乡建设同时出现可上升到科学发展观等。

第四，多学习党和政府文件、专家学者观点，形成对特定社会现象的独特认知，提出专业性的对策。部分考生对党和政府文件、政策不了解，言必称“科学发展观”，而对科学发展观的内涵和外延并不清楚，不能很好地实现自己观点和理论的“接轨”，反而出现生搬硬套、盲目上纲上线的现象。要避免这种现象就要熟读党和政府的文件，特别是十七大报告和政府工作报告，熟悉其精神内涵和话语表达系统，只有这样，考生在作答的时候才能游刃有余。对于一般社会问题提对策，如果一味按照模板和套路，则容易流于形式，怎样保证自己提出的对策有针对性，可行性，合情、合理、合法，还有独创性和新颖性，那就是多看专家学者的观点。专家学者一般都是专门研究某一特定领域，在这一领域他们有较大的发言权，我们完全可以借鉴他们优秀的研究成果。由新华社主办的《瞭望》杂志每期都会针对热点提出很多专家对策，而且每期会开辟一个专题，对申论考试大有帮助，考生可以加以学习。

申论考查的是一种思维方式，这种思维方式不是一蹴而就的，而是长期积累的结果。在思维方式没有形成前，可以通过学习思维方法来弥补。但思维方法毕竟是从思维能力中总结出来的，单纯地学习思维方法很难形成独创性和自主分析的能力。因此，考生想在申论考试中胜出就应从平时开始养成申论思维方式，这样在考试中就只是平时思维方式的一次“重演”而已了。

五、不同基础考生的不同准备方式

（一）应届考生

应届考生年龄上会比社会在职考生偏小，基础知识比较坚实、记忆力较好、注意力也比较容易集中，由于在校经常参加考试，所以有很丰富的应试经验，在行政职业能力测验科目的考察中会占据一定的优势。但是，由于应届考生接触社会相对较少，社会阅历缺乏，所以在申论文章写作上可能会很难联系实际。应届考生在做申论文章的时候，一定要把握好公务员的角色，让自己也融入其中，绝不要站错队、坐错位，犯原则性错误。所以，在备考阶段，考生在对基础知识的不间断的复习积累的同时，必须要加强时政要闻的广泛涉猎、申论热点的深入复习，做到一事一问、一事一论，更要进行大量的训练申论文章写作训练。

（二）初试考生

第一次参加公务员考试的考生，对公务员考试完全不了解，对考试的形式、内容和难度没有概念，甚至对于参加公务员考试都只是跟风而已，并没有以认真的态度来对待。这类考生在备考阶段必须对公务员考试有一个全面而透彻的了解，整体把握公务员考试的脉络。从考试考察的基本能力入手，有的放矢地逐步了解题型设置、难度水平等有关信息。做到对考试有一定认识后，着手进行历年真题的针对性训练，从而熟悉试题并进一步掌握自身的优势弱项，以便对症下药，进行后面的弱项强补训练。对考试熟悉之后，再进行专项训练，稳扎稳打、稳步提高。

（三）经验考生

经验考生已经参加过一次或多次公务员考试，对于公务员考试的考察形式及内容已经非常熟悉，对于这些已经不成问题。此类考生需要注意的就是认真总结在历次考试当中自己没有成功的原因，正视不足和弱点。在备考阶段，经验考生一定要查找出自己失利的原因，然后强化自己的弱势。侧重复习最新热点问题，历年来的难点问题和考试的新变化、新趋向，一定要突破旧有复习模式，广泛接触最新的考试题型，掌握新的方法技巧。这样才不会重蹈覆辙，在新一轮的考试当中才能有新的进展、新的突破。

(四)基础薄弱型考生

基础薄弱的考生，首要任务就是对基础知识的掌握和运用，对数学的基本的公式、基本理论、基本规律、基础常识，对于言语理解与表达中的词的使用、病句修改、语句连贯等，都要认真对待，力求尽可能多地掌握。这类考生还可以参考一些内容丰富全面、难度贴近考试、方法易懂易学、技巧新颖实用的复习资料，然后进行更有针对性的专项训练，如言语理解与表达的专项(词的使用、病句修改、语句连贯、阅读理解)，数量关系的专项(数字推理、数学运算)，判断推理专项(图形推理、定义判断、类比推理、逻辑判断)，在训练中加固基础知识的掌握，多做多练必能熟能生巧。

(五)基础坚实型考生

对于基础比较坚实的考生，在对基础知识做到“温故知新”的基础上，一定要针对最新的考试及地方真题进行大量的训练，在训练过程中寻找做题的捷径、技巧和方法，或借鉴一些复习资料。力求在能够保证正确率的基础上提升自己的答题速度，从而做到快速、准确地答题。在基础好的情况下，所制订计划的针对性一定要强。

(六)偏文科思维考生

偏文科思维的考生对于纯理论化、理性化的问题，如数量关系、判断推理等部分上可能会稍弱；而在感性化的问题，如言语理解与表达部分上存在优势。所以，应该注意加强对数学、逻辑等基础知识的学习，同时注重归纳总结，在面对行政职业能力测验考试题目时尽量做到理性思考。在申论文章的写作上，一定要注意题目设置资料的运用，在感性的基础上加强一些理性的思考，不要过于主观臆断。

(七)偏理科思维考生

偏理科思维的考生在言语理解与表达上可能会稍弱，所以应该多加强语言表达能力的训练，申论文章的写作在坚守原则的基础上，一定要注意具体情况具体分析，处理问题应该灵活多变。

思考与练习

1. 小张是福建某大学法律专业的应届毕业生，他想毕业后能当一名为人民服务的人民法官。请问，小张需要通过什么考试才能加入法官的行列？他需要为考试做哪些准备？

2. 笔试通常分为哪几种类型，目的和作用有何不同？你擅长和薄弱的类型是哪类？

求职拓展活动

各大企业的笔试题目虽然变化无常，但万变不离其宗，以下搜集了5道各大企业在笔试中最爱提问的问题，如果是你，你怎么回答？

1. 你为什么觉得自己能够在这个职位上取得成就？

2. 你最大的长处和弱点分别是什么？这些长处和弱点对你在企业的业绩会有什么样的影响？

3. 是否有教授或者咨询师曾经让你处于尴尬境地，还让你感到不自信？在这种情况下，你是怎样回应的？

4. 你是否曾经得到过低于自己预期的成绩？如果得到过，你是怎样处理这件事情的？

5. 出于工作晋升的考虑，你打算继续深造吗？

第八章　维护权益　懂得用法

【学习目标】

了解劳动合同的基本概念、分类、订立原则和主要内容；熟悉劳动合同的履行、变更和终止；理解劳动合同与就业协议的关系与区别；了解劳动合同中典型的陷阱；发生劳动争议时懂得用法律的手段保护自己的合法权益。

【案例导入】

小文跟小张、小强是某技术院校的学生，三人是同学，也是老乡。今年该找工作了，小文、小张和小强常常结伴去参加各种招聘会。有一次，三人在学校附近的人才交流中心寻找机会，转了一下午，都没有被一个单位看中。正当他们准备离开时，从一辆小汽车上下来一个中年男子。

男子自称姓刘，是某建筑队的包工头，他告诉小文他们，最近他刚揽下了一个架设线路的工程，急需几名工人架线，活比较轻松，干一天给100块钱，工钱一天一结。小文他们三个听后很动心，想着待遇还不错，也不耽误找工作，就没有多想一起上了刘某的车。

在接下来的几天里，小文、小张和小强一直在刘某的工地上从事架线的工作。一天上午，小文正在施工现场工作，一辆经过的货车刮倒了小文施工的电线杆，正施工的小文也从电线杆上摔了下来，当场昏了过去，肇事司机意识到出事后，没有停留就驾车逃离了现场。

见此情形，小张和小强赶忙将小文送到了附近医院，经过抢救，小文终于醒了过来，但不幸的是，由于从高处摔落，导致右侧上下肢偏瘫，身体多处骨折。

事发后，刘某在垫付了小文第一次手术需要的2万余元的医疗费用后，便不再露面。

由于无力负担高额的医疗费，在医院治疗了20天后，小文只得回家休养，偏瘫致使小文丧失了劳动能力，就连平时的日常生活都需要父母护理。

在肇事司机逃逸，医疗费、护理费无处追讨的情况下，小文将雇主刘某告上了法庭，并要求其支付医疗费、护理费等各项费用。

在法庭上，刘某认为小文的受伤并非自己造成，而且双方并未签订劳动合同，所以拒绝赔付。

案例点评：案例中的小文，本来想趁着找工作之余去赚点生活费，没想到出了事故。小文不仅身体受到严重的伤害，作为雇主的刘某还以没和小文签订劳动合同为借口不予赔偿。如果小文和他的同学能多一点警惕，掌握必要的法律知识，在一开始就与刘某签订正式的劳动合同，那事故发生后，也不至于如此被动。

第一节 劳动合同的基本知识

劳动合同是劳动者和用人单位确立劳动关系的基本法律形式，也是实现劳动者劳动权利的法律形式。近年来，由于大学生与用人单位签订劳动合同而引起的法律纠纷频繁发生。究其原因主要是因为大学生缺乏社会经验和法律知识，因而在签合同时出现许多不合理的现象。了解有关就业的法规、法令，对于面临求职的大学生就显得尤为重要。只有学会用法律武器来保护自己，捍卫自己的合法权利，才能在求职过程中减少不必要的损失。如今，大学生就业已从计划分配转变为自由择业，在这种形式下，劳动合同就成为规范劳动就业市场的重要法律依据，也是合同双方维护自己权利的法律武器。大学生通过与用人单位签订劳动合同，使双方的权利义务规范化、明确化，以此来防止用人单位的不正当解雇，或违反劳动合同不支付劳动报酬，或不按劳动合同提供劳动保护条件等不合理现象的发生。另外，当大学生与用人单位发生劳动争议时，劳动合同就是大学生用来维护自己合法权益的有效证据。

一、劳动合同的概念和特征

劳动合同，根据《劳动合同法》第十六条的规定，指劳动者与用人单位确立劳动关系，明确双方权利和义务的书面协议。劳动合同除了具有一般合同的特征外，还有与民事、行政合同相区别的独有的特征：

第一，劳动合同双方当事人是特定的。一方是劳动者个人，另一方是用人单位(包括各类企业、事业组织、国家机关、社会团体和个人经济组织等)。

第二，劳动合同是劳动者与用人单位确立劳动关系的法律形式，其内容是明确劳动权利和劳动义务。《劳动合同法》第十六条规定："建立劳动关系应当订立劳动合同。"这表明劳动合同是确立劳动关系的普遍性法律形式。

第三，劳动合同具有较强的法定性。即劳动合同内容等主要以劳动法律、法规为依据，且均有强制性规定，法律虽允许双方当事人协商签订劳动合同，但协商的内容不得违反或排斥强制性规范，否则无效。

二、劳动合同订立的原则

劳动合同订立的原则，就是指在劳动合同订立过程中的双方当事人应当遵循的法律准则。《劳动合同法》第十七条规定：“订立和变更劳动合同，应当遵循平等自愿，协商一致的原则，不得违反法律、行政法规的规定。”根据这一规定，订立劳动合同应当遵循以下三条原则。

(一)平等自愿的原则

平等，是指订立劳动合同的双方当事人具有相同的法律地位。在订立劳动合同时，双方当事人是以劳动关系平等主体资格出现，不存在命令与服从的关系。自愿，是指劳动合同的订立完全是出自于双方当事人自己的真实意愿，是在充分表达各自意见的基础上，经过平等协商而达成的协议。

(二)协商一致的原则

协商一致，是指劳动合同的内容，必须由当事人双方在法律、法规允许的范围内共同协商讨论，取得完全一致后确定。协商一致的原则是维护双方当事人合法权益的基础。

(三)不得违反法律和行政法规的原则

即订立劳动合同的合法原则，是劳动合同有效并受国家法律保护的前提条件，它的基本内涵有以下三点：

第一，订立劳动合同的主体必须合法，是指双方当事人必须具备订立劳动合同的主体资格。对于用人单位而言，主体资格是指必须具备法人资格，必须有被批准的经营范围和履行能力及承担经济责任能力。任何一方如果不具备订立劳动合同的主体资格，所订立的劳动合同就属于违法合同。

第二，订立劳动合同的内容必须合法，是指双方当事人在劳动合同中订立的具体劳动权利与义务条款必须符合法律、法规和政策的规定。

第三，订立劳动合同的程序与形式必须合法。程序合法，是指劳动合同的订立，必须按照法律、行政法规所规定的步骤和方式进行，一般要经过要约和承诺两个步骤，具体方式是先起草劳动合同书草案，然后由双方当事人平等协商，协商一致后签约。形式合法，是指劳动合同必须以法律、法规规定的形式签订。

三、劳动合同的分类

按照有效期限的不同，劳动合同分为有固定期限、无固定期限和以完成一定的工作为期限的劳动合同。

(一)有固定期限的劳动合同

有固定期限的劳动合同，又称定期劳动合同，是劳动合同双方当事人明确约定合同有效的起始日期和终止日期的劳动合同。期限届满，合同即告终止。双方当事人可根据生产、工作的需要确定劳动合同的期限。有固定期限的劳动合同适用范围比较广泛，灵活性较强。例如，为保护劳动者的身体健康，劳动法规定从事矿山井下及其他有害身体健康的工种、岗位工作的农民工，实行定期轮换制度，合同期限最长不得超过 8 年。

(二)无固定期限的劳动合同

无固定期限的劳动合同，又称不定期劳动合同，是劳动合同双方当事人只约定合同的起始日期，不约定其终止日期的劳动合同。对于无固定期限的劳动合同只要不出现法律、法规或合同约定的可以变更、解除、终止劳动合同的情况，双方当事人就不得擅自变更、解除、终止劳动关系。按照平等自愿、协商一致的原则，用人单位和劳动者只要达成一致，无论是初次就业的，还是由固定工转制的，都可以签订无固定期限的劳动合同。法律规定无固定期限劳动合同签订条件的目的在于保护劳动者的“黄金年龄”。

中国劳动法规定有下列情形之一，劳动者提出或同意续订、订立劳动合同的，除劳动者提出订立固定期限劳动合同外，应当订立无固定期限劳动合同：

第一，劳动者在同一用人单位连续工作满 10 年的；

第二，用人单位初次实行劳动合同制度或者国有企业改制重新订立劳动合同时，劳动者在该用人单位连续工作满 10 年且距法定退休年龄不足 10 年的；

第三，连续订立两次固定期限劳动合同，且劳动者无《劳动合同法》第三十九条和第四十条第一项、第二项规定的情形(单位享有法定解除权的情形，劳动者有过错及非工伤和不胜任工作两种情形)，续订劳动合同。

用人单位应当与劳动者签订无固定期限劳动合同而未签订的，人民法院可以视为双方之间存在无固定期限劳动合同关系，并以原劳动合同确定双方的权利义务关系。无固定期限的劳动合同不得将法定解除条件约定为终止条件，以规避解除劳动合同时用人单位依法应承担的支付劳动者经济补偿金的义务。

(三)以完成一定工作为期限的劳动合同

以完成一定工作为期限的劳动合同，是指劳动合同双方当事人将完成某项工作或工程作为合同有效期限的劳动合同。合同中不明确约定合同的起止日期，以某项工作或工程完工之日为合同终止之时。它一般适用于建筑业、临时性、季节性的工作或由于其工作性质可以采取此种合同期限的工作岗位。

四、劳动合同的基本形式与内容

中国劳动法规定劳动合同应当以书面形式订立，即应采用书面协议。其书面形式有主件、附件之分，劳动合同的主件即为劳动合同书；附件一般指作为劳动合同书补充内容的书面文件，如岗位协议书、专项劳动协议、用人单位依法制定的劳动规章制度等。主件与附件一同对双方当事人的权利和义务作出明确约定，并具有同等的法律效力。

(一)劳动合同必备条款

根据《劳动合同法》第十七条规定，劳动合同应当具备以下条款：

1. 用人单位的名称、住所和法定代表人或者主要负责人

为了明确劳动合同中用人单位一方的主体资格，确定劳动合同的当事人，劳动合同中必须具备这一项内容。

2. 劳动者的姓名、住址和居民身份证或者其他有效身份证件号码

为了明确劳动合同中劳动者一方的主体资格，确定劳动合同的当事人，劳动合同中必须具备这一项内容。

3. 劳动合同期限

劳动合同期限是双方当事人相互享有权利、履行义务的时间界限，即劳动合同的有效期限。劳动合同期限可分为固定期限、无固定期限和以完成一定工作任务为期限。签订劳动合同主要是建立劳动关系，但建立劳动关系必须明确期限的长短。劳动合同期限与劳动者的工作岗位、内容、劳动报酬等都有紧密关系，更与劳动关系的稳定紧密相关。合同期限不明确则无法确定合同何时终止，如何给付劳动报酬、经济补偿等，引发争议。因此，一定要在劳动合同中加以明确双方签订的是何种期限的劳动合同。

4. 工作内容和工作地点

所谓工作内容，是指劳动法律关系所指向的对象，即劳动者具体从事什么种类或者内容的劳动，这里的工作内容是指工作岗位和工作任务或职责。这一条款是劳动合同的核心条款之一，是建立劳动关系的极为重要的因素。它是用人单位使用劳动者的目的，也是劳动者通过自己的劳动取得劳动报酬的缘由。劳动合同中的工作内容条款应当规定得明确具体，便于遵照执行。如果劳动合同没有约定工作内容或约定的工作内容不明确，用人单位将可以自由支配劳动者，随意调整劳动者的工作岗位，难以发挥劳动者所长，也很难确定劳动者的劳动报酬，造成劳动关系的极不稳定，因此是必不可少的。工作地点是劳动合同的履行地，是劳动者从事劳动合同中所规定的工作内容的地点，它关系到劳动者的工作环境、生活环境及劳动者的就业选择，劳动者有权在与用人单位建立劳动关系时知悉自己的工作地点，所以这也是劳动合同中必不可少的内容。

5. 工作时间和休息休假

工作时间是指劳动时间在企业、事业、机关、团体等单位中，必须用来完成其所担负的工作任务的时间。一般由法律规定劳动者在一定时间内(工作日、工作周)应该完成的工作任务，以保证最有效地利用工作时间，不断地提高工作效率。这里的工作时间包括工作时间的长短、工作时间方式的确定，如是8小时工作制还是6小时工作制，是日班还是夜班，是正常工时还是实行不定时工作制，或者是综合计算工时制。工作时间上的不同，对劳动者的就业选择、劳动报酬等均有影响，因此成为劳动合同不可缺少的内容。

6. 劳动报酬

劳动合同中的劳动报酬，是指劳动者与用人单位确定劳动关系后，因提供了劳动而取得的报酬。劳动报酬是满足劳动者及其家庭成员物质文化生活需要的主要来源，也是劳动者付出劳动后应该得到的回报。因此，劳动报酬是劳动合同中必不可少的内容。劳动报酬主要包括以下几个方面：第一，用人单位工资水平、工资分配制度、工资标准和工资分配形式；第二，工资支付办法；第三，加班、加点工资及津贴、补贴标准和奖金分配办法；第四，工资调整办法；第五，试用期及病、事假等期间的工资待遇；第六，特殊情况下职工工资(生活费)支付办法；第七，其他劳动报酬分配办法。劳动合同中有关劳动报酬条款的约定，要符合我国有关最低工资标准的规定。

7. 社会保险

社会保险是政府通过立法强制实施，由劳动者、劳动者所在用人单位及国家三方面共同筹资，帮助劳动者及其亲属在遭遇年老、疾病、工伤、生育、失业等风险时，防止收入的中断、减少和丧失，以保障其基本生活需求的社会保障制度。社会保险由国家成立的专门性机构进行基金的筹集、管理及发放，不以营利为目的。一般包括医疗保险、养老保险、失业保险、工伤保险和生育保险。社会保险强调劳动者、劳动者所在用人单位及国家三方共同筹资，体现了国家和社会对劳动者提供基本生活保障的责任。劳动者所在用人单位的缴费，使社会保险资金来源避免了单一渠道，增加了社会保险制度本身的保险系数。由于社会保险由国家强制实施，因此成为劳动合同不可缺少的内容。

8. 劳动保护、劳动条件和职业危害防护

劳动保护是指用人单位为了防止劳动过程中的安全事故，采取各种措施来保障劳动者的生命安全和健康。在劳动生产过程中，存在着各种不安全、不卫生因素，如不采取措施加以保护，将会发生工伤事故。例如，矿井作业可能发生瓦斯爆炸、冒顶、片帮、水火灾害等事故；建筑施工可能发生高空坠落、物体打击和碰撞等。所有这些，都会危害劳动者的安全健康，妨碍工作的正常进行。国家为了保障劳动者的身体安全和生命健康，通过制定相应的法律和行政法规、规章，规定劳动保护，用人单位也应根据自身的具体情况，规定相应的劳动保护规则，以保证劳动者的健康和安全。

劳动条件主要是指用人单位为使劳动者顺利完成劳动合同约定的工作任务，为劳动者提供必要的物质和技术条件，如必要的劳动工具、机械设备、工作场地、劳动经费、辅助人员、技术资料、工具书及其他一些必不可少的物质、技术条件和其他工作条件。

职业危害是指用人单位的劳动者在职业活动中，因接触职业性有害因素如粉尘、放射性物质和其他有毒、有害物质等而对生命健康所引起的危害。根据《职业病防治法》第三十条的规定，用人单位与劳动者订立劳动合同时，应当将工作过程中可能产生的职业病危害及其后果、职业病防护措施和待遇等如实告知劳动者，并在劳动合同中写明，不得隐瞒或者欺骗。此外，《职业病防治法》中还规定了用人单位在职业病防护中的义务：用人单位应当为劳动者创造符合国家职业卫生标准和卫生要求的工作环境和条件，并采取措施保障劳动者获得职业卫生保护；应当建立、健全职业病防治责任制，加强对职业病防治的管理，提高职业病防治水平，对本单位产生的职业病危害承担责任；必须采用有效的职业病防护设施，并为劳动者提供个人使用的职业病防护用品；应当对劳动者进行上岗前的职业卫生培训和在岗期间的定期职业卫生培训，普及职业卫生知识，督促劳动者遵守职业病防治法律、法规、规章和操作规程，指导劳动者正确使用职业病防护设备和个人使用的职业病防护用品。用人单位应当按照有关法律、法规的规定严格履行职业危害防护的义务。

9. 法律、法规规定应当纳入劳动合同的其他事项

(二)劳动合同其他条款

劳动合同除前款规定的必备条款外，用人单位与劳动者可以协商约定试用期、培训、保守商业秘密、补充保险和福利待遇等其他事项。

1. 试用期

试用期是指对新录用的劳动者进行试用的期限。用人单位与劳动者可以在劳动合同中就试用期的期限和试用期期间的工资等事项做出约定，但不得违反本法有关试用期的规定。《劳动合同法》第十九条对如何确定试用期做出了明确规定，劳动合同的长短、劳动合同的类型不同，试用期的长短也有所不同。《劳动合同法》第二十条对试用期的工资做出了明确规定："劳动者在试用期的工资不得低于本单位相同岗位最低档工资或者劳动合同约定工资的百分之八十，并不得低于用人单位所在地的最低工资标准。"在试用期内，用人单位与劳动者之间的劳动关系尚处于不完全确定的状态，根据《劳动合同法》第二十一条规定："在试用期中，除劳动者被证明不符合录用条件外，用人单位不得解除劳动合同。用人单位在试用期解除劳动合同的，应当向劳动者说明理由。”

2. 培训

培训是按照职业或者工作岗位对劳动者提出的要求，以开发和提高劳动者的职业技能为目的的教育和训练过程。根据1996年劳动和社会保障部印发的《企业职工培训规定》的规定，职工培训是指企业按照工作需要对职工进行的思想政治、职业道德、管理知识、技术业务、操作技能等方面的教育和训练活动。企业职工培训应以培养有理想、有道德、有文化、有纪律、掌握职业技能的职工队伍为目标，促进企业职工队伍整体素质的提高。企业应建立健全职工培训的规章制度，根据本单位的实际对职工进行在岗、转岗、晋升、转业培训，对新录用人员进行上岗前的培训，并保证培训经费和其他培训条件。职工应按照国家规定和企业安排参加培训，自觉遵守培训的各项规章制度，并履行培训合同规定的各项义务，服从单位工作安排，搞好本职工作。

3. 保守商业秘密

商业秘密是不为大众所知悉，能为权利人带来经济利益，具有实用性并经权利人采取保密措施的技术信息和经营信息。在激烈的市场竞争中，任何一个企业生产经营方面的商业秘密都十分重要。在市场经济条件下，企业用人和劳动者选择职业都有自主权，有的劳动者因工作需要，了解或掌握了本企业的技术信息或经营信息等资料，如果企业事先不向劳动者提出保守商业秘密、承担保密义务的要求，有的劳动者就有可能带着企业的商业秘密另谋职业，通过擅自泄露或使用原企业的商业秘密，以谋取更高的个人利益，如果没有事先约定，企业往往难以通过法律讨回公道，从而使企业遭受重大经济损失。因此，用人单位可以在合同中就保守商业秘密的具体内容、方式、时间等，与劳动者约定，防止自己的商业秘密被侵占或泄露。

4. 补充保险

补充保险是指除了国家基本保险以外，用人单位根据自己的实际情况为劳动者建立的一种保险，它用来满足劳动者高于基本保险需求的愿望，包括补充医疗保险、补充养老保险等。补充保险的建立依用人单位的经济承受能力而定，由用人单位自愿实行，国家不作强制的统一规定，只要求用人单位内部统一。用人单位必须在参加基本保险并按时足额缴纳基本保险费的前提下，才能实行补充保险。因此补充保险的事项不作为合同的必备条款，由用人单位与劳动者自行约定。

5. 福利待遇

随着市场经济的发展，用人单位给予劳动者的福利待遇也成为劳动者收入的重要指标之一。福利待遇包括住房补贴、通信补贴、交通补贴、子女教育等。不同的用人单位福利待遇也有所不同，福利待遇已成为劳动者就业选择的一个重要因素。

【劳动合同书范本】

合同编号：

甲方(单位)：____________________

乙方(个人)：____________________

签订日期：______年______月____日

甲方：__________法定代表人：________注册地址：________

乙方：__________性别：______居民身份证号：__________出生日期：______年______月______日

在甲方工作起始时间：______年______月______日

家庭住址：____________________

邮政编码：____________________

户口所在地：______省(市)________区(县)________街道(乡镇)

根据《中华人民共和国劳动法》和有关规定，甲、乙双方经平等协商一致，自愿签订本合同，共同遵守本合同所列条款。

一、劳动合同期限

第一条 本合同为______期限劳动合同。

本合同于______年______月______日生效，其中试用期至______年______月______日止。

本合同于______终止。

二、工作内容

第二条 乙方同意根据甲方工作需要，担任______岗位(工种)工作。

第三条 乙方工作应达到______标准。

三、劳动保护和劳动条件

第四条 甲方安排乙方执行______工时制度。

执行标准工时制的，乙方每日工作时间8小时，每周工作40小时。

执行综合计算工时工作制的，乙方平均每天工作时间不超过8小时，平均每周工作不超过40小时。

执行不定时工作制的，在保证完成甲方工作任务情况下，乙方自行安排工作和休息时间。

第五条 甲方安排乙方加班，应符合法律、法规的规定。甲方安排乙方延长工作时间，应支付不低于工资的150%的工资报酬；甲方安排乙方休息日工作又不能安排补休的，应支付不低于工资200%的工资报酬。甲方安排乙方法定休假日工作的，应支付不低于工资的300%的工资报酬。

乙方加班工资基数为每日______元或按______执行。

第六条　甲方为乙方提供必要的劳动条件和劳动工具，建立健全生产工艺流程，制定操作规程、工作范围和劳动安全卫生制度。

第七条　甲方负责对乙方进行职业道德、业务技术、劳动安全、劳动纪律和甲方规章制度的教育。

四、劳动报酬

第八条　甲方每月__________日前以货币形式支付乙方工资，月工资为______元或按______执行。乙方在试用期间的工资______。甲乙双方对工资的其他约定______。

第九条　甲方生产工作任务不足使乙方待工的，甲方支付乙方的月生活费为______元或按______执行。

五、保险福利待遇

第十条　甲乙双方按国家和北京市的规定参加社会保险。甲方为乙方办理有关社会保险手续。

第十一条　乙方患病或非因工负伤的医疗待遇按国家、北京市有关规定执行。甲方按______支付乙方病假工资。

第十二条　乙方患职业病或因工负伤的待遇按国家和北京市的有关规定执行。

第十三条　甲方为乙方提供以下福利待遇：(略)

六、劳动纪律

第十四条　甲方根据生产经营需要，依法制定规章制度和劳动纪律，乙方违反劳动纪律和甲方的规章制度，甲方有权根据规章制度进行处理，直至解除本合同。

第十五条　乙方应遵守劳动纪律和规章制度，遵守劳动安全卫生、生产工艺、操作规程和工作规范；爱护甲方的财产，遵守职业道德；积极参加甲方组织的培训，提高自身素质。

七、劳动合同的变更、解除

第十六条　有下列情形之一的，甲乙双方应变更劳动合同并及时办理变更合同手续：

(一)甲乙双方协商一致的；

(二)订立本合同所依据的客观情况发生重大变化，致使本合同无法履行的；

(三)订立本合同所依据的法律、法规、规章发生变化的。

第十七条 当事人依据第十六条第(二)项的约定，一方要求变更本合同的，应将变更要求书面通知另一方，另一方应在15日内(含15日)书面答复对方；15日内未答复的视为不同意变更本合同。

第十八条 经甲乙双方协商一致，本合同可以解除。

第十九条 乙方有下列情形之一，甲方可以解除本合同：

(一)在试用期间被证明不符合录用条件的；

(二)严重违反劳动纪律或者甲方规章制度，按照甲方单位规定或者本合同约定可以解除劳动合同的；

(三)严重失职，营私舞弊，对甲方利益造成重大损害的；

(四)被依法追究刑事责任的。

第二十条 有下列情形之一的，甲方可以解除本合同，但应当提前30日以书面形式通知乙方：

(一)乙方患病或者非因工负伤，医疗期满后，不能从事原工作也不能从事由甲方另行安排的工作或者不符合国家和本市从事有关行业、工种岗位规定，甲方无法另行安排工作的；

(二)乙方不能胜任工作，经过培训或者调整工作岗位，仍不能胜任工作的；

(三)本合同订立时所依据的客观情况发生重大变化，致使本合同无法履行，经甲乙双方协商不能就变更劳动合同达成协议的。

第二十一条 甲方有下列情形之一，确需裁减人员的，应当提前30日向全体职工说明情况，听取工会或者职工的意见，经向劳动和社会保障部门报告后，可以解除合同：

(一)濒临破产进行法定整顿期间的；

(二)因防治工业污染源搬迁的；

(三)生产经营状况发生严重困难的。

第二十二条 乙方有下列情况之一的，甲方不得依据本合同第二十条、第二十一条解除本合同：

(一)患职业病或者因工负伤并被确认达到伤残等级的；

(二)患病或非因工负伤在规定的医疗期内的；

(三)女职工在孕期、产期、哺乳期内的；

(四)在甲方连续工作10年以上，且距法定退休年龄不满5年的；

(五)复员、转业退伍军人初次参加工作未满3年的；

(六)建设征地农转非人员初次参加工作未满3年的；

(七)义务服兵役期间的；

（八）集体协商的职工代表在劳动合同期内自担任代表之日起5年以内的。

第二十三条　乙方解除本合同，应当提前30日以书面形式通知甲方，甲方应予以办理相关手续。但乙方给甲方造成经济损失尚未处理完毕的除外。

第二十四条　有下列情形之一的，乙方可以随时通知甲方解除本合同：

（一）在试用期内的；

（二）甲方以暴力、威胁或者非法限制人身自由的手段强迫劳动的；

（三）甲方未按照本合同约定支付劳动报酬或者提供劳动条件的；

（四）甲方未依法为乙方缴纳社会保险费的。

第二十五条　本合同期限届满后，因甲方原因未办理终止手续，乙方要求解除劳动关系的，劳动关系即行解除。

八、劳动合同的终止、续订

第二十六条　有下列情形之一的，本合同终止：

（一）合同期限届满的；

（二）合同约定的终止条件出现的；

（三）乙方达到法定退休条件的；

（四）甲方依法破产、解散的；

（五）法律、法规、规章规定的其他情形。

第二十七条　本合同期限届满前30日，甲方应将终止或续订劳动合同意向以书面形式通知乙方。甲方未提前通知乙方而终止劳动合同的，以乙方上月日平均工资为标准，每延迟1日，支付乙方1日工资的赔偿金。

第二十八条　有下列情形之一的，应续订本合同并及时办理续订手续：

（一）甲乙双方同意续订劳动合同的；

（二）本合同期限届满后，未办理终止劳动合同手续仍存在劳动关系，乙方要求续订劳动合同的。

出现本条第（二）项情况，双方就续订的劳动合同期限协商不一致时，续订的劳动合同期限从签字之日起不得少于12个月；乙方符合续订无固定期限劳动合同条件的，甲方应与其签订无固定期限劳动合同。

九、经济补偿与赔偿

第二十九条　发生下列情形之一的，甲方按下列标准向乙方支付经济补偿金：

（一）甲方克扣或者无故拖欠乙方工资的，及拒不支付乙方延长工作时间工资报酬的，除全额支付乙方工资报酬外，还应加发相当于工资报酬25%的经济补偿金；

（二）支付乙方的工资报酬低于北京市最低工资标准的，在补足低于标准部分的同时，另外支付相当于低于部分25%的经济补偿金。

第三十条 有下列情形之一的，甲方根据乙方在甲方工作年限和乙方解除本合同前12个月的平均工资，工作每满1年支付1个月工资的经济补偿金，不满1年的按1年计算，最多不超过12个月：

（一）经与乙方协商一致，甲方解除本合同的；

（二）乙方不能胜任工作，经过培训或者调整工作岗位，仍不能胜任工作，由甲方解除本合同的；

（三）本合同期限届满，因甲方原因未办理终止手续仍存在劳动关系，甲方与乙方协商一致，解除劳动关系的。

第三十一条 有下列情形之一的，甲方解除本合同，应根据乙方在甲方工作年限，每满1年支付乙方相当于甲方上年月平均工资1个月工资的经济补偿金，不满1年的按1年计算，如乙方解除本合同前12个月的平均工资高于甲方上年月平均工资，按本人月平均工资计发：

（一）乙方患病或者非因工负伤，不能从事原工作也不能从事甲方另行安排的工作的；

（二）本合同订立时所依据的客观情况发生重大变化，致使合同无法履行，经甲乙双方协商不能就变更本合同达成协议的；

（三）甲方裁减人员的。

第三十二条 甲方向乙方支付的经济补偿金的计发标准不得低于北京市最低工资。

第三十三条 甲方解除本合同后，未按规定发给乙方经济补偿金的，除全额发给经济补偿金外，还需按该经济补偿金数额的50%支付额外经济补偿金。

第三十四条 甲方依据本合同第二十条第（一）项解除劳动合同的，应支付不低于6个月工资的医疗补助费。患重病的还应加发50%的医疗补助费，患绝症的加发100%的医疗补助费。

第三十五条 甲方违反本合同约定解除劳动合同或由于甲方原因订立无效劳动合同，给乙方造成损害的，应按损失程度承担赔偿责任。

第三十六条 甲方出资培训或出资招接收的乙方，违反本合同的约定解除合同的赔偿标准为：（略）

第三十七条 乙方因存在本合同规定的第十九条第（二）项、第（三）项规定的情形，被甲方解除本合同，且给甲方造成损失的，应当承担赔偿责任。

第三十八条 乙方违反本合同约定条件解除劳动合同或违反保守商业秘密事项，给甲方造成经济损失的，应依法承担赔偿责任。

双方约定________________

十、当事人约定的其他内容

第三十九条　甲乙双方约定本合同增加以下内容：(略)

十一、劳动争议处理及其他

第四十条　双方因履行本合同发生争议，当事人可以向甲方劳动争议调解委员会申请调解；调解不成的，应当自劳动争议发生之日起，60 日内向劳动争议仲裁委员会申请仲裁。当事人一方也可以直接向劳动争议仲裁委员会申请仲裁。

第四十一条　本合同的附件如下：(略)

第四十二条　本合同未尽事宜或与今后国家、北京市有关规定相悖的，按有关规定执行。

第四十三条　本合同一式两份，甲乙双方各执一份。

甲方(公章)　　乙方(签字或盖章)

法定代表人或委托代理人(签字或盖章)

签订日期：　　年　　月　　日

签证机关(盖章)

签证员(签字或盖章)

签订日期：　　年　　月　　日

五、劳动合同的履行、变更、解除与终止

(一)劳动合同的履行

劳动合同的履行是指劳动合同的双方当事人按照合同规定，履行各自应承担义务的行为。劳动合同依法订立即具有法律约束力，当事人必须履行合同规定的义务。任何第三方不得非法干预劳动合同的履行。履行劳动合同应遵循如下原则：亲自履行原则；全面履行原则；协作履行原则。

(二)劳动合同的变更

劳动合同的变更是指双方当事人对尚未履行或尚未完全履行的劳动合同，履行劳动合同过程中由于情况发生变化，经双方当事人协商一致，可以对劳动合同部分条款进行修改、补充。劳动合同的未变更部分继续有效。

劳动合同的变更主要反映在四个方面：第一，生产或者工作任务的增加或减少；第二，劳动合同期限的延长或缩短；第三，劳动者工种或职务的变化或变动；第四，对劳动者支付劳动报酬的增加或减少。例如，一些国有企业由于产业结构的调整，生产经营情况发生了重大变化，需要安排部分职工下岗，致使原劳动合同的条款无法履行，这部分下岗职工要进入企业再就业服务中心，

并与中心签订基本生活保障和再就业协议，就需要同时变更原来与企业签订的劳动合同，使之与经济发展的形势相适应；又如劳动者因意外事故致伤、致残，不能从事原岗位劳动，工作岗位需要作适当调整；国家颁布了新的法律、法规，原劳动合同的某些条款与新的法律、法规相悖；由于不可抗力（如水灾、地震、战争）等因素，造成企业或劳动者无法履行原劳动合同时，经双方当事人平等协商，都可以变更劳动合同的相关内容。

劳动合同变更应遵守平等自愿、协商一致原则，不得违反法律、行政法规的规定。劳动合同变更的条件应为订立劳动合同的主客观情况发生变化；其变更程序应与订立劳动合同的程序相同，如原劳动合同经过公证、鉴证的，变更后的劳动合同也应当经过公证和鉴证，方为有效变更。

（三）劳动合同的解除

劳动合同的解除是指劳动合同订立后，尚未全部履行前，由于某种原因导致劳动合同一方或双方当事人提前消灭劳动关系的一种法律行为。劳动合同的解除分为法定解除和约定解除两种。根据劳动法的规定，劳动合同既可以由单方依法解除，也可以由双方协商解除。劳动合同的解除，只对未履行的部分发生效力，不涉及已履行的部分。

（四）劳动合同的终止

劳动合同的终止是指终止劳动合同的法律效力。从狭义上讲，劳动合同的终止是指劳动合同的双方当事人按照合同所规定的权利和义务都已经完全履行，且任何一方当事人均未提出继续保持劳动关系的法律行为。广义的劳动合同终止包括劳动合同的解除。我们这里讲的劳动合同的终止是狭义的。

劳动合同订立后，双方当事人不得随意终止劳动合同，只有在劳动法律、法规允许的情况下，当事人才可以终止劳动合同。按照中国劳动法的规定，劳动合同依法终止的条件有以下几项：

第一，劳动合同期限届满，双方当事人的权利和义务已经履行完毕，劳动合同自行终止。

第二，劳动合同双方当事人约定的劳动合同终止的条件出现，劳动合同即行终止。例如，职工在与企业订立劳动合同时约定，经所在单位同意，职工可以参加全国统一考试，如果被高等院校、中等专业学校录取，职工与企业订立的劳动合同即随之终止。在劳动合同期限内，职工一旦考取高等院校或中等专业学校，他与企业订立的劳动合同就即行终止。这里需要说明的是，如果过去合同双方当事人在订立劳动合同时没有作上述约定，职工考取高等院校或中等专业学校后，可以与企业协商，如果双方当事人协商一致，可以解除劳动合同。

劳动合同还可以基于一定的法律事实而终止，能够引起劳动合同终止的法律事实主要有：

第一，作为劳动合同一方当事人的劳动者丧失劳动能力或死亡，致使无法继续履行劳动合同规定的义务，劳动合同终止。

第二，劳动者达到法定退休条件。

第三，劳动合同在履行过程中，企业被撤销，职工由劳动主管部门另作分配，企业与职工原来订立的劳动合同终止。

第四，在劳动合同履行过程中，企业依据《破产法(试行)》的有关规定，宣告破产。企业宣告破产，表明此时企业已无法按照劳动合同履行其权利和义务，只能终止劳动合同。

第五，用人单位在招工时违反法律、法规，徇私舞弊，非法招收职工，一经发现，必须进行清退，随之单位与职工订立的劳动合同即行终止。

第六，法律、法规规定的其他情况。

六、劳务派遣与其他用工形式

(一)劳务派遣

劳务派遣，又称劳动派遣、劳动力租赁，是指由派遣机构与派遣劳工订立劳动合同，由于派遣劳工向要派企业给付劳务，劳动合同关系存在于派遣机构与派遣劳工之间，但劳动力给付的事实则发生于派遣劳工与要派企业之间。劳动派遣的最显著特征就是劳动力的雇用和使用分离。劳动派遣机构已经不同于职业介绍机构，它成为与劳动者签订劳动合同的一方当事人。

简单地讲，劳动者与其工作的单位不是劳动关系，而是与另一人才中介等专门单位形成劳动关系，再由该人才机构派到用人单位劳动，用人单位与人才机构签订派遣协议。劳务派遣亦称员工租赁，即用人单位根据工作实际需要，向劳务派遣公司提出所用人员的标准条件和工资福利待遇等，公司通过查询劳务库资料及各招聘储备人才中心等手段搜索合格人员，经严格筛选，把人员名单送交用人单位，用人单位进行选择并确定。然后用人单位和派遣公司签订劳务租赁(派遣)协议，派遣公司和被聘用人员签订聘用合同。用人单位与派遣公司的关系是劳务关系；被聘用人员与派遣公司的关系是劳动关系，与用人单位的关系是有偿使用关系。

(二)非全日制用工

非全日制用工，是指以小时计酬为主，劳动者在同一用人单位一般平均每日工作时间不超过 4 小时，每周工作时间累计不超过 24 小时的用工形式。非全日制用工可以订立口头协议；无试用期；随时终止，无补偿；工资结算支付周期最长不得超过 15 日。

七、劳动争议的解决途径

现行劳动法提供了四种解决的途径：

第一，双方协商。劳动争议发生后，当事人就争议事项进行商量，使双方消除矛盾，找出解决争议的方法。不愿协商或者协商不成的，当事人有权申请调解或仲裁。

第二，单位调解。劳动争议发生后，当事人可以向本单位劳动争议调解委员会申请调解，单位调解达成协议的，制作调解书，双方当事人应自觉履行(此协议不具有法律约束力)；如果从当事人申请之日起 30 内未达成协议，则视为调解不成。当事人可以在规定的期限 60 天内，向劳动争议仲裁委员会申请仲裁。另外，当事人不愿调解或调解达成协议后反悔的，也可直接向仲裁委员会申请仲裁。

第三，劳动仲裁。劳动争议一般由所在行政区域内的劳动争议仲裁委员会受理，如果当事人任何一方对裁决不服，则应在收到裁决书 15 日内向当地人民法院起诉，期满不起诉的，裁决书即发生法律效力，当事人对发生法律效力的调解书和裁决书应当依照规定的期限履行。

第四，法院判决。当事人任何不服裁定向人民法院起诉的，法院将按照民事诉讼法的有关程序进行。首先对双方当事人进行民事调解，如果双方当事人就劳动争议达成协议，法院将制定民事调解书，调解书一经送达当事人立即生效，与判决书具有同等法律效力。如果调解不成，法院应当在规定的时间内做出书面判决。原被告任何一方对判决不服的，可在法定期限(自收到判决书起 15 日)内向上一级人民法院提起上诉。

第二节 就业协议与劳动合同的关系

就业协议(即《全国普通高等学校毕业生就业协议书》)与劳动合同二者均为用人单位招用毕业生时订立的书面合同，都具有一定的法律效力。但是，就业协议和劳动合同是两种不同的概念。前者是大学生和用人单位在签订劳动合同前，双方确定就业意向和权益的依据；后者是大学生与用人单位确立劳动关系、明确双方权利和义务的协议。签订劳动合同时，一方的身份由原来的学生变成了劳动者。打个比方，前者好比是“订婚协议”，后者好比是“夫妻协定”。

应该说，就业协议具有民事合同的性质。根据《合同法》规定："当事人一方不履行合同义务或者履行合同义务不符合约定的，应当承担继续履行、采取补救措施或者赔偿损失等违约责任。"但是，尽管这份"订婚协议"具有法律效力，"婚后"的生活如何安排，还须由"夫妻协定"进行约定。《劳动合同法》规定："建立劳动关系应当订立劳动合同。"在就业过程中，毕业生有的将两者等同，有的将两者割裂开来，因而有必要对就业协议与劳动合同进行区别。

一、就业协议与劳动合同的一致性关系

第一，确立劳动关系的性质一致。劳动合同是劳动者与用人单位确立劳动关系、明确双方当事人权利和义务的协议。中国《劳动法》规定，建立劳动关系应当订立劳动合同。就业协议是高校应届毕业生与用人单位确立劳动关系、明确双方在毕业生就业工作中的权利和义务的协议。教育部颁布的《普通高等学校毕业生就业工作暂行规定》要求："经供需见面和双向选择后，毕业生、用人单位和高等学校应当签订毕业生就业协议。"就业协议签订后，毕业生就要按照就业协议中双方所约定的时间及时去签约单位报到，用人单位就要按照就业协议中的约定为毕业生安排相应的工作，这就使双方确立了一种劳动关系，这种劳动关系确立的依据，就是毕业生就业协议。虽然用人单位所招聘的大学毕业生与面向社会招聘的劳动者，在培养、使用、待遇等方面可能有所不同，但从确立劳动关系这一点来说，两者是一致的，都符合《合同法》和《劳动合同法》的相关规定。

第二，主观意思表达一致。就业协议和劳动合同的签订，都是双方当事人经过协商，在自愿、平等的基础上的意思完全一致的表示。双方法律地位平等，双方对设定的权利、义务都予以完全认可，并在实践中履行，是无强制、胁迫的主观愿望的表达。

第三，法律依据一致。按照就业协议的约定用人单位对毕业生录用后，一般都要有见习期或试用期、最低劳动年限及违约责任等规定，这与劳动合同的要求相一致。因此，就业协议应当遵循《劳动合同法》中有关劳动合同所规定的事项办理，在发生争议纠纷时应依法解决。

二、就业协议与劳动合同的区别

第一，主体不同。就业协议是毕业生与用人单位之间签署的就业契约，体现双方在就业方面的意向。一份有效的就业协议必须由毕业生、用人单位、用人单位主管部门(有些还须省级主管毕业生就业的行政部门)、学校共同签署意见、盖章。学校、省级主管毕业生就业的行政部门、各级人事局、公安局根据

有效的就业协议编制(下达)毕业生就业调配计划、开具毕业生报到派遣证、开具户口关系、接收毕业生(回生源地就业的，即便未签署就业协议，按规定仍可开具派遣证、迁户口)。就业协议的有效期一般为1年。因此，就业协议仅仅是毕业生规定时间内就业的一种契约。

劳动合同是就业者与用工单位之间签署的就业契约，规定着双方在劳动时间、岗位、报酬、劳动保护等方面的权利和义务。一份有效的劳动合同除由双方签署意见外，还须由用工单位所在地劳动管理部门(各级劳动局)签证、盖章，才具备法律效力。劳动合同只适用于劳动者(毕业生参加工作以后)与用人单位之间，与学校没有直接的法律关系。

第二，时间不同。一般来说就业协议在毕业生毕业之前签订，而劳动合同往往在毕业生到用人单位报到后才签订。

第三，内容不同。就业协议的主要内容是毕业生表示愿意到用人单位就业，用人单位表示愿意接收毕业生，学校同意推荐毕业生。而劳动合同涉及的主要内容是劳资双方劳动权利和义务的具体条款。

第四，目的不同。就业协议是毕业生和用人单位关于将来就业意向的初步约定，是对双方的基本条件及即将签订的劳动合同的部分基本内容的大体认可，并经用人单位的上级主管部门和高校就业部门同意，一经毕业生、用人单位、高校、用人单位主管部门签字盖章，即具有一定的法律效力，是编制毕业生就业方案和将来双方订立劳动合同的依据。

第五，适用法律不同。就业协议的依据是1997年国家教委制定的《普通高等学校毕业生就业工作暂行规定》，而劳动合同则依据2008年1月1日实施的《劳动合同法》。前者属于部门规章，后者属于国家基本法律，部门规章的法律效力低于国家基本法律。

第六，时效性不同。就业协议的效力始于签订之日，止于学生到工作岗位报到之时。就业协议的作用仅限于对学生就业过程的约定，一旦毕业生到用人单位报到，就业协议的使命也就完成了。就业协议不能替代劳动合同，不是确定劳动关系的凭证。

总而言之，虽然就业协议和劳动合同都可约定违约责任，但是两者的适用范畴是不同的。劳动者解除劳动合同，应依据劳动法规和劳动合同，而不是就业协议。另外，事实劳动关系也受劳动法律法规调整。尽管未签劳动合同，就业协议对双方仍有一定的约束力，但是用人单位不能违反劳动法规，仅以就业协议中的约定为由，要求劳动者承担违约责任。

三、签订就业协议应该注意的事项

就业协议是大学生就业的第一步。就业协议是由学校作为见证，毕业生与用人单位签订的一份意向性协议，它具有法律效力，但它不能替代劳动合同。大学生要正确理解和使用就业协议，应该从下面五个方面着手：

第一，对签约的单位进行较全面的了解。大学生在就业市场上常常供大于求，他们求职心切，遇到一个要求马上签约的单位，就会不假思索地立即签约。这样很可能会“上错花轿，嫁错郎”，一旦真正了解了单位想反悔，就有可能造成违约，给单位和自己都带来不必要的麻烦。

第二，认真审查就业协议和补充协议的内容。就业协议的内容是整个协议书的关键部分，毕业生一定要认真审查。首先审查协议内容是否合法，是否符合国家相关法律和政策的规定。其次审查和仔细推敲双方权利和义务是否合理，由于现在使用的格式协议，内容简单，毕业生可以和用人单位协商，就原协议书中未能体现的具体权利和义务用补充协议形式表达出来，必须指出，补充协议和主协议书具有同等法律效力。如果遇到单位在就业协议或者补充协议中只规定毕业生定期服务的义务和违反约定时的赔偿，而不提单位提供的工资标准、工作岗位和工作条件等在《劳动合同法》中必备的约束用人单位的条款，用人单位的用意就非常明显，此时毕业生就需要谨慎考虑。

第三，审查单位主体资格是否合格。协议双方的资格是否合格是协议书是否具有法律效力的前提。用人单位，不管是机关、事业单位还是企业（不包括私营企业），必须要有进人的权力。如果其本身不具备进人的权力，则必须经其具有进人权力的上级主管部门批准同意。因此，毕业生签约前，一定要先审查用人单位的主体资格。

第四，违约责任是否明确。违约责任是指协议双方当事人因过错而不履行或不完全履行协议规定的义务应承担的法律责任，它是保证协议履行的有效手段。鉴于实践中毕业生及用人单位违约率有所增加的状况，协议书中违约责任条款就显得更为重要。因此，在协议内容中，应详细表述双方当事人的违约情形及违约后应负的责任，同时还应写明违约后通过何种方式、途径来承担责任。这样，才能更有利于双方当事人履行协议，也有利于以后违约纠纷的解决。

第五，协议的形式是否合法。毕业生和用人单位对协议各项条款经协商一致，签约时要注意完整地履行手续。毕业生要签名并写清签字时间；用人单位以及其上级主管部门必须加盖单位公章并注明时间，不能用个人签字代替单位公章；毕业生和用人单位签字后需将协议书交给学校就业主管部门履行相关手续；用人单位和毕业生各保留一份协议，并将第三份交学校保管（有些省份就业协议书是一式四份，交给学校的是两份）。

【阅读资料】

就业协议不等同于劳动合同。劳动部门有关专家解释，就业协议是学生在毕业前，由学生、学校、用人单位三方共同签订，确定就业意向和相关权益，就像是一种“订婚协议”，只能保护学生毕业前的利益。但是，学生毕业后，学校脱离三方关系，毕业生和用人单位双方就只能通过劳动合同来相互约束。专家建议，大学生毕业后，要及时提出和用人单位签订劳动合同，用人单位也应承担起责任，主动与毕业生签订劳动合同。

由于目前劳动力供需矛盾突出，就业压力很大，很多单位在招收新员工时声称：单位不与员工签订劳动合同，如果有异议就另谋高就。针对这些问题，毕业生应该记住两点：

第一，劳动合同中约定的试用期是包括在合同期限内的，而且最长不得超过6个月。也就是说，不能以试用为由拒签劳动合同。劳动合同中有关于试用期的专门条款。

第二，对那些为了自身利益，不和劳动者签订劳动合同的单位，在你的利益受到损害时，照样可以拿起法律武器。劳动部办公厅《关于用人单位不签订劳动合同员工要求经济补偿问题的复函》（劳办发[（1996］181号）中指出：用人单位与劳动者之间形成事实劳动关系后，用人单位故意拖延而不与劳动者订立劳动合同，同时解除与劳动者事实劳动关系，劳动者因要求经济补偿与用人单位发生争议的，如果劳动者向劳动仲裁委员会申请仲裁，应予受理。也就是说，只要存在事实劳动关系，在获得赔偿方面应一视同仁。

第三节 警惕劳动合同里的陷阱

大学生的法律意识薄弱，在签订劳动合同时，往往不会仔细审查合同里的条款。本节着重从劳动合同里的重点规定入手，解析与大学生就业求职相关的重要条款。

一、留意“试用期”

所谓试用期就是用人单位和毕业者双方互相适应的过程，在此期间双方都可以发现对方不适合自己条件的地方，特别是用人单位考察毕业生是否具备他们需要的劳动素质；在此期间，毕业生的劳动报酬要低于同等工种的工资，而且还可以通过不是很烦琐的法律程序解除劳动合同，这对于双方都是很便利的事情。正因为如此，有些用人单位就利用这个便利为自己牟取经济利益。例如，有些用人单位违背法律规定，任意制订劳动合同试用期的期限，或一到劳动合同试用期期限就辞退用工人员，频繁更换用工人员。这些做法其目的就是减少劳动成本支出，给自己带来巨大的经济利益。为了保护劳动者的合法权益，新劳动法做了相应的修订。

【阅读资料】

徐某与某住宅工程有限公司，签订了为期 1 年的劳动合同，其中约定试用期 2 个月。试用期工资是 1 800 元，试用结束后的工资为 3 000 元。当时，经理还口头向徐某许诺，如果在试用期表现出色也可以提前转正。试用期内，徐某努力工作，表现出色，果然被提前转正了。

1 年的劳动合同很快期满了，公司同意与徐某续订一年的劳动合同，但公司强调还需 2 个月的试用期。为不失去这份工作，徐某答应了，且干得更加认真。

转眼又一年过去，又到了续签劳动合同时，公司再次提出要约定 2 个月的试用期，徐某发现自己的岗位并未发生变化，而试用期已经使用第三次了，于是质问公司人事经理："怎么还有试用期！公司要是不想用我，可以直说呀，或者直接终止我的劳动合同，干吗非要试用一次又一次?"徐某越说越气愤，"我真成了名副其实的试用员工！我想请问一下，国家规定的试用期到底应该多长？有没有次数限制?"

试用期包括试用期合同、试用期限、试用期担保、试用期离职、工资待遇、节假日休息等很多方面。

第一，单独的试用期合同是无效的。根据《劳动部关于贯彻执行〈中华人民共和国劳动法〉若干问题的意见》的规定："劳动者被用人单位录用后，双方可以在劳动合同中约定试用期，试用期应包括在劳动合同期限内。"这就是说，试用期不是劳动合同中的法定条款，可以约定也可以不约定。如果约定试用期，则只能在劳动合同中约定，劳动合同是试用期存在的前提条件。不允许只签订试用期合同，而不签订劳动合同。这样签订的"试用期合同"是无效的。但"试用期合同"的无效，并不导致劳动法对劳动者的保护失效。

第二，劳动期限应和劳动合同期限挂钩，最长不得超过 6 个月。《劳动法》第二十一条规定："劳动法合同可以约定试用期。试用期最长不得超过六个月。"具体来说就是，劳动合同期限在 6 个月以下的，试用期不得超过 15 天；劳动合同期限在 6 个月到 1 年的，试用期最长不超过 30 天；劳动合同期限在 1 年以上 2 年以下的，试用期最长不得超过 60 天；劳动合同期限在 2 年以上的，试用期不得超过 6 个月。

第三，资金担保违法，可酌情提供担保人。用人单位要求新入职员工试用期提供担保，可能有两种形式：一种是以收取保证金(物)的形式；另一种是以提供担保人要求其承担担保责任的形式。第一种是中国《劳动法》明令禁止的；第二种是要求提供担保人来承担连带责任，在中国没有法条作出过明文的允许或禁止，劳动者可以本着自愿的原则提供。

第四，试用期企业须有理由退工，员工可无理由走人。《劳动法》规定在试用期内，用人单位必须有证据证明劳动者不符合录用条件时，才能辞退；而员工只要"通知"单位就可以解除劳动合同，无须提供任何理由。

二、发现"不平等"条约

(一)"暗箱合同"：霸王条款属无效

用人单位与毕业生订立劳动合同，应当遵循平等自愿、协商一致的原则。实践中，许多用人单位在招聘工作人员时，多采用事先备好的格式合同，如果岗位竞争激烈，毕业生往往只能做出"是"与"不是"的回答，根本得不到平等协商的机会，甚至连合同内容也不甚明了。由于劳动合同是用人单位一方说了算，不少用人单位在制定格式合同时，便只考虑自身利益，甚至违反法律、行政法规的规定，以至合同中出现不少损害劳动者合法权益的霸王条款，如"女工工作期间不能怀孕"、"节假日加班不得要求双倍工资"等。此类格式合同，违背了平等协商原则，如同用人单位在暗箱中炮制，故谓之"暗箱合同"。

遭遇"暗箱合同"，毕业生不必惊慌。一旦用人单位以霸王条款来约束毕业生，或者毕业生触犯霸王条款引发劳动争议，毕业生可主张霸王条款无效。《劳动合同法》第二十六条规定："下列劳动合同无效或者部分无效：(一)以欺诈、胁迫的手段或者乘人之危，使对方在违背真实意思的情况下订立或者变更劳动合同的……"显然，霸王条款属于无效条款，劳动者的主张会得到法律的支持。

(二)"押金合同"：紧急行使追讨权

【阅读资料】

刘女士在一家健美中心找到了一份推销健身卡的工作，与老板签订了合同，约定推销健身卡的过程中向老板交付 1 500 元押金，如果完不成任务额，则每月按照相应比例在押金中扣除钱款。

以上即典型的"押金合同"。《劳动合同法》第九条规定："用人单位招用劳动者，不得扣押劳动者的居民身份证和其他证件，不得要求劳动者提供担保或者以其他名义向劳动者收取财物。”显然，法律明文禁止用人单位向劳动者收取押金，但实践中，仍有不少用人单位利用毕业生求职心切的心理向劳动者收取押金、风险金、培训费、保证金等各种名目、数额不等的金钱。

用人单位收了押金，就可能以各种理由扣留；毕业生交了押金，押金就有可能打了水漂。如前所述，押金条款是无效的。因此，毕业生如果签订劳动合同时交了押金，最好的办法是尽早醒悟，紧急追讨。《劳动合同法》第二十七条规定：“劳动合同部分无效，不影响其他部分效力的，其他部分仍然有效。”押金条款无效，劳动合同仍然有效，劳动者追回了押金，也不会丢掉工作，他和用人单位间的劳动关系仍然存在。

(三)“卖身合同”：无效条款不理睬

【阅读资料】

杨某是2008年从外地到天津找工作的大学生，去年8月，应聘到一家广告公司。在签订劳动合同时，他发现劳动合同附带有承诺书：“本人被某公司招聘录用为合同制员工后，如果公司因实际情况未能履行劳动合同中部分条款的，本人表示理解并自愿放弃权利，不作异议。承诺人：某某。”杨某怕自己的权益受侵害，就问公司不签行不行？答案是不行。毕业在即，杨某还是签了承诺书。

很快，麻烦就来了。公司要求杨某每周工作6天48小时。虽然合同中约定是每周40小时工作时间，但根据承诺书，特殊情况公司有权要求增加工作时间。原本公司应该为杨高缴纳的“三金”也一直未缴。为此，杨某申请劳动争议仲裁，要求公司支付加班费并补缴“三金”。公司辩称，加班和“三金”未缴都是公司实际情况造成的，杨某在签合同时也签了附带的承诺书，表示可以自动放弃权利。据此，公司认为自己的行为合法。但经审理，仲裁委员会还是支持杨某的请求，维护了他的合法权益。

一些用人单位在劳动合同中提出几年内毕业生不可以跳槽到同行业的公司工作或毕业生一切行动都得听从用人单位安排等侵害劳动者权利的内容。此类合同一旦履行，劳动者就如同卖身一样完全失去行动自由。工作时，得加班加点，甚至连吃饭、穿衣、上厕所都得在限定的时间内完成；下班后，生活、娱乐也有很多的禁锢，稍不留神就会被克扣工资。

签订了“卖身合同”，毕业生如果逆来顺受，任人摆布，黑心老板就偷着乐了。其实，“卖身合同”中的“卖身”条款，都是无效条款。例如，根据《劳动合同法》第二十四条的规定，竞业限制的人员限于用人单位的高级管理人员、高级技术人员和其他负有保密义务的人员，竞业限制的期限不得超过2年。如果毕业生不属于竞业限制人员，则即便劳动合同中约定了竞业限制，该约定也是无效的；此外，如果竞业限制的期限超过2年，竞业限制人员也可以在2年期满时跳出竞业限制。又如，根据《劳动合同法》第三十二条的规定，毕业生可以拒绝用人单位管理人员违章指挥、强令冒险作业。不难看出，对“卖身合同”中的“卖身”条款，劳动者大可视而不见，不予理睬。

(四)“生死合同”：莫把生命置险境

一些用人单位与毕业生签订劳动合同时，妄图以“工伤概不负责”的条款逃避责任。《劳动合同法》第二十六条规定：“下列劳动合同无效或者部分无效：……(二)用人单位免除自己的法定责任、排除劳动者权利的……”显然，用人单位免除自己法定责任的所谓“生死合同”条款是无效的。劳动者只要被认定为工伤，用人单位都要承担相应责任。

“生死合同”条款无效，并不意味着劳动者没有风险。一般来说，提出“生死合同”的用人单位，大多劳动保护条件差、隐患多、设施不全，生产中极易发生伤亡事故。毕业生走上这样的工作岗位，如同把生命置于危险境地，因生产事故伤亡的概率大大增加。而且，一些用人单位还仗着有“生死合同”条款，没有依法参加工伤保险，一旦发生工伤事故，按法律规定，就得由用人单位赔偿，但这些用人单位又会以种种理由拖延或拒绝劳动者的赔偿。

“生死合同”不安全，无保障，毕业生最好是将其拒之门外；如果已经签订了，也应马上解除，切莫视生命为儿戏，置生命于险境。

(五)“阴阳合同”：维权抓住“阳合同”

一些用人单位与劳动者签订合同时，准备了两份合同。一份是“阳合同”，内容按照劳动部门的要求签订，以应付有关部门的检查，并不实际执行；另一份为“阴合同”，是用人单位从自身利益出发拟订的违法合同，合同规定的权利和义务极不平等，用以约束劳动者。

此种“阴阳合同”严重侵害了毕业生的合法权益，毕业生当如何自救呢？其实，自救的办法十分简单，那就是紧紧抓住“阳合同”。在用人单位与毕业生眼里，“阴合同”乃真合同。但“阴合同”终究见不得阳光，一旦发生劳动争议打起官司来，“阴合同”会因为没有充分的法律依据，就得“见光死”。“阳合同”才是真合同，毕业生的权利义务，“阴合同”说了不算，“阳合同”约定了，那才是铁板钉钉。

毕业生只要将“阳合同”紧紧地抓在手中，高擎维权利剑，就必定能够打赢官司。一些用人单位在与劳动者签订劳动合同时，本以为可以凭“阴阳合同”敷衍塞责，在毕业生与其签订“阳合同”时往往不去认真考虑，甚至可能赋予劳动者一些额外利益，孰料聪明反被聪明误，由于“阴合同”不具有法律效力，违规用人单位最终只能是搬起石头砸自己的脚。

思考与练习

1. 一份劳动合同需要包括哪些内容？在劳动合同签订的时候，毕业生需要留意哪些内容？

2. 签订了就业协议就不用再签订劳动合同了。这个说法对吗？为什么？

就业探索活动

刘某大学毕业后应聘到某一企业，并签订了一份为期1年的劳动合同，其中约定：试用期3个月(2008年6月到2008年9月)。合同签订后，刘某应单位要求交了500元押金。2008年8月20日，用人单位突然向刘某发出辞退通知，告知他工作表现欠佳，不符合录用要求，发给他2个月试用期工资后通知他立刻离开。

请结合劳动法条例，指出此案中用人单位违反劳动法的地方。

第三部分　创业指导

自主创业宽广的舞台

第九章　揭开创业的面纱

【学习目标】

理解大学生创业的现实意义，对国内大学生创业现状、优势与劣势有所了解；并掌握大学生常见的创业模式及其特点。

【案例导入】

吴某，男，福建工程学院软件学院2008级学生，在学校附近开设了一家传媒工作室，从事广告印刷、传媒设计、制作。吴某在创业之前有着非常丰富的勤工俭学的经历，曾先后代理过手机卡的销售、某品牌轮滑鞋的销售，代理办公用品的市场拓展业务，自制圣诞礼物出售，还在超市等地方打工。在经历了一系列的兼职后，进入大二学习的吴某开始了自己的第一次创业：他投资1万多元和别人合伙开了一家奶茶店。当时的创业初衷是想为家里谋一些福利，可由于对合伙人的了解不足，在经营中产生了矛盾，不久奶茶店的经营以失败告终，不但没有盈利，还亏损了4 000多元。第一次创业的失败对吴某的打击很大，身心交瘁，病了1个月。但一段时间后，他调整状态，以一种不甘心失败的心态，和同学一起投资办起了一个传媒工作室，主要进行广告板和封面的设计，兼营办公耗材，开始了第二次创业。工作室经营一段时间之后，收回了成本，并且能解决自己的生活费，但因为毕业后工作室与自己的专业发展方向有矛盾，于是将工作室经营权交给了师弟。对于毕业以后将会选择就业还是创业，吴某还没有明确的想法，但其本人对网络系统和网络构建技术比较感兴趣，在有了两次创业的经验和教训的基础上，计划选择第三次创业。

案例点评：据教育部一项调查报告显示，大学生自主创业成功率只有2%～3%，远低于一般群体的创业成功率。全国97家比较早的大学生创业企业，盈利的仅占17%：其中5年内仅有30%能够生存下去。大学生具有“初生牛犊不怕虎”的精神，但也存在着一些不足，如社会经验较少、对市场营销缺乏足够的认识、尚未具备企业经营管理技能等，都是大学生成功创业的阻碍。

第一节　大学生创业概述

近年来，中国高校毕业生就业形势依然严峻，高校毕业生数量将远远超过空缺岗位自身的数量。有专家指出，在现有经济结构下，每年就业岗位缺口均在1 300万左右。政府逐渐意识到大学生创业在缓解就业压力方面的作用，提出了以创业带动就业的号召。如果大学生在毕业时或条件成熟的时候选择创业，将不仅可以解决自身的就业问题，也可以为社会衍生出新的就业机会。大学生创业是解决大学生就业难的有效出路之一，也是大学生就业的一种新的选择模式。

一、什么是创业

(一)创业的内涵

“创业”一词，在《现代汉语词典》中解释为“创办事业”。广义的“创业”概念为“创造新的事业的过程”；狭义的“创业”概念则是将创业作为一个经济范畴，指个人或团体依法登记设立企业，以营利为目的从事有偿经营(生产、加工、销售、服务、分销或组合)的商业活动。

大学生自主创业就是狭义的创业，它是指大学生毕业后不通过传统的就业渠道谋取职业发展，而是利用自己的知识、才能、智慧和技术，以自筹资金、技术入股等方式独立或与他人合作开办自己的企业，从而既为自己，也为社会上更多的人创造就业机会的过程。

(二)创业的要素

创业的过程是创业者发现和识别商业机会，组织各种资源，提供产品和服务，并创造价值的过程。因此，企业可以看做一个由人的体系、物的体系、社会体系和组织体系组成的协作体系，人的因素、物的因素、社会因素和组织因素就构成了创业的要素。

1. 人的因素

人是创业活动的主体，包括创业者及团队、创业企业内部的人际关系及创业企业与供应商、客户、社会之间发生的外部关系。

2. 物的因素

物的因素主要是指创业企业的各种资源，其中不仅包括有形的，如资金、原材料、机器设备等；也包括无形的，如品牌、技术、企业声誉等。

3. 社会因素

包括两层含义：一是社会对创业活动的认可和支持；二是企业要为社会提供有价值的产品或服务，其创造的事业要符合社会发展的要求。

4. 组织因素

创业活动是在组织中进行的，离开组织就无法协调创业活动，只有通过组织的作用才能创造出价值，如组织中的决策、领导、激励等方面。

二、大学生创业的现实意义

(一)缓解就业压力

大学的创业能力有利于解决大学生就业难的问题。在西方发达国家，如美国大学生自我创业的比重高达20%～23%。而在中国，由于各方面原因，大学生创业的比重相对偏低。如果大学生能够积极利用国家创业政策及自身创业优势进行创业，将能够有效带动就业，缓解社会的就业压力。目前，各地区纷纷把“鼓励和支持高校毕业生自主创业”作为化解当前社会就业难的主要政策之一。

(二)造就创新型人才

为国家培养富有创新精神的新一代大学生是高校培养人才的新目标。因为创新是一个民族的灵魂，是一个国家兴旺发达的不竭动力，具备创新能力的大学生是民族发展的不竭动力。大学生可以通过创业活动，培养创新意识，开拓创新精神，培养创新能力，并将创新能力运用到创业实践中，为社会创造价值。

(三)促进自我价值实现

理性的自主创业建立在对自我兴趣、能力及外部机会进行充分评估的基础上，对于那些有创业欲望的大学生，创业是最感兴趣、最愿意做、最值得做的事情。他们创业的原动力是谋求个人价值和社会价值的实现，期望在五彩缤纷的社会舞台中大显身手，最大限度地发挥自己的才能。也就是说，创业促进了目标的达成和自我价值的实现。

(四)提升个人综合素质

创业需要一定的素质和能力支持，大学生创业过程中，无疑要不断提升自己在各方面的知识、技能，如市场机会观察、独立思考、时间管理、风险控制等，这些对个人来说，是非常重要的综合素质。大学生通过创业实践探索，可以有机会改变自己的就业心态，自主地学习调节与控制，并掌握高效整合和利用各类资源的方法和技巧。

三、中国大学生创业特点

中国大学生创业兴起于1998年，标志是清华大学举办的首届创业大赛，以这次大赛为契机，全国高校陆续组织了自己的创业大赛，组建了创业协会等学生创业机构，通过挑战杯竞赛也催生了相当数量的新公司，大学生创业的作用和价值逐渐被社会各界所认可。目前，国家和各级政府纷纷出台相关的政策、法规，期望进一步引导和鼓励大学生创业。大学生创业在实践中形成了如下特点。

(一)创业心态日趋成熟

在各方支持下，目前国内大学生创业之路越来越宽广，创业方式日益多元化。在上海的一次大学生创业调查中发现，绝大多数大学生创业者都认为创业心理素质至关重要，应在创业前就做好承担风险、挑战自我的心理准备。这也表明了大学生创业者的理智与谨慎，他们在选择创业目标，确定创业模式上更加务实。并且，在创业前努力通过培训、实习、参赛等方式积累创业实践经验，避免盲目创业。

(二)想创业的多，真创业的少

中央电视台曾对大学生创业状况进行过一次调查，询问了“你想不想自己创业?”这个问题，结果显示有将近80%的大学生都怀有创业的梦想，但实际上投身创业的大学生比例只有2%～4%。可见，大学生创业是多数人心动，少数人行动。这种状况的存在，一方面是因为大学生对于创业日趋理性；另一方面是因为大学生创业能力尚有欠缺。另外，大学生普遍缺乏对创业信息的关注。

(三)创业集中于技术含量低的行业

在国内创业的大学生中间，有很大一部分是从事家教、零售、服务业等技术含量低的行业，即使一些涉及网络的创业者也都集中于无须产品设计、开发、生产和维护的网站。近年来，大学生网上创业的成功案例呈上升趋势，尤其是在电子商务领域。相对来说，这种技术含量低的创业方式，启动资金少、创业成本低、交易快捷，是很多大学生创业选择的途径。

(四)创业社会文化基础薄弱

中国经济景气监测中心曾对北京、上海、广州的900余位市民做过调查，67.5%的被访者表示了对大学生能力的担心，还有28.9%的人担心创业影响大学生的学习。目前，在中国社会中，对于大学生创业还存在很多疑惑和反对，还未形成一致的支持意见。加上大学生创业的成功率也比较低，大学生创业更是引发社会、家庭及个人的质疑。

【阅读资料】

麦可思2012年就业蓝皮书指出，中国高校毕业生自主创业比例连续两届略有上升，2011届高校毕业生自主创业比例达到了1.5%，比2009届

(1.2%)高0.3个百分点，比2008届(1.0%)高0.5个百分点。2011届本科毕业生自主创业人数最集中的专业是艺术设计(6.2%)，高职高专毕业生自主创业人数最集中的专业是机电一体化技术(4.5%)。

2011届本科毕业生自主创业集中在小学和中学教育行业(3.0%)、互联网运营和网络搜索门户业(2.7%)。2011届高职高专毕业生自主创业集中在服装零售业(3.6%)和建筑装修业(2.8%)。

2007届高校毕业生半年后有1.2%的人(本科0.7%，高职高专1.6%)自主创业，3年后有4.9%的人自主创业(本科2.8%，高职高专6.9%)，说明有更多的毕业生在毕业一段时间后才开始自主创业。

创业理想是2011届高校毕业生自主创业最重要的动力(本科41%、高职高专42%)，只有7%的本科毕业生因为找不到工作才创业，高职高专这一比例为6%。加强创业意识的培养才是提升高校毕业生自主创业的有效途径。

针对依然严峻的就业形势，中国正全面加大对大学生创业的支持力度，大力推动毕业生自主创业。在创业教育、创业实践、创业政策等方面加大工作力度，高校正在积极整合校内多部门资源，为毕业生提供形式多样、内容丰富的创业教育。例如，积极利用经济技术开发区、高新技术开发区、工业园区和大学科技园区，为毕业生创业实践构建创业孵化基地，并在政策、经费、项目等方面提供更大的支持力度。

四、大学生创业的优势与劣势

(一)创业优势

就目前来说，大学生自主创业有着很好的社会环境：从中央到地方到各个高校都热情鼓励，支持大学生毕业自主创业，各级政府为大学生创业制订了一系列的优惠政策，各高校为大学生创业也积极创造各方面的条件。

高校把引导、扶持、培养大学生创业提高到了培养创新型人才的高度，为大学生提供了包括教育、渠道、资金、项目等多方面的支持。很多高校开设了专门的创业教育课程，组织多种形式的创业计划竞赛和科技创新活动，培养了大学生的创业意识，锻炼了其创业能力。

从自身来说，受过高等教育的大学生有对传统观念挑战的欲望和信心，这种创新精神是对创业成功的有力推动。大学生充满了对未来成功的渴望和进取的激情，这都是一个创业者应该具备的素质。

另外，大学生在高校可以学到很多理论和高层次的技术，这些是创业的重要资源，尤其是开办高科技企业。知识与技术的重要性是不言而喻的，“用智力换资本”是大学生创业的特色和必然之路。

(二)创业劣势

大学生社会经验不足，常常盲目乐观，没有充足的心理准备。对于创业中的挫折和失败，难以承受。很多大学生只掌握了创业的一些理论知识，却缺乏市场意识和商业管理经验，为创业埋下了危机。

大学生对创业的理解还停留在仅有一个美妙想法与概念上。很多人试图以创意取胜，但今天的创业活动更加重视创业计划是否可行、产品服务不可复制的程度及市场潜力有多大。

融资渠道不畅，缺乏创业资金是大学生创业普遍面临的难题。尽管有政府和高校设立的创业基金，社会上也有一些风险投资基金，但这些基金的普及面并不广，门槛较高，大学生获得的难度不小。

大学生较弱的创业素质也是创业劣势之一，大部分大学生创业者对人事管理、资金财务管理、物资管理、生产管理和市场营销管理、经济法、税务、知识产权法等知识较为缺乏。另外，在创业品质，如领导力、协调力、人脉拓展能力等方面也有待进一步提高。

【阅读资料】

某大学“生命之泵创业团队”获得了全国大学生创业计划竞赛最佳表现团队奖。“生命之泵”是学生们因汶川和玉树大地震导致居民缺水而进行的一项创新。一个简易的净水装置通过手动推压即可将脏水过滤成可以饮用的净水。这个团队答辩开始时用声情并茂的陈述将在场观众带入了地震灾区，然后进行将一盆污水迅速变成清水的现场实物演示，让观众直观地看到了“生命之泵”的神奇。但是，“生命之泵”的净化水是否达标、使用寿命及市场需求等投资人最关心的问题，他们却没能回答。

第二节　大学生创业常见模式

创业模式是指创业者为实现创业理想，保障自身权益，而对各种创业要素进行的合理搭配。创业的组织形式、创业的方式确定、创业的行业选择组成了创业模式。

大学生初次创业，选择一个适合自己的创业模式非常重要。好的创业模式不一定需要大笔的创业资金或创业规模，甚至不一定需要一间正式的办公场所或店面。目前有2%的大学生参加了不同形式的创业，其创业模式主要集中在以下四大类，每一类都有自己的特点，大学生可以根据自己的需要和实际情况，选择适当的创业模式。

一、个体经营创业

这种创业模式常常由大学生个人独资或以合伙制开个小店面，是个人或2～3人创办的“办公室型小企业”。这种创业模式对创业者的要求不高，所以在大学生创业活动中所占的比例非常高，主要涉及的是科技含量比较低的服务行业。从选择此模式的大学生来看，主要有以下几种情况：

第一，立足于校园及周边市场，为广大的学生消费群体服务。学生服务学生，基于自身对学生消费需求的了解，能更好地挖掘学生这个特殊的消费市场。

第二，迫于生计，勤工俭学。中国高校学生中约有20%属于贫困学生，单靠学校的贫困补助及有限的勤工助学的岗位是有困难的。

第三，大学生将新颖构想、创意、点子、想法等，植入艺术、装饰、培训，通过制造、设计、包装创新抢占行业的市场先机。

这种创业模式常常由大学生本身的条件所决定，如资金、创意、时间、学业压力等，其特点是启动资金低，进入和退出都比较自由灵活。

【阅读资料】

陆某是福建工程学院软件学院2006级可视化专业学生，2008年在昆山实训，之后被录用于苏州一家知名婚纱外贸公司，主要负责网站建设和电子商务运营。1年后，经营自己的网店(婚纱时尚馆)，主要经营时尚婚纱和饰品，目前月纯利润有1万多元。网店创建之初并不顺利，没有人会问津这个不起眼的、没有什么信誉度的小店。

3个月后陆某创立了自己的电子商务平台，并充分依托苏州虎丘当地婚纱行业的优势，与多家品牌店开展合作。1个月后，终于有了第一笔外贸订单。2009年年底，陆某租了一套115平方米的两室一厅作为正式的办公基地，并且吸纳了自己同学创建了十几人的创业团队。同时购进了专业的摄影器材，专业的包装袋、物流袋和一批储存分类用的整理箱。通过对市场的认真分析，他们将电子商务目标锁定在欧洲客商，并在虎丘当地找到稳定的供货渠道。

目前陆某的电子商务涉及中国香港和澳门地区，更有远在美国、澳大利亚的买家通过电子邮件订货；同时增设了批发、上门看货等业务，目前，已经为国内外十余家实体店供货。

二、网络创业

互联网在不断改变人们的生活方式，在给生活带来便利和快捷的同时，也提供了全新的创业工具。目前，大学生网络创业主要有两种形式：一是网上开店，即在网上注册成立网络商店，通过远程虚拟商店出售商品；二是网上加盟，以某个电子商务网站门店的形式经营，利用母体网站的货源和销售渠道。这两种方式都是利用网络媒介进行创业。

网络创业最大的优势就是门槛低、成本少、风险小、方式灵活。对于大学生来说，它不存在高额的初始投资周转的压力。现在，越来越多的大学生在淘宝网上注册了自己的小店，经营着各色的商品，这是比较典型的网络创业。

【阅读资料】

网上开店全攻略

步骤一：想好卖什么

网上开店比起实体店铺来说简单，各种费用也少，但是开起店来也需要一定程序。首先需要想好自己要开一家什么样的店，这倒是和传统的店铺没有太大的区别。如果你身在比较有特色的城市，可以考虑把本地的一些特色物品用做网上销售。

步骤二：选好到哪卖

当确定了自己要做什么类型的店铺、卖什么样的商品后，接下来就该选择开店平台了，也就是选择提供电子商务交易的网站。现在网上提供买卖交易的网站很多，但良莠不齐。通常来说，选择阿里巴巴旗下的淘宝是一个好的选择，淘宝人气旺盛、店铺众多，逛淘宝的网友也特别多。关键是，淘宝平台提供免费的开店服务，这一点可以节省不少成本。在淘宝开店很简单，提供真实姓名和身份证或护照、军官证等能证实你身份的有效证件进行注册就可以了。

步骤三：填写准确信息

在申请开设店铺时，你需要详细填写自己店铺所提供的商品分类。例如，你出售的是装饰物，那么就应该归类在“珠宝首饰”这类，以便让你的目标用户可以准确地找到你。同时，为自己的店铺取一个醒目而有趣的名字，也是很重要的。网友在列表中点击哪个店铺更多是取决于名字是否吸引人。最好真实填写个人资料，这样会增加店主在网友心中的信任度。

步骤四：布置好门面

网店虽然不比实体店，但也需要精心“装修”。你需要把每件商品的名称、产地、所在地、性质、外观、数量、交易方式、交易时限等信息填写在网站上，并搭配上商品的图片。在商品的名称上，应尽量全面，突出优点，使人们在搜索该类商品时可以快速发现你的商品。

步骤五：多做广告

为了提升自己店铺的人气，在开店初期，应适当进行广告投入，但只限于网络即可。例如，购买网站流量大的页面上的“热门商品推荐”的位置，将商品分类列表上的商品名称加粗、增加图片以吸引眼球。也可以利用不花钱的广告，如与其他店铺和网站交换链接。

步骤六：提供即时聊天工具

网友在决定是否购买的时候，可能随时需要询问页面上没有提供的一些信息，店主要及时并耐心地回复这些信息，即时聊天工具必不可少。网民比较熟悉的即时聊天工具有QQ、MSN等，淘宝旺旺这样的商业专用即时通信工具则更加合适。

三、大赛后创业

很多高校都有自己的科技园区或创业园区，园区中的科技创业基金中心或大学生创业投资公司会根据大学生创业计划大赛、科技创新大赛的结果，评估优秀的参赛项目进行股权形式的投资，建立股份制公司，对项目进行创业催化。大学生可以通过参加比赛，吸引投资方对自己的技术、专利和其他智力成果进行资产和投资评估。

这种创业模式的特点是可以得到政府政策的支持和创业园区的各项帮助。对大学生来说，可以凭借专业创业，使理论联系实际，加速知识向生产的转化。虽然风险相对较小，但各个细节需要考虑周密。

四、连锁加盟创业

连锁加盟的优点是不需要自己创立品牌就可以直接分享到加盟品牌的效益及加盟企业的资源支持。根据一般的经营权限，连锁加盟可分为直营、委托加盟、特许加盟等形式。这些加盟连锁形式的投资金额也是根据连锁商品种类、店铺要求、技术设备的不同，投资金额在几千元到几百万元不等，这样的投资标准可满足不同需求、不同行业的大学生创业者。

加盟创业的特点是可从事的行业很多，大学生在缺乏专业知识和技术的情况下，可以从加盟商那里长期得到专业指导和配套服务，大大降低了创业风险。但这种创业模式常常需要投入较多的精力。

思考与练习

1. 大学生创业有怎样的特殊性？
2. 对于大学生来说，网络创业有哪些盈利模式？

创业实践活动

陈辰，24岁，2012年大学毕业。他非常看好健康杂粮市场，在亲朋好友的帮助下，他筹集了20万元在天津郊区创建了一家食品加工厂，专门生产和销售杂粮窝窝头。他立志要把自己的产品做成三全、思念那样的品牌，并打算在3年内建成5家分厂。1年来，他忙于注册商标、改造厂房、购买机器、做市场宣传、雇用员工……颇有大干一番的气势。

但是，由于缺少经验和市场人脉，工厂的销售成绩非常不佳，每天只能销售500袋窝窝头，远远不足以维持工厂的正常运转。原来筹集的创业资金也很快捉襟见肘，陈辰渐渐萌生了放弃创业的念头。

看了这个创业案例，你有怎样的想法？请尝试为陈辰出谋划策，帮助他改善目前状况，走出创业困境。

第十章　创业者素质培养

【学习目标】

了解创业者应具备的素质，掌握创业意识、创业精神和创业能力的具体内涵，理解创业素质对创业者的重要意义；制订科学的计划，培养创业意识，树立创业精神，提升创业能力。

【案例导入】

尹璐从小就是个敢闯敢干的孩子，2007 年刚上大学时就琢磨着课余时间要做点什么。于是，她开始观察周围同学的消费习惯及学校周边的商业环境。经过一段时间的观察，尹璐发现校内的一个叫格子铺的小商店正在招摊位，经过深思熟虑，她决定租下格子铺中的一格。经过和店家的谈判，尹璐以每月给商家营业额的 10%作为租金把铺位接手过来。

开业的第一周，小店的生意并非像尹璐刚开始所预料的那样，尹璐立即对情况进行分析，并针对学生的消费能力把价格进行了调整。生意好了一阵儿，可好景不长，一连几个月都是白给商家挣租金。残酷的现实使尹璐不得不打起了“退堂鼓”。经营半年以来，小店亏损了 4 000 多元。这件事给了尹璐深刻的教训，由于当初调研不够仔细认真，只凭主观想象而且又不听朋友的建议，才导致了这种败局。

案例点评：创业的表象看上去很美，百度的李彦宏、淘宝的马云，都是大学生崇拜的创业明星。他们手下市值上亿的企业规模，精英汇集的企业阵容，让大学生们顶礼膜拜。但是，那只是表象，创业的道路是艰辛的，是对创业者的心理素质、创业知识、实践能力等的全面考验，稍有不慎，就会导致失败。

第一节　创业者的基本特质

在大学生当中，想创业的多，真创业的少。观察真正创业的大学生，从他们身上不难看出以下几种特征。

一、创业者的基本特征

第一，目的明确，积极主动。大学生中的创业者，他们不会安于去参加一个接一个的招聘会，他们专注于开创全新的事业。在平时的学习和生活中，他们充满激情和梦想，喜欢挑战自我，做事目标明确，效率高。对他们来说，一旦有了目标，不管过程有多艰辛，都会积极主动地去实现目标。

第二，乐观向上，充满信心。创业是一种冒险，需要创业的人不仅自信、乐观，而且能感染到身边的人。这样，才能组织好创业中的伙伴，得到他们的信任和支持，这对于事业的成功十分重要。创业的结果有两种，除了成功，还有失败。面对失败，创业者需要有乐观的心态，积极地进行自我情绪的调节，自我鼓励，从头再来。

第三，心胸开阔，勤学好问。有多大的心胸，做多大的事。心胸开阔是创业成功者的重要品质。在任何时候，创业者都不满足于自己已掌握的信息，他们总是在不停地寻找更多的信息。他们善于听取别人的建议，从中汲取对自己有用的元素。

第四，志存高远，勇于开拓。成功的创业者都是机会的开拓者。他们抱负远大，使命感强，永不满足于现状，善于在不断变化的环境中寻找新的商机，开拓新的事业。

二、创业者必备的基本素质

创业者想要成功创业，不仅需要激情、勇气，还需要具备创业的基本素质，包括创业意识、创业心理素质、创业精神和创业能力。

(一)强烈的创业意识

要想取得创业的成功，创业者必须具备强烈的自我实现、追求成功的创业意识。强烈的创业意识，能够帮助创业者克服创业道路上的各种艰难险阻，将创业目标作为自己的人生奋斗目标。

1. 创业意识的内涵

创业意识是指一个人根据社会和个体发展的需要所引发的创业动机、创业意向或创业愿望。创业意识是创业思维和创业行为的必要准备。创业意识是创业的先导，它构成创业者的创业能力，由创业需要、动机、意向、志愿、抱负、信念等组成，是人们从事创业活动的强大内驱力。

2. 大学业具备创业意识的意义

大学生创业意识是指大学生根据社会和自身发展的需要所引发的创业动机、创业意向或创业愿望。对于每一个希望创业的大学生来说，都必须首先强化创业意识。增强创业意识，就要有明确的人生目标。创业作为一种社会实践活动，是在一定的意识和目的的支配之下进行的。不同的创业目标与价值理念，体现出不同的人生目的，也体现出不同的创业人生价值。只有将自我价值与社会价值统一起来的创业者，才能获得创业的机遇和成功。

【阅读资料】

创业不是人人都适合，但是人人都应该有创业的意识

黄某等7人，均为某理工大学自动化专业2005级本科生，合伙经营一家计算机服务公司，主要业务包括组装计算机的导购、计算机及配件的代售、计算机故障维修。

2006年，黄某等人参加了学校的创业计划大赛，虽然比赛成绩并不很突出，但却激发了他们的创业热情。比赛结束后，黄某就和同学商量成立计算机服务公司，准备进行真实的创业。他的这一想法得到了其他8位同学的响应，通过商议，黄某出资2 000元，其他人每人出资1 000元，共计10 000元启动资金。同年7月，正式成立公司。在后来的经营过程当中，有2名同学因为自身经济困难而撤资，其他7人继续维持经营。经营的7名同学根据自身特点和专业特长，分块负责公司的各项业务；店面的营业人员由7名同学轮流充当。由于关系良好，平常的工作量和业绩并不直接与利益挂钩，而采取平均分配利润的方式。公司营业一年多来，业绩尚可，已收回投资，并于2007年6月开始盈利，当然，这没有计算7名同学的人力投资。在经营中，公司成员发现自身存在很多不足，于是有意识地参加了一些管理知识和专业技能的培训。

公司的成员表示，他们并非为了创业而创业，主要目的还是为了增加实践经验。谈起以后的个人发展，大家都很乐观，并表示较倾向于往大型的高科技电子企业就职，但对于创业也很有信心。

(二)良好的心理素质

心理素质是指人们在心理活动方面的能力，即应付、承受及调节各种心理压力的能力。创业之路，是充满艰险与曲折的，创业就等于是一个人去面对变幻莫测的激烈竞争及随时出现的需要迅速正确地解决问题和矛盾，这需要创业者具有非常强的心理调控能力，能够持续保持一种积极、沉稳的心态。

当代大学生基本上都是“80后”，甚至是“90后”。从小生活的物质条件比较优越，在家长的呵护下长大，社会经验少，生活阅历浅，抗挫力弱，而创业成功很大程度上取决于创业者的心理素质。如果不具备良好的心理素质、坚忍的意志，一遇挫折就一蹶不振、垂头丧气，那么，在创业的道路上是走不远的。

大学生创业者要提高创业的心理素质，正确了解自己，正确认识创业，形成积极、沉稳、坚忍不拔的创业心理素质。

【阅读资料】

心态决定创业成败

林某和郑某大学毕业后都做起了自己喜欢的服装生意。同样在市场上经营服装生意，她们初入市场的时候，正赶上服装生意最不景气的季节，进来的服装卖不出去，可每天还要交房租和市场管理费，眼看着天天赔钱。这时林某动摇了，她以3 000元钱的价钱把服装精品屋转让了出去，并发誓从此不再做服装生意。而郑某却不这样想。郑某认真地分析了当时的情况，觉得赔钱是正常的，一是自己刚刚进入市场，没有经营经验，抓不住顾客的心理，当然应该交一点学费；二是当时正赶上服装淡季，每年的这个季节，服装生意人也都不赚钱，只不过是因为他们会经营，能够维持收支平衡罢了。而且，郑某对自己很有信心，知道自己适合做服装生意。果然，转过一个季节，郑某的服装店开始赚钱。3年以后，她已成为当地有名的服装生意人，并创立了自己的品牌，分店开了一家又一家。而林某在3年内改行几次，都未成功。

(三)多维度的创业精神

大学生在立业和创业中，除了要为社会提供更多、更好的劳动产品和劳动服务外，首先要树立为人民服务的思想；其次应努力创造社会效益和经济效益。只有树立这样的人生观，大学生才能潜心于学习专业知识和专业技术，积极参加实践锻炼，真正深入到客观社会和事物无限深远的本质中去，洞察自然、社会和人自身的奥秘，才能为社会做出贡献，才能立业、创业。

【阅读资料】

什么是创业精神？

美国安利公司董事会主席史提夫·温安洛曾讲过三个故事，阐述了他对创业精神的理解。

第一，需要能够洞察商机，可以发现产品和顾客。第一个故事发生在非洲象牙海岸的一个小村庄。一位先生有一部手机，他发现了一个地方手机接收信号最好，于是他将这部手机固定在那个位置，并宣布小岛上的第一个公共电话厅成立了。许多人来打电话，他赚了不少钱，然后，他用赚的钱购买了小村庄里第一台游戏机，生意就做起来了。“很多人都知道买和卖的概念，一个人、一部手机、一台游戏机和很多顾客，这位先生就是一名货真价实的创业者。”温安洛表示，“创业最基本的两个元素就是产品和顾客。”

第二，创业需要团结和分享。第二个故事发生在格陵兰。“在零下40℃的气温里，总有一群群的狩猎者去捕猎海象，让人吃惊的是猎人之间的关系。他们会在一间小木屋里扎营，把海象肉分给伙伴和猎狗，但每一次他们都会留下一些肉，给下一次进驻的猎人。""懂得分享，在乎集体的成功，而绝不是独自拥有。"温安洛道出创业精神的精髓，"只有分享成果，彼此扶持，团结在一起，才可以发挥最大的力量。"

第三，创业要勇于冒险。第三个故事是温安洛的亲身经历。他12岁那年，父亲带着他们一家6人到美国西部寻找机会，"当时坐的车是一部有10吨重、铁皮打造的小巴。"在前进的路上，一座摇摇欲坠的桥横跨陡峭的峡谷。"父亲是工程师，我们很信任他，但那个桥破旧得似乎能被一只停在上面的苍蝇压垮。"父亲停下车，查看了一下地形，他将车倒退了100米，然后加足马力，全力以赴地飞跃了那座破桥，"我当时坐在父亲旁边，今天我能站在这里，就是告诉大家我是达标的。"温安洛风趣而自信地说，"创业是要冒险的，当然前提是盘算清楚，一旦决定，就要加快速度，勇往直前。"

(四)全方位的创业能力

大学生想要创业，即使具备了创业意识，也只是为创业指引方向，要真正实现创业目标还得有过硬的能力。创业能力是大学生创业素质的一个重要方面，是创业者顺利完成创业活动所必须具备的心理特征。它总是和创业活动相联系并表现在具体的创业实践中，是决定创业成功与否的关键因素。创业能力是一种综合能力，它既包括专业能力，也包括经营管理能力；既包括创新能力、学习能力、认知能力，也包括人际沟通能力、社会协调能力、公关能力等。总的来说，大学生创业应着重培养和提高以下三个方面的创业能力。

第一，提高开拓创新能力。开拓创新能力是创业成功者最重要的能力之一。开拓创新是创业的灵魂和赢得竞争优势的关键。一个优秀的创业者必须勇于开拓、敢于创新。

第二，提高组织管理能力。在市场经济条件下，市场充满了竞争和风险，创业者要使自己的创业实践活动获得成功，必须重视经营管理。经营管理能力是创业者在管理上的体现。管理活动贯穿于组织运行过程的每一个环节，不仅是组织正常运行的前提，也是组织生存与发展的基本条件。

第三，提高人际协调能力。要想创业成功，大学生还需要培养自己的人际协调能力，因为包括创业在内的任何活动都离不开人与人之间的交往。因此，大学生在校期间有意识地培养与他人的协作能力是获得他人和社会支持的重要前提条件，对大学生创业者创业成功具有重要的作用。

【阅读资料】

大学生应当具备的创业能力

一、决策能力

决策能力是创业者根据市场变化，因地制宜地确定创业方向、目标、战略和实施方案的能力。在信息时代进行创业，必须重视商机的把握。合适的机遇能够赢得发展的机会，贻误时机则可能使企业蒙受巨大的损失，因此，洞察和决策能力十分重要。

决策是一个人综合能力的表现，一个创业者首先要成为一个决策者。创业者的决策能力通常包括分析能力、判断能力和创新能力。创业者要创业，首先要从众多的创业目标及方向中进行分析比较，选择最能发挥自己特长与优势的创业方向与方法；在创业的过程中，创业者能从错综复杂的现象中发现事物的本质，找出存在的真正问题，分析原因，从而正确处理问题。这就要求创业者具有良好的分析能力。

所谓判断能力，就是能从客观事物的发展变化中找出因果关系，并善于从中把握事物的发展方向。分析是判断的前提，判断是分析的目的，良好的决策能力是良好的分析能力加果断的判断能力。

创业实际就是一个充满创新的事业，所以创业者必须具备创新能力，有创新思维、无思维定势，不墨守成规，能根据客观情况的变化及时提出新目标、新方案，不断开拓新局面，创出新路子，可以说，不断创新是创业者不断前进的关键环节。

二、管理能力

创业者的管理能力直接影响到企业的发展和壮大，那么，创业者如何提升自己的经营管理能力？从哪些方面提升自己的经营管理能力？

(一)组织能力

作为一个创业者，不管企业是大是小，人员是多是少，都必须具备一定的组织指挥才能。第一，要根据企业生产发展的变化，确定企业的组织结构，设置相关的工作岗位，配备必需的工作人员。第二，要善于用人，做到择优录用，量才使用，合理搭配，合理分工，优势互补，形成合力；要优化资源配置，做到“好钢用在刀刃上”。第三，要统筹兼顾，全面安排，组织有序，指挥得当。

(二)应变能力

面对纷繁复杂、瞬息万变的市场及随时可能出现的机遇和挑战，创业者必须时刻保持清醒的头脑，沉着地分析新形势和新趋势，深入细致地思考应对策略。在遭遇不利时，要抓紧时间调整生产，想方设法寻找新的利润增长点，尽可能把损失减少到最小；在遇到有利形势时，不可自以为是，盲目自大，要把握机会，实现效益的最大化。

(三)交往能力

创业离不开与各色人进行交往与沟通，如投资商、代理商、消费者、合作伙伴、政府部门、新闻媒体等，因此需要具备良好的人际交往能力来妥善处理这些关系。利用一切有利条件，争取各界的支持和帮助，只有这样才能化消极因素为积极因素，变不利方面为有利方面，创造一个和谐安定的环境，为取得成功奠定基础。

三、协调能力

现代企业管理要求做到高效、团结和具有内在凝聚力。在创业中，有的创业者独断专行，有的听之任之，有的充当“和事佬”，有的专当“刺儿头”，导致企业的内外部关系十分紧张，无法形成合力共同发展。俗话说：“一个篱笆三个桩，一个好汉三个帮”，没有内部的协作和外部的协调，创业就难以成功。因此，对内要培养合作气氛，处理好不同部门、不同人员之间的关系，认真听取不同意见，实行民主管理、科学决策，达到配合默契、步调一致；对外要加强联系和协调，处理好与其他企业和有关管理部门的关系。

第二节　大学生创业能力准备

一、创业知识准备

大学生要想成功创业，必须具备相应的知识素质。知识素质是指个体掌握的知识量和具有的知识结构状况。一般来讲，知识素质包括两部分内容，即专业知识素质和相关知识素质。按照中国现行的教育体制和结构，专业知识就是个体在校时所学专业的有关知识；相关知识是除专业知识以外的知识，通过学校、社会提供的条件，个体发挥学习主动性获得的知识。合理的知识结构是毕业生走向社会的“通行证”，是担任现代社会职业岗位的必要条件和人才成长的基础。

(一)专业知识的储备

专业知识是创业成功所需知识中最为重要的部分。专业知识对于创业者确定创业目标有直接作用。

专业知识是指与创业目标直接联系和发挥作用的知识体系。专业知识是人们长期的社会实践及社会分工的产物，在形式上表现为某种性质和类别的学科知识，如电子技术、航天、管理、政治等自然科学和社会科学。专业知识是相对而言的，即相对于从事活动领域的范围来说，与本领域的对象或从事本领域工作起直接指导作用的理论体系。

专业知识对于创业者确定创业目标具有直接的重要作用。要想在某一领域开展创业活动，就必须深入了解该领域的活动及发展规律。可以说，专业知识就是对某一领域内发展规律的概括和总结。掌握的专业知识越多越深，创业活动就越能有效地开展。

当然，大学生创业，专业知识已经基本具备。大学生在校学习期间已经掌握了某一领域的部分或大部分专业知识，但还有一个多少和深浅的问题。创业，不是简单的谋生，而是对理想较高境界的追求。要想到达理想的彼岸，就必须在专业方面打下坚实的知识基础。纵观近年在高科技领域获得成功的创业者，无一不具备深厚扎实的专业知识。他们中有些人虽然未经过系统的专业知识教育和培训，但是在实践中不断摸索总结事物发展的规律，积累知识。因此，大学生必须在创业前和创业的过程中不断丰富和发展自己的专业知识。

(二)创业需要的非专业知识

在当前的市场经济条件下开展创业活动，除了专业知识外，大学生还需要掌握商业、管理和法律三方面的实务知识。大学生在校期间应对创办企业所需要的政策法规知识，如工商注册登记的各个程序和条件、税务种类和登记、贷款的条件、贷款的种类和期限、贷款的方式和申请贷款的基本程序、经济合同的基本内容和要求等法规知识有基本的了解。创业意味着大学生自己当家做主，自己的身份已从以前的被管理者转变为管理者。要完成这个转变，就需要大学生补充大量的企业管理知识。此外，还有人力资源管理、财务管理、市场营销等知识也需要掌握。

二、创业人格品质

创业人格品质是创业行为的原动力和精神内核。在创业人格品质中，使命责任、创新冒险、坚韧执著、正直诚信等人格品质与创业成败息息相关。创业是开创性的事业，尤其在困难和不利的情况下，人格品质魅力在关键时刻往往具有决定性的作用。

(一)使命责任

使命感和责任心是驱动创业者勇往直前的力量之源，成功的创业者往往具有高度的使命感和强烈的责任意识。创业活动是社会性活动，是各种利益相关者协同运作的系统，只有对自己、对家庭、对员工、对投资人、对顾客、对供应商及对社会拥有高度的使命感和负责精神的创业者，才可能赢得人们的信任、尊重和支持。

(二)创新冒险

创新是创业精神的核心要素，创新意识和冒险精神是进行创业的内在要求。创业机会的发现和创意的形成需要进行创造性思维，发挥创造力。同样，机会的开发、资源的整合、商业模式的设计更是创新能力的集中体现。创业的开创性需要有冒险精神，需要有胆略和胆识。同时，在创业实践中也要有风险意识，要注意冒险精神和风险意识的平衡，保持理性思维，降低风险损失。

(三)坚韧执著

创业是对人的意志力的挑战。面对险境、身处逆境时，能否坚持信念、承受压力、坚持到底，常常决定着创业的成败；最后的成功往往就在于再坚持一下的努力之中。

(四)正直诚信

正直诚信是创业者必备的品质，它体现了创业成功者的人格魅力：讲信誉，守诺言，言行一致，身体力行，胸襟广阔，厚人薄己，敢于承担责任，勇于自我否定，尊重人才，以人为本，倡导团队合作和学习，帮助团队成员获得成就感，坚持顾客价值、公司价值和社会价值的创造。高尚的人格魅力可以帮助创业者凝聚人心、鼓舞士气，赢得更多合作者的信任和支持。

三、创业经验准备

缺乏经验是目前大学生创业中普遍存在的问题，不少大学生创业者不习惯对其产品或项目做市场调查，而是进行理想化的推断，比如“我们的产品每天赚 1 000 元，那一个月就能轻松地赚 3 万”，这种想当然的方法显然是站不住脚的；同时又没有切实可行的创业计划，缺乏从职业角度整合资源、实施管理的能力，这是大学生创业失败的一个重要原因。

大学生长期生活在校园中，对外面社会缺乏了解，特别是市场开拓、企业运营上，很容易陷入眼高手低、纸上谈兵的误区。

因此，大学生在创业前要做好充分的准备，一方面，去企业上班或实习以积累相关的管理和营销经验；另一方面，积极参加创业培训，接受专业指导，积累创业知识，提高创业成功率。立志创业的毕业生或由于缺乏创业的经验，或由于缺少创业的资金，先加盟与自己创业目标相符的公司，经过一段实践，积累了经验，积蓄了资金，在时机成熟时再独自创业，这对许多要创业的毕业生来说，也许是更理智的选择。

当然，并不是一个人要等到具备了所有经验的时候才去创业。虽然创业团队中的每个人经验都比较少，但他们形成合理的互补关系，而且能够同舟共济，同样可能成功。

【阅读资料】

创业之前先打工做学徒积累经验

曲杰于2007年毕业于某美术学院油画系，与所有大学生一样，当时的他面对变幻莫测的前程，既对未来生活充满了美好的憧憬，又对就业市场激烈的竞争充满恐惧。

毕业后，在求职路上奔波了无数个日日夜夜的曲杰可算是尝到了找工作的难处，就在他决定放弃自己钟爱的专业另谋他途时，社区就业工作站让他燃起了新的希望。

“你能否换个角度考虑一下就业问题，自己创业行不行?”在听说社区就业工作站也发布一些招聘信息后，曲杰便找到了就业站，就业站大姐很热情地接待了他，并建议他自己创业，也正是就业站工作人员的一席话让曲杰茅塞顿开。“油画这个专业专业性强，找工作、打工的确有劣势。但随着社会的发展，人们对文化艺术产品的需求会越来越多，要求也越来越高，如果我利用自己的优势开个有关美术作品方面的店，一定能成功。”盘算好后，曲杰便把自己创业开店的想法告诉了父母，父亲很支持他创业，也表示全家会鼎力协助。

得到了父母的允诺后曲杰却犯愁了，到底该如何创业呢？于是，他又一次来到社区，“要创业，首先要参加咱们就业局举办的创业培训班，会有专业的老师对你的创业项目给予测评和指导。其次政府会给创业人员在资金上给予扶持，也就是可以申请小额担保贷款。”为了协助曲杰创业，就业站工作人员给曲杰开具了参加创业培训班的介绍信，并在三天内为曲杰办理了《失业证》，同时还给他找了一些再就业优惠政策方面的书籍。政府优惠政策的支持和家人的鼓励使曲杰对创业充满了信心。接下来，他开始做市场调查，几乎跑遍了兰州所有的画廊和各大商场的艺术品专柜，了解他们的经营状况和市场情况。通过了解，曲杰发现自己在学校里学的知识还远远不够，于是便选择了先打工、当学徒。

应聘到一家画廊之后，曲杰开始了学习装裱、接待顾客、介绍作品等工作，同时还干些装卸打杂等工作，每天回家后即便再累，他也会将学习心得和体会记录下来。经过一段时间的磨炼，他觉得自己开店的条件成熟了，可这时经营场地、启动资金这两道难题又摆在了他面前。为了找到理想的经营场地，他跑遍了当地知名的大商场，终于靠打工时积累的人脉关系在一家商场站住了脚；在亲朋好友的帮助下，启动资金的问题也迎刃而解。终于，2008 年 9 月 5 日，曲杰的画廊正式开张了。

小店开张以后问题接踵而至，但不管遇到什么情况，曲杰都本着“诚信经营、热心服务”的原则，他的小店渐渐地有了一批稳定的客户群。工夫不负有心人，经过半年的努力，曲杰的小店终于在市场上站稳了脚步，这也使曲杰更加坚定了创业信心……一年后，曲杰的旗舰店正式开张，他的人生也翻开了崭新的一页。

思考与练习

1. 创业者需要具备哪些能力？每种能力应该怎样提升？
2. 你需要学习的创业知识有哪些？请制订一个合理的学习计划。

创业探索活动

测试自己的创业素质和创业能力

创业是一个充满成就感、诱惑力的词语，但并非每一个人都适合走创业、当老板的道路。美国 HMO 协会设计出了一份问卷，可使你在做出决策前对自己有一个初步的了解。

1. 在急需做出决策的时候，你是否在想：“再让我考虑一下吧?”

2. 你是否为自己的优柔寡断找借口说：“是得好好慎重考虑，怎能轻易下结论呢?”

3. 你是否为避免冒犯某个或某几个有相当实力的客户而有意回避一些关键性的问题甚至表现得曲意逢迎呢?

4. 你已经有了很多写报告用的参考资料，但仍责令下属部门继续提供?

5. 你处理往来函件时，是否读完就扔进文件框，不采取任何措施?

6. 你是否无论遇到什么紧急任务，都先处理琐碎的日常事物?

7. 你非得在巨大的压力下才肯承担重任吗?

8. 你是否无力抵御或预防妨碍你完成重要任务的干扰与危机?

9. 你在决定重要的行动计划时常忽视其后果吗?

10. 当你需要做出可能不得人心的决策时，是否找借口逃避而不敢面对?

11. 你是否总是在快下班时才发现有要紧事没办，只好晚上回家加班?

12. 你是否因不愿承担艰巨任务而寻找各种借口?

13. 你是否常来不及躲避或预防困难情形的发生?

14. 你总是拐弯抹角地宣布可能得罪他人的决定？

15. 你喜欢让别人替你做自己不愿做的事吗？

A. 是	B. 多数	C. 很好	D. 从不
4分	3分	2分	1分

诊断结果：

50～60分：你的个人素质与创业者相差甚远；

40～49分：你不算勤勉，应彻底改变拖沓、效率低的缺点，否则创业只是一句空话；

30～39分：大多数情况下充满自信，但有时犹豫不决，不过没关系，有时候犹豫是成熟、稳重和深思熟虑的表现；

15～29分：你是一个高效率的决策者和管理者，更是一个成功的创业者，具有良好的心理素质和坚忍不拔的毅力。

第十一章　创业流程要看清

【学习目标】

了解创业的基本流程和关键环节，了解如何去寻求创业机会，并掌握评估市场机会的方法；对创业所需的资源有所认识；理解创业计划书对于创业的作用，并能够撰写一份内容规范的创业计划书。

【案例导入】

2009 年 8 月，刚大学毕业的吕晋宇找到了一个好的创业项目，苦于没有资金和人脉，他主动联系了两名同学。听完他的项目后，两人当即决定和他一起干。于是三人一个出资金，一个有人脉，而吕晋宇则以自己聪明的头脑作为资本入股，共同创办了一家电气科技有限公司，代理某输配电集团的配网设备，成为山西和内蒙古的总经销商，完成了自己第一桶金的积累。2008 年年底，他将公司的股份全部收回来，成为公司的董事长。2009 年 10 月，他在北京成立了有限公司，准备面向全国发展。“我还打算在太原开一家设计公司，在晋中做一些实体产业，目前已经在运作阶段了。我的梦想，就是将来能有一家上市公司，这才是我人生价值的体现。”

案例点评：创业不仅仅需要激情和梦想，更要去寻找市场、分析机会和利用资源。创业并不是在有资源的情况下去进行，而是在没有资源的情况下去找到机会。吕晋宇在面对创业资源的短缺难题时，能够主动利用人脉，组建起优势互补的创业团队，最终取得了创业成功。

第一节　创业前期准备

大学生创业是社会发展的趋势，但创业成功并不容易。创业目标的选择、创业机会的把握、创业资源的准备等都是决定创业成败的关键环节。大学生创业往往是初次创业，所能承受的创业风险也比较低，因此恰当的市场进入时机，选择好的创业项目，这两点特别重要。

一、寻找市场机会

市场机会是指一个公司能够盈利的领域，它指的是创业企业本身没有涉及过的领域、没有生产过的产品和没有进入过的市场，尽管这些领域、市场和产品可能已经有其他企业进入，但市场中仍然有机会获得利润和成功。

市场机会具有客观性、偶然性、不稳定性、差异性、普遍性和地域性等特点，它存在于社会的各个方面，是多种多样的。为了及时发现、识别、抓住和利用市场机会，创业者需要了解市场机会的来源及其评估方法。

(一)创业机会的来源

第一，变化中寻求机会。随着科技进步、产业结构调整和人们生活方式的改变，很多好的市场商机孕育而生。创业者需要敏感应对各种变化，发现其中深藏的市场机会。

第二，差异中寻求机会。每个人的需求常常有着很大的差异性，创业者需要关注这种典型性的差异，细分市场，研究不同客户的不同需求点，发现新的创业机会，为特定人群提供特定的服务。

第三，问题中寻求机会。在日常生活工作中，我们总是面临很多难题。当我们在努力改善现状、提高效率、解决问题以后，实际上也就把握了一个新的机会，这种办法和解决方案常常可以演变成不错的市场机会。

第四，交流中寻求机会。机会总是来源于大量的市场信息，我们可以在与各类人群的交往、交流中，获取更多的信息和支持，捕捉到更多的机会。

【阅读资料】

变化中寻求机会

一个毕业生注意到宾馆、旅店对客房床垫的维修服务有大量需求，可市场上却没有该项服务。该毕业生迅速创办了床垫维修公司，并与若干家宾馆签署了订单合同。

差异中寻求机会

爱好摄影的徐勇出版了一本名叫《胡同101像》的摄影集，有对中国民俗感兴趣的外国朋友看到这本影集，就开始请徐勇带自己去胡同参观，讲解胡同文化历史。徐勇立刻就意识到这里有机会。不久他以北京“坐三轮逛胡同”为主题的旅游公司办了起来。当初徐勇将自己的想法告诉朋友和家人的时候，几乎遭到了所有人的一致反对，北京可看的东西太多了，故宫、长城、颐和园……哪一个不比胡同更吸引人，有多少到北京来的人会有兴趣去看那破破烂烂的胡同，北京本地人更不会有兴趣。政府有关部门当时也不看好他的主意。现在，徐勇的“胡同游”却日进斗金，让所有人都大跌眼镜。

问题中寻求机会

某城市当时流行一种传染病，大家人人自危，一毕业生迅速抓住机会，成为传染病自测工具的经销商。

(二)创业市场分析

创业市场分析包括对宏观环境、市场竞争环境、市场主体及其行为的分析等。

1. 市场宏观环境分析

任何一个企业的运作都是在一定的宏观环境下进行的，如政治环境、经济结构、经济政策、社会文化环境等。创业者需要对这些进行调查、分析和预测，以发现机会和风险，做出相应的营销战略和策略，使之与变化了的环境相适应。例如，通过对经济环境的分析，可以帮助创业者在制定发展战略时把握长远的方向和机会。这些环境因素的变化，给一些企业创造机会的同时，也给另一些企业带来了威胁。

2. 市场竞争环境分析

竞争环境是企业对企业产生压力，造成威胁的客观环境。创业企业通过竞争环境分析，可以认识威胁、发现机会。竞争环境分析主要包括行业吸引力分析和竞争对手分析。例如，竞争对手分析就需要了解以下方面：

第一，竞争对手的数量、规模、分布、威胁。

第二，重点竞争对手的核心竞争力，对自己企业构成威胁的原因。

第三，竞争对手的发展动态，有哪些新产品和新的市场策略？

第四，有哪些潜在的竞争对手？

3. 市场主体分析

创业市场的主体由环境中直接影响创业企业市场服务能力的六大要素构成，即原材料供应商、产品生产者、产品销售者、产品消费者、市场竞争者和管理者。这六类要素在市场上的目的与要求不同，在市场上所处的地位和所起的作用也不一样。例如，企业与供应商的关系就直接关系到企业的稳定，所以，对供应商的分析至少要包括供应商的数量、特点、价格和服务态度等。

4. 市场类型分析

研究市场的类型，有助于创业企业根据自身的特点准确选择目标市场，正确进行市场定位，扩大市场占有率，提高产品的知名度，以获取满意的社会经济效益和树立良好的企业形象。

5. 市场行为分析

商品交换关系的成立、商品交换活动的进行、市场主体之间错综复杂的经济联系均是通过一定的市场行为呈现出来的。买卖双方交易的顺利进行，必须通过具体的市场交换行为来实现。

二、市场机会评估

在进入一个市场机会前，创业者需要对市场机会进行评估和检验，需要判断市场机会要素、自身能力与所能获得的资源能否匹配。对市场机会的评估可围绕以下几个方面：

第一，市场定位。每一种创业活动都有特定的市场定位。在进行市场机会评估时，需要根据客户群、客户需求、产品衍生品等来判断创业机会可能创造的市场价值。给客户带来的价值越高，创业成功率越大。

第二，市场结构。对创业机会的市场结构进行分析，可以判断企业在市场中的未来地位及遭遇竞争对手反击的程度。大学生创业初期，创业公司的风险承受力较低，很可能会因为资金周转问题被竞争对手击败。

第三，市场规模。成熟的市场往往规模较大，利润空间较小。大学生初次创业很难进入这样的市场。而一个正在成长中的市场，机会反而更多。大学生创业应该对市场规模有预期考量，选择合适的市场规模和进入时机。

第四，市场渗透力。对于一个具有市场潜力的创业机会，市场渗透力评估将会是一项非常重要的因素。成功的创业者往往选择在最佳时机进入市场，也就是市场需求正要大幅增长之际。对市场渗透力的把握需要大学生创业者具备一定的胆识和优秀的判断、决策能力。

第五，市场占有率。市场占有率即企业的生存率。某一市场领域的领头羊往往要占到20%以上的占有率。如果低于5%，那么企业的生存就会面临困境。大学生创业的低起点，决定了要以不同于大型、成熟企业所不同的经营管理方式，才能在市场上站住脚。

三、准备创业资源

创业资源是指新创企业在创造价值的过程中需要的特定的资产，包括有形资产与无形资产，它是新创企业创立和运营的必要条件，主要表现形式为人脉资源、团队资源、创业资本和技术资源。

(一)人脉资源

广泛的创业人脉对创业者来说非常重要。有了人脉的支持，可以方便地找到投资、产品、渠道、机会，对创业成功有极大的促进作用。大学生创业应该尤其注重亲戚、老乡、校友、同学这些人脉，并积极通过各种活动，如实习实践、团队活动等拓展资源。

(二)团队资源

任何一个创业者都不可能是万事通，需要组建一个创业团队，来进行创业活动的分工与协作。创业团队最大的特点就是优势互补，尤其是知识结构上，有人力资源管理、财务管理的能手，也有市场营销、销售的巧匠。团队成员要有共同的价值观念以及对创业事业的执著精神。

(三)创业资本

美国管理学家罗杰曾说："创业者成立企业，拥有的资金越多，可选择的余地就越大，成功的机会就越多。如果没有资金，一切就无从谈起。"对于绝大多数创业者，尤其是大学生创业者，创业最大的困难就是资金问题。对创业者来说，能否快速、高效地筹集资金，是创业企业站稳脚跟的关键。目前国内创业者的融资渠道包括银行金融机构、风险投资、民间资本、创业融资、融资租赁等渠道。

(四)技术资源

技术资源指根据生产经验和自然科学原理而发展成的各种工艺、操作方法与技能的总称。在很多大学生创业成功案例中，技术资源占有十分突出的地位。创业技术常常是决定创业产品的市场竞争力和获利能力的根本因素，而且创业技术核心与否也决定了所需创业资本的大小。

第二节　制订创业计划

创业计划是创业者在初创企业之前就应准备好的一份书面计划，用来描述创业企业的内部和外部要素、资源。

【阅读资料】

张雯毕业后一门心思想创业，筹措了一笔资金，其中10万元做了注册资本，5万元用于日常流动。她选择了朝阳项目——房地产租赁咨询。在办齐所有手续后，张雯勤勤恳恳、努力工作，但最初的3个月几乎没有生意，直到第5个月才稍有收入，可生意很不稳定。半年下来，张雯赔了4万元。在第7个月的时候，她关掉了公司。

创业需要胆量，更需要理性的计划，导致张雯失败的原因很复杂，但其中一条重要原因就在于没有制订一个完整的创业计划，对创业的思路、目标、发展战略、企业管理等方面缺乏规划，自然危机重重。

一、创业计划的作用

创业计划常常是企业进行宣传和包装的文件，是向投资机构、金融机构和供应商等外部组织争取资源、展示自己的工具。同时，又能为企业未来的经营管理提供分析基础和策略。

(一)有助于梳理资源

在创业的过程中，各种生产要素是分散的，各种信息是凌乱的、各种工作是互不衔接的。通过制订创业计划，可以帮助创业者梳理思路、充分调研、完善信息、找到各种程序之间的衔接点，并整合、调动起各类资源，围绕着创造和形成商业利润，进行最佳要素的组合。把心中所想编写成书面的计划，创业者会发现，创业并非想象得那么简单，需要充分考虑每个要素、每个环节带来的影响，这对于保证创业计划的切实可行十分重要。

(二)赢取创业投资

创业计划是创业融资的必要工具。没有创业计划，创业者就无法知道企业所需要的资源支持，不知道需要什么数量级的资金。风险投资家通常都会要求创业者提供创业计划，以评价和筛选这家企业是否有潜力和是否值得投资。另外，对于提供贷款的银行，一份规范、专业、切实可行的创业计划就是一张精美的名片，银行机构会觉得放贷的风险较小，从而为企业争取到更大的贷款机会。

(三)有利于企业管理

创业计划是创业全过程的纲领性的文件，是创业实践的战略设计和现实指导。因此，创业计划对于创业实践具有非常重要的指导作用。完美的创业计划可以增强创业者的自信，在对企业环境和资源进行充分分析的基础上，创业者会对企业更加了解，从而经营更有把握。创业计划不仅提供了企业全部的现状和未来的方向，同时也提供了良好的效益评价标准和管理指标。

另外，创业计划还可以吸引新股东加盟，吸引有志之士参加创业团队，吸引对创业计划感兴趣的单位的赞助和支持。

二、创业计划的内容

创业计划通常包括生产计划、市场营销计划、销售计划、财务计划及创业企业前几年的发展规划和目标等方面内容。大学生在制订创业计划时，可找一份类似的、已经成功的创业计划作为参考。尽管不同行业的创业计划有所不同，不同的人写的创业计划也有所不同，但一般来说，一份完整的创业计划都需要包括以下几方面内容。

(一)创业计划概述

创业计划概述也称为创业计划摘要，是读者最先阅读的内容，但这部分却是最后完成的。因为计划概述浓缩了整个创业计划的精华，涵盖了创业的所有要点，并且一目了然，以便读者能够在短时间内了解整个计划并做出评估判断。

摘要一般要包括以下内容：公司介绍、主要产品和业务范围、市场概貌、销售计划、生产管理计划、管理者及其组织、财务计划、资金需求状况等。这些内容要以简练、精辟的语言表达出来，既要说明创业项目的高价值和高回报，又要让人看出项目发展的脉络和具备的优势。例如，在介绍企业时，就需要说明创业企业的思路、目标和发展战略，还要介绍企业未来的经营情况、团队的竞争力等。

【阅读资料】

创业计划概述需要传达的重要信息

撰写摘要一定要有针对性，文字篇幅一般控制在两千字左右，且应该重点向投资者传达以下几点信息：

第一，你的基本经营计划是正确的，是合乎逻辑的；

第二，你的经营计划是有科学根据的和充分准备的；

第三，你有能力管理好这个企业，你有一个坚强有力的领导班子和执行队伍；

第四，你清楚地知道进入市场的最佳时机，并且预料到什么时间适当退出市场；

第五，你的财务分析是实际的；

第六，投资者不会把钱扔到水里。

(二)产品和服务

创业计划的核心是介绍创业企业所生产、提供的产品和服务及它们对客户的价值。产品和服务是否有消费市场，是否能卖得出去，能在多大程度上解决客户的问题或提高效率、节约开支，这些是投资者最为关注的问题。通常，产品和服务介绍应包括：产品的名称、特征及性能用途；产品的开发过程；产品处于生命周期的哪一段；产品的市场前景和竞争力如何；产品的技术改进和更新换代计划及成本。

在说明产品和服务时，创业计划所采用的语言应通俗易懂，避免使用过于专业的术语，以保证普通投资者也能一眼看明白。如果有条件，还要附上产品原型、技术图样或相关照片。对产品和服务的介绍要实事求是，因为描述就意味着对投资者的承诺，都需要创业企业去兑现。

【阅读资料】

产品介绍，介绍什么？

在创业计划的产品和服务介绍环节，必须要对以下问题做出解释：

第一，顾客希望企业的产品能解决什么问题，顾客能从企业的产品中获得什么好处；

第二，企业的产品与竞争对手的产品相比，有哪些优点和缺点，顾客为什么会选择本企业的产品；

第三，企业为自己的产品采取了何种保护措施，企业拥有哪些专利、许可证，或与已申请专利的厂家达成了哪些协议；

第四，为什么企业的产品定价可以使企业产生足够的利润，为什么用户会大批量地购买企业的产品；

第五，企业采用何种方式去改进产品的质量、性能，企业对发展新产品有哪些计划等。

(三)组织和管理

组织是对企业的组织结构和所有制形式的描述。企业的组织形式包括直线制、直线职能制和事业部制，大部分创业企业都会采用前两种组织结构形式。创业企业的组织结构选择需要考虑行业特点、企业规模和技术复杂程度。所有制形式指的是创业企业是个人独资、合作还是公司形式。不同的所有制形式，创业者需要承担不同的责任和风险。在创业计划中，应该就企业采用的所有制形式、每一位投资者投入资金的数量和形式、承担责任的形式、投资者的权利、企业的管理机构设置及其职权等方面进行详细说明。

管理是指创业管理团队。据北京大学风险投资研究会的调查，风险投资家拒绝投资的理由有40%是因为对创业管理团队的能力和素质不满意，对创业者能否带领企业在竞争环境中成为市场的主导持怀疑态度。因此，创业企业不仅需要一支能干、互补且有一定经验的团队，更要在创业计划中向投资者介绍他们是如何形成一个整体团队进行工作的。

(四)市场分析

创业者要在对市场进行了充分的市场调研的基础上，对自身产品或服务的市场进行合理的预测，并制定出相应的市场策略。创业计划中的这部分内容应包括市场现状综述、竞争对手介绍、目标客户和目标市场、产品服务的市场定位与前景预测等。为了做好这部分内容，创业者必须深入市场调研，扩大信息的搜集范围，重视对环境的分析与预测。这部分内容的目的是让投资者相信创业企业有着光明的市场前景。尽管，市场前景预测不一定与实际相符合，但创业企业所提供的大多数产品或服务是一种新产品或新服务，风险投资者还是非常希望能在创业计划中看到企业对自己的判断，以确定自己需要承担多大的风险。

另外，这个部分中市场营销策略也是非常关键的部分，它描述创业企业的产品或服务如何进行分销、定价和促销。这块内容是创业计划制定中最富有挑战性的环节。在准备这部分内容时，创业者需要考虑消费者的类型和消费特点、产品服务的类型和特征、企业实际情况、外部环境等。风险投资家希望了解企业的产品从生产现场到达最终用户手中的全过程。因此，在创业计划中，企业的市场营销策略应该说明以下的问题：营销机构和营销队伍、营销渠道的选择和营销网络的构建、广告策略和促销策略、价格策略、市场渗透与开拓计划、市场营销中意外情况的应急对策等。

(五)生产经营计划

如果创业企业属于制造业，那么创业计划书一定要制订生产计划，用来描述完整的产品生产制造构成。如果创办的是零售业或服务业，则可以制定相应的经商计划。读者可以从这一部分了解生产产品的原料如何采购，供应商的有关情况，劳动力和雇员的情况，生产资金的安排及厂房、土地等。这一部分是以后投资谈判中对投资项目进行估值时的重要依据，也是风险创业者所占股权的一个重要组成部分。

(六)财务计划

财务计划的制定通常需要在财务顾问的帮助下才能完成。很多创业计划在谋求资金支持时遭到了失败，常常是由于创业计划将注意力集中于技术或产品等其他方面，而忽略了财务的规划。因为投资者希望在创业计划中看到合理的市场预测和相关的财务计划，从中判断企业对财务的关注程度，以确保自己的投资能够获得期望的回报。

财务计划一般包括：

第一，经营规划与资金预算。在编制预计财务报表之前，创业者需要筹划经营，进行资本预算；

第二，预计损益表，即反映创业企业一定时期内经营成果的财务报表，提供有关经营成果方面的信息，如收入、成本和费用等；

第三，盈亏平衡分析，预测企业的产销量应达到什么样的规模才能实现既定的利润目标；

第四，预计现金流量表，反映企业一定时期内现金和现金等价物流入和流出信息的财务报表，以评价企业的支付、偿债和周转能力；

第五，预计资产负债表，反映企业在某一特定时期内财务状况的报表，可以让投资者了解企业资产和负债的总额和构成情况。

(七)风险与机遇

任何一家创业企业都会面临一些潜在的风险。创业者有必要在创业计划里详细说明创业项目实施过程中可能遇到的风险，并提出有效的风险防范和控制措施。创业企业可能面临的风险主要有技术不成熟、资源短缺、管理经验不足、竞争风险等。这部分内容也是投资者非常关注的，创业者诚实坦白地陈述和分析创业企业的风险，并说明对风险的应急计划和备选战略，可以向投资者表明，企业对经营中存在的风险十分重视，并已经做好了充分的准备。创业者千万不要为了增大获得投资的机会而故意人为缩小、隐藏风险因素，这将只会令风险投资家产生不信任而导致合作失败。

(八)退出战略

所谓退出机制，就是如何把投资者的投资以金钱的形式归还给他们。投资者作为企业的股东，其利益与企业的经营直接相关，而且很多风险投资者并不愿意长期持有创业企业的股份，因此创业企业必须根据自己的实际情况制定退出机制。

具体的退出方式包括以下几种：

第一，股份回购。由创业者在一定时期内按照约定的价格和比例回购风险投资者持有的股份。

第二，公开上市。如果企业能够公开上市，则风险投资者能够通过证券市场把手中持有的股份卖出去，转而投资另外的企业。

第三，股权转让。允许风险投资者在一定的条件下将手中持有的股份转让给另外的投资者。

第四，与其他企业合并。这种方式也类似于企业被收购。投资者可以在交易过程中向新的企业出售手中的股票。

在创业计划中，需要以让人信服的方式，向投资者阐明企业能帮助他们以最快的速度让资本增值。

(九)附录

创业计划一般还有一份附录。其中包含了不必要在正文中列明的补充资料。例如，团队成员的简历、专利技术的证明文件、相关资料的来源、协议与合同、供应商的资料等。

第三节　创业风险管理

在创业者队伍中有句行话：“对于创业企业来说，除了风险，没有什么是确定的。”每个企业都是在风险中经营的，尤其对于没有经营经验的大学生创业者来说，风险更是如影随形。

所谓创业风险，就是指企业在创业过程中存在的风险，或者说是指由于创业环境的不确定性，创业机会与创业企业的复杂性，创业者、创业团队与创业投资者的能力与实力的有限性而导致创业活动偏离预期目标的可能性。

【阅读资料】

创业风险意识缺乏　刚开始就失败了

日前，哈尔滨两位大学生当了20天“小老板”就赔了4 000多元。因为对创业风险缺乏认知，刚“扬帆”就“触礁”了。哈尔滨市某知名大学商业管理专业的大四学生刘小东等二人为了创业，从同学们手里每人300元、500元地借到了2万元，一个月前从一家商场6楼的快餐排档老板手里购买了其经营权并签订了转让合同。不料，接手后才发现商场6楼近期就要转项经营，快餐排档无法续约，等于花了2万元购买来的经营权只能“有效”一个月。刘小东在短短的20来天里就赔了4 000多元。

目前，快餐排档原老板已答应退还给刘小东2万元“转让费”。刘小东告诉记者，转让前他曾专门咨询过商场6楼经理，后者明确告知刘小东“可以续约”，并未提及商场近期将要转项经营之事。因此刘小东认为，商场未能告知其风险，应担负其损失。哈尔滨商业大学一位副教授认为，大学生创业值得鼓励，但是事先一定要把各种风险估计充分，同时要学会用法律手段保护自己的合法权益。目前各种各样的店铺转让的信息漫天飞，其中的真真假假让很多人难以分辨，说不定那就是个陷阱，正等着你带着钱往下跳呢。

一、创业风险的来源

对创业者来说，风险的出现主要是源于以下因素。

第一，融资缺口。融资缺口存在于学术支持和商业支持之间，是研究基金和投资基金之间存在的断层。其中，研究基金通常来自个人、政府机构或公司研究机构，它既支持概念的创建，还支持概念可行性的最初证实；投资基金则将概念转化为有市场的产品原型(这种产品原型有令人满意的性能，对其生产成本有足够的了解并且能够识别其是否有足够的市场)。创业者可以证明其构想的可行性，但往往没有足够的资金将其实现商品化，从而给创业带来一定的风险。通常，只有极少数基金愿意鼓励创业者跨越这个缺口。

第二，研究缺口。研究缺口主要存在于仅凭个人兴趣所做的研究判断和基于市场潜力的商业判断之间。当一个创业者最初证明一个特定的科学突破或技术突破可能成为商业产品基础时，他仅仅停留在自己满意的论证程度上。然而，这种程度的论证后来不可行了，在将预想的产品真正转化为商业化产品(大量生产的产品)的过程中，即具备有效的性能、低廉的成本和高质量的产品，在能从市场竞争中生存下来的过程中，需要大量复杂而且可能耗资巨大的研究工作(有时需要几年时间)，从而形成创业风险。

第三，信息和信任缺口。信息和信任缺口存在于技术专家和管理者(投资者)之间。也就是说，在创业中，存在两种不同类型的人：一是技术专家；二是管理者(投资者)。这两种人接受不同的教育，对创业有不同的预期、信息来源和表达方式。技术专家知道哪些内容在科学上是有趣的，哪些内容在技术层上是可行的，哪些内容根本就是无法实现的。在失败类案例中，技术专家要承担的风险一般表现在学术上、声誉上受到影响及没有金钱上的回报。管理者(投资者)通常比较了解将新产品引进市场的程序，但当涉及具体项目的技术部分时，他们不得不相信技术专家，可以说管理者(投资者)是在拿别人的钱冒险。如果技术专家和管理者(投资者)不能充分信任对方，或者不能够进行有效的交流，那么这一缺口将会变得更深，带来更大的风险。

第四，资源缺口。资源与创业者之间的关系就如颜料和画笔与艺术家之间的关系，没有了颜料和画笔，艺术家即使有了构思也无从实现。创业也是如此，没有所需的资源，创业者将一筹莫展，创业也就无从谈起。在大多数情况下，创业者不一定也不可能拥有所需的全部资源，这就形成了资源缺口。如果创业者没有能力弥补相应的资源缺口，不是创业无法起步，就是在创业中受制于人。

第五，管理缺口。管理缺口是指创业者并不一定是出色的企业家，不一定具备出色的管理才能。进行创业活动主要有两种：一是创业者利用某一新技术进行创业，他可能是技术方面的专业人才，但却不一定具备专业的管理才能，从而形成管理缺口；二是创业者往往有某种“奇思妙想”，可能是新的商业点子，但在战略规划上却不具备出色的才能，或不擅长管理具体的事务，从而形成管理缺口。

【阅读资料】

大学生创业要防范五风险

大学生创业是一个机会，但也存在很多风险，有五大风险是大学生在创业过程中需要避免的。

风险一：项目选择太盲目

目前，大学生创业的项目选择多集中在高科技领域和智力服务领域，如软件开发、网络服务、家教中介、设计工作室等。此外，快餐、零售等连锁加盟店也是大学生青睐的创业项目。但是，大学生往往并不了解市场，大多是凭自己的兴趣和想象来决定投资方向。

建议：大学生创业者在创业初期一定要做好市场调研，也可委托专业机构进行可行性研究，在了解市场的基础上创业。一般来说，大学生创业者资金实力较弱，选择启动资金不多、人手配备要求不高的项目，从小本经营做起比较适宜。

风险二：缺乏创业技能

很多大学生创业者眼高手低，既不了解创业的相关政策、法规，也没有在相关企业的工作、实践经历，缺乏能力和经验，却对创业的期望值非常高，这样的创业无异于纸上谈兵。

建议：防范风险只能靠自己增加本领。一方面，去企业打工或实习，积累相关的管理和营销经验；另一方面，积极参加创业培训，积累创业知识，接受专业指导，提高创业成功率。

风险三：融资渠道单一

资金难筹几乎是每一个大学生创业者都会遇到的难题。银行贷款申请难、手续复杂，如果没有更广阔的融资渠道，创业计划只能是一纸空谈。

建议：广开渠道，除了银行贷款、自筹资金、民间借贷等传统方式外，还可以充分利用风险投资、天使投资、创业基金等融资渠道。

风险四：社会资源贫乏

由于长期身处校园，大学生掌握的社会资源非常有限，而企业创建、市场开拓、产品推介等工作都需要调动社会资源，大学生在这方面会感到非常吃力。

建议：平时多参加各种社会实践活动，扩大自己人际交往的范围。创业前，可以先到相关行业领域工作一段时间，通过这个平台，为自己日后的创业积累人脉。

风险五：管理过于随意

由于长期接受应试教育，不熟悉经营“游戏规则”，一些大学生创业者虽然在技术上出类拔萃，但理财、营销、沟通、管理方面的能力普遍不足。

建议：要想创业成功，大学生创业者必须技术、经营两手抓，制定科学规范的管理制度。可从合伙创业、家庭创业或低成本的虚拟店铺开始，锻炼创业能力，也可以聘用职业经理人负责企业的日常运作。

二、创业风险的分类

按风险来源的主客观性划分，创业风险可分为主观创业风险和客观创业风险。主观创业风险，是指在创业阶段由于创业者的身体与心理素质等主观方面的因素导致创业失败的可能性；客观创业风险，是指在创业阶段由于客观因素导致创业失败的可能性，如市场的变动、政策的变化、竞争对手的出现、创业资金缺乏等。

按创业风险的内容划分，创业风险可分为技术风险、市场风险、政治风险、管理风险、生产风险和经济风险；技术风险，是指由于技术方面的因素及其变化的不确定性而导致创业失败的可能性；市场风险，是指由于市场情况的不确定性导致创业者或创业企业损失的可能性；政治风险，是指由于战争、国际关系变化或有关国家政权更迭、政策改变而导致创业者或企业蒙受损失的可能性；管理风险，是指因创业企业管理不善产生的风险；生产风险，是指创业企业提供的产品或服务从小批试制到大批生产的风险；经济风险，是指由于宏观经济环境发生大幅度波动或调整而使创业者或创业投资者蒙受损失的风险。

按风险对所投入资金即创业投资的影响程度划分，创业风险可分为安全性风险、收益性风险和流动性风险。创业投资的投资方包括专业投资者与投入自身财产的创业者。安全性风险，是指从创业投资的安全性角度来看，不仅预期实际收益有损失的可能，而且专业投资者与创业者自身投入的其他财产也可能蒙受损失，即投资方财产的安全存在危险；收益性风险，是指创业投资的投资方的资本和其他财产不会蒙受损失，但预期实际收益有损失的可能性；流动性风险，是指投资方的资本、其他财产及预期实际收益不会蒙受损失，但资金有可能不能按期转移或支付，造成资金运营的停滞，使投资方蒙受损失的可能性。

【阅读资料】

李华毕业后一直想自己创业，小区附近一家食品杂货店经营一直不错，她将目标锁定在食品杂货店上。李华租了店面，筹集了启动资金，开了一家杂货店。但经营了3个月后，杂货店就支撑不住，关门了事。

为何同样是食品杂货店，邻居的就红红火火，李华的店就经营惨淡呢？原来，李华为了突出自己的特色，将经营范围锁定在沙司、奶酪、芝士等一些西餐调味食物上。但是小区居民对这类货品需求少，加之店面营业时间不固定，所以生意不红火。

专家点评：

创业之初求新求异的心理，很多大学生都有。但创业经营要符合市场环境的需要。像李华的食品杂货店之所以会关张，是因为她没有搞好市场调研，这个食品杂货店如果在一个外国人居住的社区内也许会经营得很好，但是她选择的是一个普通居民区。普通社区里的居民对米、油、盐的需求远远要大于沙司、奶酪、芝士等西式调味品，再加之商店的门面的选址、营业时间等问题也导致了李华创业的失败。

三、创业风险的防范

风险回避。创业企业在既不能有效降低风险发生的概率，又无法降低风险损失，更无法直接承担该风险时，只有采取回避的策略主动放弃、终止或者是调整创业方案，如将经营方向从高科技领域转向常规技术领域，或采取迂回的策略等。

风险预防。即事先采取相应的措施以预防和阻止风险损失的发生，防患于未然，如重视信息收集、减少信息不对称性、实行民主化决策等。

风险转移。即创业企业将自己不能承担的或不愿承担的及超过自身财务能力的风险损失或损失的经济补偿责任以某种方式转移给其他单位或个人。它可以通过如下 3 种途径实现转移：一是以合同的形式向其他主体转移，如业务外包和工程承包等；二是以投保的形式把风险全部或部分转移给保险公司；三是利用各种风险交易工具转嫁风险，如利用外汇期货、期权或利率期货及期权工具转嫁汇率风险和利率风险等金融风险。

风险分散。创业主体通过多元化经营，使风险在不同经营活动中分散化。主要策略如下：一是多项目投资，这是风险分散通常采用的方法；二是产品多样化；三是策略组合，即同时采取多种创业策略，如联合投资、合资合营和兼并扩张等。

风险利用。在风险已经出现、风险损失已经发生的情况下，积极采取措施，抑制风险的进一步扩大，变被动为主动；或者当风险后果较严重时，尽量通过各种手段减少风险所造成的损失。

思考与练习

1. 大学生创业是社会发展的趋势，但创业成功并不容易。你认为决定创业成败的关键要素有哪些？

2. 大学期间，如何积累创业人脉资源？

创业实践练习

参照本章介绍的创业准备及创业计划内容构成，试着寻找一个创业项目，并制订出相关的创业计划。

参考文献

胡剑峰等主编. 大学生职业指导：精彩人生从此开始. 北京：北京大学出版社，2006

林永和主编. 毕业生就业指导. 北京：经济管理出版社，2006

鲁宇红主编. 大学生职业生涯规划与就业指导. 南京：东南大学出版社，2008

麦可思研究院编著. 2012 年中国大学生就业报告. 北京：社会科学文献出版社，2012

钱晓，李增秀主编. 大学生就业指导. 北京：科学出版社，2009

宋剑涛编著. 大学生职业规划与就业指导. 成都：西南财经大学出版社，2008

宋三弦等. 我为什么不要应届毕业生：11 位老板、CEO、人事干部口述实录. 重庆：重庆出版社，2005

王海棠主编. 大学生就业指导教程. 北京：北京大学出版社，2009

吴萍主编. 大学生的就业与职业. 成都：西南财经大学出版社，2008

夏光主编. 大学生职业生涯规划指南. 北京：机械工业出版社，2009

谢守成主编. 大学生职业生涯发展与规划. 武汉：华中师范大学出版社，2009

宣仕钱，徐静主编. 大学生就业与创业指导. 北京：经济科学出版社，2009

杨邦勇. 大学生职业生涯规划与就业指导. 福州：福建教育出版社，2007

张涛主编. 创业教育. 北京：机械工业出版社，2007

郑日昌等. 心理测量学. 北京：人民教育出版社，1999

后 记

随着中国高等教育由“精英教育”转向“大众教育”，大学生就业问题成为全社会关注的热点。“就业是民生之本”，大学生就业问题关系到国民经济发展和社会稳定的大局，关系到人民群众的切身利益。2007 年年末，教育部下发了《关于积极做好 2008 年普通高等学校毕业生就业工作的通知》，要求高校在新形势下切实提高就业指导服务水平，大力加强就业指导课程教材建设，突出教材的科学性、系统性、针对性和操作性。随后，教育部办公厅印发了《大学生职业发展与就业指导课程教学基本要求》，明确要求高校开设就业指导课，并就课程性质、课程内容、教学方法提出了总体要求。2009 年 1 月，国务院办公厅下发了《国务院办公厅关于加强普通高等学校毕业生就业工作的通知》，这充分体现了党和政府对当前大学生就业工作的高度重视。

《大学生职业发展与就业指导》一书，是编者多年从事大学生就业指导工作积累的经验总结，经过陈光耀、郭森、夏云清、孟凡聪、刘碧辉及徐松美老师的讨论，先是制定了教学大纲，而后广泛收集资料和教学案例，2011 年 8 月正式编印出版。使用一年来，编者在日常授课中注意调查，注意征求学生和热情读者的意见，并对本书进行了反复修改，以求结构更加清晰，论据更加充分，论点更加准确，注意突出教材的针对性和实用性。

全书共十一章，三个版块：第一章至第四章为职业指导，第五章至第八章为求职指导，第九章至第十一章为创业指导。本书从大学生的实际需要出发，引用大量的案例、小故事等资料，新颖实用，通俗易懂，在编写过程中注意对大学生职业发展的指导，力求框架清晰、脉络明了，并具有较完整的系统性和逻辑性。

本书编写过程中，借鉴和参考了一些同类教材和资料以及一些专家、教授、研究人员的著述和研究成果，已经尽可能在参考文献中列出，谨在此对他们表示衷心的感谢。

由于编者水平所限，书中如有不足之处敬请使用本书的师生与读者批评指正，以便修订时改进。如读者在使用本书的过程中有其他意见或建议，恳请向编者踊跃提出宝贵意见。

编　者

2012 年 7 月